Dr. med. Ute Buth

**#RESPEKTVOLL LEBEN**

*Eine Sommercamp-Geschichte*

mit Pubertätsguide

Dr. med. Ute Buth

# #RESPEKTVOLL LEBEN

*Eine Sommercamp-Geschichte*

Die Handlungsgeschichte und die damit verbundenen Personen/Charaktere dieses Buches sind frei erfunden.

Medizinische Entwicklungen gehen weiter und können sich daher in kurzer Zeit ändern! Auch wenn alle medizinischen Angaben zur Drucklegung sorgfältig recherchiert sind, entbindet dies niemanden davon, sich bei offenen Fragen oder medizinischen Problemen vor Ort eine ärztliche Meinung oder einen persönlichen Rat einzuholen. Ein Buch kann diese nicht ersetzen.

Dr. med. Ute Buth
**#RESPEKTVOLL LEBEN**
*Eine Sommercamp-Geschichte*
mit Pubertätsguide

Best.-Nr. 271861
ISBN 978-3-86353-861-3
Christliche Verlagsgesellschaft Dillenburg

Es wurden folgende Bibelübersetzungen verwendet:



1. Auflage

www.cv-dillenburg.de

Satz und Umschlaggestaltung: Christliche Verlagsgesellschaft Dillenburg
Umschlagmotiv: Johanna Fleischer
Illustrationen: Johanna Fleischer, Hans-Jörg Nisch, Siska Hudaja

Druck: ARKA, Cieszyn
Printed in Poland

# INHALT

# VORWORT

Dieses Buch hätte ich gern für meine Viertklässler gehabt!

Das dachte ich, als ich den Text von Frau Dr. Buth zum ersten Mal las. Dabei geht es nicht um eine spezielle vierte Klasse, etwa hier in unserem Dorf, in dem ich wohne. Nein, da ich keine Lehrerin bin, kann ich keine 20 oder 30 Schüler, sondern nur fünf eigene Kinder vorweisen. Aber genau die waren alle einmal Viert-, Fünft- oder Sechstklässler, genau wie du. Ihnen hätte das Buch gefallen.

„Schade!", seufzte ich also. Nicht, weil ich früher im Biologieunterricht geschlafen und deshalb die Tatsachen über Mädchen und Jungs nicht gekannt hätte. Das ist nicht der Grund. Auch bevor meine Biolehrerin in der Fünften dafür sorgte, dass ich meine erste Brille bekam, hatte ich gute Ohren. Ich habe alles mitgekriegt und das Tafelbild beim Nachbarn abgeschrieben. Was nebenbei auch der Grund war, warum meine Lehrerin irgendwann meinen Augen misstraute.

Später als Mama hatte ich kein Problem damit, meinen Kindern die einzelnen Körperteile und ihre Funktion zu erklären. Nein, ich fand es immer schon genial, was Gott sich da für seine Menschen ausgedacht hat. Doch irgendwann musste ich feststellen, dass mein beständig in die Höhe wachsender Nachwuchs keine Lust mehr hatte, diese Fragen ausgerechnet mit mir zu besprechen. Deshalb hätte ich meinen Kindern gerne Frau Buths Buch in die Hand gedrückt.

Leider merken Erwachsene nicht immer sofort oder gar nicht, wenn Kindern etwas peinlich ist. Wenn sie Angst haben oder sich schämen, dann reicht es eben nicht zu sagen: „Davor musst du keine Angst haben." Davon lässt sich die Angst nicht beeindrucken. Wenn wir Popel eklig finden – natürlich nur bei anderen Leuten –, dann hat das ja auch einen guten Grund: Es schützt uns vor Krankheiten, wenn wir sie nicht anfassen oder essen wollen. Oder? Genauso schützt dich dein erwachendes Schamgefühl vor zu frühen sexuellen Erfahrungen. Das ist normal und gut so.

Gott hat sich das so ausgedacht. Es ist okay, wenn du das Thema Sex verwirrend oder komisch findest. Wenn du erwachsen wirst, ändern sich diese Gefühle. Auch das erklärt Frau Buth, und ihr Wort als Ärztin hätte meine Kinder vielleicht noch mehr beruhigt als das meine.

In der Erwachsenenwelt wird oft so getan, als sei Sex haben nichts anderes als Fußball spielen oder Schokolade naschen. Man müsse es üben und trainieren, dann beherrscht man das Spiel, und es schmeckt. Aber so ist es nicht. Das ist eine Lüge. Und ich finde es gemein, dass viele Leute so tun, als wäre es die Wahrheit. In der Werbung benutzen sie halbnackte Busen, auch wenn es gar nicht um BHs geht, die man kaufen soll. Schon in Kinderfilmen kommen Schlafzimmerszenen vor, und in der digitalen Welt ist der Zugang zu sexuellen Inhalten kinderleicht. Das ist nicht nur unfair den Kindern gegenüber, sondern es kann ihnen noch schaden, wenn sie längst erwachsen sind. Warum? Das erfährst du in diesem Buch.

Klar seid ihr Kinder neugierig und wollt, dass eure vielen Fragen beantwortet werden. Und das sollen sie auch. Unbedingt! Wer nicht nur oder gar nicht mit den eigenen Eltern sprechen möchte, sucht sich die Antworten oft bei gleichaltrigen Freunden oder anonymen Quellen im Internet. Das kann ins Auge gehen! Was denkst du, was das für Antworten sind, falls deine Freunde genauso wenig Ahnung haben wie du, das aber nicht zugeben? Was passiert mit dir, wenn du Informationen aus Quellen schöpfst, die verschmutzt oder sogar giftig sind? Frau Buth kann es dir erklären.

Damit die wichtigen Antworten nicht nur so aneinandergereiht werden, hatte sie außerdem die Idee, alles in eine Geschichte zu verpacken. Das gefiel mir, denn so ist manches leichter verdaulich. Und du bist als Leser nicht allein mit deinen Fragen unterwegs. Max, Linus, Tobi und Simon und auch Rebecca, Paula, Emma und Jule sind an deiner Seite und Gott sowieso.

Das ist cool, oder?

*Petra Schwarzkopf,*
*Juristin und Kinderbuchautorin u. a. von der „Detektei Anton"-Reihe*

# FERIENSTART, RIESENSORGEN & EIN GEWAGTER PLAN

Phil und Leni sitzen nachdenklich im Schatten unter dem großen Apfelbaum.

Hier hinten im Garten sind sie meist ganz ungestört und genießen ihren Rückzugsort. Doch heute sitzen die Geschwister gedankenverloren da und grübeln vor sich hin. Freude über den Ferienstart sieht anders aus. Plötzlich setzt sich Phil mit einem Ruck auf. Er dreht sich zu Leni und flüstert:

„Wir können es drehen und wenden, wie wir wollen – ihr Entschluss scheint festzustehen ... Also, ich mache da nicht mit! Es muss einen anderen Weg geben“, ergänzt er energisch und seufzt.

Leni nickt traurig: „Ja, gar keine Frage. Ich finde auch, sie hätten uns mindestens fragen müssen! In die Schweiz will ich auf gar keinen Fall!“

Den strahlend blauen Juli-Himmel würdigt sie mit keinem Blick. Dabei ist es eigentlich das perfekte Ferienwetter. Schon am Vormittag klettern die Temperaturen auf dem Thermometer in astronomische Höhen. Grillen zirpen im Gras. Der Duft von blühenden Blumen liegt in der Luft. Und der Garten ist hier voller Blumen. Dafür sorgt liebevoll Frau Lieser. Ihr gehört das hübsche Haus mit dem weitläufigen, gepflegten Garten.

Schon seit Herbst letzten Jahres bewohnen Leni und Phil mit ihren Eltern die winzige Dachgeschosswohnung im Haus der älteren Dame. Und dabei ist „winzig“ nicht übertrieben. Neben Küche, Bad und einem kleinen Flur gibt es darin tatsächlich nur zwei Zimmer. Und leider keinen Balkon. Wann immer die zwei können und das Wetter es zulässt, sind sie deshalb draußen – weit hinten im Garten – unter *ihrem* Apfelbaum anzutreffen.

Das ist auch kein Wunder, denn Phil und Leni müssen sich das Zimmer teilen. Dabei geht es ihnen noch besser als ihren Eltern. Die haben gar keinen eigenen Raum und schlafen im Wohnzimmer.

Wie gut, dass Frau Lieser Kinder liebt und viel Verständnis für die zwei hat. Manchmal serviert sie ihnen sogar schmunzelnd Limonade unter *ihrem* Apfelbaum.

Phil hat einen Moment geschwiegen. Er starrt düster vor sich hin. Schließlich stimmt er Leni zu: „Definitiv muss es und wird es einen anderen Plan geben! Auch wenn sie Geldsorgen haben. Und wenn wir selbst dafür sorgen müssen." Phil ist ziemlich frustriert und lässt erst mal Dampf ab. „Okay, klar, nachdem Paps seine Arbeit verloren hat, müssen wir uns die große Neubauwohnung mit Garten abschminken und können keine so großen Sprünge machen."

Leni schüttelt unwillig den Kopf. „Aber mal ehrlich: Das verstehen wir doch alles. Und wir stehen das bisher doch ganz gut gemeinsam durch. Als ganze Familie. Ja, wir sind alle mal genervt, weil wir in dieser winzigen Wohnung nur das halbe Jahr überbrücken wollten, bis unsere neue Wohnung fertig sein sollte. Aber wir kriegen uns doch auch alle wieder ein."

Phil murmelt gedankenverloren: „Und deshalb bekomme ich eines nicht in meinen Kopf rein: dass sie uns einfach vor vollendete Tatsachen setzen! Wie sie bloß darauf kommen, uns in die Schweiz zu verfrachten! Und dann noch getarnt als Urlaub. Puh, und jetzt muss das auch noch unsere lang ersehnten Sommerferien lahmlegen ..."

Er schluckt den Kloß im Hals herunter und fährt fort: „Dabei könnten wir doch auch noch länger hier bei Frau Lieser wohnen bleiben. Immerhin haben wir uns alle inzwischen an die kleine Wohnung gewöhnt." Er stupst Leni an. „Und wir zwei haben es uns in unserem gemeinsamen Zimmer doch auch ganz gut eingerichtet."

Leni stimmt ihm zu: „Ja, viel Platz ist da nicht, und mein Traumzimmer sieht auch anders aus, aber mit dem Etagenbett hat es sich gut eingespielt. Ich kapiere einfach nicht, wieso sie unbedingt jetzt meinen, etwas unternehmen zu müssen. Ob sie uns das nicht zutrauen? Es liegt doch an uns, ob wir das hinkriegen." Sie schüttelt verständnislos den Kopf und wischt sich empört über die Augen. Als Vorsichtsmaßnahme. Nicht, dass die sich als undicht erweisen und auslaufen wollen. „Pah! Am liebsten würde ich mich einfach in Luft auflösen oder unsichtbar werden, bevor sie losfahren wollen. Wenn sie uns nicht finden, müsste diese blöde Reise ausfallen!" Phil nickt traurig und seufzt. „Ja, wenn das so einfach wäre."

Im Blumenbeet nebenan verschwindet gerade eine dicke, summende Hummel komplett in einem Blütenkelch. Leni hat sie auf ihrem Flug schon eine Weile mit den Augen verfolgt. Sie versucht ein schiefes Grinsen und sagt nachdenklich: „Schau mal, Phil! Die Hummel hat eine coole Technik, sich unsichtbar zu machen. Hummel müsste man sein."

Phil hebt irritiert den Kopf. „Hä? Was müsste man sein? Ich höre immer nur Hummel … Ich kann dir nicht folgen. Was meinst du?"

Leni zeigt auf die duftenden gelben Blumen im benachbarten Blumenbeet: „Siehst du die gelben Blüten von den Löwenmäulchen dort? Ganz außen, rechts oben. Dadrin ist gerade eine richtig dicke Hummel abgetaucht. Für sie ist das die perfekte Tarnung. Bis sie wieder rausfliegt, ist sie unsichtbar."

Phil fixiert den Blütenkelch ungläubig mit den Augen und beugt sich dann zum Beet hinüber. „Eine dicke Hummel? Dadrin? Bist du sicher? Wo denn, bitteschön?" Er rückt noch näher an die Blume heran und wackelt vorsichtig daran. „Das kann ich mir nicht vorstellen. Die Blüten sehen doch alle gleich aus. Hoppla …"

Fast wie aufs Stichwort schießt die besagte Hummel mit Schwung aus dem Blütenkelch heraus. Nur knapp verpasst sie Phils Kopf. Das dröhnende Brummen an seinem rechten Ohr hallt noch einen Moment nach. Als er ihr überrascht nachschaut, sieht er gerade noch, wie sie weiter hinten im Beet zielstrebig das nächste Löwenmäulchen ansteuert. Energisch hebt sie den oberen Teil der Blüte an. Blitzschnell ist sie wieder hinab in die Tiefen des Blütenkelchs getaucht und komplett von der Bildfläche verschwunden.

Phil grinst breit. „Unglaublich. Ich hätte nie gedacht, dass sie da drin ist. Das ist ja eine echt coole Blumentarnkappe. Von außen sieht man überhaupt nicht, ob ein Insekt drin ist oder nicht. Gar keine schlechte Idee …"

Er überlegt noch einen Moment weiter. Dann grinst er plötzlich breit zu Leni hinüber. „Zurück zu unserer Problemlage oder besser Herausforderung. Du wärst also gern unsichtbar?" Leni zuckt mit den Schultern und schaut ihn fragend an. „Klar, wenn das helfen würde, dass wir nicht in die Schweiz müssen?" Phil nickt. „Mm. Gar keine schlechte Idee. Das könnte funktionieren." Leni schaut ihn ungeduldig an. „Nun spuck's schon aus! Was meinst du?" Phil lächelt. „Okay, wie wäre es denn, wenn wir ab heute ein paar Tage Urlaub bei Max und seiner Schwester Moya machen?", fragt er leise.

Leni starrt ihren großen Bruder fragend an und wendet irritiert ein: „Aber, das geht doch gar nicht. Die sind doch weg … zum Sommercamp!"

Phil unterbricht sie rasch: „Pst, leise!“ Er schaut sich vorsichtig um. Dann raunt er: „Eben deshalb! Denk doch mal an die Hummel! Aber das sollten wir hier draußen lieber nicht so laut besprechen. Man weiß ja nie ...“ Er rückt zu ihr hinüber und erklärt ihr flüsternd seinen Plan. „Und ja, ich weiß, was du meinst. Mach dir keine Gedanken darüber! Das passt doch prima zu unserer Tarnung. Überleg mal! Zu einem Besuch bei unseren Freunden können wir problemlos und ohne weitere Erklärung unsere Schlafsäcke und ein paar Wechselsachen mitnehmen. Alles, was man eben für ein paar Tage Urlaub bei Freunden braucht.“

Leni überlegt ein wenig und schaut Phil dann nachdenklich an. „Du meinst, dass unsere Eltern denken, dass wir bei ihnen zu Hause sind. Aber wo sollen wir denn schlafen?“ Phil lächelt und erklärt flüsternd: „Wir fahren erst mal einfach in ihre Nähe, zum Badesee, wo das Camp stattfindet. Da suchen wir uns dann einen Unterschlupf. Gut, dass Sommer ist. Da können wir im Schlafsack problemlos draußen schlafen. Und irgendwie verbringen wir dann ja unseren Urlaub auch bei ihnen – in ihrer Nähe.“

Zögernd hellen sich Lenis Gesichtszüge auf. Sie antwortet: „Nur, dass sie uns da nicht entdecken dürfen ... Aber ja, als Erklärung für unsere Eltern könnte der Besuch vielleicht taugen. Ein Wochenende haben wir erst letzten Monat bei ihnen verbracht und sie auch sonst ein paarmal getroffen ... Du meinst also echt, das könnte klappen?“

Phil nickt zuversichtlich. „Warum nicht? Unsere Eltern kennen ihre Eltern ja schon ein wenig. Und Paps und Ma sind doch gerade ziemlich mit sich selbst beschäftigt. Auf einen Versuch sollten wir es ankommen lassen. Eine andere Idee habe ich nun mal fürs Erste bedauerlicherweise nicht. Aber so könnten wir die Fahrt in die Schweiz zumindest verhindern. Vielleicht lassen sie dann ja mit sich reden, wenn ihr Plan A nicht funktionieren kann ... Danach können wir immer noch weitersehen. Oder ist dir noch etwas eingefallen?“

Leni schüttelt frustriert den Kopf. „Leider nicht. Ich wünschte nur, wir hätten das vor ein paar Tagen nicht mitbekommen. Wie können sie uns das antun? Ich will nicht weg aus Deutschland. Ich will in meiner Klasse bleiben. Keine zehn Pferde kriegen mich in der Schweiz in eine Schule.“ Leni seufzt traurig.

Phil nickt bedrückt. „Ja, das geht mir auch immer wieder durch den Kopf. Aber sonst hätten wir es auch nur später erfahren. Und dann wäre der

Schreck umso stärker gewesen. Ändern würde es nichts. Jetzt haben wir immerhin einen Vorsprung vor diesem sogenannten Urlaub."

Leni nickt traurig und empört zugleich. „Ja, ich wünschte auch, dass das nur ein blöder Traum war, der sich einfach in Luft auflöst. Aber das ist ja leider nicht so. Wir haben es mit eigenen Ohren gehört. Was in aller Welt sollen wir bei völlig fremden Verwandten in der Schweiz? Ich meine, die können ja nichts dafür. Aber ich kann sie jetzt schon nicht leiden. Ich will nicht in der Schweiz sein." Sie seufzt. „Okay, also versuchen wir es. Das werden dann ganz andere Sommerferien als sonst. Ich hoffe so sehr, dass wir später eine andere Lösung finden, auch wenn ich noch keine Idee habe, wie die aussehen soll", meint sie zweifelnd. „Aber sag mal, wie wollen wir es ihnen denn mitteilen? Ma kommt doch abends meist erst heim, wenn wir schon schlafen. Und morgens, wenn wir ausgeschlafen haben, ist sie schon längst wieder weg. Bis zum Wochenende können wir nicht mehr warten. Und ich fürchte, ich kann das nicht gut rüberbringen. Fragst du bei Paps nach?"

Phil schaut grübelnd nach oben zu den kleinen Dachfenstern. Dann nickt er entschlossen. „Ja, das kriege ich schon hin. Wahrscheinlich wird er sogar ganz froh sein, ein paar Tage Ruhe zu haben."

Kurz vor zwölf Uhr erscheint ihr Vater am Dachfenster und ruft sie zum Mittagessen. Rasch laufen sie nach oben. Phil überlegt angestrengt, wann er eine gute Gelegenheit für ihre Frage nutzen kann. Doch kaum haben sie den ersten Happen gegessen, klingelt das Handy seines Vaters. Ein Blick auf das Display, und er springt erschrocken auf. Das Gespräch nimmt er direkt drüben im winzigen Wohnungsflur an. Von dort hören sie seine gedämpfte Stimme.

„Reimers hier ... Oh, guten Tag, Herr Schuster. ... Nein, kein Problem, was möchten Sie denn? ... Oh ... Ja, klar ..., das verstehe ich natürlich ... Doch, doch, das kann ich einrichten ... Ich mache mich direkt auf den Weg. Bis gleich. Ich denke, ich kann in einer guten Dreiviertelstunde da sein. Vielen Dank, dass Sie es trotzdem ermöglichen."

Er legt auf. Als sei bei einem Wettkampf der Startschuss gefallen, sprintet er los. Er flitzt zum Kleiderschrank, zieht rasch seine Jeans und das Shirt aus. In Windeseile schlüpft er in Hemd und Anzug. Mit der Krawatte in der Hand eilt er ins Bad. Dann geht's hinüber zur Garderobe, rein in die Schuhe ... Plötzlich erblickt er seinen Sohn, der im Türrahmen steht.

„Oh nein, Phil. Ich habe euch ja noch gar nicht Bescheid gesagt. Das tut mir leid. Es ist gerade leider sehr hektisch geworden. Am Telefon eben war die Schreinerei. Nun habe ich nach so vielen Absagen endlich einmal ein Vorstellungsgespräch, wenn auch in meinem alten Beruf. Aber egal. Und dann ziehen sie es zwei Stunden vor ..." Er verdreht seufzend die Augen. „Wegen einer Familienangelegenheit von jemandem aus der Personalabteilung. Was ich natürlich verstehe, es aber nicht weniger stressig für mich macht ..." Er spricht schnell und wirkt gehetzt. „Wolltest du denn etwas von mir? Gibt es etwas Dringendes?"

Phil schluckt und nickt. Dann beeilt er sich: „Ja, schon. Ich mache es auch ganz kurz, damit du schnell loskannst. Also, wo jetzt Sommerferien sind und unser eigentlicher Urlaub ja leider ausgefallen ist, hängen Leni und ich hier ziemlich gelangweilt rum. Und da haben wir beide überlegt, dass wir gern ein paar Tage bei Moya und Max verbringen würden."

Herr Reimers sieht prüfend zu Leni hinüber. Die nickt zustimmend. Ihr Vater runzelt die Stirn. „Tja, ich würde euch auch gern mehr bieten, aber es geht ja leider im Moment nicht. Das tut mir sehr leid. Und bis wir für die paar Tage zu Onkel Bruno und Tante Matilde in die Schweiz fahren, sind es ja auch noch fast anderthalb Wochen."

Phil und Leni schauen sich wortlos an und nicken bedrückt.

Ihr Vater seufzt. „Verstehe. Vielleicht ist das ja sogar eine gute Idee, bevor ihr hier noch vor Langeweile umkommt ... Also, wenn es für euch beide und für die anderen auch schön ist, von mir aus gern. Wir mögen Max und Moya und ihre Eltern. Ich denke, da seid ihr gut aufgehoben."

Er überlegt. „Ich hoffe, für Mama ist es auch okay, aber vielleicht ist es ganz gut, wenn sie nach den vielen Überstunden am Wochenende etwas Ruhe hat." Herr Reimers zieht seine Krawatte gerade.

Leni atmet vorsichtig auf. ‚Das läuft ja besser als gedacht', freut sie sich insgeheim. Doch mit einem Mal dreht sich ihr Vater auf dem Absatz um und schaut sie ernst an. „Ihre Eltern sind ja wohl auch einverstanden", sagt er gedankenverloren. Leni stockt der Atem. ‚War das jetzt eine Feststellung oder doch eine Frage? Oh nein! Hoffentlich will er das nicht genauer wissen.' Sorgenfalten erscheinen auf seiner Stirn. Beunruhigt erkundigt er sich: „Aber wird es ihnen mit vier Kindern nicht zu viel?"

Phil reagiert schnell und beruhigt ihn. „Ganz bestimmt nicht. Wir nehmen sogar unsere Schlafsäcke mit. Dann braucht es keine Bettsachen. Ihre Eltern lassen wir total in Ruhe. Die kriegen gar nicht mit, dass wir da sind. Und du hättest auch ein paar Tage Ruhe für die Bewerbungen. Du hast ja im Moment genug Stress."

Herr Reimers seufzt. „Ja, allerdings. Es tut mir total leid, dass ihr das alles mitbekommt. Aber das lässt sich gerade leider nicht ändern, besonders hier in der kleinen Wohnung nicht. Und dass ich mich jetzt auch noch für meinen alten Beruf bewerben soll, bringt noch mal mehr Unruhe rein. Ich meine, nicht, dass ich nicht gern baue und tüftle, aber ich würde so gern einfach wieder da anknüpfen, wo ich zuletzt war. Doch das Leben ist kein Wunschkonzert."

Er zuckt unglücklich mit den Schultern. „Wie auch immer. Ich muss jetzt dringend los. Versteht mich bitte nicht falsch! Ich werde Steinerts später auf jeden Fall noch anrufen, ob es ihnen auch wirklich recht ist. Grüßt sie bitte schon mal von mir!", trägt ihnen ihr Vater auf. Leni wird es vor Schreck innerlich ganz schummerig. ‚Oh, nein! Wenn er anruft, fliegen wir doch gleich auf', schießt es ihr durch den Kopf. Hilfesuchend schaut sie zu Phil hinüber. Hoffentlich fällt ihm irgendetwas ein, um das abzuwenden.

Doch noch ehe sie Blickkontakt mit ihm aufnehmen kann, setzt Phil zur Antwort an. Leni hält den Atem an, als er sagt: „Klar, mach das! Ruf sie gern an, wenn du meinst! Neulich waren sie jedenfalls echt froh, als wir das Wochenende zusammen verbracht haben. Sie haben sogar Pizza für uns bestellt, weil sie dann Ruhe zum Arbeiten hatten." Phil antwortet, als wäre es die natürlichste Sache von der ganzen Welt. Leni ist entsetzt. ‚Ja, versteht er denn nicht, was er da gerade macht?'

Phil jedoch lächelt und führt das Gespräch weiter, als wenn nichts gewesen wäre. „Du weißt doch, Max und Moyas Eltern sind beruflich oft im Stress. Denen ist es wahrscheinlich auch lieber, wenn wir uns miteinander beschäftigen." Herr Reimers nickt nachdenklich. „Ja, vielleicht hilft ihnen das. Aber das ganze Drumherum ..." Inzwischen ist Leni total schlecht. ‚Bestimmt sieht man mir an, dass meine Knie ganz weich sind', denkt sie verzweifelt.

Phil aber nickt verständnisvoll und antwortet seinem Vater: „Daran haben wir auch schon gedacht. Wir nehmen extra auch etwas Verpflegung mit, damit wir ihnen nicht zur Last fallen. Und wenn wir nicht da sind, kann

Ma sich auch besser ausruhen, wo sie jetzt so viel arbeitet. Ihr müsst nicht für uns kochen. Sagst du ihr Bescheid? Wir wollen sie jetzt nicht auf der Arbeit stören." Leni hält die Luft an. ‚Hoffentlich endet dieser Thriller bald. Oder hat Paps am Ende doch schon Verdacht geschöpft?'

Doch Herr Reimer nickt nur gedankenverloren. „Ja, das mache ich. Ihr könnt Mama ja heute oder morgen noch anrufen." Plötzlich fällt sein Blick auf sein Smartphone. „Oh, nein, ich bin jetzt wirklich spät dran. Ich muss dringend los. Sonst verpasse ich noch die Bahn. Es tut mir leid, dass das Vorstellungsgespräch jetzt alles auf den Kopf stellt." Er seufzt. „Hoffentlich lohnt sich der Stress wenigstens. Leider hat Mama ja auch das Auto, sonst hätte ich euch gern auf dem Weg zum Vorstellungsgespräch bei Steinerts abgesetzt."

Phil winkt ab. „Kein Problem. Wir nehmen eh die Räder. Dann können wir Ausflüge machen. Du weißt doch, was für eine Sportskanone Max ist. Fahr du mal jetzt zügig los – und alles Gute für dein Vorstellungsgespräch!"

Herr Reimers nickt flüchtig und ist schon zur Tür hinaus. Dann steckt er noch mal den Kopf herein: „Danke. Nehmt bitte eure Handys mit, damit wir euch erreichen können!" Die Tür fällt ins Schloss. Und schon ist ihr Vater verschwunden.

Leni wartet noch einen Moment. Entsetzt starrt sie ihren großen Bruder an. „Mensch, Phil, mir ist fast das Herz stehen geblieben. Wie konntest du ihm bloß sagen, dass er bei Steinerts anrufen soll? Dann ist doch gleich alles aus." Leni ist kreideweiß und schüttelt den Kopf. „Ich glaube kaum, dass er es in seinem Stress vergisst oder plötzlich doch nicht mehr wichtig findet. Paps macht sich doch immer so viele Gedanken, wie es für die anderen ist. Darauf hätten wir auch kommen können, dass er darauf besteht, da anzurufen!" Sie ist ganz aufgeregt und fertig zugleich. Ein ganzer Wortschwall entlädt sich über Phil: „Überleg doch mal, jetzt ist nicht nur unser einziger Plan gerade komplett den Bach runter gegangen. Nein, nach dem Telefonat mit Steinerts wird er auch noch ganz genau von uns wissen wollen, wie in aller Welt wir ihm so einen Blödsinn auftischen konnten!"

Mitten in ihren Satz hinein mischt sich eine durchdringende Melodie. Phil und Leni zucken zusammen. Sie sind wie erstarrt. Ihre Augen wandern zum Telefon. Auch Phil bricht jetzt der Schweiß aus. Tonlos sagt er: „Was, wenn das Papa ist, und er es sich anders überlegt hat?" Sie halten die Luft an und bewegen sich keinen Zentimeter. Als könnte der Anrufer an Bewegungen erkennen, ob jemand zu Hause ist. Es zieht sich ewig, bis der Anrufbeantworter seinen Spruch aufgesagt hat. Wird er eine Nachricht aufnehmen? Angespannt horchen sie nach dem Piep-Ton. Tatsächlich. Sie zucken zusammen. Es ist Ma. „Hallo, ihr Lieben, gerade musste ich an euch denken. Ich vermisse euch und wollte einfach mal hören, wie es euch geht. Leider erreiche ich euch jetzt nicht." Stumm starren sich Leni und Phil an. ‚Auch das noch ...' Die Stimme ihrer Mutter ist wackelig, als sie fortfährt. „Leider muss ich heute länger arbeiten und am frühen Abend noch bei einem Kunden vorbeifahren. Das tut mir echt leid. Esst bitte schon mal ohne mich. Ich habe euch lieb." Nachdem der Anrufbeantworter sich ausgeschaltet hat, schluckt Leni und sagt vorsichtig: „Puh, ich dachte schon, das war es. Gar nicht so einfach, Ma zu hören und nicht dranzugehen. Was sie wohl denkt, wenn sie hört, dass wir weggefahren sind, obwohl ..." Leni stutzt. Schlagartig fällt ihr der angekündigte Anruf ihres Vaters bei Steinerts wieder ein. Entmutigt sagt sie: „Egal, das hat ja jetzt alles eh keinen Sinn mehr ..."

Phil lächelt und knufft sie vorsichtig mit der Faust. „Hey, entspann dich, Schwesterherz! Unser Plan ist immer noch brandaktuell. Paps kann da ruhig anrufen. Er wird vorerst niemanden erreichen!" Irritiert schaut Leni auf. „Wie jetzt? Wie willst du das denn bitteschön verhindern?" Phil grinst verlegen und meint. „Ich? Gar nicht." Bevor Leni ärgerlich wird, ergänzt er rasch: „Als ich ihm sagte: ‚Die kriegen gar nicht mit, dass wir da sind'" – er grinst verlegen –, „da war ich einfach nur ehrlich! Weißt du, Max hat neulich in der Schule erzählt, dass seine Eltern echt froh sind, dass sie beide ins Camp fahren. Denn sein Vater muss heute für einige Tage dienstlich nach Frankreich fahren, in die Nähe von Paris. Und da nutzen seine Eltern die Gelegenheit. Seine Mutter fährt mit auf die Dienstreise. Sie haben sich wohl damals in Paris verlobt und wollen das noch mal feiern. Wie auch immer. Gut für uns. Zwar sind sie, bevor das Camp endet, wohl wieder zurück, aber bis dahin sind wir schon ein paar Tage weg."

Leni schüttelt sich. „Oh no, was für ein Stress! Das hättest du mir auch schon vorhin sagen können", knurrt sie. „Puh, mir hat sich vielleicht der Magen umgedreht. Gib mir einen Moment, um mich wieder einzukriegen!" Sie seufzt. „Gut, dass Paps nicht noch mehr nachgefragt hat. Mit Ma wäre das nicht so einfach gewesen."

Phil nickt. „Ja, aber während der Woche ist sie ja fast nur noch zum Schlafen hier, auch wegen der langen Fahrzeit. Überleg mal, gut zweieinhalb Stunden für Hin- und Rückfahrt jeden Tag, ohne Stau … Und dass Paps seinen Job verloren hat und nun schon so lange vergeblich nach einer neuen Arbeit sucht, nimmt sie auch ordentlich mit."

Leni schüttelt unwillig den Kopf. „Hör bloß auf! Da muss ich dir später noch was zu erzählen. Aber überleg mal, wir reden hier so lange, das ist nicht schlau! Das können wir auch nachher noch. Lass uns lieber aufbrechen, bevor Paps noch zurückkommt und es sich anders überlegt hat!"

Phil nickt. „Ja, du hast total recht. Moment. So, hier ist die Taschenlampe. Die muss auf jeden Fall mit! Komm, lass uns noch schnell das Geld aus unseren Spardosen holen!"

Beide laufen in ihr gemeinsames Zimmer. Leni zuckt frustriert mit den Schultern. „Oh no! Das wird wohl nicht viel ergeben. Wir haben ja letzten Monat alles aufs Sparbuch eingezahlt." Schnell greifen beide nach ihren Spardosen. Leni schüttelt das wenige Geld aus der Dose. „Fehlanzeige. Knapp drei Euro. Nicht wirklich ergiebig."

Phil seufzt. „Bei mir ist auch ziemlich Ebbe in der Kasse. Dann lass uns wenigstens noch ein paar Pfandflaschen mitnehmen und unterwegs abgeben. Zu blöd, dass es bei uns mit dem Job zum Zeitungenaustragen neulich nicht geklappt hat. Vielleicht hätte das ja uns allen geholfen, und wir müssten jetzt nicht so Hals über Kopf wegfahren. Auf jeden Fall sollten wir unterwegs noch mal überlegen, ob uns noch andere Auswege einfallen." Er drückt Leni seine vier Euro dreißig in die Hand. „Packst du die mit ein?"

Leni nickt. „Klar, mache ich. Und weiter nach Lösungen suchen müssen wir unbedingt. Auch wenn ich im Moment so gar keine Idee habe. Was Ma und Paps sich da überlegt haben, das geht jedenfalls gar nicht!" Sie gibt sich einen Ruck. „Also gut, los jetzt! Wir ziehen das durch, auch wenn es mir schwerfällt. Ich packe noch schnell etwas zu Essen zusammen. Dann komme ich runter. Trägst du schon die Räder raus?"

Phil nickt. „Ja, mache ich. Und ich hole noch rasch etwas aus dem Keller, was wir brauchen können."

Geschwind sucht Leni die große grüne Kühltasche, die sie sonst immer zum Picknick mitnehmen. ‚Ah, da ist sie schon. Gut, dass Ma alles so ordentlich verstaut hat', denkt sie erleichtert. Das Kleingeld in ihrer Hand stört Leni beim Packen. Gedankenverloren schiebt sie die Münzen in eine kleine Reißverschlusstasche außen an der Kühltasche. Endlich hat sie beide Hände frei. Rasch packt sie Gemüse, Obst, Kekse und Müsliriegel sowie Margarine und Aufschnitt in die geräumige Tasche. In der Tiefkühltruhe findet sie sogar ein großes Toastbrot. Leni nickt zufrieden. ‚Das wird schon mal für gut eine Woche reichen. Wenigstens ums Essen müssen wir uns keine Sorgen machen. Nun noch das Plastikbesteck.' Auch das landet vorn beim Geld, zusammen mit etwas Küchenrolle. Sorgfältig verschließt Leni den kleinen Reißverschluss wieder. ‚Damit nichts rausfällt. Geld und Besteck sind wichtig!'

Dann fasst sie eilig den großen Reißverschluss der Kühltasche. Doch die inzwischen über den Rand volle Tasche zickt. Prompt bleibt der Reißverschluss stecken. Egal, wie sehr sie daran ruckelt und zieht, nichts geht mehr. Schließlich sieht Leni es ein. So wird das nichts. ‚Okay, ich habe dich zu sehr vollgestopft. Lass mal sehen ...'

Prüfend inspiziert sie die Lage. ‚Klarer Fall. Damit es eine Chance gibt, dass die Tasche zugeht, muss irgendetwas wieder heraus.' Eilig greift sie ein paar Sachen und stopft sie in ihre Jackentasche. Jetzt ein erneuter Versuch. Na also! Endlich geht der Reißverschluss knapp zu. Dann nichts wie los! ‚Oh nein, ich habe die Pfandflaschen vergessen.' Hektisch schaut sie sich um. ‚Da, drei, nein, vier Stück. Mehr sind es nicht? Egal. Wir müssen los.' Sie greift einen Stoffbeutel und schiebt die leichten Plastikflaschen hinein.

Beim Rausgehen nimmt Leni noch ihren guten Fotoapparat und zwei Wasserflaschen mit. Phil wartet schon unten bei den Rädern. Er hat eine kleine Rolle fleckigen Stoff und eine Rolle Plastiksäcke hinter seinem Schlafsack auf dem Gepäckträger verstaut. Leni schaut ihn irritiert an.

„Was soll das denn? Willst du irgendwo renovieren?"

Phil grinst. „Nein, das sind alte Stoffreste auf einer Rolle, die unten mit einer Folie beschichtet sind. Man nennt es Malervlies. Damit schützt man den Boden beim Renovieren. Paps hatte das beim Streichen unseres Zimmers benutzt, erinnerst du dich?" Leni nickt langsam.

„Das nehmen wir als Unterlage, damit es nicht so kalt und feucht wird." Skeptisch schaut er auf die Kühltasche. „Puh, ist die groß. Die wirst du allein auf den Gepäckträger nehmen müssen. Die kriegen wir nicht zusammen mit deinem Schlafsack befestigt. Und was machen wir mit der Stofftasche?"

Er hebt die schwere Kühltasche auf Lenis Rad. Leni klemmt sie gerade noch mit dem Gepäckbügel fest. Dann bastelt er irgendwie die Stofftasche noch dran und bindet sie sicherheitshalber am Griff der Kühltasche fest. Es ist ziemlich knapp. Phil runzelt die Stirn und schaut zweifelnd zu Leni hinüber. „Das müsste hoffentlich halten. Vorausgesetzt, dass du kein Rennen fährst."

Sie grinst. „Keine Sorge, ich fahre eh vorsichtig."

Phil quetscht Lenis Schlafsack noch mit auf seinen Gepäckträger. Die Wasserflaschen und der Fotoapparat passen eben noch in ihre Rucksäcke. Endlich sind sie startklar und rollen vom Hof.

Hinein ins Ungewisse.

# WIEDERSEHENSFREUDE, SCHRECKMOMENTE & COMPUTER-SORGEN

Am Nachmittag rund zehn Kilometer weiter südlich an einem Waldparkplatz. Die Sonne brennt jetzt richtig vom Himmel.

„Endlich Ferien! Sommercamp, wir kommen!", jubelt Emma und winkt ihrem wegfahrenden Vater noch kurz hinterher. Eben hat er die Kurve erreicht, hinter der sie ihn nicht mehr sehen kann. Emma lässt langsam die Hand sinken und will sich gerade zu ihren Freundinnen umdrehen. Doch da: Wie aus dem Nichts blitzen plötzlich die roten Bremslichter seines Wagens auf. Laut quietschen die Bremsen. Der Schall der Hupe dröhnt durch den Wald. Laut genug, als wolle er sämtliche Waldbewohner auf einmal aufschrecken. Erschrocken fahren alle herum. Gerade noch sieht man zwei Jugendliche auf voll beladenen Rädern. Beide schlingern und schwanken bedrohlich. Einer von beiden hat merklich Mühe, nicht vom Rad zu fallen. Doch er fängt sich wieder und rast rasch davon. Sekunden darauf sind sie in Richtung Waldweg verschwunden. Emma setzt sich schon in Bewegung, um hinüberzulaufen. Doch einen Augenblick später, als er sich vergewissert hat, dass es keine Verletzten gab und die beiden Verursacher weg sind, fährt ihr Vater weiter.

Emma ist vor Schreck ganz weiß im Gesicht geworden. „Beinahe wären die meinem Dad direkt vors Auto gefahren. Wie konnten die bloß so plötzlich aus dem Wald auftauchen?", flüstert sie geschockt. Mit tonloser Stimme murmelt sie: „Gott sei Dank ist alles gut gegangen." Dann bricht es auf einmal aus ihr hinaus. „Puh, das war vielleicht knapp. Haben die etwa keine Augen im Kopf? Wie gefährlich war das denn! Nicht auszudenken, was da alles hätte passieren können. Gut, dass mein Dad so schnell reagiert hat." Sie kriegt sich kaum noch ein. Ihre Freundinnen nicken betroffen und versuchen, sie zu beruhigen.

Doch Emma ist immer noch außer sich und schnappt nach Luft. Jule sagt einfühlsam: „Ja, wie gut, dass da nichts passiert ist. Das hätte echt böse schiefgehen können. Bestimmt gehören die auch zum Camp. Vielleicht waren sie auch zu früh dran, hatten Langeweile und haben mit ihren Bikes schon mal das Gelände erkundet. Aber der Sprint über die Straße war voll leichtsinnig. Kein Wunder bei dem heißen Wetter. Das macht echt kopflos. Na, die werden demnächst wohl besser gucken, bevor sie auf die Straße brettern."

„Ja, hoffentlich", seufzt Emma, verdreht die Augen und lässt endlich ihren schweren Rucksack neben ihrer Reisetasche auf den Boden gleiten. Dann setzt sie sich auf einen Holzstoß am Parkplatzrand. Ganz langsam erst normalisiert sich ihre Gesichtsfarbe. „Puh. Das ist bei Weitem zu viel Aufregung bei der Hitze! Ich brauch jetzt erst mal eine Pause."

Ihre Freundinnen Jule, Rebecca und Paula nicken zustimmend und setzen sich zu ihr. Entlang der Straße am Waldrand entdecken sie kurz darauf eine Gruppe von Jungs. Einer von ihnen schiebt ein Fahrrad. Sie kommen von der Stelle herüber, wo die beiden Radfahrer im Wald verschwunden sind, und diskutieren aufgebracht miteinander.

„Haben die ihn etwa abgefangen? Ob der Junge dort an der Aktion beteiligt war?", fragt Emma aufgeregt. „Na warte, der kann was erleben!"

Jule beschwichtigt sie und schüttelt den Kopf. „Ich glaube nicht. Die zwei Räder eben hatten keine Satteltaschen ..."

Rebecca stutzt. „Jetzt, wo sie näherkommen ... Hey, das sind doch Simon, Max, Tobi und Linus vom letzten Jahr." Ihre Freundinnen grinsen und nicken verstehend.

Ehe sie noch entschieden haben, ob sie sich bemerkbar machen, haben auch die Jungs die Mädchen entdeckt. Sie haben ihr Gepäck geschultert und schlendern zu ihnen herüber. Vorn an Max' Fahrrad baumelt eine große grüne Kühltasche. Und an deren Henkeln eine Stofftasche. ‚Komische Konstruktion', denkt Paula. ‚Wie kann man bloß so Rad fahren?' Alle begrüßen sich freundlich. Max lehnt sein Rad an einen Baum und runzelt die Stirn.

„Habt ihr das gerade auch gesehen? Das war echt lebensgefährlich, was die zwei da veranstaltet haben." Er schüttelt den Kopf. „Gerade hatten wir ihnen noch zugerufen und gefragt, ob sie auch zum Camp anreisen. Ich dachte sogar, dass mir der eine bekannt vorkommt. Aber sie waren noch zu weit weg, und mit den Helmen auf dem Kopf konnte ich sie nicht gut erkennen. Gepäck hatten sie jedenfalls ordentlich dabei. Doch statt umzudrehen und mit uns zu reden, haben sie einfach Gas gegeben, als würden sie verfolgt, und sind fast direkt vor das Auto gefahren. Dabei ist einer fast gestürzt und hat diese Sachen hier verloren." Er zeigt auf seinen Lenker.

Paula grinst. „Ach so, deshalb die Sachen am Lenker. Ich habe mich schon gefragt, wie du so Rad fahren kannst."

Max schüttelt den Kopf. „Nee, das würde ich niemals tun. Das kann dir ja in die Speichen geraten … Jedenfalls habe ich noch hinter denen hergerufen, aber sie haben nicht angehalten. Jetzt nehme ich die Taschen erst mal mit ins Camp. Die können sie sich hinterher bei den Mitarbeitern des Camps abholen – und gleich auch eine paar deutliche Hinweise, dass man hier nicht wie blöd durch den Wald brettert."

Emma nickt erleichtert. Dass Max gerade so Klartext gesprochen hat, tut ihr richtig gut. Sie lächelt zaghaft. „Okay, und dann lasst uns bitte aufhören, davon zu reden. Ich muss jetzt dringend auf andere Gedanken kommen! Nicht auszudenken, was da hätte passieren können. Mein Vater saß in dem Auto. Er hätte sie fast angefahren. Ich bin echt froh, dass es noch mal gut gegangen ist!"

Alle nicken verständnisvoll. Flugs setzen sich die Jungs zu den Mädchen auf die alten Holzstämme. Max fächelt sich Luft zu: „Cool, dass ihr auch wieder am Start seid. Das Sommercamp wollte ich auf keinen Fall verpassen. Und dann dieses Traumwetter. Die Fahrt mit dem Rad hierher war super. Die Abkühlung durch den Fahrtwind … Was will man mehr!"

Linus verdreht die Augen: „Respekt, Alter, das wäre mir bei dem Wetter ganz bestimmt nicht eingefallen."

Max grinst und zuckt mit den Schultern. „Meine Schwester Moya hatte auch überhaupt kein Verständnis dafür und ist mit einer Freundin mitgefahren. Mal sehen, wann sie hier eintreffen."

Linus nickt. „Tja, das kann ich mehr als gut verstehen. Das Auto war auch definitiv meine Wahl. Und ich habe eine ausgesprochen gute Wahl getroffen. Nicht wahr, Tobi? Ich bin so froh, dass unsere Klimaanlage im Auto so gut funktioniert hat! Du hast die kühle Fahrt doch auch genossen?"

Tobi nickt und schmunzelt: „Ja, echt geniale Mitfahrgelegenheit, auch wenn wir jetzt noch etwas warten müssen, bis es losgeht. Nur schade, dass wir eure Klimaanlage nicht gleich ausbauen und hierlassen konnten."

Er blinzelt zu Linus hinüber. „Du hättest deinen Vater einfach irgendwie ablenken müssen. Den Rest hätte ich dann schon erledigt …" Tobi grinst und klappert vielversprechend mit seiner kleinen Werkzeugtasche, die er immer dabei hat. „Ich hätte den Schraubenschlüssel fast schon angesetzt, aber dein alter Herr hat mich nicht aus den Augen gelassen …"

Linus schüttelt den Kopf. „Vergiss es …"

Tobi seufzt und verdreht die Augen: „Okay, bevor gleich kritische Anmerkungen kommen, auch mir ist klar, dass man Auto-Klimaanlagen nicht einfach ausbauen und separat betreiben kann. Aber ich kann mir nicht helfen. Bei so einem Sahara-Sommer habe ich einfach diese Hitze-Fantasien. Es wäre genial, jetzt hier so eine erstklassige Kühlung auf Knopfdruck zu haben …" Er schwelgt in Erinnerung an die klimatisierte Fahrt zum Camp.

Linus schüttelt schmunzelnd den Kopf. „Das meinte ich gar nicht. Weißt du, selbst wenn das ginge, an den Wagen meines Vaters wärst du mit deinem Werkzeug nun mal nicht rangekommen. An sein Auto lässt mein Vater keinen ran. Das überwacht er wie seinen eigenen Augapfel. Und wenn tatsächlich mal was nicht okay ist, schraubt er sogar das allermeiste selbst. Nur zu schade, dass er sich nicht auch so gut mit Computern auskennt. Ihr ahnt ja nicht, was wir für eine Woche hinter uns haben. Steinzeit ist nichts dagegen!", seufzt er und sieht auf einmal ganz fertig aus.

Die anderen schauen ihn fragend an. Rebecca erkundigt sich freundlich: „Das klingt ja übel. Was war denn los?"

„Na, unser Computer zu Hause tickt auf einmal total schräg. Schon seit Anfang der Woche läuft da gar nichts mehr. Wenn man ihn hochfährt, geht er zwar noch an, rattert dann auch wild herum, aber anmelden können wir uns nicht mehr. Er nimmt einfach keine Eingaben mehr an. Zurücksetzen kann mein Vater ihn deshalb auch nicht. Und löschen und neu aufsetzen will er ihn nicht, weil noch all seine wichtigen Arbeitsdaten darauf sind. Darum hat er ihn auch nicht zum Computerladen gebracht. Also lässt er ihn im Moment so, wie er ist. Er hat Sorge, noch mehr kaputt zu machen, und wartet lieber, bis er professionelle Hilfe bekommt. Ein Computer im Dauerstreik sozusagen. Das ist so was von blöd. Ich bin total genervt. Keine Mails, keine Chats, kein Zocken, kein Surfen, einfach gar nichts mehr. Mein Datenvolumen ist für diesen Monat eh schon aufgebraucht. Und mein Handy funktioniert zu Hause nur noch im Offline-Modus. Es muss auch irgendwas mit dem Internetzugang zu tun haben. Puh. Man merkt sonst gar nicht, wie viel man all diese Geräte im Alltag benutzt."

Simon schaut Linus zweifelnd an. „Wie? Das verstehe ich jetzt nicht. Du hast mir doch vorgestern noch eine Lesebestätigung geschickt, als ich dich bat, den Volleyball mitzubringen."

Linus stutzt verwundert: „Lesebestätigung? Ich? Den Volleyball mitbringen? Jetzt verstehe ich nur noch Bahnhof. In den Rechner komme ich doch schon seit Tagen gar nicht mehr rein. Das kapier ich jetzt nicht. Und überhaupt, den Volleyball, den wolltest du doch mitbringen!"

Simon brummt ungeduldig. „Ja, aber das ging ja bekanntlich leider nicht. Wie ich dir geschrieben habe, ist mir unser Volleyball vorgestern unter ein Auto gerollt. Und nun ist er platt wie eine Flunder und ohne Chance auf Wiederbelebung eines nicht natürlichen Todes verstorben. Darum hatte ich dich ja extra gefragt, ob du euren Ball mitbringen kannst."

Linus schaut ihn total irritiert an und zuckt fragend mit den Schultern. „Das kapier ich jetzt nicht. Davon höre ich gerade zum ersten Mal", gibt er pampig zurück.

Nun guckt Simon verdutzt und etwas genervt. „Hm, das ist ja *strange*. Die Mail schrieb ich dir, als die Handynachrichten an dich immer als nicht zugestellt markiert waren. Dann bekomme ich die Lesebestätigung, und jetzt sagst du mir, dass du nichts davon weißt. Come on, was soll das denn?"

Linus starrt ratlos zurück. „Also, noch mal langsam zum Mitschreiben: Ich habe 100 Prozent sicher ganz bestimmt rein überhaupt nichts verschickt!"

Beide blicken sich genervt an und verstehen die Welt nicht mehr.

Max überlegt und schaltet sich dann ein. „Nun mal sachte, Jungs. Also, das Einzige, was ich mir erklären kann, ist, dass das volleyballfreie Camp auch auf Kosten eures komischen Computers geht. Auch wenn ich keine Ahnung habe, wie."

Linus nickt nachdenklich. „Ich fass es nicht!" Er läuft langsam rot an. „Boah, ich krieg die Krise. Ich dachte, der ist nur ‚außer Betrieb'. Wenn der Computer nun auch noch komische Nachrichten verschickt hat, während er wie wild herumrattert, dann schlägt das ja dem Fass den Boden aus! Wirklich, nicht auszudenken. Hoffentlich ist das nicht auch noch woanders passiert. Also", er zuckt mit den Schultern und schaut Simon entschuldigend an, „ob du es glaubst oder nicht, ich war das ehrlich nicht. Es tut mir leid. Sorry, Mann."

Simon schluckt und ringt sich dann zu einem Nicken durch. „Ist schon gut, Mann. Es gibt Wichtigeres als Volleybälle."

Tobi heitert schließlich alle absichtlich mit einem Dialekt-Schlusswort auf: „Nu kricht euch ma alle beide widda ein. Dann is der Volleyball halt vermasselt. Wat soll's. Hauptsache, dat Rätsel hat sich gelöst. Aber ma im Ernst. Dat is doch alles Killefit. Mit Langeweile hatten wir im Sommercamp doch noch nie ein Problem, woll?" Linus und Simon müssen grinsen.

Tobi nickt. „Gut so! Und außerdem war schon im letzten Jahr kaum Zeit für Ballspiele nebenher. Und ich habe noch unseren Fußball dabei. Der wird uns im Fall der Fälle schon helfen. Die Hauptsache ist doch, dass dein Vater das bald auffe Kette kricht, Linus. Und hier inne Pampa sind wir ja eh die meiste Zeit offline."

Linus muss unfreiwillig grinsen. Doch er guckt zweifelnd. „Ja, klar. Nur ... allein schafft er es nicht. Dabei hat mein Vater schon einen echt fitten Kollegen um Hilfe gebeten. Der ist so ein Computer-Nerd und hat damit auch beruflich zu tun. Aber bisher hatte der leider noch keine Zeit. Leute, ich würde echt was dafür geben, wenn das Ding endlich wieder läuft."

Er überlegt kurz und lächelt dann. „Da ihr ja jetzt auch Leidtragende unserer global-galaktischen Computerpanne seid – Trommelwirbel – also, hört alle einmal her: Wenn Papas Kumpel den Computer am Ende des Camps wieder flottgemacht hat, gebe ich euch von meinem Taschengeld eine große Portion Eis aus! Ich hoffe, für euch Mädchen wäre das fahrtechnisch okay? Ihr wohnt ja in der Nachbarstadt."

Doch bevor sie antworten können, schaltet sich Simon ein: „Sorry, wenn ich hier mal kurz reingrätsche. Bitte entschuldige, dass ich gerade so genervt war. Für mich war spätestens mit der Lesebestätigung ganz klar, dass du die Nachricht bekommen hattest. An so etwas habe ich nicht im Traum gedacht. Und was dein Angebot angeht: Wenn das nicht echte Verzweiflung ist, Kumpel! Gut, dann bangen wir ab jetzt gemeinsam mit dir. Und wenn es klappt, lege ich von meinem Taschengeld noch was drauf."

Linus nickt dankbar: „Kein Problem, Simon, ich ja auch nicht." Dann schaut er fragend zu den Mädchen hinüber.

Die kichern, flüstern kurz. Dann bedanken sie sich für das Angebot. Rebecca lächelt. „Doch, ich denke, das kriegen wir hin. Wir haben ja Schülertickets. Aber zurück zu deinem Angebot: Wir haben uns auch etwas überlegt. Nur für den Fall, dass der Kumpel länger braucht. Dann spendieren wir dir alle einen Trosteisbecher. Wie wäre das?"

Alle schmunzeln. Linus nickt halb freudig, halb skeptisch. „Danke, das ist sehr großzügig von euch. Aber so sehr ich Eis mag, hoffe ich in diesem speziellen Fall dringend, dass ich nicht in den Genuss eures Angebots komme."

Max feixt. „Dann ist ja alles geregelt. Ich fasse zusammen: Egal, was passiert, es gibt Eis. Lecker! Doch genug mit dem Computerzeugs. Bis zum Ende des Camps genießen wir jetzt alle die reale Welt. Keine Sorge, Linus, wir werden dir schon Unterhaltung bieten. Ich hätte da zum Beispiel ein nettes, anspruchsvolles Sportprogramm in Angebot!"

Die anderen grinsen breit. Linus winkt erschrocken ab. „Lass mal, Alter, wir wollen es bei diesem Wetter nicht übertreiben."

Alle kichern. „Apropos Eis. Also, ich brauche jetzt definitiv eine Abkühlung", wirft Rebecca lächelnd ein, „nicht erst am Ende des Camps." Sie angelt eine kleine Kühltasche aus ihrem Rucksack und öffnet den Reißverschluss.

Jule traut ihren Augen kaum. „Das glaub ich jetzt nicht! Cool! Das ist ja Wassereis!"

Rebecca grinst: „Doch, doch, alles echt. Fühl mal! Schön kalt."

Sie hält Jule eins an den Hals. Die zuckt erschrocken zurück und bestätigt nach einem Griff in die Tasche: „Respekt, eure Kühlakkus haben super gehalten."

Rebecca nickt. „Ich habe gleich eine doppelte Lage Wassereis eingepackt und auch eine kleine Schere zum Aufschneiden dabei. Also, wollt ihr jetzt? Oder kann ich alles alleine essen?"

„Niemals!", rufen die anderen fast gleichzeitig und stürzen sich jubelnd auf das Wassereis. Ruckzuck leert sich die Tasche.

Tobi grinst. „Geniale Idee, Rebecca. Das werde ich mir gleich für zukünftige Ausflüge merken. Aber sagt mal, ich weiß ja nicht, wie es euch geht.

Wir haben eben schon gerätselt. Ich bin jedenfalls megagespannt auf das neue Camp-Motto ‚#Respektvoll leben' und was es mit dem Umwelt-Camp auf sich hat."

„Stimmt", nickt Simon. „Die haben sich in diesem Jahr bestimmt wieder echt was vorgenommen."

„Oh ja, das haben wir in der Tat. Ihr könnt euch schon freuen." Wie aus dem Nichts taucht schmunzelnd Daniel in ihrer Runde auf.

Rebecca schaut ihn überrascht an: „Hurra, das Camp beginnt!"

Auch die anderen begrüßen Daniel mit großem Hallo. Sie kennen sich schon lange. Daniel arbeitet schon seit Jahren beim Sommercamp mit. Er freut sich sichtlich, alle wiederzusehen. „Wow, schön, euch zu sehen."

Freudestrahlend überreicht Rebecca Daniel eine der letzten beiden Stangen Wassereis. Rasch schließt sie die kleine Kühltasche wieder. „Das letzte Eis heben wir für Vera auf."

Daniel nimmt sein Eis freudig entgegen. Grinsend zeigt er auf die pralle grüne Kühltasche. „Und welche kulinarischen Köstlichkeiten habt ihr da verstaut?" Gespielt empört fügt er hinzu: „Meint ihr etwa, wir verpflegen euch hier nicht richtig?"

Emma wird wieder blass. Energisch schüttelt sie den Kopf. Schnell schaltet Max sich ein und erklärt Daniel kurz, was es mit den Taschen und dem Beinahe-Unfall auf sich hat. Als Daniel das hört, wird sein Gesicht sehr ernst. „Puh, das geht ja gar nicht. Okay, lasst uns mal nachsehen, ob die Sachen uns etwas über ihre Besitzer verraten." Gemeinsam werfen sie einen kurzen Blick in die Taschen.

„Okay, hier in der Stofftasche sind Pfandflaschen. Wieso in aller Welt nimmt jemand so etwas mit zum Sommercamp?" Daniel guckt irritiert. Tobi schmunzelt. „Vielleicht hätte er die vorher noch wegbringen müssen und hat das verpennt ..."

Einige kichern. Daniel hat schon den Reißverschluss der Kühltasche geöffnet. „Tja, Käse, Margarine, Brot ... Da scheint jemand unseren Camp-Kochkünsten aber gar nicht zu trauen. Wahrscheinlich sind sie noch nie dabei gewesen und kennen unsere legendäre Küche nicht ..." Schmunzelnd schüttelt Daniel den Kopf. „Okay, ich nehme die Taschen gleich mit rüber zu Bekki, zum Gemeinschaftshaus. Dann kann sie das Ganze in der Küche erst mal kaltstellen. Und zum Thema ‚Rücksicht und Vorsicht im Wald und auf Wegen' werden wir definitiv noch mal was sagen", meint er beruhigend zu Emma gewandt. Dankbar lächelt die zurück.

Dann dreht er sich zu Rebecca. „Die Begrüßung mit dem Wassereis war jedenfalls einmalig! Einfach genial bei dem Wetter, danke, Rebecca. Das gab es hier auch noch nie!"

Kaum hat er ausgesprochen, meint Paula neugierig: „Super, dass wir dich jetzt schon treffen. Wir sind schon soooo gespannt. Bestimmt erzählst du uns mehr zum diesjährigen Camp-Motto, ja? Bitteeee!"

Daniel lächelt bedeutsam: „Oh ja, wir haben uns viel überlegt und vorgenommen. Es wird auf jeden Fall spannend. Immerhin geht es sogar um eine Leiche!"

„Eine Leiche?" Alle blicken irritiert auf.

Daniel grinst verschwörerisch. „Keine Sorge, alle Camp-Bewohner werden überleben. Obwohl wir es mit einer Leiche zu tun haben werden ... Tja, ihr werdet schon sehen ... Mehr kann ich leider jetzt nicht verraten. Aber heute gibt es ja bereits den Einstieg ins Thema. Wir haben uns schon sehr auf euch gefreut. Und es hat übrigens auch wie gewünscht geklappt: In diesem Jahr sind Vera und ich wieder Ansprechpartner für eure Gruppen."

Emma unterbricht ihn aufgeregt: „Wow, super! Sag mal, wo ist Vera denn überhaupt?"

In dem Augenblick klingelt Daniels Handy. „Moment mal, entschuldigt bitte. Das ist der Pastor unserer Gemeinde. Ich muss kurz drangehen." Er begrüßt seinen Gesprächspartner. „Hallo Martin. Was gibt's denn? Was ...? Oh nein!"

Daniel schaut erschrocken und sieht plötzlich sehr nachdenklich aus. „Verstehe ... Puh, das ist ja megaschwierig. ... Ja, klar, ...natürlich hat das Konsequenzen. ... Und wie lange? ... Das weiß er nicht? Aber wieso? ... Ja, verstehe ... Okay, aus medizinischer Sicht kann ich seine Entscheidung nachvollziehen. ... Aber das hat ja für ihn auch Auswirkungen ... klar, auch für uns ... Das ganze Ausmaß verstehen wir wahrscheinlich auch erst nach und nach ... und andererseits hat das ja ... Ich meine, das hat ja auch was von ‚seine Eltern ehren', dass er sich so kümmert ..."

Die Kids schauen sich fragend an. Irgendetwas Schwerwiegendes scheint vorgefallen zu sein. Doch da kommt Daniel schon zum Ende des

Gesprächs. „Okay, Martin, danke fürs Anrufen. Ich muss hier weitermachen. Ich spreche auf jeden Fall schon mal mit Vera darüber, und wir überlegen, ob uns noch irgendeine Lösung einfällt. Aber vor Ende des Camps werde ich nicht viel machen können ... Ja, klar. Viel Weisheit! Wenn uns doch was einfällt, melden wir uns. Auf jeden Fall beten wir für eine gute Lösung." Er legt auf und reibt sich müde die Stirn. Leise murmelt er: „Puh, auch das noch ..."

Fragend schauen ihn die Kids an. Doch Daniel fängt sich schnell wieder. Lächelnd beginnt er zu erklären: „Sorry, das war leider eine nicht so schöne Nachricht. Und damit ihr von den Sprachhäppchen nicht völlig verwirrt seid, ganz kurz zur Info: Wir stecken gerade in einem gewaltigen Umbau in unserer Kirchengemeinde. Das Ganze dauert etliche Monate. Zu unserem 111-jährigen Gemeindejubiläum im November soll und muss es fertig sein. Alles ist streng durchgetaktet. Es muss fertig werden, bevor die Heizperiode beginnt, sonst kühlt alles aus. Das Projekt wird deshalb extra von einem unserer fittesten Mitarbeiter geleitet. Er ist unser Hausmeister. Der ist handwerklich total erfahren. Und nun hat – ich kann es immer noch nicht richtig glauben – gerade mitten in diesem Baustellendurcheinander dieser Hausmeister in seiner Familie einen schweren medizinischen Notfall. Und deshalb hat er alles stehen und liegen gelassen und ist losgefahren, um zu helfen." Er runzelt die Stirn. „Sein Vater ist von heute auf morgen schwer erkrankt und kommt so nicht alleine klar. Und seine Mutter ist selbst krank. Die schafft das nicht. Er hat sich ganz kurzfristig entschieden, erst mal für einige Zeit zu ihnen zu ziehen und seinen Vater zu pflegen."

Rebecca seufzt. „Toll, dass er das macht." Vorsichtig fragt sie nach: „Meintest du das eben mit ‚Eltern ehren'?" Sie wird rot. „Sorry, wir konnten gut mithören ..."

Daniel lächelt freundlich zurück. „Ist völlig okay, ich habe euch ja keine Wahl gelassen, ob ihr was mitbekommt oder nicht. Und zu deiner Frage: Ja, genau. Ehrlich gesagt, so problematisch das jetzt für uns ist, viele Leute hätten ihren Vater vielleicht in Pflege gegeben. Oder gleich beide Eltern. Nicht so Bernd. Er sieht das bewusst als Geste an, seinen Eltern etwas zurückzugeben."

Rebecca lächelt. „Zurückgeben, weil seine Eltern, als er klein war, ihm etwas gegeben haben?" Daniel nickt. Rebecca schaut nachdenklich.

„Seine Entscheidung kann man total verstehen. Hut ab. Aber es bedeutet jetzt wahrscheinlich auch eine Menge Stress für eure Gemeinde, oder?"

Daniel nickt. „Total, ja leider. Niemand weiß jetzt genau, wie es weitergeht. Vor allem hat keiner eine Ahnung, wie lange das dauern wird. Eigentlich war er vorgestern nur spontan zu seinem Vater gefahren, um die Lage zu sondieren. Doch seine Idee, von hier aus etwas zu unterstützen, funktioniert fürs Erste nicht. Denn es hat sich nun herausgestellt, dass sein Vater so viel Hilfe braucht, dass er erst mal mindestens einige Wochen dableiben muss."

Daniel schaut Rebecca an und nickt. „Daher hast du total recht mit dem Stress. Wir stecken mitten im Rohbau und haben nun für die Baustelle auf unklare Zeit gar keinen Experten mehr. Das ist wirklich kompliziert."

Tobi nickt fachmännisch. „Ja, und Fachkräfte zu finden ist auch keine leichte Aufgabe ..."

Daniel stimmt ihm zu, wechselt dann aber bewusst das Thema. „Egal, Leute, das lasst mal nicht eure Sorge sein. Ich weiß jetzt Bescheid, und mein Pastor weiß auch, dass wir hier im Sommercamp sind und uns erst danach um alles kümmern können. Bis dahin befehlen wir diese anspruchsvolle Angelegenheit und vor allem auch die kranken Eltern unserem obersten Boss und himmlischen Chefarzt an." Er faltet die Hände und zeigt schmunzelnd nach oben. „Es geht hier schließlich um sein Bodenpersonal und um sein Gemeindehaus. Und ich bin sicher, er wird sich für uns alle eine Lösung einfallen lassen. Dafür ist er bekannt. Auch wenn die manchmal überraschend ausfällt oder ganz anders, als man dachte."

Daniel grinst und fügt hinzu: „Und das übrigens erfordert loslassen beziehungsweise ‚schleudern' ..." Er lacht. Die anderen schauen ihn fragend an. Rebecca hakt nach: „Nanu, deine Laune scheint sich trotz der blöden Situation gerade geändert zu haben?"

Daniel nickt. „Ja, irgendwie schon. Ehrlich, das ganze Durcheinander erinnert mich gerade total an ein Kinderlied meines Vornamensvetters Daniel Kallauch[1]. Kennt ihr diesen Musiker, Liedermacher und Bauchredner? Ich habe ihn mal mit seiner Handpuppe Willibald in unserer Gemeinde gesehen! Und auch wenn das Lied für Kinder ist, finde ich es als Erwachsener seit Jahren schon hilfreich. Gerade weil der Refrain vom ‚Schleuderlied' ein ziemlicher Ohrwurm ist, erinnert er mich immer wieder daran, was die Botschaft des Liedes ist."

Tobi schmunzelt. „Du weißt, was jetzt folgt, nicht wahr?" Daniel lächelt unschuldig. „Text aufsagen, richtig?" Alle schütteln vehement grinsend den Kopf. „Hörprobe. Wir sind ganz Ohr."

„Na gut ..." Lächelnd stimmt Daniel das Schleuderlied[2] an.

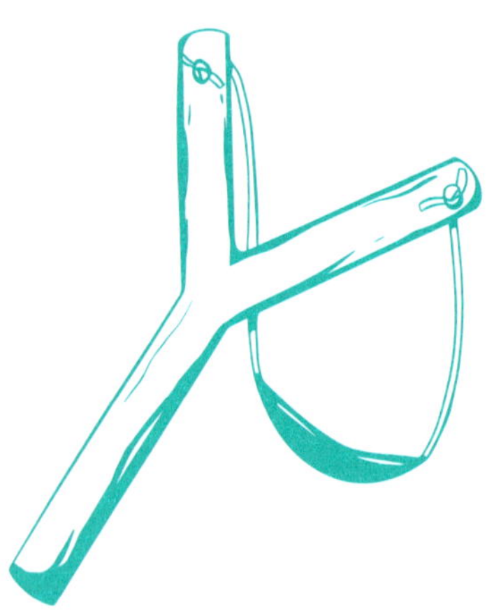

*„Ich schleuder, schleuder, schleuder meine Sorgen auf Gott, soll er sich darum kümmern, also werf ich sie fort.*
*Ich schleuder, schleuder, schleuder meine Sorgen auf Gott, er wird sich darum kümmern, also lass ich ... sie dort! Ich brauche mich nicht abmüh'n, er trägt alles ganz allein. Ich mache nicht mehr mit. Ich darf jetzt aufrecht gehen, und nach vorne sehen, als Schleudermeister halte ich mich fit.*
*Ich schleuder, schleuder, schleuder ..."*

Text und Musik: Daniel Kallauch
(c) cap-music, 72221 Haiterbach-Beihingen

Daniel beendet seinen spontanen Liedvortrag nachdenklich unter dem Applaus seiner Zuhörer. „Schon gut. Schon gut. Gesungen ist das schnell. Durchbuchstabieren, das ist jedes Mal wieder neu herausfordernd", fügt er hinzu. Er zuckt mit den Schultern. „Und ehrlich, ich habe keinen Schimmer, wie die Lösung diesmal aussehen wird. Mit der Zeit habe ich besonders im Krankenhaus gelernt, dass ich nicht immer alles unter Kontrolle haben kann. Und nicht muss. Meine Arbeit ist eine echte Lebens- und Glaubensschule."

Rebekka hakt noch mal nach: „Das verstehe ich auch. Aber heißt das jetzt, du gibst die Baustelle an Gott ab und kümmerst dich nicht mehr drum? Wäre das nicht etwas blauäugig?" Daniel nickt. „Gut, dass du nachfragst. Nein, es geht hier nicht darum zu sagen: Mit der Herausforderung habe ich nichts mehr zu tun. Im Gegenteil. Wenn mir etwas einfällt, was ich tun kann, gehe ich selbstverständlich entsprechende Schritte. Was ich hier wegschleudere sind die Sorgen, nicht die Herausforderung. Also das Grübeln, das Schwarzsehen, das die ganze Zeit sagt: ‚Das wird nichts, das geht schief.'"

Simon stimmt ihm zu: „Ja, das macht Sinn. Das zieht einen ja auch total runter."

Daniel nickt. „Für mich ist das ein wenig wie im Fitnesscenter. Da trainiert man Muskeln. Hier trainiere ich geistliche Muskeln. Also, ich übe mich darin, Gott zu vertrauen, dass es gute Lösungen gibt. Und ich mache mich mit ihm auf den Weg dahin, dass das auch praktisch werden kann. – Übrigens ist Glauben ja bekanntlich *eine feste Zuversicht auf das, was man hofft, und eine Überzeugung von Tatsachen, die man noch nicht sieht.*[3] Das zumindest ist eine Glaubensdefinition der Bibel." Daniel zieht die Stirn kraus, überlegt einen Moment und teilt dann seine Gedanken mit den Kids. „Und hey, unter diesem Blickwinkel ist es eigentlich gar nicht verwunderlich, dass ich jetzt noch keine Ahnung habe, wie es mit der Baustelle weitergehen wird. Immerhin beinhaltet es ja, dass es um Sachen geht, die man noch nicht sieht." Er gibt sich einen Ruck und klopft sich beruhigend auf die Schulter. „Also, entspann dich, Alter!" Dann wendet er sich wieder den Kids zu und grinst freundlich in die Runde. „Danke, Leute, das war jetzt echt hilfreich!"

Die anderen schmunzeln. Daniels kurze Comedy-Einlage war lustig und zugleich logisch. Emma bringt es auf den Punkt: „Oh, gern geschehen. Wer hätte gedacht, dass wir heute noch so einen tollen und sogar hilfreichen Liedvortrag bekommen. Sehr cool. Danke, Daniel! Und das mit dem Ohrwurm – das verstehe ich jetzt auch. Mein Kopf hat auch bereits den Schleudergang eingeschaltet ... und über sichtbare und unsichtbare Glaubensdinge werde ich noch mal in Ruhe nachdenken."

Tobi feixt und wird nostalgisch. „Tja, Daniel ist nun mal echt töfte."

Die anderen lächeln und denken: ‚Typisch Tobi. Manchmal kommt seine alte Heimat Bochum dann doch ganz unfreiwillig aus allen Knopflöchern raus.' Und ab und an finden sie es auch cool, so die eine oder andere neue Redewendung aufzuschnappen. ‚Töfte' haben sie allerdings schon mal gehört, das sagt er häufiger. Linus überlegt kurz und versucht sich dann blitzschnell an der Übersetzung. „Warte mal, das kenne ich. Also ist Daniel so was wie super, klasse, großartig ..." Tobi nickt bestätigend. „... und das alles in personalisierter Form! Eben töfte. Sag ich doch!"

„Ich freue mich, dass euch das Lied gefällt", erwidert Daniel bescheiden. Zu viel Trara um seine Person mag er nicht. Flugs schaltet er zurück in den Camp-Modus: „Also, auf zu Vera! Sie ist auf der großen Wiese, wo ihr Mädchen zeltet. Am besten geht ihr gleich mal rüber und sucht euch einen guten Platz für euer Zelt aus. Vera zeigt euch die besten Plätze. Außerdem hat sie eine Überraschung dabei." Er lächelt und dreht sich, ehe sie noch mehr Fragen stellen können, zu den vier Jungs um. „Jungs, ihr zeltet wie im letzten Jahr hinter dem alten Schuppen. Kommt, lasst uns gemeinsam rübergehen!"

Max springt auf und joggt auf der Stelle. „Okay, Männer. Wollen wir einen Wettlauf machen? Und ich hole ich mein Rad dann später?"

Die anderen hieven sich betont langsam hoch und winken müde grinsend ab. „Bist du verrückt? Viel zu warm dafür!", befindet Simon mit einem fachmännischen Blick auf sein Thermometer. „Die genaue Außentemperatur liegt bei 28,8 °C. Die Luftfeuchtigkeit ..."

„Kommt inne Puschen!", drängelt Tobi. „Auf gut Deutsch: Gebt Gas! Lasst uns loslegen ... sonst sind die Mädchen mit dem Zeltaufbau am Ende noch schneller als wir."

Rasch eilt Max zu seinem Rad. Zügig schiebt er den Drahtesel mit seinem Gepäck neben den anderen her.

Soeben haben Phil und Leni mit ihren Fahrrädern das Naturschutzgebiet erreicht. Nach dem Sprint sind sie völlig außer Atem. Der Schock von dem Beinahe-Unfall sitzt tief. Leni ist ganz blass. Als sie absteigt, schaut sie suchend auf ihren Gepäckträger. Er ist leer. Fassungslos sieht sie zu ihrem Bruder hinüber. „Oh nein! Phil, sieh bloß! Genau das hatte ich befürchtet. Das scharfe Bremsen eben. Wegen des Autos." Sie schnappt nach Luft. „Da habe ich fast das Gleichgewicht verloren. Mein Rad kam total ins Schlingern. Bestimmt ist dabei die Tasche abgestürzt." Sie seufzt. „Ich wollte schon anhalten und nachsehen. Aber als die Jungs hinter uns herriefen, habe ich einfach nur noch Gas gegeben. Sonst hätten uns Max und seine Freunde gewiss entdeckt."

Phil nickt bedrückt. „Ja, das war echt knapp. Ich war total geflasht, als ich Max' Stimme hörte. Hoffentlich hat er uns nicht erkannt! Dann wären

wir gleich am ersten Tag erwischt worden." Phil schluckt. „Sag mal, bist du denn sonst okay? Das mit dem Auto hätte echt übel ausgehen können." Leni nickt. „Schon gut. Alles im grünen Bereich." Sie seufzt. „Bis auf die grüne Kühltasche!" Sie weint. „All unser Essen ist weg. Und das Pfand auch. Was ..."

Aus der Ferne hören sie Stimmen, die rasch näherkommen.

Phil blickt sich erschrocken um. Er zischt: „Genug für jetzt. Vergiss die Tasche! Komm, lass uns schleunigst sehen, dass wir vom Weg runterkommen! Hoffentlich suchen sie uns nicht. Um die Essensfragen müssen wir uns später kümmern."

Leni nickt besorgt. Eilends schieben sie die Räder einige Meter ins Unterholz. Fürs Erste legen sie sie ins Dickicht hinter ein paar Bäumen. Dann huschen sie rasch zu Fuß etwas weiter in den Wald hinein.

Nach kurzer Zeit zupft Leni an Phils Ärmel und flüstert: „Die Stimmen sind weg. Bleib mal stehen! So richtig wohl fühle ich mich nicht dabei, hier immer weiter zu laufen. Immerhin standen überall Schilder, die sagen, dass man den Naturschutz-Bereich nicht betreten darf und auf den Wegen bleiben soll." Sie schaut ihren Bruder bedrückt an.

Phil nickt nachdenklich. „Ja, ich weiß. Die Schilder hatte ich ganz vergessen. Und ich habe auch schon krampfhaft überlegt, wo wir hier am besten bleiben können. Aber eine bessere Alternative fällt mir fürs Erste nicht ein. Im Sommer ist hier rund um den Badesee so viel los, dass wir in den nicht geschützten Bereichen ständig auf Leute treffen werden. Und du weißt ja, falls man uns sucht, ist unsere Flucht schneller vorbei, als uns lieb ist ...", seufzt er.

Leni nickt energisch. „Ja, und dann hat das alles nichts genutzt. Und wir können der Fahrt in die Schweiz nicht entgehen. Nein, das dürfen wir nicht riskieren. Dann sind wir hier halt vorsichtig, gehen nicht zu weit rein und versuchen, die Tiere nicht zu stören. Wir können ja später noch mal überlegen, ob wir noch eine andere Idee bekommen."

Plötzlich stutzt Phil und grinst breit. „Oh, sieh mal, da hinten ist ein Hochsitz, noch recht nah am Weg! Das ist ja cool. Dann müssen wir gar nicht weit ins Gelände. Super! Ich gehe gleich mal rüber und schaue, ob alles okay ist. Bleib du besser erst mal hier!"

Leni stutzt. „Wieso, ich kann doch gleich mitkommen." Phil zögert. „Lieber nicht. Unser Biolehrer erzählte neulich, dass es sich auf wenig genutzten Hochsitzen manchmal Wespen oder Hornissen gemütlich machen und Nester bauen. Und wenn man dann ankommt, verstehen sie das als Störung und greifen an. Also wäre es wahrscheinlich besser, wenn es nur einen von uns erwischt."

Leni nickt und schaut ein wenig besorgt. „Okay, aber keine Abenteuer. Sei bitte vorsichtig!"

Phil lächelt. „Klar doch. Ich gehe vorsichtig rauf. Bis gleich." Er läuft zügig hinüber zum Hochsitz.

Leni ruht sich inzwischen unter einigen Bäumen im Schatten aus. Der dicke Stamm lädt zum Anlehnen ein. Die rasante Fahrt eben steckt ihr noch ganz schön in den Knochen. Und es nagt an ihr, dass sie ihren Proviant verloren haben. Grübelnd sitzt sie da. Es dauert und dauert. Phil ist immer noch nicht zurück. Gehört hat sie nichts. Leni wird langsam ungeduldig. Gerade als sie aufstehen und nachsehen will, taucht Phil endlich wieder auf. „Wieso hat das so lange gedauert? Ist was nicht in Ordnung?", bohrt sie direkt nach.

Phil schmunzelt. „Das kommt darauf an. Nun, ich habe eine gute und eine weniger gute Neuigkeit. Welche möchtest du zuerst hören?"

Leni verdreht die Augen. „Das ist hier keine Quizshow. Nun mach es nicht so spannend! Sag schon!"

Phil grinst. „Also, die gute Nachricht ist: Wespen oder Hornissen gibt es keine. Und trotzdem gehört dieser Hochsitz wohl eher nicht zu den bevorzugten Plätzen des hiesigen Försters. Gut für uns!"

Leni schaut irritiert. „Woher willst du das denn wissen?"

Phil feixt. „Wegen der Kehrseite der Medaille, die dich vielleicht nicht so sehr freuen wird. Ich musste doch eine ganze Reihe von Spinnweben inklusive Bewohnern und einiges an Dreck entfernen." Als Leni skeptisch schaut, beeilt er sich zu sagen: „Aber jetzt ist er tipptop. Da werden wir prima schlafen können. Die reinste Luxusabsteige. Komm, schau selbst!"

Gemeinsam gehen sie zum Hochsitz hinüber. Zögernd klettert Leni die lange, steile Leiter hinauf. ‚Ganz schön hoch hier. Das ist ja eher ein

Wolkenkratzer-Hochsitz‘, denkt sie und schaut sich misstrauisch um. Doch Phil hat tatsächlich ganze Arbeit geleistet. Der Hochsitz sieht gut und sauber aus. Sie schaut prüfend nach oben. Das Dach scheint dicht zu sein. „Okay, Luxus für unsere Zwecke. Baumwipfel-Ferienhütte in bester Lage. Immerhin werden wir hier nicht nass. Erste Sahne. Komm, wir holen die Sachen vom Gepäckträger und verstecken dann die Räder noch etwas besser! Am besten legen wir sie etwas weiter weg ab. Dann werden wir nicht gleich entdeckt, falls jemand die Räder findet.“

Phil lobt sie. „Wow, sehr umsichtige Idee, Schwesterherz. Genau, so machen wir es!“

Und so schieben sie die Räder noch fast zehn Minuten ein ganzes Stück weiter zwischen Bäumen entlang, bis sie einen geeigneten Ort gefunden haben. Beim Ablegen der Räder starrt Leni traurig auf ihren leeren Gepäckträger. „Ich kann es noch immer nicht fassen. In der Tasche waren all unsere Lebensmittel. Was machen wir jetzt bloß?“

Phil tröstet sie: „Komm, nimm es nicht so schwer! Das hätte mir auch passieren können. Ändern können wir es nun eh nicht mehr. Stress dich bitte nicht deswegen! Wir überlegen gleich mal in Ruhe, was wir tun können. Komm, lass uns noch schnell die Räder mit Tannenzweigen abdecken, damit man sie nicht gleich sieht! Und dann gehen wir zurück zum Hochsitz. Wir müssen noch Laub und Farn sammeln, damit wir heute Nacht nicht so hart liegen.“

# CAMP-BEGINN, FRAGENFLUT & KRISENSITZUNG

Drüben im Camp schlendern unterdessen die Mädchen gespannt hinüber zur großen Wiese.

„Gleich nach dem Aufbau des Zelts gehen wir ein wenig durchs Camp“, meint Jule unterwegs. „Ob sich im Gegensatz zu letztem Jahr viel verändert hat?“

Emma schaut sich suchend um. „Na ja, was ich bisher sehe, auf dem Gelände eher weniger“, grinst sie und nickt unauffällig hinüber zu den Jungen, die mit Daniel gerade zur Scheune rübergehen. „Ich würde aber sagen, die Jungs sind definitiv ein ganzes Stück cooler als im letzten Jahr. Was man eben schon aus der Nähe sehen konnte ...“

„Ja, und größer sind wir alle geworden“, ergänzt Jule. Ihre Freundinnen kichern und erreichen bald den Rand der großen Wiese. Dort steht tatsächlich schon Vera. Lächelnd dreht sie sich zu ihnen um. Die „Überraschung“ ist nicht zu übersehen. Sie trägt einen rundlichen Babybauch spazieren.

Die Mädchen begrüßen sie freudig und sind ganz außer Rand und Band. Alle reden wild durcheinander.

„Mensch, Vera, das ist ja cool. Du wirst Mama! Äh, nein, du bist ja schon Mama!“

„Daniel hat nur von einer Überraschung gesprochen und uns sonst gar nichts verraten.“

„Wann wird das Baby denn herauskommen?“

„Ist es ein Junge oder ein Mädchen?“

„Hoffentlich ist mit dem Baby alles in Ordnung?“

„Seit wann wisst ihr denn, dass du ein Baby erwartest?“

„Oder bekommst du etwa Zwillinge?“

„Hey, immer langsam!“, grinst Vera und bremst den Ansturm sanft aus. „Das ist ja eine richtige Fragenflut. Nun kommt erst mal in Ruhe an! Ihr seid doch zum Sommercamp gekommen – und nicht für einen Schnellkurs in Schwangerschaftsfragen, oder?“ Sie lächelt. „Jetzt sucht euch erst mal einen gemütlichen Zeltplatz, solange noch eine gute Auswahl da ist! Und dann starten wir schon bald mit dem Camp. Bis dahin bin ich hier bei der Anmeldung voll eingeplant. Also, am liebsten wäre es mir, wenn wir uns dann mal in Ruhe zusammensetzen. Dann habe ich auch den Kopf besser frei für eure Fragen. Hm, lasst mich mal überlegen ..." Sie geht in Gedanken das Programm durch und runzelt die Stirn. „Das wird gar nicht so einfach. Der Tag morgen ist total verplant. Die erste richtige Zeit zur freien Verfügung ist übermorgen zwischen Frühstück und Mittagessen." Sie seufzt. „So sehr ich eure Neugierde verstehe, ihr werdet euch wohl noch ein wenig gedulden müssen. Das Sinnvollste wäre tatsächlich, dass wir eure Fragen bis dahin vertagen und uns dann aber auch in aller Ruhe Zeit dafür nehmen. Großes Ehrenwort! Schafft ihr das?"

„Och nö, dann kann ich bestimmt die ganze Zeit nicht schlafen", mault Paula theatralisch. Doch sie setzt urplötzlich ein breites Grinsen auf. „Quatsch mit Soße. Na klar schaffe ich das. Und wir alle auch, oder Ladies?" Sie schaut erwartungsvoll in die Runde.

„Klar, auch wenn wir ungern bis übermorgen warten, du hast ja recht", stimmt Emma zu. „Am Anfang des Camps ist einfach zu viel Trubel. Ich bin auch echt froh, wenn wir das ganze Zeug untergebracht haben."

Rebecca nickt. „Ja, und wenn wir endlich mehr über das Motto des Camps erfahren. Wir werden das schon aushalten." Sie grinst Vera an. „Dir sollte nur klar sein, dass mehr Zeit vielleicht auch mehr Fragen bedeuten kann." Vera schmunzelt. „Kein Problem."

Jule drängelt ein wenig. „Lasst uns jetzt lieber einen Zeltplatz suchen. Was haltet ihr von der schönen Fläche da vorn neben den drei Bäumen? Wäre die okay, Vera?"

„Den Platz könnt ihr gern nehmen", bestätigt Vera. „Er bietet euch eine Menge Schatten, das ist bei dem heißen Wetter sicher eine gute Idee. Schatten ist bei so einer Hitze echt Gold wert." Sie wischt sich den Schweiß von der Stirn. „Mann, ist mir heiß!"

Rebecca schlägt sich plötzlich mit der Hand vor die Stirn und grinst. „Oh, no! Beinahe hätten wir die Überraschung für dich vergessen!"

Vera sieht erstaunt aus. „Eine Überraschung?"

Mit einem großen „Tadaaa" öffnet Rebecca die Kühltasche, zaubert das letzte Wassereis für Vera heraus und schneidet es schnell auf. Es hat schon leicht angefangen zu tauen. Aber Vera freut sich trotzdem riesig über die Abkühlung.

„Vielen Dank, Rebecca. Was für eine coole Idee, im wahrsten Sinne des Wortes! Das ist sehr, sehr willkommen. Mensch, tut das gut! Also, sobald ihr mit dem Aufbau fertig seid, kommt bitte noch mal zu mir! Wir haben diesmal noch eine ganz besondere Camp-Ausrüstung für euch. Die müsst ihr jetzt nicht mit rübernehmen."

Emma lächelt. „Ich bin ja so neugierig. Los, diesmal brechen wir den Rekord im Zeltaufbau!"

Keine zwanzig Minuten später steht das Zelt, und alle Sachen sind drin verstaut. „Wow, turboschnell, ihr Lieben. Inzwischen haben wir es echt drauf. Könnt ihr euch noch daran erinnern, wie lange wir beim ersten Mal gebraucht haben?" Jule verdreht die Augen. „Es müssen Stunden gewesen sein."

„Ja", kichert Rebecca. „Und dann ist es nachts beim ersten Wind über uns zusammengekracht, weil wir die Heringe nicht richtig festgemacht hatten."

Paula hält sich den Bauch vor Lachen. „Das sah aber auch so was von komisch aus, wie ein riesiges Ungetüm, ein Krake mit vielen Armen ..."

Jule rümpft grinsend die Nase. „Eher wie Rollmöpse. Du hast gut lachen. Nur weil du gerade von der Toilette kamst, hattest du diesen Panoramablick auf unser Missgeschick."

Paula schmunzelt. „Also, für mich habt ihr buchstäblich ausgesehen wie eine große Portion gemischter Heringssalat." Alle grinsen.

Emma winkt ab. „Aber genug davon. Echt schräg, dass man diese Sicherungshaken auch Heringe nennt. Ich muss jedes Mal an unser Malheur denken, wenn es bei uns zu Hause Pellkartoffeln mit Heringsstipp gibt ... "

Jule schüttelt den Kopf. „Das war voll peinlich. Das passiert uns nicht wieder. Jetzt sind wir Profis."

Kurz darauf treffen sie schon wieder bei Vera ein. Diese staunt: „Wow, das glaube ich jetzt nicht, ihr seid ja schnell wie der Blitz. Man merkt echt, dass ihr schon Camp-Erfahrung habt. Das kann nicht jeder so schnell. Gut, dass inzwischen alle eingetroffen sind und ihre Zelte aufbauen. Vielleicht könnt ihr einigen noch mit Rat und Tat zur Seite stehen?"

Gerade biegen die Jungs um die Ecke. Tobi erblickt überrascht und ein wenig enttäuscht die Mädchen: „Krass, ihr habt euer Zelt auch schon fertig! Wir hätten euch sonst gern unsere Hilfe angeboten. Doch das ist wohl nicht mehr nötig."

Plötzlich fällt sein Blick auf Vera. „Oh, hallo Vera, Daniel schickt uns wegen der Camp-Ausrüstung ..."

Da unterbricht ihn schon Simon: „Wow, das ist also die Überraschung, von der Daniel sprach. Sag mal, wann genau kommt denn das Baby?"

Max feixt: „Baby? Spielt es schon Fußball da drinnen?" Er geht näher ran und beugt sich vor. „Huhu? Hallo? Hört mich jemand?" Dann taucht sein Kopf wieder auf, und er schaut Vera fragend an: „Wer wohnt da überhaupt?" Vera und die anderen grinsen.

Als Linus zur nächsten Frage ansetzt, ergreift Vera lächelnd das Wort: „Okay, okay, ich sehe schon, Fragen über Fragen. Ihr seid jetzt wohl auch im Baby-Blues. Die Mädchen haben mich auch schon mit Fragen gelöchert ... Und ich beantworte die auch wirklich gern. Aber heute klappt das leider nicht mehr." Sie blickt auf die Uhr. „Ich bin hier bis zum Camp-Auftakt fest eingeplant. Wir müssen auch schauen, dass bis dahin alle Teilnehmer mit dem Aufbau ihrer Zelte fertig sind und ihre Camp-Ausrüstung erhalten haben. Ich habe mit den Mädchen eben schon hin und her überlegt. Das ist echt noch lang hin. Denn morgen haben wir Gäste. Wenn ihr mögt, treffen wir uns übermorgen nach dem Frühstück alle zu einer ausgiebigen Fragerunde an der Bank neben dem Gemeinschaftshaus. Abgemacht?"

Alle nicken. Tobi grinst Vera breit an. „Oh super, dass du uns so viel Vorlauf gibst! Wir sind dabei und werden eine stattliche Fragensammlung mitbringen! Nicht wahr, Jungs?"

Die anderen schmunzeln bestätigend. Rebecca schaltet sich ein: „Dann brauchen wir richtig viel Zeit, denn auch wir haben jede Menge Fragen."

Max grinst hinüber zu den Mädchen. „Dann bin ich ja gespannt, ob wir alle die gleichen Fragen haben, oder ob uns noch was Neues einfällt ..."

Vera lacht in die Runde. „Okay, okay. Ich bin jetzt schon neugierig. Also, das geht klar. Treffen zur ausführlichen Fragerunde übermorgen nach dem Frühstück." Sie lächelt. „Und wir planen den Essensdienst so ein, dass ihr alle entspannt da sein könnt."

Emma freut sich. „Super, dass du daran denkst, Vera!"

Vera nickt. „Gern geschehen, ich will ja auch, dass wir dann alle in Ruhe zusammensitzen können. Jetzt gebe ich euch aber erst mal eure Camp-Ausrüstung." Vera reicht jedem von ihnen eine Stofftasche und eine schicke Tasse mit der Aufschrift „#Respektvoll leben".

„Voll krass", staunt Tobi, „eine eigene Tasse mit Camp-Logo. Das gab es ja hier noch nie."

Paula nickt. „Sag bloß, wir dürfen die mit nach Hause nehmen?"

Vera nickt bestätigend. „Ja, klar. Im Schuppen am Gemeinschaftshaus findet ihr eine Getränkestation mit reichlich Mineralwasser und Apfelschorle. Bei der Hitze könnt ihr euch mit euren Tassen dann selbst versorgen. Leere Pfandflaschen bringt ihr bitte wieder dorthin zurück. Wir haben nun auch endlich kein Wegwerfgeschirr mehr, sondern unzerbrechliche Teller und Besteck. Das bedeutet allerdings Spüldienst. Aber immer noch besser als Berge von Müll."

„Stimmt." Die anderen nicken zustimmend. Simon lächelt: „Ja, und mathematisch gesehen ist die Häufigkeit für den Einzelnen dann auch nicht hoch. Die könnte man sogar ausrechnen ..."

Paula nickt bestätigend. „Ja, das wäre echt keine große Sache. Sag mal, Vera, wie viele Teilnehmer hat das Camp denn genau?"

Max schüttelt über beide den Kopf. „Geht's noch? Hallo? Hattet ihr noch nicht genug Schule, Leute? Wir haben Feeerien!"

Rebecca beendet schmunzelnd die Fachsimpelei. „Kommt, lasst uns schauen, wem wir noch beim Aufbau des Zeltes helfen können!"

Tobi nickt. „Ich hole noch rasch meinen Fußball, dann können wir vielleicht gleich noch eine Runde kicken, bis das Abendprogramm beginnt."

Paula grinst. „Super, eine Partie Jungs gegen Mädchen. Auf geht's!"

Nach ein paar helfenden Handgriffen an Zelten sowie einigen Tipps hier und dort schaffen sie tatsächlich schon recht bald noch ein Fußballspiel auf der großen Wiese. Da keiner verlieren möchte, packt alle der Ehrgeiz, und es geht trotz der Hitze hoch her. Das Mädchenteam geht zunächst in Führung. Durch einen Ausgleichstreffer von Max auf den letzten Metern endet die Partie schließlich unentschieden. Glücklich und verschwitzt wanken nun alle zur Getränkestation und probieren gleich die neuen Tassen aus. Die Mädchen sind sich einig, dass sie gleich nach der Abendveranstaltung noch ins Badehaus gehen werden.

Rebecca erkundigt sich bei den Jungs: „Spricht was dagegen, dass wir heute Abend die Duschräume nutzen?"

Die Jungs schütteln den Kopf und überlassen ihnen großzügig das Feld. Tobi grinst. „Lasst uns heute Abend lieber am Lagerfeuer chillen, Jungs."

Linus nickt. „Genau so machen wir es. Wir duschen dann gern morgen früh."

Bis zum offiziellen Start hängen alle noch auf der Wiese ab. Doch kaum ist Linus zur Ruhe gekommen, geht bei ihm die Grübelei wieder los: ‚Was, wenn Papas Kollege das Computerchaos auch nicht beheben kann?' Schon wieder fängt sein Sorgenkarussell an, sich zu drehen. Gleichzeitig geht ihm immer noch nach, wie Daniel mit seinen Sorgen wegen des Gemeindehauses umgegangen ist. ‚Ach Mann, wenn ich mich doch auch so entspannen könnte, was unserem Computer zu Hause angeht … Von Daniels Art würde ich mir nur zu gern die eine oder andere Scheibe abschneiden.' Er seufzt. ‚Daniel, der ist mit seinem himmlischen Boss per „du". Das sagt er sogar manchmal grinsend. Und das merkt man auch, wenn man mit ihm unterwegs ist. Man merkt ihm an, dass das keine leeren Worte sind.' Nachdenklich greift Linus nach seiner Trinkflasche. ‚Vielleicht ergibt sich ja im Camp mal eine Gelegenheit, dass ich Daniel fragen kann, wie er das hinkriegt …'

#

Inzwischen halten Leni und Phil auf ihrem Hochsitz eine Krisensitzung ab. Phil beruhigt Leni: „Wenn die gleich im Camp mit ihrem Programm beginnen, ist bestimmt niemand von denen mehr draußen unterwegs. Dann gehe ich vorsichtig noch mal zur Straße zurück, wo wir beinahe den Unfall hatten. Eventuell haben sie die Tasche ja gar nicht gesehen, und unser Essen ist noch da."

Leni überlegt und schluckt. „Tja, das wäre zu schön, um wahr zu sein. Aber ich weiß nicht, ob das eine gute Idee ist. Was, wenn dich doch jemand entdeckt? Außerdem sitze ich hier solange ganz allein im Wald. Ein bisschen mulmig ist mir schon dabei."

Phil überlegt. „Aber ohne Essen kommen wir auch nicht über die Runden."

Leni antwortet: „Ja, das stimmt. Dann lass uns zusammen danach suchen! Vier Augen sehen mehr."

Phil schüttelt den Kopf. „Besser nicht. Überleg mal, wenn jemand einen Jungen sieht, denkt er noch nicht an zwei vermisste Geschwister. Zusammen sind wir auffälliger."

Leni stimmt widerwillig zu. „Na gut, das sehe ich ein. Aber dann komm bitte zurück, bevor es dunkel wird! Das brauche ich nicht hier allein im Wald ..."

Eine Stunde später macht sich Phil auf den Weg zur Straße. Wo es möglich ist, läuft er parallel zum Weg durch den Wald und hält sich bewusst abseits der Spazierwege. Ohne Fahrrad braucht er deutlich länger für die Strecke.

Endlich erreicht er die Kreuzung mit der Straße. Dort hört und sieht er sich erst einmal gründlich um. Doch er ist offensichtlich allein. Vorsichtig tritt er aus dem Schutz der Bäume. Dann beginnt er, die Straßenränder und die Umgebung sorgfältig abzusuchen. Nichts. Sicherheitshalber erweitert er den Umkreis. Immer noch nichts. ‚So ein Mist.' Phil ist entmutigt. ‚Das wäre aber auch zu schön gewesen, um wahr zu sein. Wie soll ich das bloß Leni erklären? Sie macht sich ja jetzt schon die ganze Zeit Vorwürfe ...' Phil grübelt, was er jetzt tun kann. Enttäuscht und mit knurrendem Magen gesteht er sich ein, dass er die Tasche nicht finden wird. ‚Immerhin ist sie nicht von einem Auto platt gefahren worden', denkt er erleichtert. ,Bestimmt haben Max und die anderen sie aufgehoben und mit ins Camp genommen.' Er stutzt. ,Moment mal. Vielleicht gibt es dann ja doch noch eine Chance, sie zurückzubekommen.'

Phil beschließt, es zu wagen und zumindest mal vorsichtig danach Ausschau zu halten. Langsam und leise schleicht er sich vom Wald her näher an das Camp heran.

Schon von Weitem hört er ein Durcheinander von vielen Stimmen. Behutsam tastet er sich im Schutz der Bäume voran. ,Nur nicht auffallen!', schärft er sich ein. Immer wieder sucht er Deckung. Gut, dass der Waldrand hier so dicht ist. Da, plötzlich klatscht jemand in der Nähe mehrmals laut in die Hände. Phil hält erschrocken die Luft an. Er horcht angestrengt. Das Gemurmel hört schlagartig auf. ,Hoffentlich hat mich niemand entdeckt', schießt es ihm durch den Kopf. Rasch überlegt er, ob er wegrennen soll. Aber das wäre wahrscheinlich noch auffälliger. Starr bleibt er an einen dicken Baum gelehnt in seiner Deckung. Auf einmal begrüßen mehrere Erwachsene die Teilnehmer im Camp. ,Puh, das Klatschen war nur das Signal, dass sie jetzt offiziell anfangen.' Erleichtert atmet Phil auf und hört gespannt zu.

# CAMP-MOTTO, SPION IM WALD & BRANDGEFAHREN

„Herzlich willkommen zu unserem ultimativen Sommercamp. Auch wenn wir so viele sind, gerade DU hast uns noch gefehlt!“ Daniel grinst in die Runde und schaut nach und nach in alle Richtungen.

„Schön, dass DU dabei bist!“ Vera nickt und schaut ebenfalls einzelne Teilnehmer bewusst an. „Hoffentlich hattet ihr alle eine gute Anreise und fühlt euch hier schnell wohl. Wir sind Daniel und Vera. Gemeinsam mit Manu und Bekki sowie Manuel und Marlena da drüben sind wir eure Ansprechpartner hier im Sommercamp. Leider haben wir vorhin gehört, dass die Anreise für einige doch wohl spannender ausgefallen ist, als sie es sich gedacht hatten.“

Die meisten Teilnehmer reagieren fragend und sehen sich um. Daniel schaut prüfend in die Runde und fährt dann gleich fort: „Okay, bevor wir es vergessen, noch ein Wort vorab. Etliche von euch sind mit dem Rad hergekommen. Das ist echt sportlich! Respekt! Gerne könnt ihr eure Räder zu bestimmten Zeiten auch zwischendurch hier benutzen. Leider hat es aber heute fast einen Unfall gegeben, wie ich hörte. Zwei Radfahrer haben, ohne auf den Verkehr zu achten, die Autostraße gekreuzt und sind beinahe von einem Auto erfasst worden.“

Ernst sieht Daniel zu den Teilnehmenden hinüber. „Gott sei Dank – und das meine ich wirklich genau so, wie ich es sage – ist, soweit wir es wissen, nichts Ernsthaftes passiert. Wer das war, wissen wir nicht. Und wir möchten hier jetzt auch niemanden bloßstellen. Es kann jemand vom Camp gewesen sein oder auch nicht. Falls es jemand von hier war und es doch irgendwelche Verletzungen gegeben hat, sprecht mich gern an! Einige von euch wissen vielleicht schon, dass ich Kinderarzt bin. Ihr anderen wisst es jetzt. Das heißt, im Camp bin ich für euch bei allen medizinischen Fragen ansprechbar.“

Daniel ergänzt. „Bei der unglücklichen Aktion haben die beiden Radfahrer übrigens diese Kühltasche mit Lebensmitteln verloren und auch noch einen Stoffbeutel.“ Vera zeigt die Sachen im Kreis herum, sodass alle sie sehen können.

Phil schluckt. ‚Das gibt's doch gar nicht.' Nun hält diese Vera ihre grüne Tasche hoch, keine zehn Meter von ihm entfernt. ‚Sie gehört uns, hallo!', möchte er am liebsten schreien. Doch er hat keine Chance, sie ihr abzunehmen.

Phil seufzt innerlich. ‚Ich lag also goldrichtig mit meiner Vermutung. Toll, nur kann ich mir dafür gerade so gar nichts kaufen. Wie in aller Welt bekommen wir bloß die Tasche zurück?' Sein Magen knurrt und drängt auf Essen.

Gespannt lauscht er weiter Daniels Worten. ‚Was der wohl mit der Tasche vorhat?' Der nächste Satz reißt ihn aus seinen Gedanken.

„Wie ihr wisst, haben wir hier die Aufsichtspflicht für euch. Daher müssen wir euch unbedingt bitten, wenn ihr mit dem Rad unterwegs seid, vorsichtig zu fahren und weder euch selbst noch andere zu gefährden." Phil läuft hinter seinem Baum rot an. ‚Na prima, das haben wir ja gut hinbekommen. Jetzt spricht schon das ganze Camp über unsere Aktion.' Sein Gesicht glüht.

„Ansonsten –", Daniel grinst freundlich in die Runde, „besonders für diejenigen von euch, die zum ersten Mal hier sind – die Camp-Verpflegung ist echt gut. Ihr werdet hier nicht hungern. Wer auch immer diese Tasche gepackt hat, wusste das zumindest nicht. Falls er von hier stammt, was wir ja nicht ausschließen können. Da sich Kühlsachen darin befanden, haben wir die Sachen in der Küche im Gemeinschaftshaus untergebracht. Ihr könnt uns gern ansprechen, um sie abzuholen oder mit uns zu besprechen, was ihr mit den Lebensmitteln machen möchtet. Und keine Sorge wegen des Vorfalls vorhin. Es ist ja noch einmal alles gut gegangen. Wer auch immer das war, wir verstehen, dass man bei der Hitze leicht kopflos wird. Sprecht einfach einen von uns Leitern an. Von uns kriegt ihr keinen Stress deswegen. Auf jeden Fall wollen wir seinem rechtmäßigen Besitzer seine Kühltasche zurückgeben." Daniel schaut noch mal fragend in die Runde.

Phil zieht hinter seinem Baum eine hilflose Grimasse. Dann stockt ihm der Atem. Hoffentlich meldet sich nicht einfach irgendwer ... Dann wäre die Tasche weg – und er könnte nichts tun.

Einige Sekunden vergehen. Doch niemand meldet sich. Und trotzdem könnte ja später noch jemand auf die Idee kommen ... Phil entspannt sich bewusst und grübelt weiter. ‚Wie können uns diese Neuigkeiten helfen, zurück an unsere Essenssachen zu kommen?' Er überlegt, ob das Gemeinschaftshaus wohl abgeschlossen ist. ‚Zu dumm, dass die Tasche nun hier und unser Essen dort ist.‘ Er seufzt leise, als ihm klar wird, dass er heute Abend wahrscheinlich ohne Essen zu Leni zurückkehren wird. Seine Gedanken werden von Veras Stimme unterbrochen.

„Denn genau darum geht es uns in diesem Jahr. Um Wertschätzung und Respekt für jeden Einzelnen, aber auch in unserem Alltag und für unsere Umwelt. Daher haben wir das Camp-Motto ‚#Respektvoll leben‘ gewählt.“

Daniel lächelt. „Ihr seid sicher schon gespannt, was es damit alles auf sich hat. Alles können und wollen wir noch gar nicht verraten. Dass es auch etwas mit Umweltschutz zu tun hat, wisst ihr. Deshalb haben wir es ja in diesem Jahr erstmals ‚Mach-mit-Umwelt-Camp‘ genannt. Zu eurem Beitrag dazu gleich mehr. Und das seht ihr ja auch an der besonderen Camp-Ausrüstung.

Doch uns ist es wichtig, dass es darüber hinaus auch ganz praktisch wird. Und wir wollen euch auch erzählen, wieso: Das Thema ‚respektvoller Umgang mit unserer Umwelt‘ liegt uns schon generell auf dem Herzen. Was uns dazu antreibt? Nun, wir finden, dass unser Umgang miteinander und mit der Umwelt auch etwas mit Verantwortung zu tun hat. Schließlich wollen wir alle hier auf unserem Planeten noch länger leben. Und die Leute nach uns auch.

Schon aus dem Grund macht es keinen Sinn, alles vollzumüllen und verkommen zu lassen. Verantwortung verstehen wir dabei vielschichtig. Verantwortung für uns selbst, für andere und Gott gegenüber. Der uns diesen schönen, einzigartigen blauen Planeten, wie man so schön sagt, gegeben hat. Und mit dem, was von ihm kommt, wollen wir respektvoll umgehen …

Deshalb sind wir bei der Vorbereitung für das Camp auf das Logo, die Tasse und die besondere Tasche gekommen. Marlena ist übrigens unsere kreative Grafikdesignerin. Sie hat das Logo extra dafür entworfen.“

Marlena bekommt aus der Gruppe einen spontanen Applaus und freut sich darüber sehr.

Vera nickt und ergänzt dann: „So ein Kurswechsel ist dringend nötig. Und damit zurück zur Lage hier vor Ort. Als wir vor ein paar Wochen hergekommen sind, um den Wald und das Naturschutzgebiet abzulaufen, ist all das für uns

ganz anders konkret geworden. Dabei wollten wir eigentlich nur überlegen, was wir an Spielen draußen anbieten können, und haben das Gelände angeschaut. Doch dann haben wir das hier gesehen ..."

Manuel holt ein großes Poster hervor. Manu und Bekki rollen es auf. Darauf ist eine Fotocollage mit großen Landschaftsfotos vom Badesee und dem umliegenden Wald zu sehen.

Vera fragt in die Runde: „Fällt euch etwas an den Bildern auf? – Vielleicht sagt ihr eure Namen dazu, dann hilft das den anderen, die zum ersten Mal im Camp dabei sind, euch schon etwas kennenzulernen."

Ein Mädchen, das recht weit vorn sitzt, nickt betroffen. „Hi, ich bin Paula. Und allerdings fällt mir da was auf. Auf den Bildern ist jede Menge Müll zu sehen. Sogar in dem Vogelnest am See steckt total viel Plastik. Das ist supergefährlich für die jungen Vogelbabys!"

Ein etwa gleichaltriger Junge schüttelt den Kopf. „Ich meine, letztes Jahr war ja auch schon einiges an Müll am Badesee, aber das hier ist ja echt heftig. Oh, ich bin übrigens Simon."

Daniel nickt beiden dankbar zu. „Ihr könnt alle gleich im Anschluss auch gerne noch mal vorkommen und euch das in Ruhe anschauen. Jetzt will ich aber weitererzählen, was wir uns überlegt haben."

Phil überlegt kurz. Dann beschließt er, noch etwas hierzubleiben. Ein spannender Gedanke kommt ihm plötzlich: ‚Wenn ich weiter zuhöre, kann ich ja vielleicht etwas Nützliches erfahren, wie ich unsere Tasche zurückbekommen könnte.' Er spitzt gespannt die Ohren.

Daniel erklärt gerade weiter: „Unter dem Motto ‚#Respektvoll leben' wollen wir für einen respektvollen Umgang mit der uns von Gott anvertrauten Erde einstehen – und nicht nur darüber reden, was wir problematisch finden. Daher haben wir in diesem Jahr bewusst auch eine besondere Challenge ins Camp integriert, bei der ihr konkret mit anpacken könnt. Wir hoffen, ihr alle könnt euch insgesamt darauf einlassen.

Doch der Reihe nach. Unser Ziel ist es, ein nachhaltiges Umdenken anzustoßen, zunächst mal bei uns hier im Camp. Deshalb haben wir in diesem Jahr auch getrennte Abfalleimer. Achtet bitte auf die entsprechenden Sammelstationen. Doch das wäre uns, ehrlich gesagt, zu wenig. Wir wünschen uns, dass etwas über dieses Camp hinaus bleibt, beziehungsweise weitergeht.

Dass ihr nicht nur Impulse mit in euren Alltag nehmt, sondern dass auch für diesen schönen Ort hier etwas bleibt. Daher geht es uns auch um einen veränderten Blickwinkel für die Tagesgäste hier im Ausflugsgebiet rund um den Badesee."

Daniel hält kurz inne. „Was ist also der Plan? Morgen Vormittag starten wir um 9.00 Uhr zunächst mit einem besonders reichhaltigen und stärkenden Frühstück. Und glaubt mir, wir haben uns da einiges einfallen lassen."

Er grinst wissend in die Runde. Erwartungsfrohe Gesichter grinsen zurück. „Doch jetzt zu eurer weiteren Beteiligung an diesem Plan. Nach dem Frühstück laden wir euch ab 10:15 Uhr ein, in Gruppen auf eine ganz spezielle Müll-Rallye in Richtung Badesee zu gehen. Spezielle Infos dazu bekommt ihr ab morgen früh um 10:00 Uhr hier auf dem Platz."

Vera ergänzt lächelnd: „Müll aufheben ist wahrscheinlich nicht das, was man von einer Sommerfreizeit erwartet. Aber keine Sorge. Daher haben wir diese Aktion auch auf genau eine Stunde begrenzt.

Eure Challenge ist es, in diesem Zeitfenster möglichst viel Müll einzusammeln. So bleibt es überschaubar. Überlegt mal, wie viel wir mit so vielen Händen schaffen können! Für Handschuhe, Säcke und Greifzangen ist natürlich gesorgt. Und damit die Sache nicht langweilig wird und auch langfristig etwas bewirkt, haben wir uns zusätzlich zum Einsammeln eine doppelte Challenge ausgedacht." Sie grinst. „Erstens prämieren wir Sieger für die größte Menge an Müll, die gesammelt wird. Der Siegergruppe winkt ein spezieller, sehr begehrter Preis." Sie lächelt. „Aber was, das verraten wir euch erst morgen. Und zweitens ...", Vera macht eine bedeutungsvolle Pause, „... veranstalten wir direkt im Anschluss an die Rallye einen ganz besonderen Wettbewerb. Nach dem Sammeln und Wiegen des Mülls habt ihr als Gruppe genau eine weitere Stunde lang Zeit, mit euren Fundstücken eine Skulptur zu bauen.

Die verschiedenen Meisterwerke werden dann einer Jury präsentiert. Dazu haben wir unter anderem die Bürgermeisterin hier vom Ort, Frau Klassen, und noch drei weitere besondere Personen eingeladen. Lasst euch überraschen! Sie haben auch schon eine Idee, wie sie die Ausflugsgäste nachhaltig erreichen, damit eure Aktion langfristig wirken kann. Also, seid

ihr dabei?"

Ein großes Gemurmel setzt ein. Viele nicken spontan, andere grinsen, manche motzen ein wenig herum: von wegen Ferien und jetzt Müll aufsammeln …

Jemand ruft sogar in die Runde: „Oh no, wo ich doch zu Hause schon keinen Bock habe, den Müll mit rauszunehmen. Jetzt ahne ich, wieso meine Eltern so scharf darauf waren, dass ich ins Sommercamp fahre." Er verdreht die Augen.

Seine Sitznachbarin Elena stimmt ihm irritiert zu. „Krass, Leander, jetzt, wo du es sagst. Ich habe da auch so einen Verdacht … Ich werde mit meinen Eltern noch ein Wörtchen reden müssen, wenn wir zurückfahren."

Die anderen grinsen. Der Junge von vorhin, Simon, muntert die beiden auf: „Keine Sorge, das hier ist was ganz anderes. Die Stunde kriegen wir spielend geschaukelt. Und wir gehen ja jeweils als Team los. Seht es einfach als sportlichen Wettbewerb! Wer weiß, vielleicht gewinnt ihr am Ende noch die Challenge. Obwohl wir uns natürlich gewaltig ins Zeug legen werden …" Er grinst.

Ein anderer Junge schaltet sich ein: „Hi, ich bin Linus. Und wisst ihr, das kann ich supergut verstehen. Müll ist auch nicht so mein Traumthema. Und wenn es nur darum ginge, den Müll von anderen wegzuräumen, wäre mir das definitiv zu wenig. Hier finde ich gut, dass wir echt mit anpacken können und dass der Müll eben nicht liegenbleibt." Er wendet sich an die Leiter des Camps: „Ich finde es klasse, dass ihr weitergedacht habt und dass es um ein langfristiges Umdenken geht. Besonders auch für die Tiere. Ich habe mal in den Ferien eine Tierauffangstation besucht. Die päppeln dort verletzte Tiere wieder auf. Ihr ahnt gar nicht, wie oft Müll dabei eine Rolle spielt, wenn Vögel sich zum Beispiel darin verfangen. Wenn ich daran denke, kann ich mich in den Ferien gut auf die eine Stunde Müllsammeln einlassen."

Sein Freund ergänzt: „Ich heiße Tobi. Und richtig malochen, äh, arbeiten, müssen wir ja hier nicht. Wir haben als Familie früher in Bochum auch schon mal mitgeholfen, das Flussufer der Ruhr von Müll zu säubern. Und nach einer Stunde ist dann ja auch schon wieder Schicht im Schacht."

Das Mädchen links von ihm nickt und erklärt grinsend: „Was ‚Schluss' bedeutet! Also, ich bin Rebecca. Und ja, das Müllsammeln kenne ich auch. Nur dass wir da im Urlaub am Strand unterwegs waren. Mir gefällt hier aber auch, dass wir Skulpturen bauen. Das wird bestimmt lustig. Die werden staunen, was uns alles einfällt!"

Vera schaut lächelnd in die Runde und beendet dann nach ein paar Minuten den Austausch darüber: „Super, dass ihr so offen dafür seid, und danke auch an alle, die sich hier jetzt echt einen Ruck geben müssen. Wir wissen auch, dass gerade Müll nicht jedermanns Ding ist. Umso besser, dass wir auf euch zählen können. Diese Vorinformationen zu morgen früh wollten wir euch einfach geben, damit ihr euch schon mal darauf einstellen könnt. Alles Weitere erklären wir dann eh kurz vor der Rallye. Jetzt werden wir den schönen Sommerabend bei einem Lagerfeuer ausklingen lassen. Gut, dass es inzwischen schon wieder kühler geworden ist. Das Feuerholz haben wir schon für euch gesammelt. Unser Abendessen essen wir ganz ursprünglich am Feuer. Und das komplett ohne Müll und Spüldienst. Wir haben einen leckeren Stockbrotteig für euch vorbereitet, dazu geschnittenes Gemüse. Für die Vegetarier haben wir Grillkäse und Maiskolben. Und wir grillen Würstchen ..."

Gerade noch hat Phil den Ausführungen von Vera gelauscht. Er ist dabei ins Träumen geraten und stellt sich vor, wie schön es wäre, jetzt einfach ohne Sorgen entspannt Teil des Camps zu sein. Seine Gedanken schweifen immer weiter ab. Weshalb sie hier sind, verblasst langsam. Das Echo von Veras Worten hallt durch seinen Kopf. ‚Mhm, lecker, Gemüse, Grillen, Lagerfeuer, Stockbrot ...' Phil erstarrt und landet ausgesprochen unsanft im Hier und Jetzt. ‚Oh, no. Hat sie da etwa gerade STOCKBROT gesagt? Das kenne ich doch von der letzten Klassenfahrt.' Blitzschnell ist er hellwach. Stockbrotteig benötigt logischerweise Stöcke. ‚Hoffentlich bedeutet das nicht, dass gleich alle wie wild losrennen und Holz suchen. Nichts wie weg hier!'

Phil beschließt, auf Nummer sicher zu gehen und zügig den Rückweg anzutreten. Doch gerade als er sich vorsichtig herumdreht, hört er Daniel schmunzelnd rufen: „Okay. Wir heizen jetzt den Grill ein. Und Manuel wird gleich feierlich das Feuer anzünden. Etwas Bewegung wird euch guttun. Seid ihr startklar? Sammelt bitte zügig am Waldrand längere Stöcke für das Stockbrot. Ich bin gespannt, wie schnell ihr seid. Auf die Plätze – fertig – los!"

Alle springen auf die Beine und nähern sich in Windeseile dem Waldrand. Phil bekommt Panik. ‚Oh, nein! Wie leichtsinnig von mir. Mein Abstand ist noch nicht groß genug. Auf keinen Fall dürfen sie mich hier erwischen. Wie konnte ich bloß so nah rangehen.' Ihm bleibt keine andere Wahl. Alle Vorsicht vergessend sprintet er los. Äste zerkratzen seine Arme und Beine.

Blitzschnell haben Max und Tobi den Waldrand erreicht. Max schlägt am ersten Baum an. „Erster! Gewonnen!" Plötzlich sehen sie einige Meter weiter im Wald eine Gestalt davonsprinten.

Max ruft kritisch hinterher: „He, du da! Das ist unfair! Bleib sofort stehen! Warte mal. Das war ein unerlaubter Frühstart. Halt sofort an und lass uns noch mal gemeinsam starten!"

Tobi grinst und klopft dem empörten Max auf die Schulter. „Tja, Max, lass es dir gesagt sein: Den holst du nicht mehr ein. Der hat es aber eilig, die besten Äste fürs Stockbrot zu finden. Tut mir leid. Der Sieg gehört nicht dir."

Max grummelt. „Pah, das wollen wir ja mal sehen. Ich kann auch jetzt noch hinterhersprinten und ihm die besten Äste abjagen." Im Moment sieht er so aus, als wolle er dem anderen tatsächlich nachjagen.

Tobi lacht und winkt ab. „Interessante Idee, aber das is doch echt Pillepalle. Also, im Klartext: nicht wichtig. Egal. Lass ihn! Schau mal, hier ist mehr Holz als genug. Keine Ahnung, warum der so weit läuft." Tobi schüttelt den Kopf. „Strategisch sind wir hier doch viel besser dran. Immerhin muss der sein Holz von da ja auch erst wieder zum Feuerplatz zurückbringen."

Max nickt und entspannt sich. „Du hast ja völlig recht. Dann lass uns hier loslegen!" Er zuckt mit den Schultern und ruft laut in den Wald hinein. „Gelegenheit für sportliche Wettkämpfe werden wir noch haben, mein Freund! Na warte, ich freue schon mich darauf!"

Gehetzt schaut sich Phil um. ‚Hat der gerade „Mein Freund“ gerufen? Echt jetzt?‘ Eine Gänsehaut läuft ihm über den Rücken. ‚Das war ganz eindeutig Max’ Stimme. Hat der etwa gerade bewusst mir hinterhergerufen? Hoffentlich hat er mich nicht erkannt! So etwas Blödes aber auch. Schon wieder Max. Ob der mir immer noch folgt?‘ Blitzartig verwirft er den Plan, noch am Gemeinschaftshaus vorbeizuschauen. Jetzt ist es erst mal wichtig, möglichst viel Abstand zu kriegen und nicht gleich zu Beginn schon aufzufliegen. Erst weit hinten an der Straße hält er hinter einem Baum keuchend inne. Vorsichtig schaut er zurück. ‚Puh, niemand in Sicht, der mir bis hierher gefolgt ist.‘ Erleichtert schaut Phil auf seine Uhr und kriegt den nächsten Schreck. Seit er aufgebrochen ist, ist schon weit über eine Stunde vergangen. ‚Es wird langsam dunkel … Leni wird sich furchtbare Sorgen machen.‘ Eilig macht sich Phil auf den Weg zurück zum Hochsitz.

Nach und nach treffen die ersten Teilnehmer nun mit ihren Stöcken am Feuerplatz ein. Bekki und Manu bitten sie, ihre Stöcke noch zur Seite zu legen. Erst später werden sie den Stockbrotteig verteilen. Das Feuer brennt inzwischen munter. Damit sie den Teig garen können, müssen sie noch etwas warten, bis mehr Glut entstanden ist und die Flammen nicht mehr so hoch stehen.

Als alle wieder zurück sind, bittet Daniel noch einmal um Aufmerksamkeit. „Ihr habt hoffentlich alle die Wassereimer hier beim Feuer gesehen und wisst, warum sie hier stehen?“

Paula nickt: „Klar, wir machen ja in der Nähe des Waldes ein Lagerfeuer. Da muss man auf jeden Fall auch etwas zum Löschen dabeihaben. So ein Feuer kann schnell mal zu groß werden oder auf den Wald übergreifen. Deshalb halten wir auch einen Sicherheitsabstand ein. Nicht auszudenken, was das sonst für die Tiere im Wald bedeuten würde.“

Vera nickt. „Wow, du kennst dich schon super aus, Paula! Daher haben wir uns auch extra mit dem Förster abgesprochen, ob wir überhaupt ein

Feuer machen dürfen und wo genau. Er heißt übrigens Tom Österreich, ist ein guter Freund von uns und total nett. Ihr werdet ihn morgen kennenlernen. Er hat uns diesen Platz auf dieser Lichtung hier genannt. Denn bei der Hitze wird der Wald immer trockener. Und wenn wir zu nah an die Bäume herankommen, ist es zu gefährlich. So ein Feuer sollte man nicht unterschätzen."

Daniel nickt. „Fallen euch eigentlich noch andere Ursachen für einen Waldbrand ein?"

Gemeinsam tragen sie zusammen, was alles einen Waldbrand auslösen kann. Anschließend fasst Vera alle Punkte noch einmal zusammen:

## LUPENEFFEKT

*Licht, das durch ein Glas fällt, wird gebündelt. Dadurch entsteht Wärme. Wenn man diese auf eine Stelle lenkt, an der trockenes Brennmaterial wie Laub und Äste liegt, kann es ein Feuer auslösen. Im Extremfall kann eine bei heißem Wetter vergessene Wasserflasche einen Autositz in Brand stecken!*[4]

„Achtlos weggeworfene brennende Zigaretten oder solche, die nicht richtig ausgemacht wurden, Streichhölzer, Feuerwerk, Kerzen, Fackeln, aber auch Glas und Plastikflaschen mit Wasser, durch den Lupeneffekt, große Trockenheit kann sogar dazu führen, dass spontan Brände entstehen. Überhitzte Deoflaschen mit Treibgas können sogar explodieren. Darum haben sie hinten auch ein Warnsymbol darauf. Und dann wären da noch weggeworfene Benzinkanister."

Sie zeigt auf eines der Fotos. „Schaut mal hier! Der Kanister war noch halb voll. Den haben wir natürlich nach dem Foto direkt mitgenommen und fachgerecht entsorgt. Und mutwillige Brandstiftung gehört natürlich auch auf unsere Liste. Haben wir noch etwas vergessen?"

Simon grinst. „Ein abgestürztes Flugzeug. Oder ein Meteorit ..."

Manu ist Physiker. Er grinst und nickt. „Ja, wenn auch die Wahrscheinlichkeit dafür gering ist. Bei Himmelsgesteinen verglüht das meiste, wenn sie in die Erdatmosphäre eintreten … Gibt es weitere Gedanken?"

Rebecca nickt. „Wenn es zu wenig regnet, kann ein kleines Feuer einen riesigen Waldbrand auslösen, so wie fast jedes Jahr in den USA oder Australien. Das ist echt schlimm für die Tiere und natürlich auch für die Menschen."

Vera nickt. „Ja, Trockenheit und fehlender Regen ist ein wichtiger Punkt, den du da ansprichst. Vielen Dank, Rebecca."

- brennende Zigaretten, achtlos weggeworfen/nicht richtig ausgemacht
- Streichhölzer/Feuerzeuge
- Feuerwerk
- Kerzen
- Fackeln
- Glas- und Plastikflaschen (Lupeneffekt!)
- große Trockenheit – spontane Brände!
- überhitzte Deoflaschen mit Treibgas
- weggeworfene Benzinkanister
- mutwillige Brandstiftung
- Ungewöhnliches (Flugzeugabsturz, Meteorit …)

Schließlich schaut Vera fragend in die Runde. „Okay, danke euch allen. War das denn nun alles? Oder habt ihr noch etwas zu ergänzen?" Niemand meldet sich. Sie wartet.

Plötzlich ruft Manu: „Mir fällt noch was ein." Vera nickt. „Ja?" Manu nickt nachdenklich. „Ich habe da mal etwas gelesen. Der Satz lautete so: ‚*Genauso ist es mit unserer Zunge. So klein sie auch ist, so groß ist ihre Wirkung! Ein kleiner Funke setzt einen ganzen Wald in Brand!*'"

Alle schauen ihn irritiert an. Manu blickt in die Runde. „Habt ihr vielleicht eine Idee, was das bedeuten könnte?"

Aus der Gruppe kommt erst mal nur Schweigen zurück.

Schließlich meint Rebecca: „Hm. Also direkt fällt mir dazu rein gar nichts ein. Höchstens ein Streit, in dem jemand handgreiflich wird und aus

Wut etwas anzündet. Meinst du so etwas? Oder meinst du das im übertragenen Sinn?"

Manu grinst. „Respekt. Ja, Ersteres könnte sein, aber das würde ja unter die mutwillige Brandstiftung fallen, die wir schon erwähnt hatten. Übertragener Sinn trifft es schon besser. Daher jetzt meine Knobelfragen für euch: Von wem ist der Text, und was möchte uns der Autor damit wohl sagen? Und habt ihr eventuell eine Idee, wo man diesen Hinweis finden kann?"

Jule rät drauflos: „Vielleicht ist er von einem großen deutschen Dichter?"

Manu schüttelt den Kopf. „Leider nicht. Gibt es noch andere Ideen?"

Simon grübelt. „Wir hatten in Geschichte gerade die großen Philosophen. Wäre das eine Möglichkeit?"

Linus witzelt: „Vielleicht war es ja Julius Cäsar."

Bedauernd verneint Manu auch diese beiden Vorschläge. Plötzlich schmunzelt Rebecca und sagt: „Dann drehen wir den Spieß doch einfach mal herum und gehen logisch vor. Ein Rätsel, das noch dazu die Zunge als Vergleich enthält, steht wohl kaum im Handbuch der Feuerwehr."

Manu lächelt. „Da hast du recht!"

Rebecca tastet sich weiter vor. „Zu einem Pfadfinderhandbuch passt es auch nicht richtig." Sie schmunzelt. „Da wir hier ja in einem Sommercamp christlicher Jugendgruppen sind ... Hat es nicht möglicherweise etwas mit der Bibel zu tun?" Manu grinst breit: „Doch, exakt. Gut kombiniert, Sherlock! Genau das ist die Lösung zu der Frage, woher die Aussage stammt. Die Kandidatin hat 100 Punkte! Super, Rebecca!"

Tobi schmunzelt, schüttelt den Kopf und murmelt: „Gezz bin ich echt von ne Socken. Da hätte ich auch drauf kommen können."

Nun übernimmt Daniel: „Doch uns fehlt ja noch eine Antwort zur Frage der Bedeutung. Also: Was ist wohl mit der Aussage gemeint?"

Paula meldet sich. „Na ja, mit der Zunge redet man. Und unschöne, gemeine Worte erzielen ja auch eine heftige Wirkung. Vielleicht ist so etwas damit gemeint. Wenn ich nur daran denke, dass bei uns an der Schule letztes Jahr das Gerücht umging, die Schule würde geschlossen, das hat schon echt viele beunruhigt."

Emma nickt. „Ja, total. Wir wussten wochenlang nicht, woran wir waren. Die Lehrer haben immer gesagt: Da ist nichts dran. Aber dann hatte wieder irgendwer etwas Neues gehört. Das ging rum und hat erneut alle verunsichert. Und am Ende kam raus, dass dies ein paar Ehemalige in die Welt gesetzt hatten, weil sie mit ihrem Abschlusszeugnis unzufrieden waren."

Jule nickt. „Ja, meine Eltern hatten sich damals schon intensiv Gedanken gemacht, wohin ich dann gehen kann."

Rebecca schließt sich an. „Meine Eltern waren dadurch echt im Stress, weil sie berufliche Termine hatten und diese zeitgleich mit dem Elternabend waren, an dem das Ganze geklärt werden sollte. Und die vielen Posts dazu in den Messenger-Apps. Mensch, haben sich die Leute aufgeregt. Für nichts."

Manu schaut ernst in die Runde. „Ein gutes Beispiel. Denn genau so ist das mit Worten beziehungsweise Aussagen und ihrer Wirkung. Von daher finde ich übrigens das Bild des Feuers, das den Wald in Brand setzt, superpassend.

Überlegt mal, wie klein das in aller Regel anfängt! Ein kleines Streichholz reicht. Und wie schlimm so ein Brand sein kann, wie viel Ärger er macht, wenn er mal außer Kontrolle geraten ist. Der kann ganze Landstriche verwüsten. Was Paula eben angesprochen hat, diese Waldbrände ... Wer die Aufnahmen gesehen hat, bekommt ein sehr einprägsames Bild davon.

Es ist schon eindrucksvoll, dass die Bibel gerade dieses Sinnbild eines außer Kontrolle geratenen Feuers benutzt, um deutlich zu machen, welch gewaltige Macht Worte haben können. Das lädt echt zu einem verantwortungsvollen Umgang mit Worten ein. Wir werden während des Camps noch mehr darüber nachdenken ... Schön, dass ihr mein Rätsel gelöst habt. Und der Autor dieses Verses[5] war übrigens ein Mann, der Jakobus hieß. Ein Briefautor aus dem Neuen Testament, falls ihr es selbst mal nachlesen möchtet.[6]"

Vera knüpft daran an. „Und all das ist damit gleich zu Beginn des Camps wichtig für uns. Paula hat vorhin schon darauf hingewiesen.

Brandschutz hat hier oberste Priorität. Auf allen Ebenen. Es ist hoffentlich allen klar, aber wir sagen das hier auch noch mal ganz deutlich: Wenn überhaupt Feuer gemacht wird, zünden das nur die Mitarbeiter an. Und auch nur mit reichlich Abstand zu den Bäumen, hier an der Feuerstelle und wenn wir Wassereimer zum Löschen bereit haben.

Bitte macht keine Alleingänge, weder mit Kerzen, Feuerzeugen, Zigaretten, Fackeln oder was ihr sonst noch für Ideen habt. Wenn es coole Ideen gibt, kommt zu uns, und wir schauen, wie wir das einbauen können.

Wenn ihr nicht wisst, ob die Idee cool ist, kommt bitte auch zu uns. Wir checken das lieber mit euch. Die Natur ist so trocken in diesem Jahr, dass man sogar mit spontanen Feuern rechnen muss.

Der Text lädt uns aber auch dazu ein – denkt mal an unser Motto ‚#Respektvoll leben' –, in der Art, wie wir reden, vernünftig miteinander umzugehen. Das ist wichtig, wenn so viele Menschen auf engem Raum zusammen sind.

Niemand möchte, dass hier im Camp untereinander ‚Feuerkatastrophen' entstehen. Daher laden wir uns und euch ein, generell und speziell hier im Camp besonders auf die eigenen Worte zu achten. Konkret heißt das: keine Gerüchte in die Welt zu setzen, nicht über andere abzulästern. Bei Unklarheiten daran zu denken, dass es Missverständnisse geben kann. Ich denke, ihr könnt selbst viele Bespiele finden."

Als sie das Wort ‚Missverständnisse' hören, sehen sich Simon und Linus wissend an. Sie nicken einander erleichtert zu, froh, dass sie das so schnell klären konnten.

Daniel schaut nachdenklich. „Und glaubt mir, ganz so einfach ist das nicht! Weil man eben doch anfangs oft impulsiv handelt. Aber es lohnt sich! Oder wie eine weise Person mal treffend formulierte: ‚Die Tatsache, dass die Menschen mit zwei Augen und zwei Ohren, aber nur mit einem Mund geboren werden, lässt darauf schließen, dass sie zweimal so viel sehen und horen als reden sollten.'[7] Das war übrigens Marie Marquise de Sévigné[8]. Eine Frau, die im 17. Jahrhundert lebte. Manchmal wünscht man sich, die Leute hätten seitdem ihre Weisheit schon berücksichtigt.

Im Klartext heißt das doch: Erst mal schauen und zuhören, bevor man seinen Senf dazu gibt! Lasst mich mit zwei weisen Sätzen aus der Bibel zum Ende kommen: ‚*Behandelt die Menschen stets so, wie ihr von ihnen behandelt werden möchtet.*'[9]

Diese brandaktuelle Aussage ist übrigens schon ganze 2000 Jahre alt und stammt von Jesus, aus der berühmten Bergpredigt. Ich finde es echt cool, dass Gottes Aussagen von damals im Hier und Jetzt immer noch so bedeutend sind. Aber klar, der Umgang von Menschen miteinander war schon immer herausfordernd und braucht gute Regeln.

Daher noch mal anders präzisiert: ‚*Soweit es irgend möglich ist und von euch abhängt, lebt mit allen Menschen in Frieden.*‘[10] Genau das wünschen wir uns auch für unsere gemeinsame Zeit hier. Dass wir nicht nur aufs Klima und die Umwelt draußen achten, sondern auch auf das Klima und die Atmosphäre hier im Camp. Unter uns. Und in uns drinnen. Dass wir einander und uns selbst mit Respekt behandeln. Damit das ‚#Respektvoll leben‘ auch ganz praktisch wird.“

Daniel beschließt seine Ausführungen mit einer Einladung: „Darum lasst uns zum Abschluss hier auf diesem Poster sammeln, was für euch ein fairer Umgang miteinander ist. Was wünscht ihr euch voneinander?“

Manuel bringt eine große Pappe, auf der sie das Plakat befestigt haben. „Wer möchte, kann nach vorn kommen und seinen Beitrag aufschreiben.“ Am Ende lesen Manu und seine Frau Bekki die Ergebnisse abwechselnd vor. Daniel nickt beeindruckt. „Wow, ihr seid richtig kreativ und habt echt viel zusammengetragen. Diese Liste hängen wir dann morgen an die Tür zum Speisesaal. Da sind wir immerhin dreimal am Tag. Dann hat jeder zwischendurch Gelegenheit, noch mal einen Blick darauf zu werfen oder sogar etwas zu ergänzen.“

Er überlegt kurz. „Ach so, was für uns übrigens auch dazu gehört, ist, dass wir hier überwiegend offline sind. Die Wiederholungstäter unter euch, die nicht zum ersten Mal dabei sind, kennen das ja schon. Wir legen hier viel Wert auf echtes Leben. ‚Real-Life‘ und dass nicht alle ständig vorm Bildschirm hängen oder es irgendwo am laufenden Band ‚Bing‘ macht. Davon haben wir schon im Alltag viel zu viel. Daher haben wir hier im Camp feste Handyzeiten. Wenn ihr auf Ausflüge geht, könnt ihr sie zur Sicherheit mitnehmen. Aber sonst wollen wir hier den Alltag miteinander teilen und die Smartphones & Kollegen sich auch mal erholen lassen.

Unter diesem Motto ‚#Respektvoll leben‘ laden wir euch ein, dass jeder Einzelne überlegt, was er oder sie zu einem guten Klima hier im Camp beitragen kann. Wenn wir uns das alle ernsthaft vornehmen, brauchen wir uns zumindest um das Klima hier keine Sorgen machen. Und wenn es mal irgendwo hakt, könnt ihr uns gerne ansprechen. In diesem Sinne wünschen wir euch allen eine gute Zeit bei uns im Camp und eine erholsame erste Nacht.“

## CAMP-SPIELREGELN

- Fair zueinander sein
- Sich nicht über andere lustig machen
- Mit anderen teilen
- Großzügig sein
- Nicht ablästern
- Keinen ausschließen
- Anderen helfen
- Missverständnisse erkennen und zu klären versuchen
- Wenn das nicht klappt, einen neutralen Dritten dazu holen
- Nicht aggressiv werden oder andere schlagen
- Sorgsam mit den Sachen anderer umgehen
- Die Privatsphäre respektieren
- Keine Fotos ohne Absprache machen/weiterleiten

Manuel ergänzt: „Das Feuer ist jetzt auch so weit, dass ihr das Stockbrot hineinhalten könnt. Den Teig könnt ihr euch bei Marlena abholen. Wir haben nebenher schon Würstchen und Grillkäse fertig gemacht. Lasst es euch schmecken!" Dann dankt er noch mit einem kurzen Gebet für das Essen.

Anschließend stürzen sich die inzwischen hungrigen Kids auf die Verpflegung. Im Nu sind die erste Runde Würstchen und der Grillkäse verspeist. Gemütlich genießen sie den Abend am Feuer.

#

Inzwischen hat Phil längst den Hochsitz erreicht. Leni ist ziemlich aufgebracht. Zögernd berichtet er seiner Schwester von seinem Abenteuer. Blass starrt Leni ihn an. „Puh, war das knapp. Nicht auszudenken, wenn sie dich entdeckt hätten. Du musst mir versprechen, beim nächsten Mal vorsichtiger zu sein!"

Phil schaut zerknirscht. „Ja, natürlich, das musst du mir nicht zweimal sagen." Er stöhnt. „Mann, ich habe mittlerweile echt Hunger. Und ich hatte so gehofft, dass ich uns unser Essen zurückholen kann."

Leni nickt traurig: „Und das alles nur, weil ich das Essen verloren habe ..." Sie schüttelt bedrückt den Kopf. „In einen Laden können wir halt schlecht gehen. Nicht dass sie am Ende unser Fehlen doch schon bemerkt haben und wir dann auffallen."

Phil seufzt. „Ja einerseits hast du recht. Und viel Geld haben wir ja nicht. Aber überleg mal: Je früher wir irgendwo einkaufen, umso geringer ist das Risiko, entdeckt zu werden. Besonders, wenn nur einer von uns einkauft. Die Option sollten wir uns zumindest offenhalten, wenn wir unser Essen nicht zurückkriegen können ... Aber irgendwas kriegen wir schon hin. Lass uns noch mal in Ruhe überlegen, was wir machen können! Vielleicht ist hier in der Nähe ja irgendwo Obst aufzutreiben. Im Juli gibt es manchmal schon erste Blaubeeren ..."

Plötzlich huscht ein Lächeln über Lenis Gesicht. „Sag mal, haben die gesagt, dass morgen alle Gruppen zu dieser Müll-Rallye gehen?"

Phil zuckt gelangweilt mit den Schultern. „Ja, aber ihr Programm interessiert uns ja nicht, oder?"

Leni schmunzelt. „Kommt drauf an. Was hältst du davon, wenn wir ihrem Gemeinschaftshaus einen Besuch abstatten, während sie unterwegs sind. Vielleicht können wir ja unsere Sachen doch zurückholen. Immerhin haben die ja unser Essen beschlagnahmt."

Phil lächelt. „So kann man es auch sehen, wenn auch unabsichtlich. Die wissen ja nicht, dass sie uns damit auf Nulldiät setzen ..." Laut protestierend knurrt sein Magen. „Und coole Idee. Daran hatte ich noch nicht gedacht. Klar können wir das versuchen. Nur weiß ich nicht, ob die Betreuer auch mit unterwegs sein werden. Wir müssen auf jeden Fall vorsichtig sein."

Leni überlegt. „Wenn das nicht klappt, müssen wir morgen einkaufen." Sie zögert. „Oder notfalls schauen, ob wir etwas anderes Essbares aus dem

Camp holen können." Leni schüttelt den Kopf. „Nein, das finde ich schwierig, ich mag da eigentlich auch nichts wegnehmen." Sie seufzt. „Wenn wir doch nur unsere Tasche zurückhätten."

Leni schüttelt sich und reibt ihre Hände. „Aber man kann es drehen und wenden, wie man will. Ohne Verpflegung kommen wir hier nicht weiter. Und lass uns bitte aufhören, vom Essen zu sprechen! Das macht es nicht besser."

Dann beginnen sie, für den folgenden Tag einen Plan zu schmieden.

Nach einer Weile am Lagerfeuer stupst Emma ihre Freundinnen plötzlich an. „Hört mal, noch sitzen alle hier, das ist unsere Chance. Immerhin sind wir nicht nur verschwitzt, sondern jetzt auch noch verräuchert. Kommt schnell ab zum Badehaus, bevor sich alle zur Nacht fertig machen!"

Jule nickt. „Du hast völlig recht, sonst wird die Nacht kein Vergnügen."

Paula und Rebecca gähnen schon ordentlich. „Nur gut, dass wir unsere Zahnputzsachen, die Handtücher und das Duschgel schon mitgenommen haben", murmelt Rebecca, „noch mal zum Zelt rüber zu laufen hätte ich jetzt nicht mehr gewollt."

Paula nickt. „Ja, das war echt schlau. Kommt, lasst uns schnell machen, der Schlafsack ruft!"

Zügig machen sich die Freundinnen auf den Weg.

Gut eine halbe Stunde später ist das Feuer ziemlich heruntergebrannt, und ringsum macht sich Müdigkeit breit. Bevor die Betreuer von der Feuerstelle aufbrechen, löschen sie zusammen mit einigen Teilnehmern sorgfältig die Glut. Zur Sicherheit nutzen sie das bereitstehende Wasser. Erst als das Feuer komplett gelöscht ist, machen sie sich auf den Weg zu ihren Zelten, um sich fürs Schlafen bereit zu machen. Währenddessen verlassen die Mädchen nacheinander erfrischt das Badehaus. Als alle fertig sind, begegnen ihnen auf dem Rückweg bereits die ersten Zeltmannschaften.

Rebecca grinst. „Perfektes Timing. Danke, Emma! Kein Stau, und wir kriegen 'ne ganze Mütze mehr Schlaf."

Die lächelt zufrieden. Nach kurzer Zeit schlüpfen sie müde, glücklich und frisch duftend in ihre Schlafsäcke. Jule schmunzelt nachdenklich. „Nicht auszudenken, wie das Klima im Zelt der Jungs ist. Supernett, dass sie uns den Vortritt gelassen haben."

Paula gähnt laut. „Ja, das stimmt, echt ritterlich. Die Armen fallen bestimmt jetzt in eine tiefe Narkose. Gute Nacht, ihr Lieben, und genießt es! Unsere erste Nacht im Zelt. Noch liegt fast das ganze Camp vor uns."

Währenddessen haben auch Phil und Leni auf dem Hochsitz im Wald alles für die Nacht bereitgemacht. Das Malervlies ist auf dem Boden des Hochsitzes ausgebreitet, darüber die mit Laubresten und Farn gepolsterten Plastiksäcke, damit sie nicht so hart liegen.

Leni grübelt. „Inzwischen müsste Ma längst zu Hause sein. Meinst du, sie haben unsere Flucht schon bemerkt?"

Phil schüttelt den Kopf. „Ich hoffe nicht. Immerhin schien Paps uns das abgekauft zu haben. Und selbst wenn er heute schon dort angerufen hat, was ich nicht glaube bei all seinem Stress, wird er niemanden erreicht haben." Er seufzt. „Ich wünschte, auch das wäre nicht nötig geworden. Aber sag mal, du wolltest mir doch zu Ma noch etwas sagen?"

Leni stutzt. „Stimmt. Gut, dass du mich daran erinnerst." Leni sieht besorgt aus. „Ma geht ja in letzter Zeit total spät ins Bett. Sie sagte kürzlich zu Paps, dass sie dann trotzdem noch lange wach liegt und nicht gut einschlafen kann. Jedenfalls bin ich gestern wegen der Müllabfuhr total früh aus dem Bett gefallen." Sie schaut Phil skeptisch an. „Keine Ahnung, wie du dabei weiterschlafen kannst! Aber egal. Ma war da gerade aufgestanden. Sie war noch furchtbar müde und hat sich nur ganz schwer aus dem Bett gequält. Dann ist sie auf einmal ins Bad gesprintet. In der Eile hat sie die Tür nicht richtig verschlossen ..." Leni verzieht sorgenvoll das Gesicht. „Mensch, Phil. Sie hat sich ganz fürchterlich übergeben müssen. Als sie wieder rauskam, war sie ganz blass – und erschrocken, mich zu sehen. Sie sagte dann so was wie, dass sie wohl etwas Verkehrtes gegessen oder den Kaffee nicht vertragen hätte, dass es ihr aber jetzt schon wieder besser ginge."

Phil hört gespannt zu und wirft dann ein: „Aber du hast doch gesagt, sie wäre gerade erst aufgestanden ... Da kann sie doch noch keinen Kaffee getrunken haben."

Leni nickt aufgewühlt. „Genau, Mr. Sherlock! Sie hatte sich noch keinen Kaffee gekocht, und es war auch keiner mehr vom Tag vorher da. Und das Abendessen haben wir doch alle gegessen, und keiner von uns hatte damit Probleme ... Puh, hoffentlich ist sie nicht krank! Ich dachte schon, sie ruft auf der Arbeit an, dass sie nicht kommen kann. Doch kurz darauf ist sie trotzdem zur Arbeit gegangen und hat behauptet, es wäre alles wieder okay." Leni seufzt. „Irgendwie gefällt mir das ganz und gar nicht. Sie isst kaum etwas, wenn ich sie sehe. Und sie ist so blass in letzter Zeit. Wahrscheinlich weil sie so wenig schläft."

Phil überlegt. „Na ja, so viele Überstunden, wie sie macht, plus die lange Fahrtzeit sind halt nicht ohne. Bestimmt isst sie erst später, unterwegs oder auf der Arbeit." Er zögert. „Gesund ist das ja wahrscheinlich nicht. Aber ich denke auch nicht, dass sie Gewicht verloren hat ..." Er sucht nach passenden Worten. „Äh, also ehrlich gesagt, ich denke eher, dass sie etwas zugenommen hat."

Leni unterbricht ihn grinsend und sagt: „Oh, oh. Das, mein lieber Bruder, würde sie nicht gern hören. Aber ich verpetze dich nicht. Wahrscheinlich hast du sogar recht. Sie ist ja auch schon immer eher rundlich gewesen." Leni lächelt. „Ich mag das so. Das ist super zum Kuscheln, nicht so knochig."

Auf einmal bemerkt Leni, wie sehr sie sich nach ihrer Mutter sehnt. Tränen steigen in ihre Augen. Phil nimmt sie tröstend in den Arm. „Lass uns jetzt davon aufhören! Sonst kriegen wir kein Auge zu. Und es wäre auch gut, etwas Schlaf zu bekommen, bevor mein Magen mich ganz rasend macht."

Leni nickt. „Echt komisch, so von jetzt auf gleich aus allem rauskatapultiert zu sein. Ohne Essen und Bett. Im Wald und auf der Flucht. Ich hätte nie gedacht, dass ich das Zähneputzen mal so vermisse ... Es ist echt dunkel hier draußen. Und irgendwie auch ein wenig unheimlich. All diese fremden Geräusche. Nur gut, dass wir den Hochsitz gefunden haben und jetzt nicht auf dem Waldboden schlafen müssen. Ich würde kein Auge zutun. Aber du hast recht. Lass uns heute Nacht nicht weiter davon reden! Mir wird jetzt langsam echt frisch." Leni zieht fröstelnd ihren Schlafsack zu. Ihre Hände sind eiskalt. Seufzend öffnet sie die Reißverschlüsse ihrer Jackentasche und schiebt ihre kalten Hände hinein. Doch sie kommt nicht weit. Plötzlich schreit sie leise auf.

Phil zuckt erschrocken zusammen. „Pst, leise! Was ist denn bloß in dich gefahren?"

Statt einer Antwort kichert Leni. Sie knistert mit etwas und stupst ihn im Dunklen damit an. Phil versteht jetzt gar nichts mehr. ‚Was ist bloß mit Leni los? Dreht sie hier draußen etwa durch?' Er versucht, ihre Hand zur Seite zu schieben. Doch dann erwischt er den Gegenstand, den sie in der Hand hält. Leni lässt ihn sofort los. Als Phil erkennt, was es ist, versteht er auf einmal, wieso sie so ausgelassen ist. Er raunt erstaunt. „Aber woher ..."

Erleichtert erklärt Leni: „Tja, ich hatte sie auch total vergessen. Die Kühltasche war zu voll. Deshalb habe ich das, was überstand, in die Jackentasche gestopft. Genial, dass es die Müsliriegel waren und nicht die Dose mit der Margarine. Ich habe mich noch nie so sehr über einen Müsliriegel gefreut."

In der Dunkelheit kann Leni Phils freudigen Gesichtsausdruck nicht sehen. Doch spüren kann sie es. Feierlich verspeisen sie je einen Müsliriegel. Die beiden übrigen Riegel heben sie vorerst auf.

Müde kuscheln sie sich danach in ihre Schlafsäcke. Die Laubpolster unter ihnen knistern bei jeder Bewegung. Beide liegen noch eine Zeit lang wach und lauschen den fremden Geräuschen.

Irgendwann hört Phil Lenis regelmäßige Atemzüge. Die Glückliche! Seine Gedanken fahren immer noch Karussell. ‚Wir haben das ja beide entschieden. Aber irgendwie fühle ich mich als der Ältere doch für meine kleine Schwester verantwortlich. Und dass ich Paps so getäuscht habe, liegt mir schwer im Magen. Puh. Aber wir hatten doch keine Wahl.'

Er seufzt leise. ‚Wirklich nicht?' Seine Gedanken beginnen einen wilden Schlagabtausch. ‚Das ist wie Achterbahnfahren', denkt Phil müde. ‚Du sitzt drin und weiß nicht, wo das Ding entlangrast. Mal ist es schön, mal schrecklich. Aber fast immer unvorhersehbar. Und Zwischenstationen zum Aussteigen, die gibt es nicht. Du hängst drin, solange die Fahrt dauert. Ja, genauso fühlt sich das hier jetzt an.' Auch vor seinem inneren Auge taucht jetzt Mama auf. ‚Was sie wohl sagen wird?'

Plötzlich zuckt Phil erschrocken zusammen. ‚Was in aller Welt ist das? Spielt hier etwa einer im Wald Flöte?[11/12] Fange ich jetzt schon an, verrückt zu werden?' Vorsichtig zieht er sich an der Wand des Hochsitzes hoch und starrt in den dunklen Wald. ‚Nein, ich träume nicht. Es kommt von da drüben.'

Jetzt ist es eher wie ein Schreien. Auf einmal segelt etwas Großes, Dunkles dicht am Hochsitz vorbei. Phil spürt den Windzug nahe an seinem Gesicht. Ihm stockt der Atem. ‚Okay, okay, beruhig dich!', redet er sich gut zu. ‚Das war nur ein Vogel. Wahrscheinlich eine Eule oder ein Waldkauz, oder wie die alle heißen. Hätte ich mal bloß in Bio besser aufgepasst. Puh, an die Geräuschkulisse muss ich mich erst gewöhnen.'

Phil sackt zurück auf sein Laubkissen und liegt noch lange wach, bis auch er in einen unruhigen Schlaf fällt.

# MORGENMIEF, KEINHORNOPTIK & SCHLARAFFENFRÜHSTÜCK

Verwirrt döst Leni vor sich hin. ‚Nein, ich will noch nicht aufstehen. Ich bin noch total müüüde.' Mit einem Schwung versucht sie, sich auf die Seite zu drehen. Doch irgendwie will ihr das nicht richtig gelingen.

‚Wieso kann ich meine Beine kaum bewegen?', fragt sie sich irritiert. Im Halbschlaf versucht sie, sie freizubekommen. Aber so sehr sie sich auch anstrengt, es klappt einfach nicht.

‚Da stimmt doch etwas nicht! Und wieso liege ich überhaupt so hart? Bin ich etwa aus dem Bett gefallen? Oder ist das ein Traum?' Mühsam kämpft sie sich Zentimeter für Zentimeter ins Hier und Jetzt. Sie blinzelt, reibt sich die Augen – und starrt direkt vor eine Holzwand.

Irritiert schließt Leni ihre Augen wieder. ‚Also ist es doch ein Traum, oder?' Wieder öffnet sie die Augen. Die Holzwand ist immer noch da! Und Vogelgezwitscher!

Leni stutzt und greift nach der Wand: ‚Nein, die ist total real!' Schlagartig ist sie hellwach und zugleich total zerstreut. ‚Moment mal ... Wie in aller Welt bin ich bitteschön mit meinem Schlafsack mitten in den Wald gekommen? Auf einen ... Hochsitz? Geht's noch?'

Und dann, wie wenn sich im Schultheater der Vorhang hebt, ist mit einem Mal alles wieder da: die ganze hässliche Realität. Die drohende Fahrt in die Schweiz, ihre gestrige Flucht, der Schock mit dem Auto ...

‚Genau. Wir haben den Hochsitz gefunden. Phil hat ihn gereinigt ... Die Spinnen!' Skeptisch lässt sie ihren Blick schweifen. ‚Puh.' In der hellen Morgensonne kann man alles gut sehen. Offensichtlich haben die früheren Bewohner Phils Rauswurf verstanden und sind auch in der Nacht nicht zurückgekehrt. Erleichtert entspannt sich Leni etwas.

Apropos Phil. Sie sieht zu ihm hinüber. Das war klar: ‚Mein lieber Bruder schläft wie ein Murmeltier.'

Plötzlich meldet sich ihr Magen mit einem leisen, aber deutlichen Knurren. ‚Frühstück wäre jetzt schön ...' Traurig erinnert sie sich wieder an

den Verlust ihrer Essenstasche. Sie überlegt. Ein Lächeln huscht über ihr Gesicht. Was hatte Phil noch gestern Abend gesagt? Dann fasst sie einen Entschluss.

Behutsam schält sie sich aus dem Schlafsack und greift die leere Wasserflasche. Lautlos tappst sie die steile Leiter hinunter. Vorsichtig schaut sie sich um. Die Lage ist ruhig und überschaubar. Langsam Ausschau haltend läuft sie ein wenig weiter in den Wald hinein. Und tatsächlich, in der Nähe finden sich wirklich einige wenige Blaubeerbüsche. Doch viele Beeren sind noch unreif. Leni nutzt die Flasche zum Sammeln. Auf ihrer Suche gerät sie immer weiter vom Hochsitz weg. Und immer noch ist die Ausbeute sehr überschaubar.

#

Drüben im Camp ist Tobi als Erster auf den Beinen. Die Luft im Zelt ist zum Schneiden. Rasch kriecht er aus seinem Schlafsack und schleicht aus dem Zelt. Noch ziemlich müde schließt er gedankenverloren den Reißverschluss wieder und läuft hinüber zum Toilettenhaus. Als er zurückkommt und den Reißverschluss vom Zelt öffnet, müffelt es furchtbar. ‚Puh. Es ist echt Zeit zum Aufstehen', denkt er. ‚Ach ja, wir wollten ja vor dem Frühstück noch duschen …' Unverzüglich weckt er seine Kameraden.

„Puh, Männer, das stinkt ja gewaltig. Kalter Rauch und Schweiß, was für eine Mischung. Igitt! Wie auch immer, heute früh steht ganz eindeutig Duschen auf dem Programm. Das ist ja kaum auszuhalten", grinst er mit zugehaltener Nase.

Linus winkt müde ab: „Doch nicht vor der Müllrallye. Ich spendiere einfach eine Runde Deospray. Das tut es auch", ruft er in die Runde und wühlt in seiner Tasche nach der Deoflasche. Schon hat er sie gefunden und will loslegen.

Doch Simon stoppt ihn gerade noch rechtzeitig. „Bloß nicht!" Er winkt ab. „Weder hier drin noch überhaupt in so einem Fall. So ein

Deo-Schweiß-Rauch-Cocktail stinkt noch viel schlimmer als das, was wir hier jetzt haben. Ne, lass mal, das Deo hätten wir gestern vor dem Sport benutzten müssen."

Max nickt wissend. „Oder gleich nach dem Duschen. Apropos Duschen. Kommt schnell, das schaffen wir noch vor dem Frühstück! Es wäre zu peinlich, wenn keiner neben uns sitzen will."

Simon nickt. „Geht klar, ich zieh mir nur rasch was über." Er verschwindet im Zelt. Als er kurz darauf fertig ist, sagt Linus: „Ich muss auch noch mal schnell rein."

Tobi, Simon und Max warten mit ihren Handtüchern draußen. Als sie endlich zum Badehaus aufbrechen wollen, angelt sich Linus noch sein cooles Shirt vom Vorabend, wirft es neben seinem Handtuch lässig über die Schulter und stiefelt los.

„Ich krich die Pimpernellen. Willst du etwa Wäsche waschen?", fragt Tobi und zeigt auf das T-Shirt über seiner Schulter.

Linus schüttelt irritiert den Kopf. „Wäsche waschen, tickst du noch richtig? Neeein! Wieso auch?"

Tobi runzelt die Stirn. „Nicht dein Ernst? Sag bloß, du willst dich nach dem Duschen wieder mit dem Miefteil schmücken?"

Linus stutzt kurz, dann grinst er und kehrt seufzend um. „Alter, du hast recht, ich bin noch gar nicht richtig wach. Das ist halt mein Lieblingsshirt, das könnte ich täglich tragen ... Okay, okay, ich nehme mir ein frisches Shirt mit."

Tobi schmunzelt und ruft hinterher: „Und bring dir gleich auch frische Socken mit! Sonst nutzt dir das Duschen gar nichts, wenn du danach mit deinen frisch gewaschenen Füßen wieder in die alten Käsesocken reinsteigst. Dann hast du ruckzuck wieder Käsefüße!"

Linus nickt. „Stimmt. Gut, dass du das sagst. So muss ich wenigstens nicht zweimal laufen."

## „SCHWEISS, LASS NACH"?!

*Alle Menschen schwitzen, ob groß oder klein. Doch auf dem Weg zum Erwachsenen gibt es einen entscheidenden Unterschied: Der Schweiß von kleinen Kindern riecht noch nicht! Das fängt erst an, wenn in der Pubertät Botenstoffe im Körper aktiviert werden. Sie bewirken, dass dein Körper sich vom Mädchen zur Frau und vom Jungen zum Mann entwickelt.*

**Was kannst du tun?**

→ *Häufigeres Duschen ist angesagt! Alternativ tut es an den Tagen dazwischen auch der gute, alte Waschlappen.*

→ *Achte auf frische Klamotten, auch wenn es um dein Lieblingsteil geht! Verschwitzte Kleidung gehört in die Wäsche. Vergiss dabei die Socken nicht!*

→ *Ein Deo kann helfen. Es zu benutzen ist an sich nicht verkehrt – aber bitte unbedingt beachten: VOR dem Sport und NACH dem Duschen! Nutzt man ein Deo auf schon vorhandenem Schweiß, mischt sich beides, und es stinkt umso intensiver!*

Vor dem Badehaus wird Tobi immer langsamer. Schließlich bleibt er stehen. Die anderen schauen ihn fragend an. „Sagt mal: Wie viele Duschen gibt es da noch mal?", fragt er.

Simon überlegt. „Hm – drei offene Duschen wie im Schwimmbad, nebeneinander – und eine separate Duschkabine …", zählt er auf.

„Die reserviere ich", ruft Tobi. „Zu Hause dusche ich auch immer allein."

„Mir ist das auch lieber", meint Max. „Ich warte dann auf dich."

Simon und Linus grinsen. In der Umkleide angekommen, ziehen sie sich zügig aus und stehen plötzlich in Badehose da. Tobi und Max gucken einen Moment verblüfft. Dann lachen sie.

„Manno, darauf hätten wir auch kommen können", meint Tobi.

Simon lächelt: „Mach dir keinen Stress! Ich habe letztes Jahr ewig lang auf die Einzeldusche gewartet. Und dann kamen zwei ältere Jungs in Badehose. Das war dann mein Aha-Erlebnis. Jetzt habe ich sie mir gleich drunter angezogen."

Linus ergänzt: „Genau. Außerdem haben letztens beim Schulschwimmen und Duschen einige Jungs aus der Parallelklasse voll den Stress gemacht. Sie wollten das Aussehen untenrum untereinander vergleichen und haben dann alle möglichen Kommentare abgelassen ..."

Simon verdreht die Augen. „Ja, ich weiß, solche Kandidaten kenne ich auch. Aber ganz ehrlich: Für mich ist das Privatsache. Fertig, aus. Das geht keinen was an. Und überhaupt, überlegt doch mal: Erstens wachsen wir noch – und unser bestes Stück auch. Und zweitens sieht untenrum eh jeder ein wenig anders aus. Mein Dad hat neulich mit mir darüber gesprochen und erzählt, dass ihm das früher echt Stress gemacht hat. Aber auch nur genau bis zu dem Moment, an dem er herausgefunden hat, dass Jungs in dem Bereich eh alle unterschiedlich aussehen und dass es totaler Quatsch ist, sich da zu vergleichen."

# PRIVATSPHÄRE

**#Privatsphäre** – *Dabei geht es um alles, was nur dich etwas angeht: private Notizen – Gedanken – Situationen – Körperbereiche. Gut auf dich aufpassen, das bedeutet auch, deine Gefühle ernst zu nehmen, wenn etwas nicht okay ist.*

**#Grenzüberschreitungen** – *Der Körper und besonders die Geschlechtsorgane sowie der Po eines anderen Menschen sind seine Privatsache. Da darf einen niemand anfassen, es sei denn, man erlaubt es ihm ausdrücklich – zum Beispiel bei einem Arztbesuch. Klar, wenn wir Babys sind, müssen unsere Eltern uns im Intimbereich sauber machen. Doch ab etwa drei Jahren gehen wir allein zur Toilette und lernen nach und nach, uns immer mehr auch um diesen Bereich zu kümmern, uns abzuputzen und uns zu waschen.*

*Wenn jemand einen anderen an den Geschlechtsorganen berührt, ohne dass die Person zustimmt, dann ist das ein sexueller Übergriff. Die Geschlechtsorgane des Mädchens/der Frau – Genitallippen, Klitoris, Scheideneingang, Scheide, Po und Brust – sind für andere tabu. Die Geschlechtsorgane des Jungen/des Mannes – Hoden, Hodensack, Penis und Po – sind genauso Privatsache und für andere tabu.*

*Doch nicht immer sind Grenzüberschreitungen so klar zu erkennen. Oft fängt es schon damit an, dass sich jemand zu dicht neben dich setzt, dich berührt, und du weißt nicht – Ist das jetzt absichtlich oder unabsichtlich geschehen? Doch gerade Täter nutzen diese Unsicherheit aus. Erleben sie keinen Widerstand, gehen sie beim nächsten Mal noch weiter. Darum ist es wichtig, seine Grenzen zu schützen, zum Beispiel mit einem klaren „Nein!", „Lass das!" oder „Hör auf!".*

*Grenzüberschreitungen können durch Berührungen entstehen, aber auch durch Worte. Und an allen möglichen Orten und in allen denkbaren Situationen. Zum Beispiel:*

- *in der Sportumkleide*
- *unterwegs in Bus oder Bahn*
- *auf dem Schulhof*
- *bei privaten Besuchen*
- *auf Feiern*
- *im Geschäft*
- *in der Kirche oder Gemeinde*
- *beim Musikunterricht*
- *im Schwimmbad ...*

**Darum:** *Pass gut auf dich auf und setz deine Grenzen!*

*Wenn du dich damit schwertust oder Grenzüberschreitungen erlebst, mit denen du allein nicht klarkommst, such dir eine vertrauenswürdige Person, mit der du darüber sprechen kannst!*

*Keiner da zum Reden?*

*Dann hilft dir die 116111 weiter, das bundesweite Hilfetelefon in Deutschland für Kinder und Jugendliche.*

*https://www.nummergegenkummer.de/kinder-und-jugendberatung/kinder-und-jugendtelefon/*

---

Unterdessen windet sich Rebecca im Mädchenzelt gähnend aus ihrem Schlafsack. Sie öffnet den Reißverschluss ihres Zeltes. „Was für ein schöner Sommermorgen. Und in einer halben Stunde gibt es Frühstück!"

Jule und Emma stehen sofort auf. Paula dreht sich noch einmal auf die Seite. Jule stupst sie an. „Hey, willst du nicht auch aufstehen?"

Paula murmelt verschlafen: „Gleich. Das schaffe ich noch. Jetzt ist es im Badehaus sowieso am vollsten." Und im nächsten Moment döst sie schon wieder ein.

Emma schüttelt den Kopf. „Gerade redet sie noch, jetzt schläft sie schon wieder tief und fest. Unglaublich! Da hat die sich doch glatt wieder vom Acker gemacht. Hinüber ins Traumland. Ehrlich – das würde ich morgens mit meinem Make-up nie schaffen. Los, Jule, beeilen wir uns!“

Eilig laufen die beiden Mädchen zum Badehaus. Unterwegs fragt Jule Emma behutsam: „Sag mal, schminkst du dich wirklich täglich?“ Emma schüttelt den Kopf und sieht sich vorsichtig um. „Nein“, flüstert sie dann. „Eigentlich nur hier im Camp, wegen des großen Publikums.“ Sie deutet hinüber zum Zeltplatz der Jungs. „Oder manchmal in der Schule. Ich benutze vor allem Abdeckcreme oder Make-up, damit man die Pickel und Hautunreinheiten nicht so sieht. Mensch, in letzter Zeit waren die ganz schön lästig.“

Jule schmunzelt und nickt verständnisvoll. „Das kenne ich. Dann nehme ich auch schon mal etwas zum Abdecken.“ Sie kichert. „Und vergesse dann abends oft, es wieder abzumachen. Meine Ma ist nicht amused, wenn die Schminke dann in der Bettwäsche landet ... Aber auf Lippenstift oder so stehe ich gar nicht.“

Emma grinst. „Je nach Farbe ist das dann auch schnell too much. Und du siehst grell und total auffällig aus, wie ein Clown. Damit bin ich auch echt vorsichtig. Ein älteres Mädchen in unserer Nachbarschaft schminkt sich schon länger sehr stark. Das sieht voll unnatürlich aus. Außerdem benutzt sie auch Parfum.“

Jule stutzt. „Okay, wahrscheinlich, damit sie gut riecht?“

Emma lächelt schief. „An sich ja keine schlechte Idee ... wenn sie es damit nicht so maßlos übertreiben würde. Sie zieht eine riesige Parfümwolke hinter sich her. Neulich bin ich mit ihr im Bus gefahren. Das hat gereicht, um den halben Bus in die Parfümwolke einzuhüllen. Ich war echt froh, als ich nach zwei Haltestellen wieder raus konnte. Tatsächlich reichen doch ein, zwei Spritzer Parfüm hinters Ohr für den ganzen Tag. Und wenn man abends noch mal weg will, kann man es notfalls immer noch erneuern. Aber mehr als einen halben Meter um die parfümierte Person herum sollte es nicht zu riechen sein. Und das gilt für Jungs genauso. Meine Meinung!“

Jule schaut nachdenklich und grinst. „Deinen Standpunkt kann ich gut verstehen. Das macht echt Sinn. Tja, es gibt schon ’ne Menge zu beachten auf dem Weg zur Frau.“

Emma nickt gelassen. „Aber wenn man es ruhig angehen lässt und nicht alles auf einmal ausprobiert, so wie beim Schminken, dann wird das schon. Und wenn ich es mal so gar nicht schaffe oder keine Lust dazu habe, was unter uns gesagt oft passiert, dann denke ich an meine Patentante Rieke. Die ist schon über fünfzig Jahre alt. Geschminkt hat sie sich noch nie. Sie sagt immer: ‚Ich bin auch so schön. Ich brauche das nicht!'"

Jule kichert. „Cooler Standpunkt. Deine Patentante gefällt mir. Außerdem sollte Schminke dazu da sein, die natürliche Schönheit hervorzuheben, nicht zu übermalen. – Hoppla, wir sind ja fast da. Komm schnell, die Schlange am Badehaus wird immer länger!"

Eilig legen sie die letzten Meter im Sprint zurück.

Leni folgt inzwischen weiter der Spur der Blaubeerbüsche. Doch noch immer ist die Flasche nur wenig gefüllt. Da hinten ist auch ein Busch … und weiter drüben sind drei weitere. Erschöpft hält sie inne.

‚Das ist ein echt hart erarbeitetes Frühstück. So anstrengend hatte ich mir das nicht vorgestellt.' Seufzend denkt sie an das Toastbrot und die anderen leckeren Sachen in der Kühltasche.

Ihr Magen knurrt protestierend. Die restlichen zwei Müsliriegel in ihrer Jackentasche knistern verlockend. ‚Aber nein, die werde ich jetzt auf keinen Fall aufmachen. Wer weiß, wie lang wir es hier noch aushalten müssen. Und vielleicht finden wir ja auch gleich im Camp unsere Kühltasche wieder … – Moment mal, Camp?! Wir wollten doch gleich dahin …'

Erschrocken hält Leni inne. Die Sonne steht schon recht hoch. ‚Bestimmt ist Phil inzwischen wach und hat keine Ahnung, wohin ich verschwunden bin. Also nichts wie zurück!' Suchend dreht sie sich im Kreis. ‚Oh no! Wo in aller Welt liegt jetzt bloß der Hochsitz?'

Wenig später treffen sich im Camp alle mehr oder weniger ausgeschlafen zum Frühstück vor dem Gemeinschaftshaus wieder. Die Tür ist noch abgeschlossen. Daran hängt bereits die Liste mit den Vereinbarungen vom Vorabend.

Emma wartet mit Jule etwas abseits und schaut missmutig. „Ich könnte echt die Krise kriegen. Eben im Waschraum habe ich im Spiegel diesen blöden Pickel auf meiner Stirn entdeckt. Ich fühle mich glatt wie das letzte Einhorn.“

Jule lächelt. „Lass mal sehen!“ Sie begutachtet Emma fachkundig. „Mhm. Das kann ich verstehen, aber so groß sieht er gar nicht aus. Das ist eher ein Keinhorn als ein Einhorn. Und schau mal hier“, sie zeigt auf ihr eigenes Kinn, „ich habe auch schon wieder einige Pickel abbekommen. Du kannst dich beruhigen. Das fällt gar nicht so auf. Schau dich mal unauffällig um, die Jungs sind davon auch nicht verschont!“

## PICKEL

*In der Pubertät bildet dein Körper neue Botenstoffe. Sie helfen dir, dich vom Kind zum Erwachsenen zu entwickeln. Durch diese Botenstoffe (= Hormone) verändert sich aber auch deine Haut. Schnell entsteht mal ein Pickel, vor allem im Gesicht. Das geht Mädchen genauso wie Jungs.*

*Pickel solltest du übrigens nicht aufkratzen oder sie ausdrücken. Sonst können Krankheitserreger in die offene Stelle eindringen, und Narben entstehen. Wenn du Pickel berührst, achte darauf, dass deine Fingernägel und Hände sauber sind! Sei besonders vorsichtig bei Pickeln oberhalb deiner Oberlippe!*

*Denn ganz oben im Kopf liegt bekanntlich das Gehirn. Beim Aufkratzen von Pickeln oben am Kopf können Krankheitserreger in der Haut in Richtung des Gehirns transportiert werden und dort eine Entzündung auslösen.*

*Wenn du leicht Pickel bekommst, kannst du dein Gesicht mit einem Gesichtswasser und mit Kosmetikpads reinigen.*

*Das Waschen mit nicht parfümierter Seife hilft deiner Haut.*

***Informiere*** *dich im Drogeriemarkt, welche Pflegeprodukte deiner Haut helfen! Das Fachpersonal dort kann dir weiterhelfen. Wenn du viele Pickel hast und die Hilfe im Drogeriemarkt nicht ausreicht, such eine Hautärztin oder einen Hautarzt auf!*

***Und denk dran:*** *Pickel sind typisch für die Pubertät, das geht allen irgendwie so, mal stärker, mal weniger intensiv. Im Erwachsenenalter hat sich deine Haut an die Botenstoffe angepasst. Dann treten Pickel viel seltener auf. Es ist also Land in Sicht!*

---

Emma betrachtet verstohlen die anderen, die vor dem Gemeinschaftshaus warten. „Stimmt", sagt sie leise zu Jule. „Das wäre mir jetzt gar nicht so aufgefallen. Und immerhin ist er nicht mitten auf meiner Nase." Sie überlegt einen Moment. Dann flüstert sie: „Sag mal, kannst du dich daran erinnern, wie wir vor ein paar Wochen vor dem Kino auf den Einlass gewartet haben?"

Jule nickt fragend. „Ja klar, wieso willst du das wissen?"

Emma windet sich etwas. „Weißt du, da stand in unserer Nähe doch so ein älterer Junge. Der hatte superviele Pickel. So viele Pickel auf einmal hatte ich vorher noch nie gesehen. Das hat mich ehrlich gesagt schon sehr beunruhigt. Und jedes Mal, wenn ich seitdem einen Pickel bei mir entdecke, habe ich Sorge, dass es bei mir auch losgeht und es so viele werden könnten."

Jule schaut sie verständnisvoll an. „Oh, das tut mir leid. Aber, Emma, diesen Stress musst du dir wirklich nicht machen. Weißt du, Pickel gehören zur Pubertät nun mal dazu. Das ist völlig normal. Und ja, es gibt auch mal mehr als nur einen zur gleichen Zeit. Aber ..."

Verblüfft und empört unterbricht Emma Jule. „Du hast vielleicht gut reden. Ich *habe* Stress damit. Ganz egal, ob ich das muss oder nicht!"

Jule redet beruhigend auf sie ein: „Hey, komm mal wieder runter! Ich verstehe ja, dass es dir nicht egal ist und dich stresst. Alles, was ich sagen will, ist, dass du dir *seinen* Stress nicht machen muss. Nicht, weil er ein Junge

ist, sondern weil das, was der Typ da hatte, etwas ganz anderes war als deine Ein- oder Keinhornpickel."

Emma blickt sie skeptisch an, tritt einen Schritt zurück und verschränkt die Arme. „Okay, okay, jetzt mal langsam, Frau Doktor Jule, zum Mitschreiben. Bist du jetzt unter die Mediziner gegangen? Dann lass mal hören, woher du das so genau wissen willst!"

Jule kichert zuerst und prustet dann los: „Nein, keine Sorge, ich habe keinen heimlichen Nebenjob als Ärztin. Ich weiß das echt nur zufällig, weil ich genau das schon mal gesehen habe."

Ohne dass Jule schon viel erzählt hätte, merkt Emma, dass Jules Lachen sie entwaffnet hat. Sie grinst und sagt: „Also gut, klär mich auf! Woher hast du dein geheimes Wissen?"

Jule ist nachdenklich. „Ach, so toll ist der Anlass auch nicht. Weiß du, meine Cousine Johanna hat Probleme damit. Sie ist jetzt Anfang zwanzig.

Und irgendwann ging es mir ähnlich wie dir jetzt: Ich habe mir bei jedem Pickel große Sorgen gemacht. Da habe ich allen Mut zusammengenommen und sie darauf angesprochen.

Sie war echt nett. Dann hat sie mir in Ruhe alles erklärt. Das, was sie hat, ist eine besondere Hautentzündung. Sie wird wohl von winzigen Krankheitserregern ausgelöst, die Bakterien genannt werden.

Akne heißt das übrigens, glaube ich. Seit sie beim Hautarzt damit in Behandlung ist, ist es superviel besser geworden.

Also kann ich so viel sagen: Erstens sieht dein einzelner Pickel nicht so aus wie ihre Hauterkrankung oder die von dem Jungen am Kino.

Und zweitens, und das finde ich ehrlich gesagt für Betroffene noch viel besser: Wenn man tatsächlich Akne hat, gibt es gute Behandlungsmöglichkeiten. Das Wichtigste, sagte Johanna, ist, dass man die Pickel nicht aufkratzt. Dann können Narben zurückbleiben."

# AKNE

Entlang der Haare liegen in der Haut sogenannte Talgdrüsen, die einen fettähnlichen Stoff abgeben. Wenn diese Drüsen verstopfen, staut sich ihr Inhalt in der Haut. Dann kann eine Hautkrankheit entstehen, die man Akne nennt.

Durch den eingeschlossenen Talg entstehen sogenannte Mitesser. Weiße Mitesser sind geschlossen. Tragen sie einen schwarzen Punkt, sind sie geöffnet. In ihnen finden bestimmte Krankheitserreger, man nennt sie Bakterien, einen idealen Nährboden. Akne betrifft meist Jugendliche in der Pubertät, Jungs häufiger als Mädchen.

## Tipp:

- Wenn du den Verdacht hast, es könnte Akne sein, lass das möglichst früh ärztlich abklären! Je eher, desto besser.
- Erst so wird klar, ob es sich überhaupt um Akne handelt, beziehungsweise welche Pflegemittel aus dem Drogeriemarkt genügen.
- Manchmal ist auch eine Spezialbehandlung mit verschreibungspflichtigen Medikamenten nötig.
- So eine Therapie kann ausgesprochen wichtig sein. Denn Narben bleiben womöglich auch, wenn die Akne nach der Pubertät längst verschwunden ist.

*Und im Sinne des ‚#Respektvoll leben' denk dran: Was du nicht willst, was man dir tu, das füg auch keinem anderen zu! Mach dich nicht lustig über andere mit mehr Pickeln! Oder möchtest du selbst gern mit ihnen tauschen?*

---

Emma nickt. „Ja, Narben, so wie bei Herrn Schröder, den wir im Sportunterricht hatten. Vielleicht hatte er als Teenie auch diese Akne."

Jule grinst und verdreht die Augen. „Oh, oh. Herr Schröder als Teenie, schwer vorstellbar. Aber in dem Fall weiß ich zufällig, dass es keine Akne war."

Emma zieht ihre Stirn kraus. Jule ahnt das heraufziehende Unwetter sofort und ergänzt rasch: „Ich weiß das auch nur, weil ich dabei war, als er mal erzählt hat, wie es dazu gekommen ist."

Neugierig schaut Emma sie an. „Echt jetzt? Ich dachte schon, du spionierst für irgendeine geheime Agency ... Okay, schieß los! Da habe ich wohl was verpasst. Nun erzähl schon", drängelt sie.

Jule antwortet: „Tja. Der gute Herr Schröder hatte als Teenie die Windpocken. Du weißt schon, diese Kinderkrankheit, bei der man überall auf der Haut viele kleine Bläschen bekommt. Die jucken stark. Das fand er nicht nur total unangenehm. Nein, für ihn war es furchtbar uncool, und er war total genervt davon. Er mochte nämlich eine Mitschülerin echt gern und war wohl auch etwas in sie verschossen. Und dann wochenlang zu Hause krank rumzusitzen, das schmeckte ihm gar nicht.

Also hat er anfangen, die Krusten, die sich auf den Bläschen gebildet hatten, abzuknibbeln. Weil er dachte, dass sie dann schneller weggehen. Doch stattdessen haben sich an den Stellen diese tiefen Narben gebildet."

Emma staunt. „Krass. Der Arme. Und das hat der euch freiwillig erzählt? Und ausgerechnet ich musste an dem Tag krank sein."

Jule nickt. „Ja, es live zu hören war schon was Besonderes. Aber glaub mir: Der hat da gar kein Geheimnis daraus gemacht, sondern vielmehr gemeint: Wenn es ihm schon geschadet hat, sollen wenigstens andere davon profitieren."

Emma schluckt. „Das ist aber ganz und gar nicht selbstverständlich. Echt anständig von dem."

Jule nickt nachdenklich. „Ja, allerdings. Jedenfalls war der Anlass, mit uns darüber zu sprechen, dass Tom aus unserer Nachbarklasse an den Windpocken erkrankt ist.

Als er die ersten Bläschen im Sportunterricht entdeckte, hat er sich bei Herrn Schröder krankgemeldet. Anfangs war es ihm peinlich, weil er dachte, das seien lauter Mückenstiche.

Er hat sich noch gewundert, wo in aller Welt ihn so viele Mücken erwischt haben. Doch Herr Schröder hat sofort geschaltet und vermutet, dass es die Windpocken sind.

Daher hat er ihm dringend geraten, sich abholen zu lassen und sofort seinen Arzt zu kontaktieren. Er meinte, damit kenne er sich leider aus. Klar müsse Tom das noch mit seinem Arzt abklären, aber es sehe schon sehr typisch aus.

Bevor Tom abgeholt wurde, hat er ihm noch den Tipp gegeben, die Krusten nicht selbst abzumachen, sondern zu warten, bis sie von selbst abfallen."

Emma schaut beeindruckt. „Das finde ich aber nett von ihm. Ich meine, er hätte das nicht erklären müssen, oder? Wenn wir für ‚#Respektvoll leben' einen Preis ausloben würden, könnten wir ihn glatt in die Kandidatenauswahl aufnehmen."

Jule nickt nachdenklich. „Ja, das stimmt. Das hätte er nicht machen müssen, und erst recht nicht vor allen!" Sie grinst. „Und er hätte uns auch nicht sagen müssen, wie es mit dem Mädchen weitergegangen ist ..."

Überrascht starrt Emma sie an. „Nicht dein Ernst?"

Jule lächelt. „Doch, die beiden sind letztes Jahr zehn Jahre verheiratet."

Emma grinst. „Wie schön. Das gönne ich ihm richtig. Und danke fürs Update zu Herrn Schröder, aber auch fürs Erklären wegen der Pickel und dieser Akne. Das hilft mir jetzt echt weiter."

Jule lächelt zurück. „Kein Problem."

Verblüfft schaut Emma plötzlich zur Seite. „Kaum zu glauben, da ist Paula schon. Ich hätte nie gedacht, dass sie es pünktlich zum Frühstück schafft." Sie pfeift leise und grinst dann. „Die Jungs waren jetzt offensichtlich auch Duschen. Hier liegt so ein frischer Duft in der Luft ..."

Jule schaut sich suchend um. Tatsächlich schlendern die Jungs gerade frisch gestylt mit noch nassen, teils gegelten Haaren zum Frühstück.

#

Zerknirscht gesteht Leni sich ein, dass sie sich während der Suche nach den Blaubeeren keinerlei Gedanken über den Rückweg gemacht hat. Vorsichtig und voll konzentriert bricht sie auf. ‚Ich glaube, ich kam von da drüben. Aber ich bin nicht gerade gelaufen, sondern immer wieder abgebogen, den Büschen gefolgt. Hm ... vielleicht hier lang?'

Leni stakst durchs Gestrüpp. Es ist unterschiedlich dicht. Ein paarmal gerät sie sogar in fiese Sackgassen. Dort sind die Büsche und das Unterholz so fest zusammengewachsen, dass es kein Durchkommen gibt. Sie muss umkehren. Plötzlich bleibt sie in den Dornen hängen. Beim Versucht, sich zu befreien, macht es „Ratsch!".

‚Auch das noch! Ein Riss in der Jacke ...' Ärgerlich dreht sie sich um. ‚Das musste doch nicht sein.' Aber ihre schlechte Laune wandelt sich schlagartig, als sie entdeckt, was der Grund ihres Missgeschicks ist. Sie ist in einen wilden Brombeerstrauch geraten. ‚Schade um die Jacke. Aber hey, sehr cool, immerhin gibt es hier sogar schon ein paar Früchte.'

Vorsichtig versucht Leni, ihre Jacke zu befreien und gleichzeitig den Schaden zu minimieren. Endlich gelingt es ihr. Langsam füllt sich ihre Flasche etwas mehr. ‚Phil wird staunen, aber genau deshalb muss ich jetzt zügig weiter. ‚Na, dann waren mein Umweg und dieser Schlamassel hier wenigstens nicht ganz umsonst', denkt sie.

Doch was ist das? Weiter links hinter den Bäumen hört sie plötzlich ein Auto vorbeifahren. Leni duckt sich rasch hinter einen großen Busch. Sie schaltet schnell. ‚Wenn das hier die Straße ist, schaue ich gleich, ob ich den Waldweg wiederfinde, in den wir nach dem Unfall reingefahren sind. Vielleicht finde ich so zum Hochsitz zurück ...'

Als das Auto verschwunden ist, taucht Leni vorsichtig wieder auf. Sie schleicht etwas näher an die Straße heran. ‚Ja, genau!' Erleichtert stellt sie fest, dass sie ihre Orientierung wiedergefunden hat. Unterwegs entdeckt sie noch Walderdbeeren.

Keine zehn Minuten später hat sie den Hochsitz erreicht. Vor dem Hinaufklettern versteckt sie schmunzelnd die Flasche mit den verschiedenen Beeren unter ihrer Jacke.

Phil begrüßt sie mit einer Mischung aus Ärger und Erleichterung. „Wo in aller Welt bist du gewesen? Ich habe schon die halbe Umgebung abgesucht. Mensch, Leni, hier draußen müssen wir zusammenhalten … Ich hätte ja noch nicht mal eine Vermisstenanzeige aufgeben können!"

Leni schluckt. ‚Toll, meine Überraschung ist ja voll nach hinten losgegangen. Die Begrüßung hatte ich mir ganz anders vorgestellt.' Trotzig hockt sie sich auf den Hochsitz und verschränkt die Arme vor der Brust. ‚Irgendwie kann ich Phil ja auch verstehen. Aber wer hat sich hier ums Frühstück gekümmert?' Knurrig öffnet sie den Reißverschluss ihrer Jacke und schiebt die Flasche zu Phil hinüber. „Hier, es hatte schon einen Grund, dass ich unterwegs war."

Überrascht greift Phil nach der Flasche. „Oh, krass, wo hast du die denn alle her? Ich hatte ja keine Idee, wo du warst …"

Da sieht er plötzlich den Riss in Lenis Jacke. Besorgt fragt er: „Hey, hast du dich etwa verletzt?" Leni schüttelt den Kopf und erzählt ihm von ihrem morgendlichen Abenteuer.

Phil schluckt. „Tut mir leid, dass ich gerade so ärgerlich war. Ich habe mir echt Sorgen gemacht, dass dir was passiert ist."

Leni nickt. „Das verstehe ich auch. Ich hatte nur gerade nicht Stift und Papier parat. Und beim nächsten Mal gehe ich auch nicht so weit weg. Oder du gehst. Und ich schlafe mal länger." Sie lächelt. „Frieden?"

Phil nickt. „Frieden!" Er grinst. „Und klar kann ich auch mal gehen und das Buffet mit einer Fruchtauswahl aufbessern. Auch wenn das schwer zu toppen ist." Phil grinst zu Leni hinüber und erinnert sie: „Aber zuerst sollten wir gleich mal sehen, dass wir ins Camp kommen und unsere Kühltasche zurückerobern." Er öffnet die Flasche. Wie gut, dass sie eine große, breite Öffnung hat.

Gemeinsam lassen sie sich die kulinarische Köstlichkeit schmecken.

#

In diesem Moment öffnen Daniel und Vera von innen die Tür zum Gemeinschaftshaus und bitten zum Frühstück. Beim Betreten des Speisesaals bleibt Tobi beeindruckt stehen. „Träume ich oder wache ich? Echt genial, was die alles zum Frühstück aufgefahren haben! Da werde ich mir gleich mal 'nen paar Kniften reinhauen …"

Paula steht grinsend neben ihm. „Echt jetzt? Butterbrote? Hast du die Brötchen nicht gesehen?"

Tobi schielt glücklich in alle Richtungen. „Das … das … ist ja fast wie im Schlaraffenland. Ich kann mich gar nicht entscheiden, wo ich anfangen soll", lächelt er.

Simon stupst ihn in die Seite. „Komm, nimm dein Schlaraffenfrühstück mit rüber zum Tisch! Vom Anstaunen allein wirst du nicht satt." Immer noch gebannt von den Eindrücken nickt Tobi. Dann reißt er sich los und folgt Simon zu einem Tisch.

Auch die anderen betrachten wohlwollend das reichhaltige Buffet mit Obst und Gemüse, Wurst und Käse, Müsli, verschiedenen Brot- und Brötchensorten und leckeren Säften, Kakao, Marmeladen, Honig, Schokocreme, Quark und Joghurt.

„Das ist ja wie ein Sonntagsfrühstück bei uns zu Hause! Sogar gekochte Eier sind dabei", freut sich Rebecca.

Daniel kommt lächelnd dazu. „Na, haben wir euren Geschmack getroffen? Immerhin ist es keine Selbstverständlichkeit, dass ihr gleich auf diese Müll-Rallye geht. Es ist super, dass ihr euch darauf einlasst. Und mit dem Frühstück wollen wir euch schon mal vorab für euren Einsatz danken. Wer möchte, kann sich also erst einmal richtig stärken."

Simon jubelt und springt auf. „Oh super, stärken klingt gut! Ich hoffe nur, dass wir uns gleich mit vollem Bauch noch bewegen können", grinst er und beginnt sofort damit, seinen Teller erneut voll zu beladen.

Kurze Zeit später ist nur noch ein zufriedenes Schmatzen aus dem Essensraum zu hören. Und so sehr sie sich Mühe geben, auch nach diesem ausgiebigen Frühstück ist hinterher noch viel übrig.

Vera beendet schließlich die Mahlzeit mit der Tischglocke. Alle drehen sich zu ihr herum. Sie lächelt in die Runde: „Schön, dass es euch ganz offensichtlich geschmeckt hat und dass ihr gleich gestärkt losziehen könnt!

Und was den Rest hier angeht", ihr Blick schweift über das geplünderte Buffet: „Keine Sorge, diese Köstlichkeiten entgehen euch nicht. Nach der Rallye stocken wir das Buffet noch etwas auf. Zum Mittagessen gibt es heute Brunch."

Einige starren sie irritiert an. Tobi fragt zurück. „Hast du Crunch gesagt? Müsli also?"

Vera schüttelt lächelnd den Kopf. „Nein, B wie Brunch. Das ist übrigens ein Kofferwort[13]. Es entsteht aus zwei Wörtern, die zu einem zusammengezogen werden und so ein neues Wort bilden. Hier sind es das englische *breakfast* = Frühstück und *lunch* = Mittagessen.

Der Brunch ist also ein Mix aus diesem Frühstücksbuffet und ein paar warmen Sachen, die wir fürs Mittagessen frisch zubereiten und dann dazu anbieten werden."

Tobi grinst breit. „Danke, das wusste ich noch nicht."

Vera lächelt. „Gern geschehen. Ihr könnt dann später weiter genießen. Räumt bitte die Tische gleich ab und stellt euer Geschirr auf den Wagen! Doch vorher zum Spüldienst."

Lange Gesichter schauen sie an. Stimmt, das war ja angekündigt worden. Alle sind gespannt, wer zuerst drankommt.

Vera lächelt. „Wir hängen den Plan für den Spüldienst draußen an die Tür vom Gemeinschaftshaus. Er beginnt heute mit dem Mittagessen. Das Spülen direkt vor eurem Rallye-Start werden jetzt ausnahmsweise heute früh wir Betreuer übernehmen." Spontan-Applaus und grinsende Gesichter aus der Gruppe sind die Antwort.

Vera läutet noch mal die Glocke, damit alle wieder zuhören. „Ihr habt jetzt noch 30 Minuten Zeit, um euch bereit zu machen. Dann treffen wir uns draußen am Parkplatz zum Rallye-Start!" Kaum hat sie ausgeredet, beginnt das Stühleschieben, Klappern und Gemurmel. Zügig leert sich der Saal. Die Betreuer legen einen Gang zu und spülen turboschnell das Geschirr weg.

Manu grinst. „Das war eine Rekordleistung, liebe Leute! Noch zehn Minuten bis zum Rallye-Start. Ich würde sagen, wir sollten jetzt rübergehen."

Vera nickt. „Ja, mit vereinten Kräften ist viel möglich." Sie stutzt. „Oh, ich sehe gerade, dass wir das Essen noch nicht abgedeckt haben. Dann lassen wir es für nachher gleich so stehen. Ich möchte nur nicht, dass Fliegen drangehen. Geht ihr schon mal rüber, ich schließe dann gleich ab."

Manu reicht ihr den Schlüssel. „Danke, Vera, den Kühl- und Vorratsraum habe ich übrigens schon abgeschlossen. Seit dem Einbruch vor ein paar Jahren ist mir das einfach lieber."

Vera nickt verständnisvoll. „Vielen Dank, Manu. Aber geht jetzt ruhig schon rüber, ich schaffe das hier allein!"

Vera greift sich ein paar Teller und Schüsseln und geht zum Buffet. Gerade deckt sie einige Platten mit Deckeln ab, da schaut Simon zur Tür hinein, blickt aufs Buffet und grinst Vera an: „Ist das Buffet schon geschlossen?"

Vera schaut ihn fragend an. „Ehrlich? Ihr startet schon in knapp fünf Minuten." Simon lächelt und wird leicht rot. „Sag mal, kannst du mir nicht diese vier köstlichen gekochten Eier als Proviant für unsere Gruppe mitgeben?"

Vera schüttelt ungläubig den Kopf und lächelt zurück: „Im Ernst, Simon, seid ihr nicht satt geworden?"

Simon hält sich lachend den Bauch. „Nein, das kann man nicht sagen." Er grinst zurück. „Im Moment kriege ich ehrlich gesagt kein Pfefferminzblättchen mehr herunter. Und ich glaube, den anderen geht es auch so. Ich dachte nur, weil es hinterher bestimmt Verletzte gibt, wenn sich alle zu Mittag auf die restlichen vier Eier stürzen ... Und da die Menge mit unserer Gruppengröße übereinstimmt, habe ich überlegt, sie vielleicht einfach mit uns auf diesen Ausflug zu nehmen, ihnen mal die Welt da draußen zu zeigen, um sie dann später, wenn die Energie knapp wird, standesgemäß zu verspeisen." Er grinst zerknirscht. „Weil sie einfach sooooo superlecker und wachsweich waren ..."

„Keine Sorge", lacht Vera, „wir kochen später noch mal Eier. Hier kommt jeder auf seine Kosten!"

Simon schmatzt genussvoll. „Oh, super, warm schmecken sie sogar noch besser." Er schaut bedauernd zu den Eiern hinüber, beugt sich zu ihnen hinunter und flüstert: „Dann müsst ihr jetzt ganz tapfer sein. Unser gemeinsamer Ausflug wurde gerade abgesagt."

Er dreht sich zu Vera und grinst breit. „Okay, hiermit ziehe ich meine Anfrage offiziell zurück – und überlasse die Reste großzügig den anderen."

Vera grinst. Gemeinsam verlassen Simon und Vera den Speisesaal. Eilig greift sich Vera an der Tür noch einen großen Karton. Sie bittet Simon, diesen kurz festzuhalten. Er stutzt und grinst. „Doch noch Verpflegung für die Rallye?"

Vera schließt das Gemeinschaftshaus ab und nimmt den Karton zurück. Sie schmunzelt. „Fast. Das ist für nach der Rallye. Diese Müsliriegel gibt es am Verpflegungsstand, wenn ihr zurück seid."

# MÜLL-RALLYE, BEUTETOUR & ÜBERRUMPELUNGSMOMENTE

Eine Viertelstunde später haben sich die Gruppen vollständig auf dem Parkplatz versammelt. Nach dem Super-Frühstück sind alle zufrieden und gestärkt. Gut gelaunt und vollgefuttert warten sie auf den Start der Rallye. Der strahlendblaue Himmel macht gute Laune.

Daniel begrüßt sie. „Super, dass ihr alle bei unserer ‚Schatzsuche der besonderen Art' am Start seid. Und wie schön, dass auch das Wetter mitspielt. Hört erst mal in Ruhe zu, danach habt ihr Gelegenheit, Rückfragen zu stellen. In unserem Camp geht es ja neben anderen Themen auch um den Umweltschutz. Bisher sah es damit hier in der Gegend leider nicht gut aus. Das ist uns in den letzten Jahren schon aufgefallen. Dass es bei unserem Vorbereitungstreffen so krass war, wisst ihr schon. Dieser Ort hier ist wunderschön, doch das zieht auch viele Bewunderer an. Die Besucherzahlen steigen von Jahr zu Jahr. Es ist ein sehr beliebtes Ausflugsgebiet. Leider haben die Besucher offensichtlich ein Problem, bei aller Erholung auch an ihren Müll zu denken. Dem wollen wir ein wenig auf die Sprünge helfen. Damit sich langfristig etwas ändert."

Vera erklärt weiter: „Deshalb haben wir für euch die schon angekündigte doppelte Challenge vorbereitet. Hier also jetzt die Facts:

Phase 1. Ihr habt eine Stunde Zeit, um so viel Müll wie möglich einzusammeln. Dann müsst ihr mit dem Müll zurück am Parkplatz sein. Die Gruppe mit der größten Müllausbeute innerhalb der vorgegebenen Zeit darf als Bonus ..." Vera pausiert grinsend und übergibt an Daniel. Dieser lächelt und ergänzt: „... das Ziel für unseren Gemeinschaftsausflug am Ende des Camps aussuchen!"

Ein Raunen geht durch die Menge. Max grinst siegessicher, beugt sich vor und zieht direkt die Schnürsenkel seiner Sportschuhe fest, damit er gleich losdüsen kann. Vera sieht ihn, lächelt und fährt fort:

„Phase 1 endet mit dem Wiegen des Mülls. Wenn ihr nach der Stunde zurück seid, checkt ihr zunächst oben an der Parkplatzecke als Gruppe bei den Betreuern ein. Sie prüfen, ob ihr innerhalb der Zeit zurück seid.

Dann geht ihr mit eurer Müllausbeute zum Wiegen und Zählen der Müllsäcke. Ein Experte vom Umweltservice, Herr Adam, hilft euch dabei. Er notiert als Unparteiischer die Ergebnisse. Ihr findet ihn und diese Spezialwaage vorn am Rand des Waldparkplatzes. Da die einzelnen Müllgegenstände ja unterschiedlich viel wiegen, werden wir sowohl die Menge der vollen Säcke als auch das Gewicht berücksichtigen. Er hat extra eine Spezialwaage herbringen lassen, auf der ihr eure Säcke und Taschen, aber auch die anderen Fundstücke prima wiegen könnt. Wer gerade nicht beim Wiegen ist, kann sich an der dort aufgebauten Getränke- und Snackbar stärken."

Nun übernimmt Manu: „Phase 2 beginnt, sobald ihr alle mit dem Wiegen fertig seid: der ultimative Schönheitswettbewerb der Müllskulpturen. Auch dafür habt ihr, damit es gerecht zugeht, als Gruppe exakt eine Stunde Zeit. Ein kleiner Tipp vorneweg: Nehmt euch für die Challenge 2 am besten schon zur Rallye eine große Extratasche mit. In diese könnt ihr bevorzugt die Müllsachen legen, von denen ihr denkt, dass sie sich für eine coole Müllskulptur eignen. Sperrige Gegenstände müsst ihr dann eh so tragen. Direkt nach dem Wiegen beginnt für alle Gruppen gleichzeitig die Phase 2. Herr Adam gibt euch dafür eine Startkarte. Wir geben euch dann ein Signal. Ab da zählen wir eine Stunde. Bis zum Ende dieser Stunde müsst ihr diese Karte bei einem Betreuer am Gemeinschaftshaus gegenzeichnen lassen, um an der Siegerauswahl teilnehmen zu können. Wir planen das Mittagessen entsprechend ein."

Daniel nickt. „Und dann kommt das große Finale. Nach dem Mittagessen präsentiert ihr unserer vierköpfigen Jury eure Ergebnisse."

Rebecca fragt: „Wer ist denn nun alles in der Jury? Die Bürgermeisterin hattest du ja schon angekündigt ... Ist Herr Adam vom Umweltservice auch dabei?"

Daniel antwortet direkt darauf: „Gut, dass du fragst. Ja, genau, Herr Adam gehört dazu, zusätzlich zur Bürgermeisterin, Frau Klassen, und zwei weitere besondere Personen."

Vera unterbricht ihn lächelnd: „Nun mach es nicht so spannend!"

Daniel lächelt. „Okay, okay. Also, zum einen haben wir noch Tom, den zuständigen Revierförster gewinnen können. Er ist ein guter Kumpel von mir. Ich hatte euch gestern schon kurz von ihm erzählt. In seinem Blog berichtet er über den Wald und das Naturschutzgebiet. Er findet das Projekt richtig gut und hat uns versprochen, an einem Abend mal dazuzukommen und uns von den Tieren im Wald hier zu erzählen."

Paula freut sich sehr darüber. Daniel erklärt schon weiter: „Die letzte Person in unserer Jury ist eine besondere Dame: Frau Hofmann von der Lokalzeitung. Sie wird Fotos von der ganzen Aktion machen, von der Menge des Mülls, besonders von euren Skulpturen und dann einen Bericht darüber im Lokalanzeiger bringen."

Max grinst. „Wir kommen in die Zeitung! Also dann, Männer, Sportsgeist voraus! Geben wir uns besonders Mühe."

Rasch gibt Daniel noch die letzten Informationen.

„Ihr startet also in Vierergruppen in den Wald und zum angrenzenden Badesee. Bleibt bitte als Gruppe zusammen! Auch links davon, ins Naturschutzgebiet, könnt ihr gehen, aber ihr müsst auf den Wegen bleiben. Das heißt, Müll am Wegesrand dürft ihr natürlich aufsammeln. Aber wenn er weiter drin im Gelände liegt, lasst ihn bitte dort! Darum kümmert sich dann Tom. Falls ihr dort also etwas seht, macht ein Foto mit Standortbeschreibung und zeigt es ihm dann heute Nachmittag! Das erleichtert ihm die Sache.

Dann rüstet euch jetzt da drüben mit den Sammelsachen aus! Dort findet ihr Handschuhe, Zangen, Tüten und Müllsäcke."

Einige Minuten später sind alle einsatzbereit. Vera gibt das Startzeichen: „Es ist jetzt 10.15 Uhr. Die Rallye startet. Auf die Plätze ... fertig ... los!"

Zügig machen sich die verschiedenen Gruppen auf den Weg. Die Jungsgruppe von Simon, Max, Linus und Tobi startet sogar mit einem Sprint durch. Paula grinst und ruft ihnen hinterher: „Habt ihr etwa Sorge, dass euch der Müll wegläuft?"

Doch Rebecca und Jule sind nachdenklich geworden. Rebecca überlegt laut: „Hört mal, die Jungs sind ganz schön schlau. Wenn wir alle hier in nächster Nähe rumsuchen, findet jeder zu wenig, und wir verschwenden zu viel Zeit. Also, Ladies, wir lassen den Jungs die Langstrecke. Wir machen uns ohne Stress schon mal an die Verfolgung. Und nehmen das Mittelfeld ..."

Die anderen nicken grinsend. Sofort setzt sich die Mädchengruppe in Trab.

Leni und Phil haben dem Geschehen gut versteckt vom Waldrand aus zugeguckt. Erleichtert sehen sie, dass die Betreuer nun aus zwei Kleinbussen am Parkplatz Tische und Saftbehälter ausladen. Sie beginnen, dort einen Erfrischungsstand aufzubauen.

Leni zupft Phil am Ärmel und flüstert: „Komm rasch, das ist unsere Chance! Wir sollten jetzt echt schnell machen. Nicht, dass die zurückkommen, um noch andere Vorräte aus dem Gemeinschaftshaus zu holen."

Phil nickt. „Okay, dann nichts wie hin."

Vorsichtig nähern sich Leni und Phil dem Gemeinschaftshaus. Durchs Fenster vorn sehen sie im Speisesaal die abgedeckten Essensplatten. Das Wasser läuft ihnen im Mund zusammen. ‚Wie gut! Drinnen ist niemand zu sehen.' Phil schleicht zur Tür. Sie ist abgeschlossen. Enttäuscht schauen sich die Geschwister um.

Leni flüstert: „Das hatte ich schon befürchtet. Komm, lass uns mal ums Gebäude herumgehen! Vielleicht gibt es ja noch einen zweiten Eingang, an dem wir mehr Glück haben."

Phil entdeckt dort zwar tatsächlich eine Hintertür, doch auch sie ist abgeschlossen. Niedergeschlagen verstecken sich die zwei erst mal hinter einem Busch, um sich zu beratschlagen.

Leni seufzt. „Was machen wir jetzt bloß? Ich habe solchen Hunger. Und da drin sind Berge von Essen." Sie knurrt. „Auch unser Essen ..."

Phil grummelt. „Ja, ich weiß, das ist echt blöd. Und Zeit, uns einen Plan B zu überlegen, haben wir auch nicht ..."

Plötzlich klappert in der Nähe ein Fensterrahmen im Wind. Leni erstarrt. „Hast du das gehört?"

Phil nickt. „Ja, es kam ganz aus der Nähe." Vorsichtig lugen sie um den Busch herum.

„Kaum zu glauben", flüstert Leni, „dort an der Hinterwand ist ein kleines Fenster offen. Es ist allerdings ziemlich weit oben."

Phil sondiert die Lage und zögert dann nicht lang. „Wir müssen jetzt schnell sein. Es ist zu hoch, dass wir beide reinklettern. Ich werde dir Tritthilfe geben. Und du reichst mir die Kühltasche raus. Komm, schnell."

Blass nickt Leni. Ihr bleibt keine Wahl. Sekunden später schlängelt sich Leni durch das kleine Fenster in die Küche. Sie passt gerade so durch.

Drinnen blickt sie sich eilig um. Keine Spur von der Kühltasche. Zwei Türen gehen von hier ab. Auf einer steht „Kühl- und Vorratsraum". Erfreut eilt Leni darauf zu. Schwungvoll drückt sie die Türklinke hinunter. Doch die Tür rührt sich keinen Zentimeter. Sie ist abgeschlossen.

Hektisch lässt Leni ihren Blick umherschweifen. Zu blöd. Nirgendwo ist ein Schlüssel in Sicht. Vorsichtig probiert sie die zweite Tür. Immerhin öffnet sich diese. Sie führt direkt in den Speisesaal. Mehr Räume gibt es hier hinten nicht.

Die beiden Türen, die vorn vom Speisesaal abgehen, sind offen. Eine führt nach draußen in einen Flur. Hier geht es zu den Toiletten und zum Ausgang. Hinter der anderen Tür ist ein kleines Zimmer. Bis auf zwei Feldbetten und eine Medizintasche ist es leer. Aufgeregt überlegt sie: ‚Die Kühltasche müsste zwar eigentlich hier sein. Die muss ich aber wohl fürs Erste vergessen. Unsere Vorräte sind wahrscheinlich unerreichbar hinter verschlossener Tür ... Aber ohne Essen hier wegzugehen ist definitiv keine Alternative. Wir wissen ja noch nicht mal, wo in der Nähe ein Laden ist. Und am helllichten Tag da reinspazieren und einkaufen klingt heute auch deutlich riskanter als gestern Abend.‘

Leni ringt mit sich. ‚Na gut, dann muss doch wenigstens etwas von dem herhalten, was das Camp hier hat, immerhin haben die ja unser Essen einkassiert.‘

Kurzerhand sucht sie in der Küche eine leere Mülltüte. Dann greift sie zwei Brötchen und einige Scheiben Brot aus dem Korb, außerdem etwas Obst und stopft alles in die Tüte. ‚Jetzt noch rasch ein bisschen Butter, Aufschnitt und zwei gekochte Eier. Ein Messer … Huch, was war das denn?‘ Erschrocken zuckt sie zusammen. Aus dem Augenwinkel sieht sie draußen eine Bewegung. Oh, nein, ein Betreuer kommt geradewegs aufs Gemeinschaftshaus zu. Sie duckt sich verzweifelt und hechtet unter einem Tisch. Nur gut, dass die hier Tischdecken haben. Ganz bis zum Boden reichen diese allerdings nicht. Aber für den ersten Blick gibt es immerhin einen gewissen Schutz.

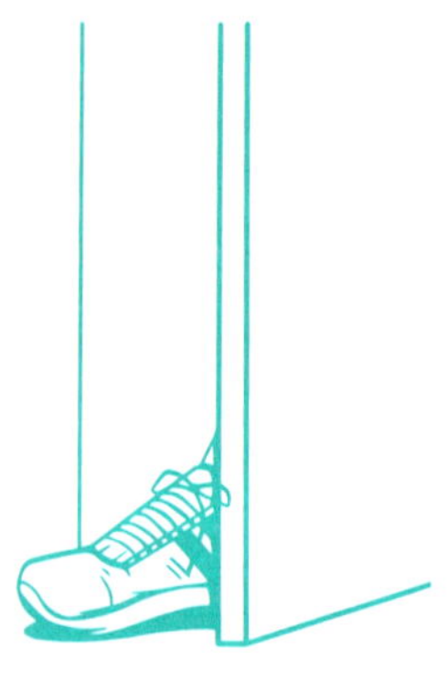

Schon quietscht der Schlüssel im Schloss. Vorsichtig lugt Leni durch einen Spalt. Die Klinke geht herunter. Leni wird schlecht. Ein Turnschuh erscheint in ihrem Blickfeld genau in der Tür … Jetzt der zweite. Sie bewegen sich auf sie zu. Leni hält die Luft an. Heiß und kalt läuft es ihr den Rücken herunter. ‚Was, wenn der Betreuer mich hier findet?‘

Plötzlich hört sie, wie draußen von Weitem eine Frauenstimme ruft: „He, Manu, komm zurück! Ich habe die Müsliriegel schon vorhin mit zum Parkplatz genommen.“

Leni wartet gespannt wie ein Flitzebogen. Könnte das womöglich ihre Rettung sein? Noch stehen die Schuhe unschlüssig mitten im Raum. Dann, tatsächlich, dreht sich der Betreuer auf dem Absatz herum, die Schuhe verschwinden aus ihrem Blickfeld. Die Tür wird zugezogen. Der Schlüssel ächzt im Schloss. Leni wartet noch einen Moment. Nass geschwitzt und zitternd tritt sie eilends mit ihrer Beute den Rückzug an. ‚Schön am Boden bleiben‘, sagt sie sich. ‚Ja nicht aufstehen. Nicht, dass mich noch jemand sieht. Ab in die Küche und nichts wie weg‘, denkt sie. ‚ Das ist definitiv nichts für meine Nerven!‘

Kurz vor dem Ausstieg aus dem Küchenfenster entdeckt Leni einige Flaschen Wasser unter einer Küchenarbeitsplatte. Sie greift drei davon und nimmt sie mit.

Dann geht alles ganz schnell. Phil nimmt die Tüte entgegen. Leni lässt sich aus dem Fenster fallen. Gemeinsam sprinten sie zurück in den Wald. Sie machen sich zügig querfeldein auf den Rückweg zu ihrem Versteck. Das ist zwar mühsamer als auf dem Weg. Aber einer der Gruppen wollen sie unterwegs auf keinen Fall begegnen.

Unterwegs finden die Mädchen tatsächlich schon bald jede Menge Müll. Je näher sie dem Badesee kommen, umso schlimmer wird es: defekte Freizeitgegenstände, weggeworfene Essensverpackungen, Flaschen und Dosen, sogar kaputte Elektrogeräte sind dabei.

Schneller als gedacht füllt sich der erste Sack. Immer wieder halten sie an und mustern die gefundenen Gegenstände, ob sie sich für ihre Skulptur eigenen. Alles, was in die engere Auswahl kommt, wandert in die Extratüte.

Neben einem Mülleimer sieht Jule im Gebüsch einen defekten Federballschläger liegen. Sie grinst. „Da hat wohl jemand aus Frust über seine Niederlage den Mülleimer verfehlt." Rasch angelt Rebecca den Schläger aus dem Gestrüpp.

Dann entdeckt sie hinter einem Baum eine kleine Reißverschlusstasche und hebt sie auf. „Hm, die sieht aber nicht wie Müll aus", meint sie nachdenklich.

„Schau doch mal rein!", meint Paula. „Vielleicht hat ja jemand sein Geld oder etwas anderes Wichtiges vergessen. Wenn wir einen Namen finden, könnten wir sie dem Besitzer zurückgeben."

Rebecca nickt und öffnet den Reißverschluss der Kosmetiktasche, schaut kurz hinein und grinst dann breit. Die anderen fragen sie ungeduldig: „Was ist denn jetzt? Nun sag schon!"

Rebecca lächelt: „Also, einen Namen habe ich nicht gefunden, etwas Wichtiges unter Umständen aber schon. In der Tasche sind, ähm, Frauensachen."

Emma fragt: „Aha, Make-up?“

Rebecca schüttelt lächelnd den Kopf. „Nein, keine Schminke.“

Paula grinst. „Haha, für Sachen zum Anziehen ist sie aber zu klein ...“

Rebecca verdreht die Augen. „Na, für die Tage, ihr wisst schon.“

Jule schaut fragend: „Was für Tage denn?“ Sie stutzt. „Oder meinst du etwa die Periode? Sprich doch mal Klartext!“

Rebecca zuckt mit den Schultern. „Also, bei uns heißt das intern ‚die Mens‘ – von Menstruation. Periode sagen wir nicht dazu.“

## MONATSBLUTUNG

*Die Monatsblutung ist ein Zeichen dafür, dass Frauen später Mutter werden können. Vorbote der ersten Monatsblutung ist der Weißfluss, ein leichter weißlicher Ausfluss aus der Scheide ca. ein Jahr vor der ersten Regel.*

*Bei vielen Mädchen startet diese erste Blutung (auch Menarche genannt) zwischen 11 und 14 Jahren, bei anderen noch etwas später oder früher. Dann fließt einmal im Monat für 4 bis 7 Tage etwas Blut aus der Scheide. Dieses Blut kommt aus der Gebärmutterhöhle. Sie ist der Raum, in dem Babys heranwachsen könnten. Und da die Gebärmutter nie weiß, wann ein Baby kommt, zieht sie in jedem Monat eine Art Zusatzschicht auf ihre Innenwand auf. Kommt kein Baby, verflüssigt sich die Schicht am Ende des Monats und fließt als Blut durch den Gang Scheide hinaus. Die Monatsblutung begleitet Frauen normalerweise während der gesamten Geschlechtsreife. Nur wenn sie ein Baby erwarten, pausiert sie. Erst in den sogenannten Wechseljahren (ca. zwischen 40 und 55 Jahren) verabschiedet sich der Monatszyklus langsam. Die letzte Monatsblutung nennt man „Menopause“. Nun kann eine Frau auf natürlichem Weg nicht mehr schwanger werden.*

*Bei älteren Frauen ist eine Schwangerschaft gesundheitlich meist sehr belastend und ein Risiko für Mutter und Kind. Daher hat der Körper von Frauen diesen Schutzmechanismus. In manchen Ländern wird dieser Schutz bei künstlichen Befruchtungen umgangen.*

*Tipp: Fragen zur Monatsblutung beantwortet die Frauenärztin. An sie kannst du dich wenden, wenn die Blutung nicht kommt, obwohl sie dran wäre, und wenn sie zu stark ist oder Beschwerden bereitet.*

---

Paula grinst. „Oh, wir haben dafür noch ein paar andere Umschreibungen."

Jule schmunzelt: „Unsere Rallye hier wird ja immer interessanter. Okay, Paula, ich höre ..."

Rebecca schüttelt den Kopf. „Halt, stopp, Ladies. Passt mal auf! Das ist ja alles gut und wichtig, aber wir verquatschen uns gerade. Lasst uns doch heute Abend in Ruhe hören, was Paula noch weiß. Ich würde das auch gerne wissen. Aber jetzt sehen wir zu, dass wir zügig weiterkommen. Oder habt ihr Lust, den anderen zu erklären, wieso wir so lange auf Müllsafari waren und kaum Ausbeute haben? Und was unterwegs unser eigentliches Thema war?"

Ihre Freundinnen grinsen wissend. Eilig machen sie sich auf den Weg.

Unten an der Uferwiese entdeckt Emma eine alte Feuerstelle. In einem Strauch in der Nähe hat sich ein großes, leeres Kartoffelnetz verfangen.

Rebecca sagt: „Ich kombiniere. Hier gab es Grillkartoffeln. Lecker, die machen wir zu Hause auch häufiger."

Jule grinst. „Du Detektiv! Und was verrät dir die alte Schirmmütze da drüben im Schilf?"

Rebecca prustet los: „Dass jemand gleich nasse Füße bekommt, wenn uns nichts einfällt, wie wir die da rausholen können."

„Kein Problem", beruhigt sie Paula. „Ich habe vorhin oben an dem anderen Mülleimer die verbogene Stange eines Sonnenschirms gesehen. Damit müssten wir sie an Land bringen können. Ich hol sie mal schnell her."

Paula sprintet los. Als sie kurz darauf mit der Stange zurückkommt, hat sie auch noch einen schiefen und verbeulten Klappstuhl dabei. Stolz präsentiert sie ihre Beute: „Den habe ich gleich auch mit eingesammelt."

Schon Minuten später hat Paula trockenen Fußes mithilfe der Stange die Kappe gesichert. Sie ist reichlich zerfetzt und mit grünen Algen überzogen.

Jule lacht. „Ach, egal, das ist eben der neue Style. ‚Used look.' Jeanshosen gibt es ja auch mit Löchern."

Als sie gerade aufbrechen wollen, entdeckt Jule am Uferrand einen kleinen Ölkanister. Paula zieht auch diesen mithilfe der Stange aus dem Wasser. „Heftig. Der ist ja noch ganz voll. Gut, dass er nicht kaputt ist. Ich habe mal gesehen, wie furchtbar Öl das Gefieder von Wasservögeln verkleben kann."

Als sie weitergehen, sehen sie, dass jemand am Waldrand im Unterholz Reste eines Zeltes entsorgt hat. So wie es aussieht, hat es wohl der Wind zerlegt. Die Plane ist ziemlich defekt, aber die Schnüre und Heringe sind noch gut in Schuss.

„Das gibt es doch nicht", schimpft Paula ein paar Minuten später am Rand des Naturschutzgebietes und zeigt auf ein kaputtes Volleyballnetz, das sich zwischen zwei Bäumen verheddert hat.

Emma überlegt skeptisch: „Hm. Ganz schön hoch oben. Das hat wahrscheinlich der Wind da raufgeweht. Vielleicht eher ein Fall für den Förster."

Paula schaut sich die Bäume genauer an. „Och, der linke hier hat genügend seitliche Äste. Das kriegen wir hin. Und am Rand vom Naturschutzgebiet dürfen wir ja einsammeln. Gebt mir mal Kletterhilfe."

Rebecca und Jule falten die Hände. Geschickt nutzt Paula das als Tritt und klettert flink den Baum hinauf. Oben angekommen schüttelt sie ungehalten den Kopf: „Nicht auszudenken, wenn Vögel darin hängen geblieben wären."

Zunächst löst sie geschickt das Netz aus den Ästen. Mit einem Ruck befreit sie es aus dem gegenüberliegenden Baum. Dann wirft sie es hinunter. Bevor sie sich auf den Rückweg nach unten macht, hält sie plötzlich inne. „Nanu, was haben wir denn da?"

Sie holt ihr Handy heraus und versucht, einen Schnappschuss zu machen. Doch ihr kontrollierender Blick offenbart ein katastrophales Ergebnis: unscharf, verwackelt, und nichts Brauchbares ist erkennbar. Paula

überlegt. ‚So können wir das noch nicht einmal Tom, dem Förster, zeigen.' Das ärgert sie. Aber auch der nächste Versuch bringt nichts. Sie ist einfach zu weit weg.

Flugs beginnt sie, am Baum wieder hinunterzusteigen. Unten angekommen erstattet sie den anderen erst mal Bericht: „Von da oben hatte ich einen ziemlich guten Blick ins Naturschutzgebiet hinein. Ich weiß ja, dass wir da nicht reingehen sollen. Aber kurz hinterm Weg konnte ich ein paar kleinere Metallreflexe und etwas Rotes in der Sonne blinken sehen. Leider haben meine Fotos so gar nichts ergeben." Sie zeigt die Bilder.

Naturschutzgebiet

Rebecca schmunzelt. „Hm. Grünes Eichhörnchen vor grünem Wald. Abstrakte unscharfe Pose. In einem Museum für hypermoderne Kunst wäre das vielleicht viel wert. So allerdings ..."

Paula verzieht das Gesicht. „Hör bloß auf! Mich wurmt das total. Jetzt mache ich so eine coole Entdeckung – und dann kann ich nichts vorweisen. Nee, Ladies. Nicht mit mir. Ich gehe jetzt mal kurz da rüber und schaue, ob ich es nicht doch da rausholen kann, ohne das Naturschutzgebiet groß betreten zu müssen. Es sah total nah am Weg aus ..."

Noch ehe die anderen antworten können, startet sie durch. Zielstrebig läuft sie den Weg entlang zur Weggabelung. Die anderen folgen ihr eilig und haben Paula nach kurzer Zeit eingeholt.

Fragend steht Paula am Waldesrand und starrt ins Gebüsch. „Ich habe es doch genau gesehen. Es muss ungefähr hier sein. Komisch, von hier unten sieht man auf Anhieb gar nichts."

Die anderen sind unschlüssig. Jule meint: „Sollen wir es nicht lieber lassen? Am Ende kriegen wir nur Ärger ..."

Paula mag ihren Fund noch nicht aufgeben. „Aber ich bin ganz sicher ..."

Emma wirft unruhig einen Blick auf die Uhr. „Puh, viel Zeit haben wir aber auch nicht mehr. Und Paula, du weißt ja, dass wir nicht ins Naturschutzgebiet gehen sollen."

Paula nickt gestresst. „Ja, ja, ich weiß aber auch, was ich gesehen habe. Und bestimmt muss ich auch nicht weit rein. Ich würde einfach nur gern ein Foto davon schießen. Ich meine: Was nutzt es denn, wenn ich den Busch hier am Wegesrand fotografiere? Davon gibt es alle 10 bis 20 Meter ein gleiches Exemplar. Nee, das hilft nicht."

Kurz entschlossen geht sie zwei, drei Schritte vom Weg ins Gebüsch und verschwindet hinter einem Baum. Die anderen schauen sich ratlos an. Doch ehe sie noch etwas sagen können, gibt Paula einen lauten Pfiff von sich. Kurze Zeit später kommt sie zurück zu ihren Freundinnen.

Aufgeregt berichtet sie: „Das gibt es doch nicht! Da hat tatsächlich jemand zwei recht neue Fahrräder im Wald versteckt. Lange liegen die da noch nicht. Der rote Lichtreflex war übrigens ein Rücklicht. Sie waren eigentlich abgedeckt, aber an einer Stelle war die Abdeckung verrutscht."

Rebecca unterbricht sie irritiert: „Was für eine Abdeckung denn, eine Plane?"

Paula schüttelt den Kopf. „Nein, die Räder sind mit Tannenzweigen abgedeckt, schau mal hier. Die sind supergetarnt." Sie zeigt ein neues Foto auf ihrem Handy. Jetzt ist es gestochen scharf.

Jule schaut erschrocken. „Sind wir am Ende auf Diebesgut gestoßen und müssen jetzt die Polizei rufen?"

Paula grinst. „Immer langsam mit den jungen Pferden. Hast du vielleicht zu viele Krimis gesehen? Na, ich weiß nicht. Vielleicht wollte sie auch nur jemand gut verstecken, damit sie nicht geklaut werden. Immerhin sind sie abgeschlossen. Ich meine, es sind ein Damen- und ein Herrenrad. Vielleicht hat ein Liebespärchen ..."

Energisch schaltet sich Rebecca in ihre Überlegungen ein. „So sehr ich deine romantischen und kriminalistischen Überlegungen schätze, wir müssen jetzt dringend los! Sonst nützt uns dieser ganze Krempel hier gar nichts. Dann sind wir nämlich disqualifiziert. Wir haben noch ganze 15 Minuten für den Rückweg!"

Die anderen schauen erschrocken auf. Jede greift sich rasch etwas von dem eingesammelten Müll. Im Trab eilen sie zurück zum Camp. Hinter einer Wegbiegung entdeckt Rebecca eine große Menge Bierdosen und Schnapsflaschen, die einfach in der Landschaft liegen gelassen wurden. Sie wirft

einen prüfenden Blick auf die Uhr. Dann gibt sie das Kommando: „Kommt, das schaffen wir gerade noch! Und das lohnt sich auch, Glas wiegt immerhin einiges. Hier hat wohl jemand ein ziemliches Besäufnis veranstaltet."

Kopfschüttelnd räumen sie in Windeseile die Dosen und Glasflaschen in die Säcke. Auf dem Boden sind auch viele Zigarettenkippen und anderer Müll. Am Ende sind all ihre Säcke randvoll.

„Nur gut, dass wenigstens die Dosen nicht so schwer sind", überlegt Jule. „Viel mehr hätten wir gar nicht tragen können."

Kurz vor dem Ziel entdeckt Jule etwas auf der rechten Seite im Unterholz. „Moment mal, hier liegt ein Kabel." Sie folgt der Spur des Kabels, über das längst Moos gewachsen ist. Tatsächlich: Das Gerät ist noch dran! Mit einem geschickten Griff zieht sie einen alten Gettoblaster aus dem Unterholz. „Wahrscheinlich ist er ja defekt, aber wer weiß, vielleicht können wir den auch noch irgendwo einbauen."

Inzwischen haben die Jungs gleich zu Beginn ihrer Beutetour unter dem Kommando von Max schon drei Säcke voll Müll eingesammelt. Jetzt gerade hat Tobi einen Heliumballon gesichtet. Er ist schon etwas schlaff und in einem Baum hängen geblieben. Max, die Sportskanone, klettert hinauf und sichert ihn problemlos. Bevor er wieder herunterklettert, wirft er noch einen Blick in die Umgebung. „Wow, Jungs. Echt schöne Aussicht von hier oben", lacht er. „Da drüben kurz hinter dem Waldrand steht sogar ein alter Hochsitz."

Simon nickt. „Klar, das hier ist auch Jagdgebiet. Aber nicht im Sommer. Komm runter, den Hochsitz können wir eh nicht mitnehmen!"

Max lacht. „Nein, daran habe ich auch nicht gedacht. Aber von hier sehe ich oberhalb von der Leiter die Öffnung. Und es sieht es so aus, als ob da irgendetwas Farbiges liegt. Keine Ahnung, ob es Müll ist oder ob jemand dort etwas vergessen hat. Sollen wir mal nachschauen? Was genau es ist, kann ich von hier aus leider nicht erkennen. Tobi, gehst du mal kurz nach rechts rüber? Der Hochsitz ist dann halb links vor dir. Kann ich schon runterkommen, oder soll ich dich noch lotsen?"

Tobi nickt. „Alles klar, Max, du kannst runtersteigen. Ich gehe rasch nachschauen." Eilig macht sich Tobi auf den Weg in die angegebene

Richtung. Doch schon nach kurzer Zeit machen ihm Schilder klar, dass er jetzt gleich das Naturschutzgebiet betreten wird. ‚Nicht betreten …', erinnert ihn nun auch sein Gehirn. Gleichzeitig möchte er zu gern wissen, was Max da entdeckt hat. Und es ist ja auch wirklich nah am Weg. Tobi schieb die Äste und sein schlechtes Gewissen zur Seite. ‚Ein kurzer Blick wird ja nicht schaden', denkt er.

Zügig betritt er am Waldrand das Unterholz und arbeitet sich schnell vorwärts in die Richtung, in der er den Hochsitz vermutet. Als er plötzlich auf einen morschen Ast tritt, kracht es laut durch den Wald. Im gleichen Moment knacken weiter hinten im Wald viele Äste. Irritiert hält Tobi inne. ‚Nein, unmöglich. Ein Echo kann das nicht gewesen sein. Hier sind ja keine Felswände.' Aber keine Frage, verhört hat er sich nicht. Es poltert und rumpelt laut im Unterholz. Das klingt, als ob mehrere Tiere überstürzt das Weite suchen. Er zögert kurz und denkt: ‚Mist, genau das wollten wir ja gerade vermeiden.'

Alarmiert durch den Lärm treffen auch die anderen Jungs bei ihm ein. „Ist alles okay?"

Tobi flüstert: „Pst, leise, Jungs! Hier herüber! Und geht auf keinen Fall weiter rein! Hier im Wald scheinen Wildtiere zu sein. Gerade gab es einen Riesenlärm im Unterholz. Und dann sind sie mit einem Affenzahn in den Wald hinein geflüchtet."

Alle spitzen die Ohren und horchen angestrengt in die angegebene Richtung. Doch inzwischen ist alles still geworden. Tobi nickt und meint – jetzt wieder in normaler Lautstärke: „Wahrscheinlich habe ich sie aufgescheucht, und sie haben sich längst aus dem Staub gemacht. Das würde ich auch, wenn ich Menschen kommen höre."

Auf Linus' Gesicht ziehen dunkle Sorgenwolken auf. „Deshalb sollten wir ja auch am Waldrand bleiben und nicht ins Naturschutzgebiet gehen. Puh, hoffentlich kriegt das der Förster nicht mit. Sonst bekommen wir Ärger."

Tobi nickt schuldbewusst. „Ja, stimmt, du hast schon recht. Aber ich hätte auch nicht gedacht, dass die tagsüber so nah an den Wegen sind.

Ich dachte, die schlafen weiter drinnen im Wald und sind nachtaktiv. Wahrscheinlich waren das Rehe. Oder Wildschweine?“ Er zögert. „Na ja, wie auch immer. Jetzt, wo das Kind eh in den Brunnen gefallen ist und sie sowieso weg sind, gehe ich wenigstens kurz nachschauen. Ich denke, der Hochsitz ist nicht mehr weit von hier – hinter den ersten Baumreihen.“

Die anderen nicken zustimmend und bleiben zurück. Simon schärft ihm noch ein: „Aber beeil dich bitte, wir müssen gleich dringend den Rückweg antreten! Und sei vorsichtig! Nicht, dass so ein Wildschwein tatsächlich noch im Unterholz lauert und dich angreift.“

Tobi nickt und schleicht sich aufmerksam in den Wald. Doch es bleibt ruhig. Hinter dem nächsten Busch sieht er schon die Leiter zum Hochsitz. Nachdenklich kommt er nach wenigen Minuten mit einem großen Stück Malervlies wieder zurück. Es ist voller bunter Farbreste.

„Den Hochsitz konnte man vom Waldrand aus gar nicht sehen“, wundert er sich. „Obwohl ich so groß bin. Ohne dein Ausspähen, Max, wären wir glatt daran vorbeigelaufen.“ Dann breitet er das Malervlies aus. „Das habe ich gefunden, als ich kurz hochgestiegen bin.“

Linus grinst breit, als er die Beute sieht: „Hat da etwa einer versucht, den Hochsitz zu renovieren?“

Tobi schüttelt den Kopf. „Nein, ich denke eher, der Förster hat es sich da beim Beobachten der Tiere gemütlich gemacht. Da lagen auch noch zwei Säcke mit Laub- und Grasresten. Fast wie ein großes Kissen. Vielleicht zum Draufsitzen. Allerdings war noch recht frisches Laub und Gras drin. Darum denke ich, dass wir das eher nicht als Müll betrachten und wegräumen sollten. Wahrscheinlich wird es noch gebraucht …“

Simon runzelt die Stirn: „Wenn das vom Förster ist, hat er vielleicht alte, bekleckste Stoffreste mitgenommen, damit es ihm beim Beobachten der Wildtiere nicht zu kalt wird. Ich würde es auf jeden Fall auch liegen lassen. Hinterher bekommen wir noch Schwierigkeiten. Überlegt doch mal, der macht bei unserer Jury mit, und wir klauen ihm seine Polsterung vom Hochsitz. Das wäre echt mega peinlich. Und dann noch aus dem Naturschutzgebiet, in das wir eh nicht gehen sollten.“

Tobi verzieht das Gesicht. „Autsch. Das geht gar nicht. Du hast völlig recht. Ich lege schnell alles wieder an Ort und Stelle und mache sicherheitshalber noch ein Foto." Eilig bringt er das Malervlies zurück auf den Hochsitz. Turboschnell kehrt er dann zu seiner Gruppe zurück. Hastig machen sie sich auf den Rückweg.

Zitternd hockt Leni im Unterholz und versucht, möglichst leise und flach zu atmen. ‚Wo in aller Welt ist bloß Phil?', denkt sie verzweifelt. Alles musste eben so furchtbar schnell gehen. Wer hätte auch ahnen können, dass diese Jungen ausgerechnet auf ihren Hochsitz stoßen.

‚DAS HIER IST EIN NATURSCHUTZGEBIET! Mann, ihr solltet gar nicht hier sein!', hätte sie ihnen am liebsten mit einem Megafon entgegengeschrien. Leise fügt sie in Gedanken hinzu. ‚Und wir auch nicht!' Doch diese Überlegung schiebt sie lieber schnell zur Seite.

‚Was ist bloß passiert?' Der Schreck hat ihre Gedanken wie ein Wirbelwind in alle Richtungen zerstreut. Angestrengt versucht sie, die losen Puzzleteile ihrer Erinnerung zurück in irgendeine Form zu bekommen. ‚Also, der Reihe nach. Gerade erst waren wir von unserem Beutezug auf der Suche nach etwas Essbarem aus dem Camp zurückgekommen. Dann waren da plötzlich Stimmen. Glücklicherweise haben wir die schon von Weitem gehört. Stimmt, dann haben wir uns sicherheitshalber hinter ein paar Bäumen in der Nähe versteckt. Doch als der Hochsitz auf einmal entdeckt war, blieb keine Zeit mehr, um das Malervlies und die Säcke in Sicherheit zu bringen. Nur zu gut, dass wir unsere Rucksäcke sicherheitshalber vor der Tour versteckt hatten. Gerade noch konnte ich die Essenstüte in einer Mulde unter Laub verstecken. Dann kam auch schon dieser große Junge schnurstracks auf uns zugelaufen. Nur gut, dass der Wald hier so dicht ist. Wie von der Tarantel gestochen sind wir beide hochgeschossen und in heller Aufregung tief in den Wald geflüchtet. Gleich zu Beginn habe ich Phil aus den Augen verloren. Und jetzt sitze ich hier', schnieft Leni leise. ‚Hoffentlich hat niemand von denen Phil entdeckt!'

Zwar hat Leni nichts dergleichen mitbekommen, aber sie macht sich trotzdem große Sorgen. Auch als sich die Stimmen endlich entfernen, wartet sie noch eine Weile und schaut sich dabei weiter suchend um. ‚Immer noch keine Spur von Phil. Wo er bloß steckt? Nach ihm zu rufen ist keine

Option. Wer weiß, wie weit der Schall hier getragen wird? Nicht auszudenken, wenn die Jungen zurückkämen!‘

Langsam und vorsichtig schleicht Leni zurück in die Richtung, aus der sie gekommen ist. Sie hält nach rechts und links Ausschau. Zunächst findet sie sich gar nicht zurecht. ‚Wo in aller Welt ist denn jetzt der Hochsitz?‘

Minutenlang irrt Leni durchs Unterholz. Stellenweise ist es so dicht, dass sie einen großen Bogen drum herum laufen muss. Langsam, aber sicher steigt Panik in ihr hoch. ‚Das kann doch nicht wahr sein! Habe ich mich etwa schon wieder verlaufen? Bin ich hier nicht schon gewesen? Oh, nein, ich laufe womöglich im Kreis herum. Wenn Phil doch nur da wäre.‘ Tränen schießen ihr in die Augen. ‚Ich muss ihn unbedingt finden. Wieso ist er nirgends zu sehen? Wo er sich wohl versteckt hat?‘

Leni seufzt. Sie hält erschöpft und mutlos inne. Wie aus dem Nichts kitzelt auf einmal ein Sonnenstrahl ihr Gesicht. Leni blinzelt und stutzt dann. ‚Ja klar, die Sonne! Die stand doch eben gegenüber vom Hochsitz, in Richtung Badesee.‘

Entschlossen macht sich Leni in Richtung der Sonne auf den Weg. Schließlich entdeckt sie tatsächlich zwischen ein paar Baumwipfeln einen Teil des Hochsitzes. Erleichtert arbeitet sie sich in dieser Richtung weiter vor.

Als sie den Hochsitz fast erreicht hat, hört sie plötzlich ein unterdrücktes Stöhnen. Erschrocken bleibt sie stehen und lauscht. Es kommt von links. Vorsichtig schleicht sie näher heran. Das Stöhnen wird jetzt etwas lauter. Doch sehen kann sie immer noch nichts. ‚Wo in aller Welt kommt das her?‘ Sie hält inne und wartet. ‚Da, jetzt ist das Stöhnen erneut zu hören.‘ Schließlich fasst sie sich ein Herz und fragt ängstlich und möglichst leise: „Phil, bist du das?“

Die Antwort kommt dumpf irgendwo aus ihrer Nähe. „Ja, hier unten. Ich stecke hier fest.“

Sie schaut in die Richtung, aus der Phils Stimme kommt. Doch noch immer ist nichts zu sehen. Langsam und sehr vorsichtig tastet sich Leni voran.

Dann plötzlich entdeckt sie hinter einem Baum ein breites und tiefes Loch im Boden. Ihr Herz bleibt für einen Moment stehen. Oh, nein! Dort – ziemlich tief unten – liegt Phil, halb von Erde und jeder Menge Laub und Ästen bedeckt. Er stöhnt. Als hätte jemand eine ganze Ladung Kompost genau über ihm ausgekippt.

Dann erst bemerkt sie, dass direkt auf seinem rechten Bein ein großer, breiter Ast liegt. Leni ist hin und her gerissen. Einerseits will sie sofort zu Phil, um ihm zu helfen. Gleichzeitig hält sie etwas zurück. ‚Was, wenn ich runtersteige, und dann sitzen wir beide da fest? Dann findet uns hier niemand.' Große Sorge steigt in ihr auf. Es fühlt sich an, als ob ein schwerer Stein auf ihrer Brust liegt.

Die Gedanken rasen in ihrem Kopf herum, als spielten sie Fangen. ‚Hilfe, wir brauchen Hilfe! Sollte ich nicht versuchen, irgendwo Hilfe zu suchen? Nur, wie erkläre ich dann, was wir hier machen?' Gedanken an die Schweiz schießen ihr durch den Kopf. Leni schluckt. Ihr Kopf-Kino ist außer Kontrolle. Schon reißt sie der nächste Gedankenstrudel mit. ‚Wenn ich Hilfe hole, fliegen wir auf. Dann war alles umsonst.'

Plötzlich sieht sie Mamas sorgenvolles Gesicht vor sich. ‚Nein, das jetzt nicht auch noch! – Phil. Ich muss mich auf ihn konzentrieren. Phil braucht dringend Hilfe. Also doch losrennen? Nein. Das funktioniert eh nicht. So kann ich Phil niemals hier allein liegen lassen.'

Endlich hat Lenis Verstand wieder Oberwasser und übernimmt das Kommando. Sie spricht innerlich ein Machtwort: ‚Ruhe jetzt! Phil hat es übel getroffen. Er verdient jetzt sofort jede Hilfe, die er kriegen kann. Ich bleibe hier! Und wir werden eine Lösung finden!'

Leni versucht, die Tiefe der Grube einzuschätzen. Die Ränder sehen bedrohlich locker aus. ‚Schlecht zum Raufklettern. Da finden wir kaum Halt. Und ein Seil haben wir nicht.' Sie sieht sich prüfend um. In der Nähe der Unfallstelle entdeckt sie im Wald verstreut einige längere Äste mit stärkeren Verzweigungen. ‚Die hat wohl der letzte Sturm heruntergeweht. Super. Ja, so könnte es gehen.'

„Bleib ganz ruhig liegen!", ruft sie Phil zu. „Ich muss noch etwas holen, damit ich dir helfen kann!" Dann zieht sie die Äste nach und nach zur Grube hinüber und lässt einen nach dem anderen behutsam bis auf den Boden hinunter.

Sorgsam achtet sie darauf, Phil nicht zu nahe zu kommen. Die Zweige sorgen dafür, dass sich die Konstruktion immer fester ineinander verhakt. Leise raunt sie den Ästen zu: „Schön geradestehen! Ihr seid unser Ticket in die Freiheit. Es wäre doch gelacht, wenn wir das nicht hinbekommen."

Die Grube sieht jetzt aus wie ein großes Wasserglas mit Strohhalmen und Cocktail-Schirmchen. Unwillkürlich muss Leni grinsen. Dann gibt sie sich einen Ruck. Behutsam beginnt sie, die stärkeren Zweige als Tritte nutzend, zu Phil hinunterzuklettern. Manchmal schwankt es doch bedrohlich. Einmal knackst ein Ast gefährlich. Aber ihre Konstruktion hält.

‚Das geht besser, als ich dachte.' Dankbar denkt sie an frühere Ausflüge in den Hochseilgarten zurück. ‚Das Klettertraining kann ich jetzt gut gebrauchen.' Vorsichtig setzt Leni ihre Füße auf den Boden der Grube. Hier unten ist es ziemlich düster. Phil ist sichtbar erleichtert, dass sie heil unten angekommen ist.

Nun sieht sich Leni ihren Bruder erst mal genauer an. Blass sieht er aus. Und total fertig. Offensichtlich hat er starke Schmerzen. Leni beugt sich zu ihm hinüber. „He, Phil. Gut, dass ich dich endlich gefunden habe. Du scheinst in einen alten Tierbau oder Tagebruch gefallen zu sein. Wie ist das denn bloß passiert? Hast du dich stark verletzt?"

Phil verzieht schmerzhaft das Gesicht. „Puh, ja, schöner Mist! Weißt du, dieser Junge da eben ... ich bin so gerannt ..." Phil hält kurz inne. „Ich habe einfach nur Deckung gesucht. Und da war dieser alte, große Baum. Der lag genau in meiner Fluchtrichtung quer auf dem Boden. Ich wollte drüberspringen. Mich dahinter verstecken. Doch plötzlich gab der ganze Boden unter mir nach, und ich bin mordsmäßig schnell in die Tiefe gerauscht. Dabei ist mein Fuß böse umgeknickt ... Und als ich schon platt wie eine Flunder auf dem Boden lag, kam dieser dicke Ast von oben nachgerutscht. Und ist voll auf mir gelandet. Inklusive Laubdusche. War natürlich 'ne prima Tarnung, falls der Typ mir gefolgt wäre. Phil, das Waldchamäleon."

Leni schmunzelt. „Eines muss man dir lassen. Immerhin ist dir dein Humor bei dem Sturz nicht abhandengekommen." Sie seufzt. „Aber lassen wir den Spaß mal für einen Moment beiseite. Du bist übel gestürzt. Und puh, beinahe wären wir entdeckt worden. Das war vielleicht knapp!"

Phil hört seiner Schwester aufmerksam zu. Dann unterbricht er sie: „Das stimmt, Leni. Aber bevor wir weiterreden, kannst du bitte versuchen, diesen dicken Ast von meinem Bein wegzuheben? Der quetscht mein Bein."

Leni nickt erschrocken. „Klar, dass ich nicht gleich darauf gekommen bin!" Sie greift nach dem Ast. Er ist schwerer als erwartet. ‚Hochheben, das schaffe ich nicht. Aber vielleicht ...' Leni ändert die Taktik. Nach einigen Versuchen gelingt es ihr immerhin, ihn etwas zur Seite zu ziehen.

Dann sieht sie sich Phils Knöchel genauer an. Erschrocken zieht sie die Luft ein. „Das sieht ja furchtbar aus. Dein Knöchel ist dick angeschwollen. Hoffentlich kannst du noch laufen ..."

Besorgt wendet sie sich ihrem Bruder zu: „Wie fühlt es sich denn an? Tut es noch sehr weh? Jetzt, wo der Ast runter ist? Und meinst du, dass du aufstehen kannst?"

Phil überlegt kurz. Dann sucht er sich eine freie Stelle zwischen den Ästen in seiner Nähe und zieht sich langsam zum Sitzen hoch. „Wackelig bin ich schon noch. Aber vielleicht geht es ja auch besser, wenn ich auf den Beinen bin."

Bei seinem ersten Versuch aufzustehen greift er nach den Ästen und zieht sich hoch. Doch kaum belastet er den verletzten Fuß, schießt ein fieser Schmerz in seinen Knöchel. Phil sackt mit schmerzverzerrtem Gesicht in sich zusammen. „Keine Chance, darauf aufzutreten. Es tut furchtbar weh. Hoffentlich ist nichts gebrochen. " Er blickt ängstlich auf seinen Knöchel. Dieser funkelt zurück wie eine dicke blaue Boje. „Oh nein. Das hat mir gerade noch gefehlt. Aber wir müssen hier raus!"

Phil beißt die Zähne zusammen und versucht es erneut. Wieder kommt er zum Stehen. Jetzt stützt er sich ganz auf das gesunde Bein. Leni hilft ihm und dirigiert ihn zu den Ästen, damit er die Konstruktion als Trittleiter nutzen kann.

Mit seinen starken Armen zieht Phil sich Stückchen für Stückchen weiter hoch. Immer wieder geraten ihm Zweige ins Gesicht und behindern das Vorwärtskommen. Die ganze Konstruktion wankt und schwankt bedrohlich. Von unten hilft Leni ihm, seinen gesunden Fuß richtig zu setzen. Sie achtet auch darauf, dass er in dem Geäst nicht irgendwo hängen bleibt und mit dem verletzten Fuß nirgendwo anstößt. Es ist superanstrengend. Doch schließlich hat er es geschafft.

Endlich wieder Sonnenlicht! Phil schiebt sich über die Kante. Er ist froh, jetzt normalen Waldboden unter sich zu haben. Kurz nach ihm erscheint Lenis Kopf am Rand der Grube. Ein Zweig unter ihr bricht krachend durch. Sie rutscht etwas ab, bekommt dann aber einen anderen Zweig zu fassen. Nun hat auch sie es endlich geschafft.

Dankbar lächelt Phil Leni an. „Wenn du nicht gewesen wärst! Mich hätte hier niemand gefunden.“ Er schluckt und wird sich erst jetzt richtig bewusst, in welcher Gefahr er sich befunden hat. „Echt coole Rettungskonstruktion, Schwesterherz! Das hast du richtig gut gemacht!“ Doch nun muss sich Phil erst mal etwas ausruhen. Währenddessen besprechen sie, was sie als Nächstes tun sollten.

Leni zögert. „Meinst du, wir sind hier noch sicher?“

Phil überlegt, schließlich sagt er: „Doch, ich denke fürs Erste schon. So schnell kommen die nicht zurück. Die dachten ja, sie hätten Tiere verscheucht und dass die jetzt weg sind. Deshalb waren sie dann auch nicht sonderlich leise. Ich habe einiges mithören können. Sie denken, der Förster hätte dieses Malervlies hier ausgebreitet. Und ehrlich gesagt, kann ich gerade eh kaum laufen. Unser Hochsitz ist für den Moment immer noch die beste Lösung.“

Ihnen bleibt keine Wahl. Sie müssen es irgendwie zurück auf den Hochsitz schaffen. Doch an Auftreten ist nicht zu denken. Phil stöhnt vor Schmerzen. Schließlich findet Leni einen längeren Ast mit einer Y-Gabel. Auf ihm stützt sich Phil erst mal ab.

Leni stützt ihn von der anderen Seite. ‚Gut, dass der Hochsitz recht nah ist.‘ Völlig fertig kommen sie endlich dort an. Leni keucht. „Also gut, dann versuchen wir, dich da mal irgendwie hinaufzuschaffen.“

Phil nickt skeptisch und starrt auf die steile Leiter. „Puh, das sieht sehr herausfordernd aus. Aber wir müssen es schaffen. Hier unten können wir auf keinen Fall bleiben. Pass auf, ich stütze mich jetzt bei dir ab und stelle meinen gesunden Fuß auf die untere Stufe. Dann ziehe ich mich, wie eben bei der Grube, mit den Armen hoch. Vielleicht kannst du von unten nachschieben, ich fürchte, allein schaffe ich es nicht.“

Gemeinsam arbeiten sie sich Sprosse für Sprosse den Hochsitz hinauf. Oben angekommen, ist Phil total erschöpft. „Puh, war das anstrengend. Aber hier sind wir wenigstens gut versteckt.“

Leni nickt. „Lass mich deinen Fuß jetzt noch mal genauer anschauen!“ Vorsichtig schiebt sie sein Hosenbein ein wenig hoch. „Autsch, das sieht übel aus. Dein Knöchel ist fast auf das Doppelte seiner Größe angeschwollen.“ ‚Wie gut wäre jetzt ein stink normaler Kühlakku‘, denkt sie. ‚Doch was ist das?‘ Am Schienbein klafft ein großes Loch in Phils Hose. Darunter hat etwas seine Haut böse aufgerissen. Das war wahrscheinlich ein Ast. Die Wunde ist blutig und mit Erde verunreinigt.

Leni schüttelt den Kopf und denkt laut nach: „Eigentlich müsste das jetzt beim Arzt behandelt werden. Aber die rufen dort bestimmt sofort unsere Eltern an. Wie gut, dass wir neulich beim Kinderarzt waren. Ich weiß noch, dass Ma ihn wegen meines Inliner-Sturzes nach der Tetanus-Impfung fragte. Sie machte sich große Sorgen. Doch er sagte, damit sei bei uns beiden alles für die nächsten Jahre okay."

## TETANUS

*Tetanus ist eine Erkrankung, die auch Wundstarrkrampf genannt wird.*

*Ursache dieser Krankheit ist ein Bakterium. Es kommt in Gartenerde, Dreck, Staub und Schmutz vor und auch in Pferdemist.*

*Gelangen diese Bakterien durch Verletzungen und offene Wunden in den Körper eines Menschen, dann produzieren sie dort ein für Muskeln schädliches Gift.*

*Dadurch bekommt der Erkrankte starke Muskelkrämpfe, die ihn zusätzlich in eine starre Haltung zwingen können. Sein Rücken biegt sich stark nach vorn durch. Das ist sehr schmerzhaft. Er sieht dann aus wie ein gespannter Flitzebogen.*

*Gefährlich an der Erkrankung ist, dass das Gift lebenswichtige Organe wie Herz und Lunge befallen kann. Unbehandelt ist die Krankheit oft tödlich.*

*Hierzulande erhalten Säuglinge die Grundimmunisierung im ersten Lebensjahr. Auffrisch-Impfungen werden dann im Vorschulalter und im Alter von 9–17 Jahren verabreicht. Danach wird die Tetanusimpfung nur noch alle zehn Jahre im Erwachsenenalter aufgefrischt.*

*Bei Wunden sollte man auch deshalb stets auf eine gute, fachgerechte Wundreinigung achten.*

---

„Prima, dass wir noch die eine originalverschlossene kleine Wasserflasche im Rucksack haben. Die hole ich jetzt, um die Erde und den Dreck gründlich abzuwaschen." Leni klettert den Hochsitz hinunter und schaut sich suchend um. ‚Wo in aller Welt haben wir vorhin die Rucksäcke versteckt?' Sie grübelt einen Moment nach. Doch es will ihr partout nicht einfallen. Erschöpft und hilfesuchend sieht sie sich um.

„Da! Natürlich! Direkt bei den drei Nadelbäumen. Jetzt erinnere ich mich", sagt sie leise zu sich selbst. „Über die drei kleinen Zwerge haben wir vorhin sogar noch gewitzelt." Zielstrebig geht sie zu den drei zipfeligen Bäumen hinüber. Tatsächlich kommt sie bald darauf mit beiden Rucksäcken zurück.

Müde und entkräftet nickt Phil. Er lehnt sich an die kahle Holzwand des Hochsitzes. Dann zieht Leni Phil behutsam seinen Schuh und den Socken aus. Bevor sie weitermacht, ruft sie sich den Erste-Hilfe-Kurs in Erinnerung, den sie in der Schule besucht hat. ‚Stimmt, Kinder lernen helfen', erinnert sie sich. „Also gut! Dann schauen wir mal. Nicht erschrecken, ich öffne zuerst einen Teil des Hosenbeins!"

Leni gibt sich einen Ruck. Am Knie hat die Hose eh ein großes Loch. Sie reißt den Stoff der Hose vom Knie abwärts nach unten auf.

„Oh, ein Hosenbein mit Klimaanlage. Danke, Leni", kommentiert Phil die Aktion.

Leni schluckt. Nach Spaß ist ihr gerade nicht zumute. ‚Uih. Schön sieht anders aus.' Erst jetzt kann sie sich die Wunde genauer ansehen. ‚Puh. Der Stock hat ganze Arbeit geleistet.' Überall sind Erde und Laubstückchen. Und Reste von Blut. Vorsichtig beginnt sie, das Wasser über die Wunde zu gießen. Damit spült sie die Erde ab. Sie gibt dabei acht, dass Phils Unterschenkel nach draußen überhängt und das Malervlies nicht nass wird. „Verbandsmaterial haben wir keins. Am besten lassen wir deine Wunde erst mal an der offenen Luft trocknen", sagt sie zu Phil. „Phil?"

Doch der hat die Augen geschlossen. Wie ein Schluck Wasser in der Kurve lehnt er total abgekämpft an der Holzwand des Hochsitzes. Dabei ist der Weg durch den Wald eigentlich kurz gewesen. Aber ohne auftreten zu können … für Phil ist das kaum auszuhalten gewesen. Das Schlimmste aber ist das anstrengende Klettern die Hochsitzleiter hinauf gewesen.

Leni überlegt, ob sie ihn noch mal ansprechen soll. Sie zögert. Und richtig! Schon wenige Minuten später ist er eingenickt. Leni legt schmunzelnd eines der Laubkissen bereit. Dann fasst sie ihn vorsichtig bei den Schultern, stützt seinen Kopf, legt vorsichtig das gesäuberte Bein gerade und hilft ihm, sich einigermaßen bequem hinzulegen. Phil stöhnt nur leicht und wacht dabei kaum auf. Kurz darauf schläft er tief und fest.

Erst jetzt strömen lautlose Tränen-Schnellstraßen an Lenis Wangen herunter. Sie ist verzweifelt. ‚Wenn wir bloß nicht als Familie in diese schwierige Situation gekommen wären!' Sie spielt alle möglichen Szenarien durch. Aufgeben ist aber keine Option für sie.

‚Jetzt ohne handfesten Plan zurückkehren? Nein, das geht nicht. Dann wäre alles umsonst gewesen.' Leni nimmt sich vor, später mit Phil alles noch mal durchzusprechen. Auch was sie jetzt in der veränderten Situation machen wollen.

So viel ist für Leni klar: Phils Verletzung darf sie nicht in Gefahr bringen. Gerade deshalb will sie noch mal mit ihm sprechen. Aber in die Schweiz wollen sie ja beide unter gar keinen Umständen. Sie seufzt traurig. ‚Irgendwie müssen, nein, irgendwie *werden* wir eine Lösung finden!' Erleichtert denkt sie: ‚Naja, für das Essen haben wir ja immerhin fürs Erste auch eine Lösung gefunden.'

‚Das Essen.' Erschrocken zuckt Leni zusammen. ‚Die Essenstüte. Unsere Beute. Für die wir uns echt in Gefahr gebracht haben. Oh nein', denkt sie, ‚wo habe ich die bloß eben in der Hektik versteckt?' Sie überlegt und wird blass. ‚Ich habe so was von keine Ahnung mehr. Nur dass es eine Kuhle war, die ich mit Laub abgedeckt habe.'

Ärgerlich und zerknirscht zugleich klettert Leni die Leiter wieder herunter. Verzweifelt macht sie sich auf die Suche nach der Tüte. ‚Was für ein Schlamassel! Das darf doch nicht wahr sein!' Sie schaut sich sorgfältig um.

Doch so sehr sie sich auch zusammenreißt, sie kann sich beim besten Willen nicht erinnern. Müde reibt sie sich die Stirn und dreht sich suchend

im Kreis. Immer schneller. Doch nichts hilft. ‚Das ist so was von entmutigend. Haha, Anhaltspunkt Laub. Dass ich nicht lache! Der ganze Waldboden ist voller Laub!'

Schließlich ist ihr total schwindelig, und sie sackt zu Boden. Der Wald um sie herum fährt noch ein klein wenig weiter Karussell. Bis es auf einmal stoppt. ‚Bitte aussteigen!', sagt ihr Kopf automatisch. ‚Toll. Das ist wie die berühmte Nadel im Heuhaufen', denkt Leni frustriert. Ein ganz blödes Gefühl von Hilflosigkeit steigt in ihr auf. ‚Das Essen ist unsere einzige Chance.' Sie schüttelt den Kopf. ‚Nein, nein, nein! Es kann einfach nicht sein, dass ich jetzt schon zum zweiten Mal das Essen verloren habe.'

Spontan formuliert Leni ein Stoßgebet: „Bitte, Gott. Ich muss die Tüte wiederfinden. Und Phil, bitte lass ihn rasch wieder gesund werden!" Aufgewühlt hält sie inne.

‚Nanu, ich bete doch sonst kaum. Konzentrier dich, Leni!', schärft sie sich ein. ‚Du musst einfach die Tüte wiederfinden.' Tapfer macht sie sich wieder auf die Suche ...

Längst haben sich die vier Jungs von den beiden Geschwistern entfernt. Sie sind jetzt auf dem Weg zum Seeufer. Von einer Anhöhe aus erspäht Linus einen großen Wasserkanister im Schilf: „Jungs, seht ihr den Kanister dort drüben? Die erste Challenge ruft. Wer hat Lust auf eine Abkühlung?"

Die Begeisterung auf ein Bad im See hält sich in Grenzen. Simon stellt erste Überlegungen an: „Den sollten wir aber unbedingt da rausholen. Tja. Bei einer Entfernung von gut drei Metern, sumpfigem Boden und einer zunehmenden Wassertiefe wird das eine feuchte und vor allem matschige Angelegenheit. Helden und Mutige vor! Wer stürzt sich in die Fluten?"

Tobi strahlt gelassen und antwortet: „Kein Problem, Mann. Ich regle das!" Max, der gerade schon seine Schuhe ausziehen wollte, schaut ihn überrascht an. Macht der ihm etwa jetzt Konkurrenz?

Was dann passiert, kapiert Max zuerst nicht. Statt sich auszuziehen und baden zu gehen, öffnet Tobi seine Werkzeugtasche. Plötzlich ahnt Max, was er vorhat. ‚Der will gar nicht ins Wasser steigen.' Und richtig. Tobi strahlt gerade über das ganze Gesicht: „Es wäre doch gelacht, wenn wir den nicht trocken an Land holen könnten!“ Rasch sucht er in der Umgebung einen langen, stabilen Ast. Geschickt befestigt er eine Schnur mit Haken dran. In Windeseile hat er den Wasserkanister gekonnt aus dem See geangelt.

„Respekt, Mann“, grinst Max. „Ich hatte mich gerade überwunden, mich zu einer Badeeinheit zu melden. Aber wenn ich den Moder hier sehe, bin ich so was von froh, dass du das Problem so clever gelöst hast.“

Währenddessen hat Linus ganz in der Nähe ein altes Badehandtuch und einen defekten Regenschirm aufgestöbert. Simon mustert alles zufrieden und murmelt: „Super, Linus, du bist ein echtes Adlerauge. Dir entgeht anscheinend gar nichts. Damit lässt sich doch schon was anfangen.“

Tobi nickt. „Langsam macht mir die Sache doch Spaß. Die werden Augen machen. Und übrigens: Schaut mal, auf unserem Helium-Ballon ist doch tatsächlich ein Prinzessinnenkopf abgebildet.“

„Schön“, spinnt Linus die Idee weiter. „Dann ziehen wir die Dame gleich im Camp an und präsentieren den anderen die waschechte Prinzessin vom Badesee!“

Als Tobi gerade seine Angel wieder auseinanderbauen will, ruft Max: „Warte mal, da hinten steckt noch was im Wasser zwischen den Schilfstängeln! Ich kann nicht richtig sehen, was es ist.“

Wieder wirft Tobi die Angel aus, nach einigen Versuchen bekommt er etwas Stoff zu fassen. Vorsichtig holt er die Leine ein. Er fördert einen schicken, alten Teddybären zutage.

Max lächelt. „Klasse, Tobi, der Seenotretter. Der Teddy sieht inzwischen eher aus wie ein Waschbär. Nicht auszudenken, wie lange der schon vergeblich auf Hilfe gewartet hat.“

„Wow, das habt ihr echt super gemacht“, ertönt plötzlich hinter ihnen eine fremde, merkwürdige Stimme. Alle vier fahren erschrocken herum. Vor ihnen steht ein älterer Junge und grinst sie breit an.

„Hi, ich beobachte euch schon eine Weile. Wieso sammelt ihr eigentlich diesen ganzen Müll hier ein?“ Fragend zeigt er auf die Säcke und kiekst dabei mit der Stimme hoch und kurz darauf wieder tiefer. „Habt ihr in den Ferien nichts Besseres zu tun? Bestimmt habt ihr etwas angestellt! Ist das etwa eine Strafaufgabe?"

Linus schaut den fremden Jungen irritiert an. „Fehlanzeige. Da liegst du ziemlich falsch." Simon erklärt ihm in kurzen Zügen, dass sie auf einer Müll-Rallye vom Umwelt-Sommercamp sind. „Drüben beim Zeltlager. Und unsere ganze Aktion läuft auf Zeit."

Der Typ zuckt mit den Schultern und hebt die Arme hoch. „Reisende soll man nicht aufhalten. Sorry, wenn ich euch ausgebremst habe. Und was den Müll angeht, nun ja, wem es gefällt ...", kiekst er. „Mein Fall wäre das nicht. Aber wenn es euch Spaß macht, dann noch viel Vergnügen. Ich für meinen Teil geh jetzt wieder zurück zum Badestrand chillen." Schnell verabschiedet er sich. Dann legen die Jungen nach einem Blick auf die Uhr einen Sprint ein – zurück zum Weg.

Kurz darauf, an einem nahe gelegenen Maisfeld und außer Hörweite, schaut sich Linus nach allen Seiten um und ergreift dann das Wort: „Gut, der Typ ist weg, und die Luft ist rein. Und super, dass wir jetzt allein sind, Jungs. Bis wir zurück sein müssen, haben wir doch noch einen Moment Zeit. Ich muss euch nämlich dringend etwas fragen."

Die anderen schauen ihn gespannt an. „Schieß los", ermutigt ihn Simon. Linus ist nachdenklich. Er tastet sich langsam vorwärts. „Also. Dieser Junge da hat schon echt merkwürdig gesprochen, oder?" Die anderen nicken.

Linus fährt fort: „Meint ihr, der redet im realen Leben wirklich so, oder hat der uns damit auf den Arm genommen?"

Tobi schmunzelt. „Ja, das hat sich schon echt schräg angehört. Aber veréimert hat der uns nicht. Das habe ich auch bei anderen schon so gehört."

Simon nickt. „Ja, die Phase kenne ich von meinem inzwischen erwachsenen Bruder auch."

Linus ist immer noch irritiert. „Phase? Was soll das jetzt heißen? Wollt ihr mir sagen, dass das normal ist, wie der spricht? So redet doch normalerweise niemand." Er druckst ein wenig herum. „Okay, dann Klartext. Das ist nämlich für mich echt eine ziemlich wichtige Frage.

Wisst ihr, mein Bruder Len ist neulich 15 geworden. Komisch benommen hat der sich ja schon länger. Dass er sich viel zurückzieht und immer für sich sein will, das kennen wir ja schon eine ganze Zeit. Verbote, sein Zimmer zu betreten. Eltern- und geschwisterfreie Zone ... Aber seit ein paar Wochen bin ich mir echt unsicher, ob er nicht anders kann, oder ob er mich auf den Arm nehmen will.

Der spricht fast genauso wie dieser Typ eben. Bei meinen Eltern macht er das auch. Die haben aber bisher so gar nichts dazu gesagt. Deshalb wollte ich euch mal fragen."

Max schaut verständnisvoll: „Als ich das erste Mal gehört habe, dass jemand so merkwürdig spricht, hatte ich die gleichen Fragen. Es klingt aber auch manchmal schon komisch. Mal geht die Stimme rauf, dann wieder runter. Dann kiekst sie so merkwürdig. Und das alles in einem Satz. Das klingt echt schräg."

Linus nickt. „Ja, ich fühlte mich total verschaukelt. Aber er ist voll ernst dabei, manchmal wirkt er sogar verlegen. Irgendwie weiß ich nie, ob er einfach nur ein guter Schauspieler ist. Also, wollt ihr mir sagen, dass das doch normal ist?"

Simon nickt wissend. „Na ja, teilweise. Also, vorübergehend ja. Das Rätsel kann ich lüften. Diese Schwankungen in der Stimme gehören zur Pubertät. Die  kenne ich von Lukas auch. Das nennt man Stimmbruch. Obwohl sich niemand was gebrochen hat. Beim Stimmbruch spielt die Stimme echt verrückt. Manchmal hat Lukas voll herumgekiekst und kaum einen Ton rausgekriegt. Und oft fuhr seine Stimme gefühlt Achterbahn. Gerade noch ungewohnt hoch, dann plötzlich tief oder ein paar krasse Aussetzer dazwischen."

Simon grinst. „Doch keine Sorge, das geht vorüber. Hinterher ist die Stimme dann tiefer als vorher. Mein Dad hat mir erklärt, dass der Kehlkopf wächst und Jungs so eine Vorwölbung am Hals bekommen, die nennt man Adamsapfel. Deshalb kriegen Mädchen auch übrigens keinen ausgeprägten Stimmbruch", weiß er fachmännisch zu berichten. „Meine große Schwester Sarah ist ja auch schon siebzehn. Sie spricht inzwischen zwar auch mit einer etwas tieferen Stimme und hört sich deutlich erwachsener an, aber so ein Auf und Ab wie von Lukas gab es bei ihr nicht."

Linus denkt laut nach: „Das heißt, den Stimmbruch haben wir alle noch vor uns. Ich auch. Hm." Er überlegt und grinst dann. „Andererseits, wenn das alle Jungs bekommen, ist es ja halb so wild."

„Genau“, antwortet Tobi, „und irgendwie ist das ja auch cool. Die hörbare Ankündigung des Erwachsenwerdens. Das werden wir gebührend feiern, Kumpel. Schlagt ein!“

Linus klatscht die anderen ab und grinst erleichtert. So gute Freunde sind schon viel wert.

## STIMMBRUCH

*Bei Jungs verändert sich eher spät in der Pubertät und unter dem Einfluss der männlichen Botenstoffe auf besondere Weise der Kehlkopf. In ihm sind die Stimmbänder aufgehängt. Sie bestimmen die Höhe und den Klang unserer Stimme. Ist die Entwicklung abgeschlossen, wölbt sich vorn am Hals des Mannes der sogenannte Adamsapfel vor. Die männliche Stimme ist am Ende dieser Entwicklung langfristig tiefer. Vorher müssen sich aber die entsprechenden Muskeln noch weiter ausbilden und mit dem Wachstum des Kehlkopfs mithalten. Daher klingt die Stimme von Jungs manchmal so kieksend. Innerhalb eines Satzes kommen dann ganz unfreiwillig hohe und tiefe Töne vor, die Stimme „bricht“ immer wieder ein. Deshalb nennt man das ganze Stimm„bruch“. Auch wenn Mädchen keinen ausgeprägten Stimmbruch bekommen, verändert sich ihre Stimme in der Pubertät und wird erwachsener. Die Stimmbänder von Jungs wachsen ca. einen Zentimeter in der Pubertät. Die Stimmbänder von Mädchen nur ein bis drei Millimeter. Und für die Musiker unter uns: Bei Jungs ist die Stimme nach dem Stimmbruch eine ganze Oktave tiefer. Bei Mädchen eine Terz oder Quarte tiefer.*[14/15]

Simon wirft einen Blick auf die Uhr. „Nichts für ungut, Linus. Aber, Leute, wir müssen jetzt echt Gas geben. Wir haben nur noch fünfzehn Minuten."

Max nickt. „Das machen wir. Aber einen kurzen Moment haben wir noch. Ich sehe da hinten am Feldrand eine Tasche oder einen Rucksack liegen. Ihr könnt schon mal vorgehen. Ein kleiner Sprint, und ich bin wieder bei euch."

Ohne noch eine Antwort abzuwarten, flitzt er los. Zügig hat er das Teil erreicht. Es ist ein Rucksack. Der Reißverschluss ist defekt, und an der Seite sind ein paar Löcher. Der hat wohl definitiv schon länger hier gelegen. Max wirft einen prüfenden Blick hinein. Dann greift er sich rasch seine Beute und eilt zurück zu seiner Gruppe. Breit grinsend trifft er bei den anderen ein.

„Ich würde sagen, das hat sich gelohnt."

Neugierig werfen die anderen einen Blick in den Rucksack. Tobi pfeift anerkennend. „Spraydosen für Graffiti, sind die etwa noch voll?"

Max schüttelt den Kopf. „Nein, ich denke, die hat hier jemand entsorgt. Aber vielleicht gibt es ein paar Reste, und wir können für unsere Skulptur etwas damit anfangen. Notfalls sind sie eben Deko."

Dann machen sie sich zügig auf den Weg zurück ins Camp. Unterwegs finden sie noch einen reichlich ramponierten Buggy im Gebüsch. Sie jubeln spontan. Simon lacht. „Na, wenn das nicht passend ist? Den biegen wir wieder zurecht und legen noch etwas als Baby rein. Das passt gut zu Veras Schwangerschaft. Ich bin gespannt, ob es ihr gefällt."

„Super Idee", findet Max. „Da wir keine Puppe gefunden haben, lasst uns doch den Teddybären nehmen. Aber ganz ehrlich – wer entsorgt denn seinen Kinderwagen im Wald? Echt übel, was man hier alles so findet."

Die anderen nicken betroffen. Simon stimmt ihm zu. „Ich hätte echt nicht gedacht, dass es so schlimm ist!"

Auf dem Rückweg finden sie noch ein langes, schmales Stück bemaltes Holz.

# UNMENGEN MÜLL, EIERRÄTSEL & EIN SCHÖNHEITSWETTBEWERB

Voll beladen und pünktlich erreichen die Mädchen kurz vor den Jungs die Betreuer. Paula jubelt. „Auf der Langstrecke sind wir wohl schneller."

Gerade als sie das sagt, erscheinen auch die Jungs am Waldparkplatz. Manuel notiert beide Zeiten und schickt sie gleich weiter zur Waage. Dort empfängt sie lächelnd Herr Adam.

„Echt beeindruckend", meint er, als er mit fachmännischem Blick ihre Beute mustert. „Ihr habt ganze Arbeit geleistet."

Auch Frau Hofmann steht mit ihrem Fotoapparat bereit. Bevor alles gewogen wird, macht sie ein Foto von der Ausbeute der jeweiligen Gruppe.

Sie staunt. „Unfassbar, wie viel allein von jeweils einer Gruppe gesammelt wurde. Ich bin mal sehr gespannt darauf, wie viel es insgesamt am Ende der Aktion ist."

Nach dem Wiegen ihrer Müllausbeute stärken sich die Mädchen und Jungen noch kurz am Erfrischungsstand. Nur noch zwei Gruppen sind nach ihnen beim Wiegen. Die anderen sind vorher schon zurück gewesen.

Der gesammelte Müllberg wird immer größer. Endlich gibt Herr Adam ihnen die Karten für den zweiten Teil der Challenge, den

Schönheitswettbewerb. Alle Gruppen warten mit ihren Müllsäcken auf dem Parkplatz. Sie mustern sich gegenseitig schon ein wenig.

Doch noch ist nicht zu ahnen, was die Gruppen jeweils bauen werden. Dann ist es endlich so weit. Der Startpfiff ertönt. Jede Gruppe baut ihre Skulptur in der Nähe ihres Zeltplatzes. Die eine Stunde ist sportlich. Eilig sprinten die vier Mädchen zu den drei Bäumen und breiten dort ihre Beute aus.

Bisher haben sie noch keine genaue Vorstellung, was sie bauen wollen. Paula betrachtet alles und grinst. „Cool, ich habe da schon eine Idee ..." Sie weiht die anderen leise in ihren Plan ein: „Bevor noch jemand auf die gleiche Idee kommt. Also, ich habe mir gedacht ..." Ihre Freundinnen kichern und nicken begeistert. Rasch machen sie sich ans Werk.

Geschickt füllen sie den alten Kartoffelsack mit den Dosen und verschließen die Löcher mit den Zeltseilen. Unten knoten sie weitere Seile an. Dann nehmen sie einige alte Getränkedosen und machen mit einem spitzen Stein ein Loch in den Boden. Jule beginnt, die Seile mithilfe der Heringe durch die Dosen zu fädeln. „Das ist fast wie Häkeln, nur schöner", lacht sie.

„Krass, unser Held kriegt Beine", freut sich Emma.

Rebecca nickt. „Und einen Kopf." Sie greift sich den Federballschläger, steckt ihn elegant in den gefüllten Sack und setzt ihm die gefundene Kappe auf. „Nicht schön, aber selten!", grinst sie.

Paula angelt eine zerbrochene Sonnenbrille aus einem der Säcke und befestigt sie gekonnt in dem Netz des Federballschlägers. „Die ist wohl bei seiner Zeitreise kaputt gegangen ..." Doch noch liegt die Skulptur am Boden.

„Was für ein schöner Blechritter!", lüftet Jule flüsternd das Geheimnis. Mithilfe der Seile reparieren sie den Klappstuhl und platzieren den Ritter mittig auf der Stuhllehne. Den Kartoffelsack-Rumpf hängen sie oben mit zwei Seilen an einem Ast auf.

Rebecca lacht. „Das sieht schon echt gut aus! Nur reitet er statt auf einem Pferd auf einem Klappstuhl. Das ist besser als gar nichts."

„Und immerhin hat er ein Kettenhemd", freut sich Jule.

Dann zieht Emma eine lange, schmale grüne XXL-Seifenblasenflasche aus einem Müllsack. „Ein Laserschwert. Ein Relikt von einer seiner Zeitreisen", freut sie sich.

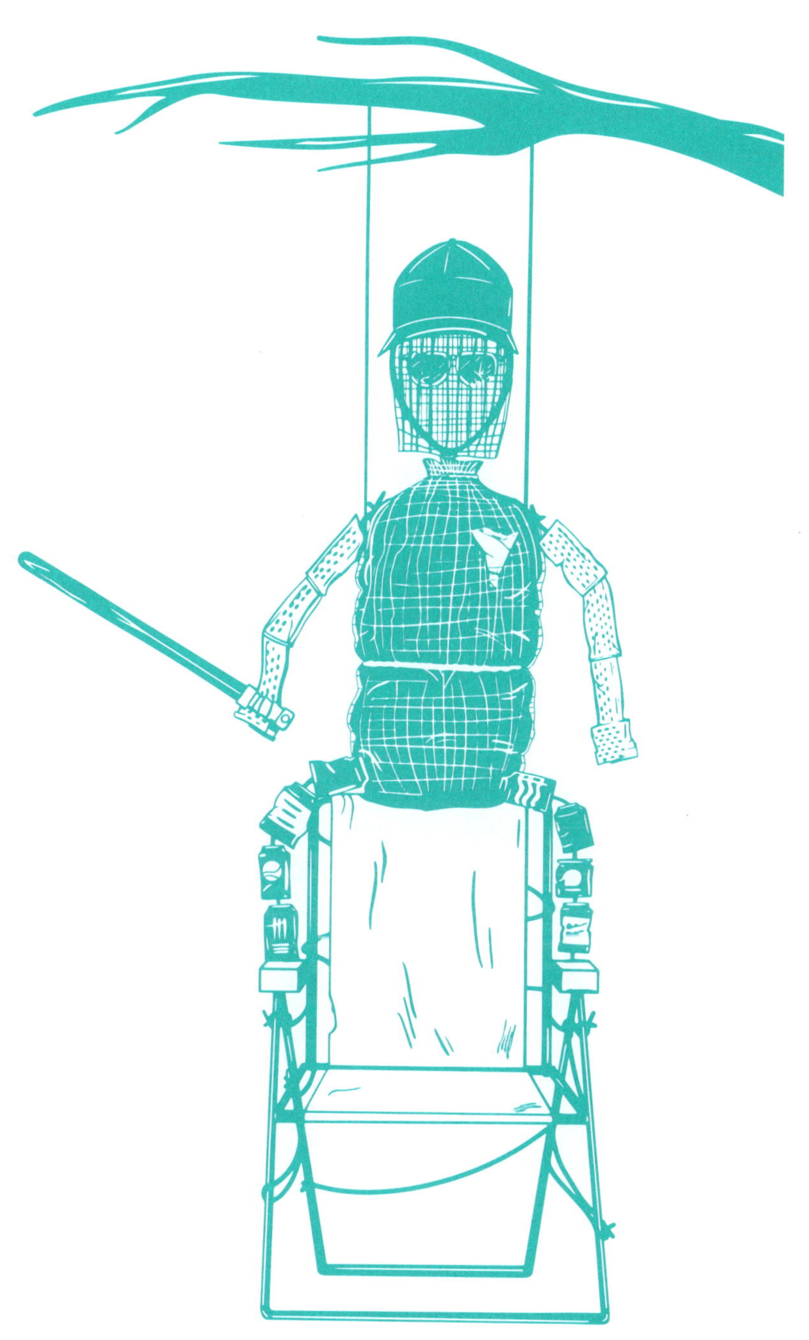

„Haha, jetzt braucht er aber auch noch Arme, sonst kann er das gar nicht festhalten." Paula wühlt in einem der Säcke. „Schaut mal hier, lauter leere Grillschalen, die hat bestimmt jemand verloren. Gut, dass die noch nicht gebraucht waren, das wäre sonst echt ekelig! Aber egal. Wir biegen die einfach zurecht und binden sie oben an den Sack an."

Anschließend befestigen sie das Laserschwert. Schließlich steckt Jule dem Ritter noch einen weißen Stofffetzen vorn an die Brust und ein Obstnetz unter die Kappe. Es hängt nun vor dem Federballschläger. „Das Tuch vom Burgfräulein – und sein Visier!", grinst sie.

Plötzlich geht ein Windstoß durch den Baum. Der Ritter klappert leise vor sich hin. Alle vier kichern. Rebecca jubelt. „Seine erste Reitprobe hat er bestanden. Die alte Mähre Klappstuhl hat ihn auch im Wind nicht abgeworfen."

Paula stutzt. „Mähre? Meinst du Mähne?!"

Rebecca schüttelt den Kopf. „Sorry, das hat man früher zu weiblichen Pferden gesagt." Paula grinst. „Also Stuten?"

Emma seufzt glücklich und bewundert ihr gemeinsames Werk. „Egal. Ich hätte nie gedacht, dass Müll zu sammeln so einen Spaß macht!"

Zurück an ihrem Zeltplatz sortieren auch die vier Jungs erst mal alle Gegenstände. „Willkommen in der Prinzessinnen-Werkstatt!", sagt Simon grinsend.

Tobi lacht. „Ja, dann wollen wir mal mit der Schönheitsbehandlung beginnen." Er greift sich den verbogenen Regenschirm. Geschickt spannt er ihn auf. Nun biegt er ihn fachmännisch mit einer Zange aus seiner Werkzeugtasche so zurecht, dass eine Art Reifrock entsteht.

„Super, dass er eine Metallspitze hat!", lacht er. Dann nimmt er den Wasserkanister und spießt ihn mittig auf die lange Schirmspitze. Um das Ganze zu stabilisieren, klemmt er noch ein kleines Stöckchen neben die Schirmspitze. Jetzt sitzt der Kanister fest auf dem Schirm. „So, einen Oberkörper hat sie auch schon!"

Max geht ein paar Schritte zurück und betrachtet das Ganze mit etwas Abstand. „Ja, das macht schon einen guten ersten Eindruck, aber wartet mal ab!" Er greift sich das alte, zerrissene Badetuch und legt es der Figur wie ein Schultertuch um.

„Schicke Stola", lobt Simon. „So einen Umhang trägt meine Mutter, wenn sie abends ausgeht." Die anderen grinsen.

„Was fehlt denn noch alles?", will Linus wissen.

„Arme, der Kopf, eine Krone und Schuhe", überlegen sie gemeinsam und stöbern noch einmal in ihrer Beute. Als Schuhersatz wählt Linus zwei gleichfarbige Plastikflaschen. Tobi befestigt sie stabil am Schirmgriff. „Die Verschlüsse lassen wir nach vorn zeigen. Das werden ganz schön spitze Schuhe. Gut, dass sie damit nicht herumschlendern muss."

Die Arme formen Tobi und Simon aus einer alten, kaputten Schwimmnudel. Die teilen sie in zwei Hälften. Dann bohren sie seitlich je ein Loch in den Kanister und klemmen die Nudeln dort ein.

„Und jetzt noch der Kopf mit der Krone!" Tobi hält den Ballon schon bereit.

Max zieht grinsend ein altes Sieb aus einer der Tüten.

Tobi nickt. „Ja, nicht schlecht! Falsch herum könnte das glatt funktionieren. Aber es hält auf dem Ballon nicht." Dann sieht er sich die Sache genauer an und überlegt einen Moment. Kurz darauf hat er einen Plan.

„Das kann man aber lösen. Wir nehmen das lange, alte Holzstück zum Stabilisieren." Kaum gesagt, bastelt er es schon von oben in die glücklicherweise recht breite Öffnung des Wasserkanisters. Vorne am Brett befestigt er den Ballon, sodass das Brett etwas darüber hinausragt. „Und nun das Sieb, bitte", grinst er. Linus reicht es ihm und guckt fragend.

Tobi lächelt und zieht einen kleinen Hammer sowie einen Nagel aus seiner Werkzeugtasche. Dann nagelt er das Sieb umgekehrt auf die Spitze des Holzstücks. Über das Holzstück streift er ein helles Stück Stoff. Es fällt wie ein Schleier nach hinten. So ist die Befestigung der „Krone" nicht mehr auf Anhieb zu sehen.

„Spitzenleistung, mein Freund. Mit dir sind wir eindeutig im Vorteil! Die anderen müssen erst zu den Betreuern, um Werkzeug zu holen", lacht Simon.

„Moment mal, da fehlt doch noch was", murmelt Linus, „hebt mal die Stola hoch." Dann nimmt er ein altes Tuch, das er gefunden hat, und bindet es einmal fest um den Wasserkanister.

Die anderen schauen fragend. Als er zwei alte Tennisbälle vorn unter das Tuch schiebt, grinsen sie breit. „Ordnung muss sein", meint er achselzuckend. „Jetzt sieht sie schon mehr nach einer Frau aus."

Rasch zimmern Simon und Tobi noch den Buggy zusammen, sodass er wieder wie ein Kinderwagen aussieht, und platzieren den Teddy als Baby neben der Prinzessin. Währenddessen sichten Max und Linus die Spraydosen. Den kaputten Rucksack funktionieren sie kurzerhand zur Wickeltasche um und hängen ihn an den Buggy.

Und tatsächlich lässt sich sogar mit den Sprayflaschen noch etwas machen. Linus sprüht die Wasserflaschenschuhe lila an. Max verschönert den Wasserkanister mit knalligem Pink. Reste von Orange, Grün, Lila und Pink verzieren den Schirm. Das Gelb reicht zumindest für Teile der Siebkrone. Dann gibt die gelbe Flasche ächzend auf. Das war's. Rasch räumen die Jungs nach einem Blick auf die Uhr noch die Sprayflaschen zur Seite. Wie auf Kommando sprinten sie gemeinsam zum Gemeinschaftshaus hinüber, damit sie die Frist nicht verpassen.

Als Tobi, Simon, Linus und Max am Gemeinschaftshaus eintreffen, ist die Mädchen-Gruppe von Rebecca, Emma, Jule und Paula neben einigen anderen Gruppen bereits da. Doch sie sind noch gut in der Zeit. Die letzten beiden Gruppen erscheinen kurz darauf. Niemand möchte riskieren, disqualifiziert zu werden. Auch die Betreuer stehen noch alle draußen.

Vera steigt auf eine Stufe, um eine paar Informationen weiterzugeben. Sie lächelt in die Runde. „Schön, dass ihr alle mit so viel Beute zurückgekommen seid. Alle Gruppen waren pünktlich und sind somit noch im Rennen. Wir sind supergespannt auf unseren Rundgang mit der Jury nach dem Mittagessen. Toll, dass ihr euch so ins Zeug gelegt habt.

Weil auch wir Betreuer alle noch bis zuletzt beschäftigt waren, machen wir es nun so, dass ihr euch bitte zuerst am Buffet mit den kalten Sachen bedient. Von heute früh ist noch reichlich übriggeblieben. Das haben wir nur abgedeckt und so für euch stehen lassen. Während ihr die erste Runde genießt, machen wir die Würstchen warm und kochen Eier. Wir legen auch nach, wo noch etwas fehlt, es ist reichlich da."

Simon läuft bei dem Gedanken an die leckeren Eier schon das Wasser im Mund zusammen.

Vera dreht sich rasch um und schließt den Speisesaal auf. Zügig geht sie nach vorn zum Buffet, um die Abdeckungen von den Platten zu nehmen. Überrascht bleibt sie vor dem Buffet stehen. Daniel kommt dazu.

Vera sagt verwundert: „Moment mal, hier waren doch vorhin, als wir gegangen sind, noch vier gekochte Eier. Jetzt sind es nur noch zwei!" Sie dreht sich suchend um. „Simon?"

Simon kommt lächelnd zu ihr: „Sie haben geläutet, Euer Ehren? Das ging aber schnell! Ich dachte, die gekochten Eier sind erst gleich fertig?"

Ernst schaut ihn Vera an: „Sag mal, hast du dir vielleicht eben doch noch zwei Eier für unterwegs mitgenommen?"

Irritiert antwortet Simon: „Wie kommst du denn darauf? Du hattest mir ja frisch gekochte Eier in Aussicht gestellt. Außerdem bin ich doch mit dir rausgegangen. Wieso fragst du eigentlich?"

Vera antwortet: „Weil jetzt komischerweise nur noch zwei gekochte Eier da sind. Und weil ich zwischendurch abgeschlossen hatte. Merkwürdig. Aber klar, du hast recht. Du bist mit mir rausgegangen."

Simon nickt. „Ja, aber zu dem Zeitpunkt waren definitiv noch vier Eier da. Das kann ich bestätigen. Vielleicht hatte einer der Betreuer nicht genug Frühstück und war in seiner Not hier drin? Ich meine, ich habe klar gesehen, dass du abgeschlossen hast", sagt er lächelnd.

Gerade kommt Manu vorbei. Er hört noch den letzten Satz und fragt irritiert: „Habe ich vorhin etwa vergessen, wieder abzuschließen? Ich war doch kurz wegen der Müsliriegel hier."

Vera nickt nachdenklich und fragt ihn geradeheraus. „Okay, und, hast du dir vielleicht noch zwei gekochte Eier für unterwegs mitgenommen?"

Manu schüttelt den Kopf. „Wieso fragst du? Nein, natürlich nicht! Ich war pappsatt. Und bis hier zum Buffet bin ich ja gar nicht gegangen. Gerade halb rein in den Raum bin ich gekommen. Ich hatte kaum aufgeschlossen, um die Müsliriegel zu holen, da hast du mich ja bereits gerufen. Und dann habe ich direkt wieder zugeschlossen. Aber was ist denn eigentlich los? Wenn ich es richtig verstehe, geht es um entführte Eier?"

Vera nickt gedankenverloren und deckt weitere Platten auf. Dann hält sie inne. Ratlos schweift ihr Blick über das Buffet. „Hm, ich hätte schwören

können, dass es noch mehr Aufschnitt war, als wir gingen. Aber vielleicht bilde ich mir jetzt auch was ein."

Irritiert starren alle vier auf die zwei gekochten Eier in der Schüssel vor ihnen, als könnten sie ihnen verraten, was geschehen ist. Doch die beiden Eier schweigen beharrlich. Daniel schaltet sich ein: „Kein Problem. Wegen zwei gekochten Eiern machen wir uns hier wirklich nicht verrückt. Ich gehe jetzt erst mal in die Küche und koche wie geplant die Eier und Würstchen."

Alle nicken zustimmend. Doch Sekunden später ist er bereits wieder zurück im Speisesaal und verkündet mit betretener Miene: „Nun, ich bin der Lösung des Eier-Rätsels zumindest nähergekommen."

Vera schaut ihn überrascht an. „Aha, und wie meinst du das, bitte? Haben die fehlenden Eier etwa einen Ausflug in die Küche unternommen?"

Daniel erklärt: „Tja, so ungefähr wahrscheinlich. Nur wohin sie danach gegangen sind, weiß ich noch nicht." Alle schauen ihn an, als hätte er zu lange in der heißen Sonne gestanden. Manu grinst. „Alles klar, Bro? Echt jetzt? Spazieren gehende Eier?"

Daniel lächelt und löst das Rätsel auf. „Na, wahrscheinlich sind sie wohl auf Menschenbeinen rauspaziert. Denn das kleine Küchenfenster steht offen. Es ist nur angelehnt. Man kann, wenn man nur schmal genug ist, bequem von außen einsteigen. Und Reste von Erde habe ich auch auf dem Fußboden dort gefunden. Wer auch immer das war, wir haben es ihm oder ihr leicht gemacht."

Vera überlegt und schlägt sich dann mit der Hand vor die Stirn: „Ja, klar, heute früh beim Eierkochen war so viel feuchte Luft in der Küche, und das Fenster war beschlagen. Da habe ich es geöffnet – und dann in der Eile wohl vergessen, es wieder zuzumachen. Wie unaufmerksam von mir." Sie zieht die Stirn kraus.

Daniel beruhigt sie. „Hey, vermutlich hat der Wind die Fensterflügel angelehnt, und du hast gar nicht gesehen, dass es noch auf war. Mach dir keinen Kopf! Es sind ja jetzt keine Unmengen abhanden gekommen." Vera nickt. „Du hast ja recht. Aber es wurmt mich trotzdem ... Ich meine, wenn jemand gewollt hätte, hätte er hier alles leerräumen können." Daniel sieht Vera ernst an und fasst sie bei den Schultern. „Mein lieber Schatz. Wenn jemand ernsthaft alles hätte ausräumen wollen, hätte er auch die Tür aufbrechen können. Hat er aber nicht. Und du weißt doch", sagt er schmunzelnd, „dieses ‚Hätte, hätte, Fahrradkette' hilft uns nicht weiter." Dann nimmt er sie tröstend in den Arm. Dankbar lehnt sich Vera bei Daniel an.

Simon hat alles mitgehört und schaltet sich jetzt ein: „Na, das erklärt zumindest, *wie* jemand reinkommen konnte. Aber noch nicht, *wieso* einer durchs Fenster gestiegen ist. Und glaubt mir, Leute, ich war es nicht."

Vera lächelt. „Das glaube ich dir, Simon. Dass ich an dich gedacht habe, war nur ein gedanklicher Schnellschuss. Du bist mir zuerst eingefallen, weil du speziell nach den Eiern gefragt hast. Aber ich wollte dir damit nichts unterstellen. Noch dazu warst du ja der erste Anwärter auf die frisch gekochten Eier."

Daniel schaut skeptisch: „Aber Simons Einwand ist wichtig. Irgendwie wirft das für mich alles schon Fragen auf. Überlegt mal! Es gab reichlich Zeit zum Frühstücken. Und vor der Rallye haben wir uns alle richtig die Bäuche vollgeschlagen. Es ist noch massig übriggeblieben. Alle unsere Teilnehmer waren in Gruppen unterwegs. Dass eine ganze Gruppe hier eingestiegen sein soll nach dem Mega-Frühstück, kann ich mir einfach nicht vorstellen.

Außerdem hatten wir nach der Rallye auch noch den Snackstand. Ganz abgesehen davon, dass wir hier miteinander Regeln von Wertschätzung und Respekt vereinbart haben … Das passt irgendwie so gar nicht ins Bild."

Vera meint nachdenklich: „Ja, das sehe ich genauso." Dann schaut sie prüfend noch mal aufs Buffet. „Je länger ich mir das anschaue, umso mehr habe ich den Eindruck, dass hier noch mehr weggekommen ist. Wahrscheinlich fehlen mindestens ein paar Scheiben Wurst, Käse und etwas Brot oder Brötchen. Das kann ich aber nicht so sicher sagen wie bei den Eiern, die wir gezählt hatten."

Sie zuckt mit den Schultern. „Na ja, wir können das letztlich verschmerzen. Mangel leiden muss deshalb niemand. Lasst uns jetzt keine große Sache draus machen! Das mit dem Fenster war ja meine Vergesslichkeit. Ich denke, wir sagen kurz was dazu und bitten, falls es doch wider Erwarten jemand von hier war, dass sich derjenige fairerweise bei uns meldet."

Daniel nickt und klopft laut gegen eine Schüssel. Das Gemurmel im Raum ebbt ab. „Hört mal bitte kurz zu! Während unserer Rallye war das Küchenfenster versehentlich nicht geschlossen. Jemand ist eingestiegen und hat sich wohl einige Lebensmittel mitgenommen."

Ein Raunen geht durch den Speisesaal. Ungläubige Gesichter starren ihn an. Er fährt fort: „Wir wissen nicht genau, wie viel weggekommen ist. Zwei Eier und noch ein paar andere Essenssachen fehlen. Keine große Geschichte an sich, nichts, was hier eine Versorgungskrise auslösen würde.

Natürlich wissen wir nicht, wer das war. Es kann ein ausgehungerter Wanderer gewesen sein, der die günstige Gelegenheit genutzt hat. Theoretisch könnte es jeder gewesen sein, sogar von hier. Auch wenn wir das für extrem unwahrscheinlich halten, nach dem Berg an Frühstück.

Uns ist es wichtig, niemanden zu verdächtigen oder bloßzustellen. Gleichzeitig finden wir es komisch, wenn so ein Verdacht im Raum steht. Daher unsere Bitte an euch, jetzt nicht wild Verdächtigungen auszusprechen.

Wir sagen einfach so viel dazu: Für uns war es nach Abwägen aller Faktoren niemand von hier. Klar, wir können uns auch täuschen. Nur für den Fall, dass wir gänzlich falsch liegen und jemanden das Gewissen drücken sollte: Falls es doch jemand aus der Gruppe war, könnt ihr uns immer persönlich ansprechen, und wir überlegen gemeinsam, wie wir damit umgehen.

Das gilt übrigens auch für alle anderen Fälle, in denen ihr nicht weiterwisst. Ansonsten lassen wir die ganze Angelegenheit jetzt auf sich beruhen.

Wie auch immer, hier noch mal ein paar allgemeine Hinweise in eigener Sache, besonders für diejenigen, die in diesem Jahr zum ersten Mal dabei sind: Für unser Camp hier haben wir reichlich Essen dabei. Fühlt euch echt frei, bei den Mahlzeiten so viel zu essen, wie ihr mögt! Hier ist nichts rationiert. Falls wir mal zeitlich zu knapp geplant haben und ihr nicht fertig werdet, sprecht uns bitte an. Dann finden wir immer Lösungen, dass ihr euch zum Bespiel noch was auf die Hand mitnehmen könnt ... Außerhalb der Mahlzeiten steht dann tatsächlich das Programm auf der Agenda. Und natürlich sollte es klar sein, dass niemand zwischen den Mahlzeiten an die Vorräte geht beziehungsweise dies, wenn es doch noch nötig sein sollte, mit uns abspricht. Wenn sich jemand wirklich mal verkalkuliert haben sollte und zwischen den Mahlzeiten Hunger leidet, könnt ihr uns immer ansprechen."

Er schaut in lauter aufmerksame Gesichter und wird für einen Moment ernster. „Weil wir aber eben nicht glauben, dass es jemand von euch war, müssen wir uns alle der unangenehmen Tatsache stellen, dass hier wohl jemand eingestiegen ist und sich das Essen nicht einfach in Luft aufgelöst hat. Haltet daher bitte die Augen offen, falls ihr mal Fremde auf dem Camp-Gelände sehen solltet. Doch jetzt genug der ganzen Angelegenheit! Ich danke noch für das Essen, und dann lasst es euch schmecken!"

Als alle beherzt zugreifen, verschwindet Daniel eilends in der Küche. Gute 15 Minuten später bringt er eine große Schüssel mit frisch gekochten Eiern und einen Topf mit warmen Würstchen. Simon grinst breit. Die Wiedersehensfreude ist ihm ins Gesicht geschrieben.

Erschöpft hält Leni inne. So wird das nichts. Anfangs hat sie hektisch drauflos gesucht und dabei mit ihren Händen gefühlt den halben Waldboden rund um den Hochsitz umgegraben. Doch von der Essenstüte gibt es immer noch nicht die leiseste Spur. Müde lehnt sie sich an einen Baumstamm und schließt entkräftet die Augen. ‚Nur einen klitzekleinen Moment ausruhen und noch mal nach...den...ken ...' Wenige Augenblicke später ist sie eingenickt.

Kurz darauf hört sie im Halbschlaf von ganz weit weg ein leises, aber beharrliches Pfeifen. Da, schon wieder. Ein Vogel? Verwirrt schlägt Leni die Augen auf. ‚Bin ich etwa eingeschlafen? Was wollte ich bloß hier im Wald? Da, schon wieder dieses Pfeifen. Woher das Geräusch wohl kommt?'

Sie rappelt sich auf und dreht sich suchend im Kreis. Da entdeckt sie Phil oben am Eingang des Hochsitzes. Das Pfeifen kommt vom ihm. Als sie sich bemerkbar macht, hört er damit auf.

Rasch läuft sie zu ihm hinüber. Sobald sie näher herankommt, ruft er leise: „Sorry, ich wollte dich nicht rufen, damit uns niemand hört. Aber du warst stumm wie eine Mumie. Und ich komme hier nicht runter. Leni, sag mal, ich habe inzwischen einen Riesenhunger. Aber ich finde die Essenstüte von vorhin einfach nicht. Hast du sie vielleicht mit nach unten genommen?"

Leni schüttelt traurig den Kopf. Dann klettert sie zu Phil hinauf und berichtet ihm bedrückt davon, dass sie die Tüte nicht wiederfindet.

Phil schluckt, fängt sich aber direkt wieder. „Keine Sorge, das kriegen wir mit vereinten Kräften schon hin."

Gemeinsam beratschlagen sie, was Leni mit der Essenstüte gemacht haben könnte. Es ist Phil, der schließlich den entscheidenden Tipp gibt: „Als die Jungs näherkamen, waren wir doch hinter den Bäumen nahe am Weg, da, wo wir zuerst die Fahrräder versteckt hatten. Ich meine mich zu erinnern, dass du vor mir losgelaufen bist und die Tüte nicht dabeihattest. Was bedeutet, dass du sie dort versteckt haben musst, bevor wir losgesprintet sind."

Leni überlegt und entgegnet dann: „Das kann sein, es ging einfach alles furchtbar schnell. Ich weiß nur noch, dass ich sie unter Laub versteckt habe, aber nicht mehr, wo. Also gut, dann gehe ich dort suchen."

Kurze Zeit später kehrt sie erleichtert mit der Tüte und den drei Wasserflaschen zurück. Zerknirscht sagt sie: „Den ganzen kopflosen Stress mit der Suche hier rund um den Hochsitz hätte ich mir echt sparen können."

Dann belegen sich die beiden erst mal ein Brötchen. Die Hälfte des Aufschnitts geht dafür drauf. Genussvoll beißen sie hinein. Endlich wieder etwas zu essen!

Eine halbe Stunde nach dem Mittagessen warten alle Camp-Teilnehmer am Waldparkplatz auf die Jury. Pünktlich trifft sie ein.

Manuel stellt ihnen kurz die einzelnen Mitglieder der Jury vor. Die große dunkelblonde Frau ist die Bürgermeisterin, Frau Klassen. Die Redakteurin der Zeitung, Frau Hofmann, hat kurze rote Haare. Und da ist auch wieder Herr Adam vom Umweltservice. Den kennen sie ja schon von der Waage. Der kleine, drahtige Mann mit den grau melierten Haaren lächelt ihnen wohlwollend zu. Und der große blonde Mann neben Herrn Adam ist Tom Österreich. Der Revierförster sieht sehr sympathisch aus.

Schon jetzt ist Frau Hofmann viel mit ihrer Kamera beschäftigt. Sie wirkt sehr interessiert und kann es gar nicht erwarten, dass es weitergeht.

Manuel erklärt: „Nach dem Rundgang durch euren spannenden Skulpturenpark wird die Jury sich mit etwas Kaffee und Kuchen zur Beratung zurückziehen. Für euch stehen Limonade und Muffins bereit. Ihr habt dann auch Zeit, euch die prächtigen Skulpturen der anderen noch mal in

Ruhe anzuschauen. Wenn die Jury fertig ist, rufen wir euch mit dem Essensgong. Dann kommt ihr alle rüber zum Gemeinschaftshaus. Gibt es noch Fragen?"

Das ist nicht der Fall. Manuel grinst zufrieden. „Also dann, alle Gruppen auf die Plätze, fertig, los! Haltet euch bereit für den Besuch der Jury!"

Rasch eilen die Gruppen zu ihren Skulpturen. Gemeinsam mit der Jury machen sich auch die Betreuer mit auf den Rundgang zu den einzelnen Kunstwerken. Alle sind schwer beeindruckt.

Bekki grinst. „So schön hatte ich mir das ehrlich gesagt nicht vorgestellt. Echt genial!"

Während die Jury sich anschließend zur Beratung zurückzieht, gehen die verschiedenen Gruppen über den Zeltplatz und bewundern die Werke der anderen. Die Limonade geht bei dem warmen Wetter gut. Die Muffins weniger.

Rebecca seufzt. „Ich kann einfach nicht mehr. Erst dieses hervorragende Frühstück, dann ein ebensolches Mittagessen. Sorry, ich schaffe nur noch Limo. Mein Bauch ist voll." Ihre Freundinnen nicken und liegen erschöpft in der Sonne.

Plötzlich hören sie den Essensgong. Jetzt ist es so weit. Mit großer Spannung eilen sie zur Verkündigung der Jury.

# SIEGEREHRUNG, UNGEAHNTE SCHÄTZE & EINE NUMMER ZU GROSS?

Als alle wieder zusammengekommen sind, beginnt zunächst Daniel: „Wow, kaum zu glauben, was ihr da zustande gebracht habt! So schön haben wir uns das bei der Vorbereitung des Camps in unseren kühnsten Träumen nicht ausgemalt. Sehr, sehr cool!", lobt er die gesamte Truppe. Dann übergibt er das Wort direkt an die Bürgermeisterin.

Frau Klassen lächelt stolz in die Runde. „Ich bin beinahe sprachlos, was zugegebenermaßen selten ist für Politiker." Sie kichert und schaut zu Frau Hofmann hinüber. „Okay, das gehört nicht in die Presse. Aber im Ernst." Dann setzt sie zu ihrer eigentlichen Rede an. Und reden kann sie ziemlich schnell. „Ihr glaubt gar nicht, wie lange wir im Stadtrat schon über dieses Müllproblem im Ausflugsgebiet rund um den Badesee sprechen. Und jetzt kommt ihr, macht eine so knackige Aktion – und schafft Tatsachen. Tatsachen, an denen man aus verschiedener Sicht nicht vorbeigucken kann."

Jule staunt. Hat sie das gerade ohne Luft zu holen hervorgesprudelt?

Lächelnd fährt Frau Klassen schon wieder fort: „Zunächst also einmal vielen, vielen Dank! Von mir persönlich, aber auch im Namen der Stadt. Das habt ihr ganz großartig gemacht. Ich bin wirklich beeindruckt. Es ist überhaupt nicht selbstverständlich, dass ihr den Müll von anderen wegräumt. Freiwillig. In euren Ferien. Ich freue mich außerordentlich, dass gerade ihr euch als junge Gruppe einbringt, um uns alle daran zu erinnern, mit unserer Umwelt verantwortungsbewusst umzugehen. Es beeindruckt mich sehr, welche großen Mengen Müll ihr aufgesammelt habt."

Sie wirft einen fragenden Blick zu Herrn Adam hinüber. Der nickt ihr zustimmend zu, und sie fährt fort: „Also, dann darf ich das jetzt verraten … Wir haben euch vielleicht ein klein wenig unterschätzt." Sie grinst. „Es ist so viel Ausbeute, dass Herr Adam vorhin erst mal Verstärkung organisieren musste, um morgen eure gesamte Müllausbeute zu trennen und abzutransportieren. Aber das organisieren wir natürlich gerne." Herr Adam nickt erneut bestätigend und grinst in die Runde.

Frau Klassen fährt fort: „Es ist echt bedenklich, dass so etwas überhaupt notwendig ist. Das zu ändern ist unser großes Ziel. Ein Anfang ist gemacht. Dank euch! Und an alldem werden wir möglichst viele Menschen teilhaben lassen. Daher nun zu euren Müllskulpturen. Die gefallen mir und uns wirklich ausgesprochen gut. Genial, was man aus Müll Kreatives machen kann! Daher werden wir eure Skulpturen am Ende eurer Camp-Woche als freundlichen Denkanstoß in Sachen Umwelthilfe drüben am Badesee auf dem großen Parkplatz aufstellen lassen."

Alle schauen sich an und jubeln begeistert. Frau Klassen lächelt. „Jawohl, ihr freut euch zu Recht. Da, wo sie stehen werden, ist der Strandaufgang. Daran müssen also alle Besucher vorbei. So bekommen sie neben der sauberen Landschaft das kreative Ergebnis des Wettbewerbs zu Gesicht. Und sie werden hoffentlich nachdenklich, was ihren eigenen Umgang mit Müll angeht."

Jule, Rebecca, Emma und Paula flüstern aufgeregt miteinander. Sie schauen besorgt. Herr Adam blickt herüber zu ihnen und lächelt den Mädchen aufmunternd zu. Er beugt sich zu Jule hinüber und flüstert: „Keine Sorge, für eure kreative Ritter-Aufhängung finden wir auch eine Lösung."

Die Mädchen sind beeindruckt. ‚Kann der etwa Gedanken lesen?', fragt sich Emma. ‚Krass, dass er sofort wusste, was unser Problem ist.' Herr Adam schmunzelt und verkündet nun laut an alle gerichtet: „Wir vom Umweltservice werden alle Skulpturen hinbringen, dort fachgerecht aufstellen und am Ende der Saison sachgemäß entsorgen."

Die Bürgermeisterin bedankt sich noch mal ausdrücklich bei Herrn Adam und seinem Team für die gute Zusammenarbeit. Dann spricht sie über das weitere Projekt: „Als Stadt haben wir noch mehr vor. Unsere Marketingabteilung hat zwischenzeitlich eine schicke Papiertüte entworfen, die wir ab nächster Woche neben den Skulpturen gratis in einem kleinen Häuschen aus alten Bretterfunden zum Mitnehmen anbieten. Auf den Tüten steht auf der eine Seite: ‚Ich mache mit ...! Bist du dabei?', und auf der anderen: ‚Wir sammeln Müll und damit auch wiederverwertbare Rohstoffe – für saubere Landschaften und unsere Zukunft.' Mithilfe der Gäste planen wir, den Badesee und das angrenzende Naturschutzgebiet zukünftig sauberer zu halten.

Denn kurze Wege und Hilfsmittel wie die Papiertüten laden dazu ein, den Müll tatsächlich mitzunehmen und zu entsorgen. Das Wichtigste aber ist, ein Bewusstsein für das Müllproblem zu schaffen. Und dabei kommt ihr wieder ins Spiel. Wir haben ja extra Frau Hofmann vom Lokalanzeiger dabei. Sie veröffentlich gleich morgen früh einen Bericht über eure geniale Aktion. Natürlich mit Fotos von den lustigen Skulpturen, aber vor allem auch mit einem Überblick, wie viel ihr eingesammelt habt. Und mit einem Hinweis, dass ihr eure Ferienzeit dafür investiert habt."

Frau Hofmann ergänzt: „Selbstverständlich schreibe ich in dem Artikel auch einen Appell, dass die Badegäste – und jeder sonst natürlich auch – die Umwelt sauber halten!"

Tom Österreich, der Förster, nickt und wendet sich an Frau Hofmann: „Und, Sanne, bitte schreib auch noch mal einen Hinweis, dass die Leute auf den Wegen bleiben und das Naturschutzgebiet das sein lassen, was es ist: ein Schutzgebiet, in dem Menschen nichts zu suchen haben!"

Max lächelt und denkt: ‚Die zwei scheinen sich ja gut zu kennen.'

Sanne Hofmann nickt. „Bevor euer Camp endet, bringe ich für jeden von euch eine Kopie des Artikels als Erinnerung vorbei. Wer es stattdessen digital haben möchte, bekommt gerne auch einen Link, unter dem man den Artikel downloaden kann. Meldet euch doch bitte kurz, wie viele Fotokopien wir brauchen."

Fast alle entscheiden sich für den Download. Linus zögert kurz. ‚Was, wenn der Computer dann immer noch spinnt?' Da fällt ihm Daniels Schleuderlied wieder ein. ‚Okay, okay, ich gebe es ab und versuche, mir keine Sorgen mehr zu machen.' Nachdenklich schickt er ein Stoßgebet auf die Reise.

„Super", freut sich Frau Hofmann gerade. „Es ist prima, wenn wir nur die wirklich nötigen Kopien machen. Die mache ich aber echt gerne." Sie wendet sich Herrn Adam zu: „Bevor später alles abtransportiert wird, sehen wir uns nach der Siegerehrung mit Herrn Adam den Müll einmal genauer

an. Das hilft mir für meinen Artikel." „Gern", antwortet dieser und nickt zustimmend.

„Doch nun wollen wir euch nicht länger im Ungewissen lassen. Bestimmt seid ihr neugierig auf die Ergebnisse." Herr Adam schaut freundlich in die Runde. „Nach fachgerechtem Wiegen und der Berücksichtigung von Gewicht und Menge der Säcke haben wir einen eindeutigen Sieger. Gewonnen in dieser Kategorie hat ..."

Er schaut sicherheitshalber noch mal auf seinen Zettel, macht eine kleine Kunstpause und erklärt dann feierlich: „Die Gruppe von Max, Tobi, Linus und Simon."

Max jubelt laut. „Ich wusste einfach, dass wir Sportskanonen es schaffen können."

Die anderen schmunzeln. Linus lacht. „Aber auf die Sprints hätte ich gut verzichten können."

Alle klatschen Beifall. Daniel gratuliert der Jungengruppe. „Trommelwirbel – Ihr dürft dann das Ziel unseres Ausflugs am Ende der Woche mit aussuchen. Morgen Mittag treffen wir uns dazu als Mitarbeiter. Kommt bitte direkt nach dem Mittagessen zu uns ins Mitarbeiterzelt!"

Nun übernimmt Frau Hofmann. „Bei den Skulpturen hatten wir echt Schwierigkeiten, uns zu entscheiden. Ihr wart alle wahnsinnig kreativ: Der Roboter mit in der Sonne funkelnder Beleuchtung, ein fast flugfähiger Hubschrauber mit Grillschalenrotorblättern, die kreative doppelköpfige Vogelscheuche mit Hosenträgern und eine aus Plastikflaschen gestaltete Fahrradrikscha, also so etwas wie ein Fahrradtaxi, dazu die edle Prinzessin und der Ritter auf dem Klappstuhl, ein lustiger Zwerg, der Abfall aufspießt, und ein Müll trennender Krake. Respekt! Das gibt Stoff für zig Zeitungsausgaben." Sie grinst in die Runde. „Aber wir mussten ja eine Entscheidung treffen. Am Ende haben wir uns auf Platz 3 entschieden für ... den einzigartigen, zukunftsfähigen Müllkraken; auf Platz 2 für ... die liebreizende Prinzessinenmama nur knapp hinter ... dem edlen Ritter auf dem Klappstuhl auf Platz 1!" Sie überreicht den Gewinnergruppen je eine große Dose Süßigkeiten.

Zum Schluss ergreift die Bürgermeisterin noch einmal das Wort: „Und nun komme ich zur Verkündigung eines Sonderpreises."

Die Mitarbeiter stutzen und schauen sich fragend an. Doch niemand weiß Bescheid.

Lächelnd spricht Frau Klassen weiter: „Mal unabhängig von den Plätzen, die wir im Rahmen dieses Wettbewerbs ja vergeben mussten, seid ihr alle kreative und vor allem engagierte Sieger. Und deshalb besteht mein besonderer Extrapreis darin, dass ich im Laufe eures Camps abends ein ausgiebiges Pizzabuffet für die gesamte Gruppe spendiere. Wann genau, spreche ich noch mit den Mitarbeitern ab. Ich wünsche euch jedenfalls jetzt schon einen guten Appetit!"

Mit großem Jubel und viel Applaus werden die Gewinner, die Jury und der köstliche Sonderpreis von allen gefeiert.

Als sich alle wieder etwas beruhigt haben, erklärt Daniel das weitere Vorgehen. „Unser Camp ist ja in diesem Jahr erstmals ein Umwelt-Camp." Er wendet sich zu Herrn Adam. „Deshalb haben wir auch auf Wegwerfgeschirr verzichtet. Es gibt einen Spüldienst, und jeder Teilnehmer erhält seine eigene Camp-Tasse. Auch wenn wir meinen, uns alle mit Müll schon recht gut auszukennen, gibt es da noch so manche Überraschung. Daher sind wir dankbar, dass Sie als Jury sich jetzt noch etwas Zeit für uns nehmen."

Er dreht sich zu den Teilnehmern und erklärt, was sie vorhaben: „Zuerst wird Herr Adam mit uns beispielhaft ein, zwei Säcke durchsehen mit allem, was ihr da eingesammelt habt. Die übrigen Jurymitglieder bleiben mit dabei, um einen besseren Überblick zu bekommen, was hier alles so entsorgt wird und wie man dem zukünftig entgegensteuern kann.

Im Anschluss daran bittet Tom alle, die Müll im Naturschutzgebiet entdeckt haben, noch zu einem kurzen Austausch, dass er sich das notieren und die Dinge entsorgen kann. Alles in allem wird das höchstens eine halbe Stunde dauern. Damit endet dann unser offizielles Programm. Wir verabschieden danach gemeinsam die Jury und werden bei dem warmen Wetter noch für etwas Abkühlung sorgen."

Daniel übergibt das Wort an Herrn Adam. Dieser schaut die Teilnehmer freundlich an. „Danke für die Zeit, die wir noch gemeinsam haben können. Denn es lohnt sich auf jeden Fall, genauer hinzuschauen. Vieles, was ihr eingesammelt habt, ist nämlich eigentlich gar kein richtiger Müll."

Im Gesicht mancher Kids erscheint ein Fragezeichen. Herr Adam lächelt. „Keine Sorge, das erkläre ich gleich noch. Denn obwohl wir erst mal alles ‚Müll' nennen, ist so mancher Schatz dabei ... Manchmal sind es sogar wertvolle Rohstoffe. Dass wir hierzulande den Müll trennen, wisst ihr bestimmt von zu Hause. Das ist für euch keine große Neuigkeit."

Jule lächelt wissend. „Klar, wir trennen zu Hause, in der Schule und auch hier im Camp. Wir haben in unserem Klassenzimmer stolze vier Mülleimer! Für Papier, Kunststoff, Glas und Restmüll. Und auf dem Schulhof ist eine Biotonne. Das wäre im Klassenzimmer zu geruchsintensiv", grinst sie.

Herr Adam stimmt ihr schmunzelnd zu. „Da hast du allerdings recht! Super, dass ihr in der Schule auch schon so gut unterwegs seid. Auch wenn hier bei uns in der Mülltrennung noch manche Fehler gemacht werden, ist es doch etwas ganz anderes als in vielen anderen Ländern. Weltweit wird zum Beispiel sehr viel Müll im Meer entsorgt. Selbst einsame, unbewohnte Inseln können ganze Strände voller Müll haben, der dort angeschwemmt wird. In der Arktis[16] ist es auch so. Das ist ein riesengroßes Problem für die Natur."

Paula nickt traurig. „Und wenn die Fischer ihre Netze im Wasser entsorgen oder sie bei hohem Seegang Netze verlieren, können sich Meeresbewohner darin verfangen."

Tom Österreich nickt bestätigend. „Ja, da sprichst du ein wichtiges Problem an, das wir auch hier an Land haben. Tiere kommen mit herumliegenden Müll in Kontakt, was für sie lebensgefährlich sein kann.

Manche Vögel verwenden Plastikfäden als Nistmaterial. Das ist richtig übel, wenn sie darin hängenbleiben und sich nicht selbst befreien können. Manchmal verfangen sich Vögel oder Tiere auch in Plastikbechern, aus denen sie ihren Kopf nicht mehr entfernen können, oder in Autoreifen. Ein Hirsch hatte so einen Reifen schon mal an seinem Geweih. Er konnte glücklicherweise davon befreit werden. Außerdem steigt durch Müll im Wald auch noch mal die Brandgefahr."

Herr Adam nickt. „Deshalb ist es höchste Zeit, dass wir hier ein Umdenken in Gang bringen. Also, lasst uns das alles einmal kurz durchgehen! Papier sammeln wir, damit es wiederverwertet werden kann."

Simon nickt ernst. „Wenn Papier recycelt wird, verhindert dies das Fällen vieler Bäume für Papierprodukte. Das spart enorm in der Herstellung von Taschentüchern, Toilettenpapier und Küchenrollen."

Überrascht schaut Herr Adam ihn an. „Da kennst du dich ja schon gut aus."

Simon grinst. „Heimspiel", gibt er zu. „Ich habe ein Referat in der Schule darüber gehalten."

Rebecca ergänzt: „Stellt euch mal vor, wie viel das schon helfen würde, wenn jeder an der Schule das mit seiner Familie umsetzt! Unsere Schule hat schon vor einiger Zeit bewusst entschieden, auf die Umwelt und das Klima zu achten. Und die Erfahrung zeigt: Es macht mehr Spaß, seit wir aktiv mitmachen können. Jedenfalls achten wir seitdem mehr darauf, dass in der Mensa nicht so viel Plastikmüll entsteht. Und bei Internetrecherchen benutzen wir meist Ecosia[17]. Diese Suchmaschine pflanzt für die Einnahmen aus solchen Suchanfragen in vielen Ländern Bäume. Das finde ich eine super Idee."

Frau Klassen hört interessiert zu und notiert sich gleich den Namen. Sie schmunzelt. „Prima, da kann ich von euch lernen. Die Idee nehme ich gleich mit ins Rathaus. Wie ist die Adresse der Internetseite?"

Rebecca lächelt und geht zu ihr hinüber. „Die kann ich inzwischen auswendig: https://www.ecosia.org/", sagt sie. „Die haben wir unseren Lehrern auch schon weitergegeben."

Währenddessen holt Herr Adam einen separat gepackten Müllsack hinzu. „Und jetzt bin ich mal gespannt, wie gut ihr euch mit dem Rest hier auskennt. In eurer Mittagspause habe ich aus eurer Ausbeute einiges zusammengestellt."

Herr Adam lächelt: „Damit das hier nicht zu frontal wird, seid ihr jetzt dran." Er steckt eine grüne und eine weiße Fahne gut zwei Meter voneinander entfernt in den Boden. Um die grüne Fahne legt er eine Reihe von Stöcken wie Sonnenstrahlen. Genau in die Mitte zwischen den Fahnen schüttet er den Inhalt des Müllsacks aus. Alle werfen einen Blick auf die dort liegenden Sachen. Frau Hofmann hält das alles mit ihrer Kamera fest.

Herr Adam wendet sich an die Camp-Teilnehmer: „Was von den Dingen, die ihr hier seht, kann – außer Papier – noch wiederverwertet oder nutzbar gemacht werden? Alles, was ihr dazuzählt, legt bitte an die grüne Fahne! Und dort am besten in Gruppen, so wie die Strahlen das aufzeigen.

Also ein Strahl für Papier usw. Dann haben wir gleich einen besseren Überblick. Und alles, was nicht wiederverwendet werden kann, also tatsächlicher Müll ist, das räumt bitte zu der weißen Fahne."

Simon und Tobi beginnen und schauen prüfend auf die Sachen. Simon überlegt laut: „Na, alle Metalle und viele Kunststoffe kann man recyceln – dafür haben wir ja den grünen Punkt."

Währenddessen legt Tobi diese Gegenstände hinüber zur grünen Fahne. Er beginnt eine Gruppe für Metalle und eine für Kunststoff. „Richtig", bestätigt Herr Adam.

Schon ergreift Emma lächelnd ein altes T-Shirt. „Man kann auch Stoffreste weiterverarbeiten oder selbst etwas Schönes, Neues daraus nähen. Wir haben mal so einen Kurs an unserer Schule gemacht."

Max nickt. „Und wenn man, so wie ich, nicht nähen kann oder will", er grinst, „dann werden Kleidung und Schuhe ja auch gesammelt und, wenn sie noch gut in Schuss sind, an Menschen, die nicht so viel Geld haben, weitergegeben oder verkauft."

Linus nickt und legt eine Flasche an einen neuen Strahl der grünen Fahne. „Und das Glas kann auch eingeschmolzen und weiterverarbeitet werden."

Rebecca ergänzt: „Zu Hause kompostieren wir Obst- und Gemüseabfälle. Dadurch haben wir unseren Restmüll total reduzieren können. So viel, dass wir eine kleinere Mülltonne bestellen konnten, weil nun ständig Platz frei war." Mit einer Zange nimmt sie eine Apfel-Kitsche und platziert sie an einem weiteren Strahl.

Herr Adam lächelt und nickt. „Ja, Recyceln hilft sogar, Geld zu sparen, denn das Entsorgen von Müll ist teuer." Er schaut nachdenklich hinüber zu der grünen Müll-Sonne.

„Noch ein Gedanke übrigens zu den Metallresten. Im Moment liegt da noch alles auf einem Berg. Aber es gibt ja viele verschiedene Metalle. Daraus ergibt sich auch eine ganze Menge Möglichkeiten. Manches läuft über den gelben Sack, anderes über Schrottplätze. Diese nehmen spezielle Metallreste an und zahlen sogar dafür. Allerdings ist das je nach Metall teils sehr wenig oder teils im Verhältnis richtig viel."

Timo, ein Junge aus Linus' Klasse, fügt hinzu: „Und sogar ein altes Handy enthält wertvolle Metalle. Überhaupt können Elektrogeräte ausgeschlachtet werden, genauso wie alte Computer."

Elena nickt und greift sich ein kaputtes Radio aus dem Müllhaufen und legt es an einen weiteren Strahl.

Dann erinnert Jule sich: „Ja, und ich denke gerade daran, dass wir in der Schule in einem Projekt sogar mal Plastikdeckel von Flaschen für Impfungen und Therapiehunde gesammelt haben."

Linus schaut irritiert. „Impfungen für Therapiehunde?"

Rebecca grinst breit. „Nein, das waren zwei verschiedene Projekte. Aber cool war es schon. Damals haben sie das Geld, was sie pro Kilo Kunststoff-Deckel erhielten, in solche Projekte gesteckt. Doch leider wurde es dann eingestellt, weil es zu aufwendig wurde und der Kilopreis wohl auch zu sehr gefallen ist. Schade eigentlich, denn es ist ja keine große Sache, die Deckel abzuschrauben und zu sammeln, bevor man die Flasche zum Recyceln wegbringt."

„Ja, das stimmt", bestätigt Paula. „Aber wo du gerade von Deckeln sprichst, muss ich an Flaschen denken. Flaschen- und Dosenpfand gibt es ja auch noch. Und das ist bei uns hier viel besser organisiert als in vielen anderen Ländern", ergänzt sie und legt eine der gefundenen Bierdosen an einen neuen Strahl.

„Und wir sollten auch die Batterien und Leuchtmittel nicht vergessen", ergänzt Moya. Sie greift nach einem Paar Essstäbchen. „Und Holz. Ich habe von einem Schreiner und Holzingenieur gehört, der aus gebrauchten Stäbchen Bambusmöbel herstellt."[18]

Auch die anderen Teilnehmer bringen persönliche Ideen und Erlebnisse ein. Am Ende der Begutachtung ist die grüne Fahne mit einer großen Sonne aus Gegenständen gefüllt. Die weiße Fahne weht einsam im Wind. Kaum etwas aus dem Müllsack ist übrig geblieben und dort gelandet.

Herr Adam beendet das Sortieren mit einer persönlichen Geschichte. „Als ich klein war, fuhren wir als Familie oft ans Meer. Ihr könnt euch kaum vorstellen, wie viel Müll dort damals an den Stränden lag. Ich bin echt dankbar, dass meine Eltern da schon die Initiative ergriffen haben, lange bevor entsprechende Projekte an den Küsten anfingen. Als Familie haben wir oft leere Mülltüten auf Strandspaziergänge mitgenommen und hinterher picke packe voll wieder zurückgebracht – und das viele Jahre lang. Zu sehen, wie der Strand seine natürliche Schönheit zurückbekommt, hat mir immer viel gegeben. Daher schätze ich euer Projekt auch so sehr.

Als ich dann nach der Schule entscheiden konnte, was ich beruflich machen würde, hat kaum einer verstanden, wieso ich ausgerechnet in diesem Bereich anfangen wollte. Viele haben Müll einfach nur abfällig mit Dreck und Gestank in Verbindung gebracht.

Aber mir war wichtig, dass wir etwas zum Guten bewegen. Für uns und unsere Umwelt. Und dass wir schauen, was wir aus den Sachen machen können. Denn die Rohstoffe und Ressourcen unserer Erde sind ja nicht unendlich. Für mich ist mein Beruf ein ganz aktiver Beitrag zum Umweltschutz. Und ich freue mich sehr, dass ihr mit dabei seid."

Rebecca nickt. „Ich bin echt froh, dass es am Meer inzwischen viel besser aussieht. Wir fahren häufig auf eine niederländische Insel in den Urlaub. Dort am Strand steht manchmal ein Balken, an dem die Besucher Müll dekorieren können. Da sieht man dann Fischernetze, Bojen, Kisten, Holzreste – alles Mögliche halt. Und so entstehen mit der Zeit auch echt lustige Skulpturen." Sie grinst und wiegelt dann gleich ab. „Natürlich können die unseren Kunstwerken hier nicht das Wasser reichen."

Die anderen lachen mit und schmunzeln beim Gedanken an ihre genialen Kreationen. Frau Klassen hört interessiert zu. Sie lächelt und bittet alle um einen Moment Geduld. Dann bespricht sich kurz allein mit Herrn

Adam. Dieser überlegt und nickt dann zustimmend. Schließlich wendet sich Frau Klassen wieder an die Gruppe. „Das ist eine sehr schöne Idee, die wir gern aufgreifen wollen. Wir haben gerade überlegt, für die Badegäste am Strandweg zum Parkplatz neben eure Skulpturen auch so einen Balken aufzustellen mit dem Hinweis: Baut eure eigene Müllskulptur! Vielleicht motiviert das auch noch den einen oder anderen."

Herr Adam nickt. „Ja, das kriegen wir hin. Und vielleicht kann Frau Hofmann dann später auch etwas darüber berichten." Diese nickt und macht noch rasch ein paar Fotos von dem sortierten Müll.

Dann packt Herr Adam mit ein paar Jugendlichen alles zurück in den Sack. „Den Müll am Waldparkplatz holt mein Team morgen ab", teilt er Manuel noch rasch mit.

Zum Abschluss wendet sich Tom, der Förster, an die Gruppe: „Hallo, ich bin Tom. Wir können gern ‚du' sagen. Zunächst mal danke ich euch, dass ihr euch an die Absprache mit der Leitung eures Camps gehalten habt und den Müll nur vom Rand des Naturschutzgebietes eingesammelt habt. Das hilft, unsere Tiere dort nicht unnötig in Stress zu versetzen. Sonst werden sie tagsüber aus ihren Verstecken aufgescheucht, wenn sich Menschen nähern."

Als er das sagt, läuft Tobi rot an und räuspert sich. Dann fasst er sich ein Herz und sagt: „So ganz stimmt das leider nicht …"

Tom hält inne und schaut ihn fragend an.

Dann erzählt Tobi die Geschichte vom Hochsitz und dem lauten Knacken im Unterholz. Er schließt: „Ich dachte, es schadet nicht, weil der Hochsitz so nah am Weg liegt. Wir hatten ihn entdeckt, als wir Müll entfernt haben, der in einer Astgabel oben im Baum hing. Da ist uns aufgefallen, dass dort am Hochsitz etwas liegt. Und weil ich es nicht fotografieren konnte, bin ich also doch näher ran … Mir war nicht klar, dass die Tiere sich über Tag so nah am Weg aufhalten und sich so erschrecken. Das tut mir sehr leid. Und außerdem war es am Ende noch nicht mal Müll, den wir da gefunden haben, sondern wahrscheinlich Ihr, äh, dein Malervlies und Laubkissen in Säcken als Polsterung, die du dir mitnimmst, wenn du Tiere beobachtest."

Jetzt schaut Tom irritiert und versteht nur noch Bahnhof. „Polsterung? Malervlies und Laubtüten?" Er blickt Tobi fragend an. „Du meinst wohl, ich bastel mir auf dem Hochsitz eine Chillout-Lounge und halte zwischendurch ein Nickerchen?“

Prüfend sieht er zu Tobi hinüber, ob der ihn auf den Arm nehmen will. Doch dann schüttelt er den Kopf und lächelt freundlich. „Weit gefehlt! Da bin ich ganz minimalistisch unterwegs. Kein Schnickschnack, nur das absolut Notwendigste.

Kurzum: Von all dem Zeug weiß ich nichts. Das Einzige, was ich mir vorstellen kann, ist, dass sich dort ein obdachloser Mensch mal vorübergehend einen Schlafplatz eingerichtet hat.

In der nächsten Woche habe ich einen Assistenten. Mit ihm mache ich eh nach und nach einen Rundgang zu allen Hochsitzen im Revier. Dann schaue ich, ob die Sachen noch dort liegen, und entsorge sie notfalls. Und was das Aufscheuchen der Tiere angeht, du weißt ja jetzt Bescheid; ich denke, dazu muss ich nichts mehr sagen.“

Tobi nickt schuldbewusst. Tom schmunzelt. „Ist schon okay, Hauptsache, es haben jetzt alle verstanden. Wichtig ist mir vor allem, dass du direkt etwas dazu gesagt hast. Danke, das ist nicht selbstverständlich. Das schätze ich sehr.“

Er wendet sich an die ganze Gruppe. „Denn wisst ihr, so ein Wald wie dieser hier, der von so vielen Menschen genutzt wird, bedeutet für die hier lebenden Tiere auch eine ganze Menge Stress. Da sind die vielen Badegäste, die manchmal nicht die Sanitäranlagen nutzen, sondern quer in die Büsche gehen …“

Rebecca grinst zu ihren Freundinnen hinüber und denkt an das Kosmetiktäschchen, das sie gefunden hat. Nur das mit den Fahrrädern liegt ihr noch quer im Magen. Denn die waren ja auch schon im Naturschutzgebiet. Sie nimmt sich vor, das auf jeden Fall gleich noch anzusprechen, doch schon redet Tom weiter.

„… große Sorgen machen uns auch Spaziergänger, die in der Brutzeit Hunde überall frei laufen lassen. Die jagen dann tatsächlich manches Wild. Und das, obwohl wir überall schon bereits ab dem Rand des Naturschutzgebietes Leinenzwang haben. Manchmal betrinken sich nachts Jugendliche und haben mobile Musikanlagen dabei, die den Wald in eine Disko verwandeln …“

Emma nickt. „Ja, wir haben eine Stelle gefunden, wo zig Flaschen und Dosen lagen."

Jule grinst und ergänzt: „Ein kaputter Gettoblaster lag auch im Gebüsch."

Tom lächelt. „Jetzt ist er wahrscheinlich nicht mehr dort, oder?"

Rebecca schüttelt schmunzelnd den Kopf. „Nein, wir haben ihn unserem Ritter zur Unterhaltung aufgebaut. Auch wenn er leider keinen Pieps mehr von sich gibt."

Der junge Förster ist sichtlich froh über die Truppe hier. „Super, dass ihr am Start seid. Damit habt ihr dem Wald und den Tieren echt etwas Gutes getan." Er schaut noch einmal in die Runde und fragt: „Okay, war es das, oder habt ihr noch etwas gefunden?"

Moya und ihre Freundinnen berichten von einem defekten Schlauchboot. Es lag am Schilfrand zur Seeseite hin. Das war für sie viel zu weit weg, um es bergen zu können. Timo und seine Gruppe haben eine illegale Müllabladestelle am Waldspielplatz entdeckt.

Während sie dem Förster noch erklären, wo genau diese Stelle liegt, und sich dieser Notizen macht, flüstern Rebecca, Emma und Paula aufgeregt mit Jule. „Sollen wir jetzt was von den Fahrrädern sagen?"

Jule zögert. „Ich weiß nicht, wenn es echt ein Liebespaar war, will ich auch nicht, dass sie Schwierigkeiten bekommen", zischt sie zurück.

Doch dieser Tom hat Ohren wie ein Luchs. „Wer bekommt Schwierigkeiten?", fragt er lächelnd zu ihnen herüber. Alle vier laufen leicht rot an und sind im ersten Moment sprachlos. Rebecca fängt sich als Erste wieder.

„Okay, der Reihe nach. Also, wir haben als Gruppe auch etwas am Rand von Naturschutzgebiet von oben gesehen." Sie korrigiert sich und guckt etwas zerknirscht. „Fairerweise muss man sagen, dass es schon im Unterholz vom Naturschutzgebiet war, einige Meter vom Weg entfernt."

Schnell fügt sie hinzu: „Und wir haben gerade gut zugehört und würden da jetzt auch nicht noch mal reingehen. Aber als Paula auf dem Baum war, hat sie dort etwas Rotes in der Sonne reflektieren sehen. Da waren wir neugierig und hätten Ihnen, äh, dir gern ein Foto mitgebracht. Doch von oben war nichts auf dem Bild zu erkennen.

Jedenfalls hat Paula dann dort an der Stelle zwei Fahrräder entdeckt. Sie waren mit Zweigen zugedeckt worden. Aber die Abdeckung war verrutscht, sodass man halt das rote Rücklicht sehen konnte. Die Räder waren abgeschlossen. Als hätte sie jemand da versteckt." Sie grinst etwas verlegen. „Es waren ein Damen- und ein Herrenrad. Und da haben wir überlegt, ob da nicht vielleicht ein Paar ..." Paula geht rasch zu ihm und zeigt ihm das Foto. „Sorry, ich wollte unbedingt wissen, was es ist. Die anderen waren gar nicht mit im Naturschutzgebiet. Und abgedeckt habe ich die Räder auch wieder."

Tom lächelt und nickt. „Alles gut. Und für den Fall, dass es ein Paar ist, wolltet ihr sie nicht in Schwierigkeiten bringen. Das verstehe ich. Falls das stimmt, sind die Räder spätestens nächste Woche bei meinem Rundgang eh nicht mehr da. Vielleicht komme ich aber auch vorher schon mal da vorbei. Wie auch immer ...", er schmunzelt, „... es kommt schon mal vor, dass sich ein Paar abseits der Wege aufhält."

Dann wird er aber noch mal ernst. „Doch das ist nicht immer der Grund für solche Funde. Einmal hat mein Kollege versteckte Kinderfahrräder aufgespürt. Damals ist eine Diebesbande aufgeflogen, die am Badestrand Räder geklaut hat, während die Gäste sich am Wasser erholten. Der haben wir mithilfe der Polizei eine Falle stellen und das Handwerk legen können."

Jule dreht sich triumphierend zu Paula um und flüstert zwinkernd: „Na also, von wegen zu viele Krimis gesehen!"

Paula grinst breit und antwortet leise: „Okay, okay, Frau Kommissarin. Ich gebe mich geschlagen ..."

Tom lächelt allen freundlich zu. „Deshalb ist mir auch jeder Hinweis wichtig. Auch wenn wir hier keine Liebespaare verfolgen."

Vera lächelt und nutzt die Gelegenheit, das Gespräch auf den Vorfall mit dem offenen Küchenfenster zu lenken.

Tom schaut ernst und nachdenklich. „Nun, auch das kann ein Gelegenheitsdiebstahl gewesen sein. Ich verspreche euch jedenfalls, die Augen offenzuhalten."

Er schaut zum Abschluss freundlich in die Runde. „Aber damit wollen wir nicht enden. Ich finde, wir sollten das Positive feiern. Ihr habt heute echt etwas zum Guten bewegt. Alle miteinander.

Eigentlich wollte ich abends mal kommen, um mit euch über die Tiere hier zu sprechen. Jetzt habe ich überlegt, euch im Laufe der Woche an einem Abend zu einer kleinen Nachtwanderung durch mein Revier einzuladen. Da könnt ihr die Tiere zwar kaum beobachten, sie sind halt scheu. Dafür aber umso besser hören."

Freudig wird sein Angebot angenommen. Manuel sagt stellvertretend: „Das ist eine sehr gute Idee. So bekommen wir noch mal einen ganz anderen Eindruck vom Wald und den hier lebenden Tieren. Vielen herzlichen Dank!"

Schließlich bedankt sich Vera im Namen aller Mitarbeiter und Teilnehmer bei den vier Gästen. „Vielen Dank an Sie, Frau Klassen für die gelungene Sonderpreis-Überraschung. Wir freuen uns schon sehr auf morgen Abend, auf die Pizza – und ...", sie lächelt Tom an, „... auf den Verdauungsspaziergang zur Nacht. Überhaupt sind wir echt froh, dass Sie alle das Projekt so stark unterstützen und bekannt machen. – Besten Dank auch an Sie, Herr Adam! Das Sortieren des Mülls", sie stutzt und korrigiert sich sofort lächelnd, „äh, der oft unerwarteten Schätze, war echt superaufschlussreich. Besonders beeindruckt mich wirklich, dass das, was auf den ersten Blick nur nach Müll aussieht und wertlos wirkt, in Wirklichkeit noch ganz viel Wert hat. In ganz unterschiedlicher Hinsicht. Und wie viel man daraus für andere Dinge lernen kann. Damit beschäftigen wir uns im Camp jetzt übrigens noch weiter, und das passt supergut zu unserem Motto ‚#Respektvoll leben' Apropos Motto, als Erinnerung erhalten Sie jeweils eine Camp-Tasse mit unserem Logo."

Marlena überreicht feierlich jedem Gast eine der Tassen. Alle Gäste bedanken sich herzlich für das schöne Geschenk. Herr Adam nimmt Frau Hofmann und die Bürgermeisterin in seinem Dienstauto mit zurück in die Stadt. Tom winkt dankend ab. Er ist mit dem Fahrrad da und radelt nach Hause. Als Förster wohnt er eh unweit des Camps in einem schönen Haus am Waldrand.

Paula seufzt, als er davonfährt. „So einen tollen Job möchte ich auch mal machen. Im Winter hat er eine Futterstation an seinem Haus. Ich war mal mit meinen Eltern in den Weihnachtsferien hier und konnte mir die Rehe anschauen, die regelmäßig da vorbeikommen."

Manuel klopft mit einem Stück Metall gegen einen Blecheimer. „Zunächst mal danke, dass ihr alle bei der Hitze so lange am Ball wart. Und dass ihr mit voller Kraft mitgemacht habt. Wir sind echt stolz auf euch. Ihr habt euch jetzt eure Belohnung und Abkühlung redlich verdient. In gut 30 Minuten starten wir drüben am Badehaus eine ultimative Wasserschlacht. Jeder ..."

Der Rest des Satzes geht zunächst im Jubel unter. Alle sind ganz aus dem Häuschen. Das verspricht tatsächlich Abwechslung. Und noch viel wichtiger: Abkühlung!

Endlich ist Manuel wieder zu verstehen. „... jeder, der sich noch umziehen möchte, kann das jetzt tun. Denkt vor allem auch daran, eure elektronischen Geräte gut wegzupacken, damit hier nichts baden geht. Bekki bietet euch an, dass ihr eure Handys im Gemeinschaftshaus auf Nummer sicher parken könnt, bevor der Spaß losgeht. Sie schließt es dann ab, sodass auch nichts wegkommen kann."

Die meisten nehmen das Angebot dankend an. Diesmal gibt es, um Müll zu vermeiden, keine Wasserbeutel aus Plastik. Stattdessen hat Daniel reichlich Schwämme und Wasserspritzen und sogar einige wiederverwertbare Wasserbeutel mitgebracht, die er in einem Geschäft entdeckt hat.

Rasch bilden sich zwei Teams. Daniel erklärt: „Auf jeder Seite steht eine große Wanne voll mit Wasser. Daneben seht ihr zwei Gießkannen. Ihr teilt jeweils in eurem Team ein, wer die Läufer sind, die euren Wasservorrat im Badehaus auffüllen, und welche Personen die Werfer sind. Und damit das Ganze für die Läufer nicht zu langweilig wird, haben Vera und Bekki noch einen tanzenden Rasensprenger in Form eine Blume mitgebracht. Er erfrischt euch am Eingang des Badehauses."

Die nächste Stunde genießen alle die herrliche Erfrischung. Am Ende gibt es lauter fröhliche, erfrischte Gesichter. Die Jungen und Mädchen chillen und sonnen sich danach eine Weile auf der großen Wiese. Später herrscht im Badehaus Betrieb bis zum Abendessen.

Der Rest des Abends steht zur freien Verfügung. Die Mädchen sitzen noch zusammen vor ihrem Zelt und bewundern den schönen Sonnenuntergang. Plötzlich grinst Rebecca und schaut sich prüfend um. Als die Luft rein ist, holt sie die kleine Kosmetiktasche heraus, die sie bei der Rallye im Wald gefunden haben.

Paula kichert verschwörerisch. „Stimmt. Wir hatten uns ja auf heute Abend vertagt." Sie deutet auf das Täschchen. „Zeig mal her! Was haben wir denn da alles?"

Rebecca öffnet den Reißverschluss und beschreibt den anderen die darin enthaltenen Sachen: „Hier haben wir ein Set Binden und auch ein paar Tampons."

„Lass mal sehen!" Jule holt das Täschchen zu sich herüber und schaut neugierig hinein. „Moment mal, die Tampons sind ja bunt ...", wundert sie sich.

Emma schaut sie irritiert an. „Seid ihr sicher? Soweit ich weiß, hat meine Mutter nur weiße Tampons. Sie stehen bei uns im Bad ..."

Jule lächelt und nickt. „Sorry, diese hier sind auch weiß. Ich meinte die unterschiedlichen Farben in der Verpackungs-Folie. Schaut mal hier, das sehe ich jetzt zum ersten Mal!" Sie holt ein paar verschiedene Exemplare aus der Tasche heraus.

Rebecca nickt wissend. „Ja, das ist mir früher auch schon mal aufgefallen. Meine Ma hat mir dann erklärt, dass die Farben Größenkennzeichen sind."

Emma schaut skeptisch. „Also, ich weiß nicht, ob ich das benutzen würde. Ich meine, ich habe ja meine Tage noch nicht, von daher kann ich da nicht mitreden. Aber ehrlich gesagt finde ich Binden sympathischer."

Rebecca nickt. „Ja, das hatte ich mir anfangs auch so vorgenommen. Aber inzwischen habe ich mich mal länger mit meiner Cousine Lucy unterhalten. Die ist vier Jahre älter als ich. Sie hat früher auch nur Binden benutzt. Dann kam das Umdenken im Sommerurlaub. Sie waren für eine Woche am Meer. Es war superheiß, und sie hatte ihre Tage. Baden war mit Binden nicht drin. Da hat sie sich dann doch entschieden, einfach mal die Tampons auszuprobieren. Und nachher fand sie es sogar so viel praktischer. Aber inzwischen nimmt sie sogar eine Menstruationstasse. Von daher habe ich für mich entschieden, das ganze Thema in Ruhe auf mich zukommen zu lassen und dann genau wie sie zu entscheiden, wie ich es machen will."

Emma nickt nachdenklich. „Stimmt, so kann man es auch machen." Zugleich aber schaut sie irritiert. „Sag mal, so ganz genau habe ich das aber gerade nicht kapiert. Hast du wirklich gesagt, sie benutzt jetzt eine TASSE? Für ihre Mens? Wie in aller Welt soll das denn funktionieren? Oder habe ich das missverstanden?"

Rebecca nickt. „Doch, das hast du schon völlig richtig verstanden." Sie grinst breit. „Und genauso schräg habe ich anfangs auch geguckt. Also, ich kann es dir auch nur theoretisch erklären. Das Teil nennt man ‚Menstruationstasse'. So etwas haben sie bei uns im Aufklärungsunterricht gezeigt. Lucy hat mir ein bisschen mehr dazu verraten. Es ist eine Art kleiner, weicher Minibecher, den man wohl ähnlich wie einen Tampon benutzt. Beide verwendet man, um das Regelblut im Körper aufzufangen. Binden dagegen können das Blut erst auffangen, wenn es aus dem Körper herausgekommen ist. Diese Menstruationstassen gibt es, wie die Tampons auch, in verschiedenen Größen. Der entscheidende Unterschied zum Tampon ist aber, dass die Menstruationstasse wiederverwendbar ist. Und deshalb hat Lucy sich auch irgendwann dafür entschieden. Aus Umweltschutzgründen. Diese Tasse wird gereinigt und kann dann direkt weiterverwendet werden."

## MENSTRUATIONSHYGIENE

*Wenn Mädchen zum ersten Mal ihre* **Monatsblutung** *bekommen, nehmen sie meist eine* **Binde***. Diese wird in den Slip geklebt und fängt das Blut direkt auf, bevor es die Unterhose schmutzig macht. Monatsbinden sind meist Einmal-Hygieneprodukte. Entsprechend viel Müll fällt dann an. Elegant sind sogenannte „Flügelbinden". Sie haben wie „Flügel" geformte Seitenteile, die man um den Rand des Slips herumkleben kann – als weiteren Schutz für die Unterhose. Manche Frauen verwenden statt des Einmalprodukts Binde beziehungsweise Slipeinlage* **Stoffbinden** *oder* **Menstruationsunterwäsche***. Dies ist ein Slip mit eingearbeiteter, saugfähiger Stoffbinde. Er wird genauso wie Stoffbinden nach Gebrauch im Waschbecken ausgewaschen und dann in die normale Wäsche gegeben. Ein Nachteil ist, dass die Anschaffung erst mal deutlich teurer ist als bei Wegwerfbinden und es teils noch Probleme* mit dem Material gibt. An sich ist es aber eine nachhaltige Idee, die hoffentlich mit der Zeit noch besser und die Umwelt zusätzlich schonen wird.[19]

Andere Frauen verwenden Produkte, die das Menstruationsblut bereits im Körper auffangen. Das entsprechende Einwegprodukt ist der **Tampon**. Das ist gepresste Watte, die in Form eines ca. fünf Zentimeter langen Stäbchens in die Scheide eingeführt wird. An ihrem Ende ist ein stabiler Rückholfaden, mit dem der Tampon wieder entfernt werden kann. Unterschiedliche Größen sind durch die jeweilige Verpackungsfarbe gekennzeichnet.

Wiederverwertbar und damit umweltfreundlich ist die **Menstruationstasse** aus einer Art weichem Gummi. Sie fängt das Blut wie in einem kleinen Blütenkelch auf. Man entleert sie dann, wäscht sie wieder aus und kann sie gleich wieder einsetzen. Es gibt verschiedene Größen.

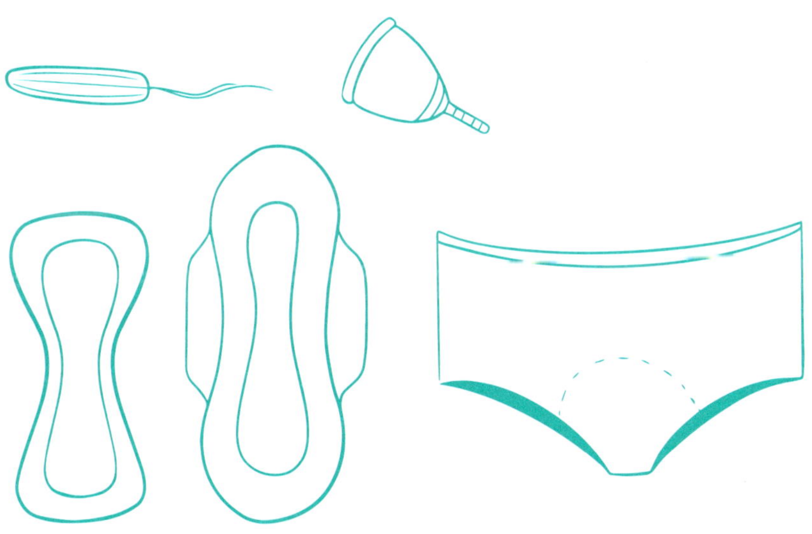

Jule meint nachdenklich: „Okay, dann fällt nicht ständig Wegwerfmüll an. Den Punkt verstehe ich schon. Aber ich weiß auch noch nicht, ob das mein Fall ist. Na ja, das kann ich ja immer auch später noch entscheiden. Gut zu wissen ist es auf jeden Fall. Doch sag mal, Paula, du wolltest uns doch noch verraten, was man bei euch zu Hause zu den Tagen sagt?"

Paula grinst. „Oh, gern. Also, wir sagen dazu zum Beispiel: happy days, Besuch von der Dame in Rot … Eigentlich sind das alles nur Umschreibungen, um es nicht gleich jedem auf die Nase zu binden, den es gerade nichts angeht." Die anderen lächeln verständnisvoll. Dann ergänzt sie: „Eine Hygiene-Methode haben wir aber noch nicht erwähnt." Die anderen schauen sie fragend an. „Von meiner älteren Cousine weiß ich, dass es auch spezielle Unterhosen gibt, in denen eine Stoffeinlage eingenäht ist, die das Blut auffängt. Wie eine wiederverwertbare Binde. Ich habe mir das anfangs echt schwierig vorgestellt. Aber man kann sie einfach unter dem Wasserhahn kalt auswaschen und hinterher zur normalen Wäsche geben."

Jule wendet ein: „Aber das bedeutet eben auch mehr Wäsche, mehr Wasser und mehr Waschmittel. Alles nicht so einfach."

Rebecca nickt. „Das stimmt. Und doch kann ich mir das noch besser vorstellen als die Tasse …" Sie bringt es auf den Punkt. „Ausprobieren kann man ja, wenn es so weit ist, verschiedene Sachen. Und dann schaut man, was man am besten findet."

Emma beendet das Thema: „Gut, dass wir drüber gesprochen haben. Aber lasst uns jetzt mal überlegen, was wir mit dem Kosmetiktäschchen machen! Wollen wir es vielleicht beim nächsten Spaziergang mit zum See nehmen und dort in der Damentoilette abstellen?"

Paula nickt. „Das ist eine gute Idee. Da findet es die Besitzerin vielleicht noch am ehesten. Und vor allem liegt es nicht mehr im Wald herum."

Jule gähnt gewaltig. „Sorry, ihr Lieben. Zu viel der guten Waldluft. Aber ehrlich gesagt bin ich supermüde. Die Rallye, die Müll-Challenge, die Wasserschlacht, das war echt volles Programm heute. Ich bin ziemlich geschafft. Wollen wir vielleicht schon mal in die Schlafsäcke steigen?"

Die anderen nicken. Emma grinst und gähnt ausgiebig. „Du hast völlig recht. Das Gähnen ist ansteckend. Ab ins Zelt mit uns. Kommt, lasst uns schlafen gehen!"

Rasch machen sie sich fertig und klettern müde, aber zufrieden in ihre Schlafsäcke. Schon nach kurzer Zeit sind sie fest eingeschlafen.

Leni seufzt und geht den Tag noch mal in Gedanken durch. Was für eine Aufregung! Nachmittags hatten sie eine Krisensitzung. Beide haben hin und her überlegt. Aber egal, wie sie es drehen und wenden: Vorerst sitzen sie hier fest. Leni macht sich Sorgen um Phil. Der war zwar zwischenzeitlich wach, ist aber inzwischen wieder furchtbar müde. An Reden ist jetzt nicht mehr zu denken. Sie nimmt sich vor, am Morgen noch mal mit ihm darüber zu sprechen, wie sie weitermachen wollen.

Leni selbst liegt noch lange Zeit wach. Doch so sehr sie auch darüber nachdenkt, allein findet sie keine Lösung. Und nun auch noch dieser Schlamassel mit Phils Fuß.

‚Das ist für uns alles eine Nummer zu groß!', überlegt sie traurig. Außerdem plagt sie das schlechte Gewissen. ‚War es richtig, einfach so Hals über Kopf wegzulaufen? Hoffentlich finden Ma und Paps es erst spät heraus und machen sich nicht so lange Sorgen. Am liebsten würde ich alles ungeschehen machen. Und überhaupt: Diese Aktion mit der Schweiz passt so gar nicht zu den beiden. Ich hätte mir so etwas früher im Traum nicht vorstellen können ...'

Leni denkt seufzend an die unbeschwerte Zeit, bevor Paps seine Arbeit verloren hatte. Sie schließt die Augen und ist in Gedanken mitten in einem früheren Sommerurlaub in Frankreich. Damals war sie erst sieben Jahre alt. Aber es ist, als wäre es erst gestern gewesen. Die tolle Zeit am Meer ... die lustige Bootsfahrt ... einige Tage später dann die schönen Lavendelfelder ... das herrliche Lila ... Beinahe kann sie den Duft riechen. Da heult plötzlich dicht über ihr eine Eule auf. Erschrocken zuckt Leni zusammen. ‚Daran gewöhne ich mich nie!' Das schöne Urlaubsgefühl ist schlagartig wie weggeblasen. Ihr Herz pocht

rasend schnell. Was für ein Schreck! Zu blöd, dass man die Geräusche des Waldes nicht einfach stummschalten kann, denkt sie. Wie die Lautlos-Taste an der Bedienung des Fernsehers. Bilder aus ihrem Wohnzimmer tauchen vor ihrem inneren Auge auf. Leni schüttelt den Kopf. ‚Jetzt bloß nicht die Krise kriegen', mahnt sie sich. ‚Wenn wir nur nicht in diese Lage geraten wären. Wie gut nur, dass wir hier oben wenigstens einigermaßen sicher sind.'

Dann zuckt sie schon wieder zusammen. Doch diesmal war es kein Geräusch, sondern ein plötzlicher, unbehaglicher Gedanke. ‚Was, wenn diese Jungs, die uns erschreckt haben, wiederkommen und in der Gegend herumschnüffeln? Noch mal weglaufen geht jetzt ja wohl nicht mehr. Zumindest nicht für Phil. Und alleinlassen werde ich ihn auf keinen Fall. Das Beste wäre doch, wir suchen uns morgen einen neuen Unterschlupf ... Wenn nur bitte, bitte, bitte, Phils Fuß mitspielt.'

Leni schiebt diese Sorge beiseite. ‚Gut, dass wir wenigstens heute im Camp ein wenig Essen organisieren konnten. So müssen wir im Moment zumindest nicht hungern. Tja, im Moment', denkt sie. ‚So wie die Lage jetzt aussieht, hätte es doch einiges mehr sein müssen.' Denn eines ist ihr sonnenklar: Ums Essen wird Phil sich nun vorerst nicht mehr kümmern können.

Leni seufzt. ‚Bedenken hin oder her. Wenn ich gewusst hätte, was für ein Schlamassel auf uns zukommt, wäre ich im Gemeinschaftshaus nicht so zögerlich gewesen. Aber dass der Betreuer so unerwartet kam, war halt wirklich blöd. Und wenn wir entdeckt worden wären, hätte uns all das Essen auch nichts genutzt.' Grummelnd macht sie ihren Frieden damit, dass es eben nicht besser zu machen war.

Morgen, spätestens übermorgen, das ist ihr jetzt schon klar, ist die Beute aufgebraucht, und sie brauchen neues Essen. Dann bleibt ihnen nur noch der riskante Einkauf oder eine weitere Aktion im Camp. ‚Beides will ich nicht. Zu dumm, dass an Phils Hilfe jetzt nicht mehr zu denken ist.' Erschöpft spricht Leni leise ein Stoßgebet, dass alles in Ordnung kommen soll. Noch mehr nachdenken kann sie jetzt nicht. Müde schläft auch sie endlich ein.

# GELDSORGEN, WISSENSVORSPRUNG & FILMFAKES

Früh am Morgen wacht Leni auf. Es ist schon hell. Sie seufzt und setzt ein schiefes Grinsen auf. ‚Haha! Immerhin weiß ich, wo ich bin. Und ich bin nicht so durch den Wind wie gestern früh. Apropos Wind …‘ Sie schüttelt sich und fröstelt. ‚Früh am Morgen ist es echt noch empfindlich kalt. Brrr, da hilft mir der Schlafsack auch nur wenig … Und ich habe Hunger.‘

Phil schläft noch tief und fest. Leise greift Leni die leere Wasserflasche und klettert vom Hochsitz herunter. ‚Etwas entfernt hatte ich doch gestern noch mehr Blaubeerbüsche entdeckt … Immerhin, besser als gar nichts‘, denkt sie. Leni stiefelt ein wenig weiter in den Wald hinein. Die Ernte ist wieder nicht sehr groß. ‚Wir werden von der Essens-Beute noch etwas essen müssen. Zu blöd nur, dass es gestern doch mehr aussah, als es war.‘

Schließlich stattet sie vorsichtig ihren Fahrrädern noch einen kleinen Besuch ab. Dort ist alles in bester Ordnung. Die Abdeckung liegt richtig. Beruhigt kehrt sie um, zurück zum Hochsitz. Diesmal findet sie ihn auf Anhieb. Dann klettert sie wieder zu Phil hinauf. Ihr ist eiskalt. Rasch kriecht sie zurück in ihren Schlafsack und wartet, bis Phil endlich aufwacht.

„Nanu, wo kommen denn die frischen Beeren her? Hoffentlich keine Expresslieferung vom Förster!“, hört sie Phil etwas später überrascht rufen. Leni schreckt hoch und blinzelt. ‚Förster? Wo? Ach so. Phil hat die halb gefüllte Flasche entdeckt … Da bin ich wohl doch noch mal eingenickt …‘ Rasch berichtet sie ihm von ihrem Kurzausflug.

Dann verspeisen die Geschwister erst einmal die leckeren Blaubeeren. Danach essen sie jeder ein Brot. Leider geht dabei neben dem Brot auch der letzte Aufschnitt drauf. Das war es dann mit der Beute. Dazu trinken sie Wasser aus der Flasche.

Schließlich rückt Leni an den Abstieg des Hochsitzes heran. „Hör zu, ich gehe jetzt direkt rüber zum Badesee! Wir waren doch im Herbst schon mal hier zum Spazierengehen. Und ich meine, da war in der Damentoilette ein Erste-Hilfe-Kasten an der Wand. Vielleicht finde ich darin ja Verbandsmaterial für dein Bein. Noch ist es recht früh, da sind nicht so viele Leute unterwegs." Sie überlegt. „Oder meinst du, sie suchen uns schon?"

Phil schüttelt den Kopf. „Das glaube ich kaum. Wir sind ja erst zwei Tage weg, und hoffentlich denken sie immer noch, dass wir bei Max und Moya sind ... Also gut. Dann mach dich rasch auf den Weg! Und pass vor allem auf, wenn du zurückkommst! Die Luft sollte echt rein sein, wenn du querfeldein ins Naturschutzgebiet abbiegst. Nicht, dass dich noch jemand beim Förster anzeigt."

Leni nickt. „Das mache ich, auf jeden Fall. Dann bis gleich. Und leg dir meinen Fotoapparat als Tarnung zurecht! Falls doch mal wer kommt."

Phil verdreht die Augen und grinst. „Ja, ja, ich bin ein leidenschaftlicher, gehbehinderter Vogelfreund auf Entdeckertour." Er verzieht das Gesicht. „Oh, oh, das ist eine echt wackelige Tarnung. Hoffentlich fragt mich niemand, wie die gefiederten Kollegen heißen und wie ich hier raufgekommen bin."

Grinsend klettert Leni die Leiter hinunter und ist kurz darauf aus seinem Blickfeld verschwunden.

Gut eine halbe Stunde später hört Phil plötzlich knackende Geräusche im Unterholz. ‚Oh, nein! Kommt da jemand? Muss ich jetzt etwa meine Vogelkundlerrolle spielen?' Er hält den Atem an und greift hektisch nach der Kamera. ‚Wer das wohl ist? Ein Tier? Oder etwa die Jungs von gestern?' Sein Fuß schmerzt schon bei dem Gedanken daran. Er duckt sich vorsichtig in eine Ecke des Hochsitzes. So ist er von unten nicht gleich zu sehen. Plötzlich wackelt die Leiter. Jemand steigt hinauf. Phil stockt der Atem.

Im nächsten Moment erscheint ein Kopf mit Kapuze am oberen Ende der Leiter. Phil drückt sich noch weiter in die Ecke und wäre am liebsten unsichtbar. Doch dann stutzt er. ‚Aber das ist doch …' Erleichtert atmet er auf. „Mensch, Leni, hast du mich vielleicht erschreckt", poltert er los. „Du hättest mich zumindest vorwarnen können. Wie kannst du hier bloß mit runtergezogener Kapuze erscheinen?!"

Schuldbewusst zieht sich Leni die Kapuze vom Kopf und sagt: „Tut mir leid, Phil, ich war so froh über meinen Fund, dass ich gar nicht dran gedacht habe." Leni ist noch etwas außer Atem. „Denn – Bingo! Ich bin tatsächlich fündig geworden und habe etwas Verbandszeug mitgebracht. Ich kann dir gleich einen Verband machen."

Phil freut sich. Sein Ärger schwindet spürbar. Innerlich ist er aber noch ganz schön auf hundertachtzig. Doch ehe er etwas sagen kann, erzählt Leni schon aufgeregt weiter: „Am Strand waren schon alle Mülleimer geleert. Etwas Essbares habe ich dort leider nicht gefunden. Aber hey, ich habe trotzdem gute Neuigkeiten." Neugierig schaut Phil zu ihr hinüber.

Leni nickt. „Stell dir vor! Gerade wollte ich die Damentoilette verlassen, da hörte ich zwei Männerstimmen vor der Herrentoilette. Der eine Mann war wohl der Revier-Förster. Der hatte so oliv-grüne Kleidung an. Und der andere schien ein Betreuer vom Camp zu sein. Der war dort gerade joggen. Jedenfalls schienen die sich zu kennen. Beide standen mit dem Rücken zu mir, ziemlich nah. Doch sehen konnten sie mich nicht. Deshalb habe ich fast alles gehört, was sie gesagt haben.

Es klang so, als wenn die Leute vom Camp heute Nachmittag um 15 Uhr ein Geländespiel machen werden. Ich weiß leider nur ungefähr, wo das stattfinden soll, aber …", sie lächelt erleichtert, „… das habe ich gehört – natürlich auf keinen Fall im Naturschutzgebiet. Das ist die Hauptsache."

Leni freut sich. „Überleg mal! Sie sind dann noch mal alle unterwegs und nicht im Camp. Und hierher dürfen sie auch nicht! Also keine Treibjagd mehr durchs Gebüsch. Wir haben dann mehr oder weniger freie Bahn, um bei ihnen noch mal nach etwas Essbarem oder unseren Lebensmitteln zu suchen.

Wenn ich nur eine Idee hätte, wo der Schlüssel ist. Mit unserem eigenen Essen wäre alles so viel einfacher. Ich würde mich auch viel besser fühlen, wenn wir, äh ich, nicht wieder bei ihnen auf Beutetour gehen müsste.

Doch so wie es aussieht, ist das unsere beste Chance. Auch wenn ich mich nicht darum reiße. Aber ich fürchte, wir haben keine andere Wahl."

Phil nickt nachdenklich: „Leider nein. Aber wenn sie alle unterwegs sind, sollte das ja besser klappen als gestern. Nur werden sie wahrscheinlich nicht wieder so unvorsichtig sein, das Fenster offen zu lassen."

Leni überlegt weiter: „Okay, sagen wir, ich schaffe das noch mal. Dann hat das natürlich den Nachteil, dass unser Risiko, entdeckt zu werden, mit jedem Mal steigt, wo wir uns von dort etwas holen. Nicht, dass die am Ende noch Wachen aufstellen ... Wenn bloß nicht das Problem mit deinem Fuß wäre, Phil. Dann könnten wir versuchen, von hier zu verschwinden. Am besten ganz weg aus der Gegend. Ich habe echt Sorge, dass die Jungs zurückkommen und uns entdecken."

Phil nickt und schaut betrübt auf seinen Fuß. „Das verstehe ich so gut. Mir wird auch ganz anders, wenn ich an gestern denke." Er starrt vor sich hin. „Weißt du, Leni: Du hast schon recht. Wenn du da wieder aufkreuzt und sie das Fehlen der Lebensmittel bereits bemerkt haben, kann es sein, dass sie das Lager bereits bewachen. Und ich würde dir diesen Stress so gern ersparen ..." Phil grübelt. Dann huscht ein Lächeln über sein Gesicht. „Lass es uns doch einfach anders machen! Vergiss das Camp! Wir haben noch ein bisschen Geld aus der Spardose. Damit kann man doch auch schon etwas anfangen. Und wenn du gleich am Badekiosk etwas kaufen gehst, ist ja das Risiko, dass sie uns schon suchen, noch nicht so hoch. Und ein Mädchen allein fällt – falls sie uns bereits suchen – auch nicht so auf wie wir beide zusammen. Okay, da am Kiosk ist es zwar teurer als im Laden, aber bestimmt gibt es dort etwas, was uns weiterhilft."

Leni nickt erfreut. „Mensch, dass ich da eben selbst nicht dran gedacht habe. Da hätte ich mir ja glatt einen Weg sparen können. Danke, Phil. Du hast völlig recht." Erleichtert atmet sie auf. Die Aussicht, nicht noch mal ins Camp schleichen zu müssen, tut ihr sichtlich gut. Gedankenverloren gleiten ihre Hände in ihre Jackentaschen. Doch außer einem zerknüllten Taschentuch und den beiden noch übrigen Müsliriegeln herrscht hier Ebbe. Erschrocken beginnt sie, ihre Hosentaschen zu durchsuchen. „Ich verstehe nicht ... aber wo habe ich nur ..." Schlagartig fällt es ihr wieder ein. „Oh nein, Phil! Das Geld ..." Sie schlägt die Hände vor's Gesicht. Tonlos ergänzt sie: „Super!

Ich habe das Geld in das kleine Reißverschlussfach der Kühltasche gepackt. Jetzt haben die nicht nur unser Essen, sondern auch unser Geld. Ganz prima." Tränen füllen ihre Augen.

Phil schluckt. Betroffen sieht er Leni an. „Hey, Schwesterherz. Komm, beruhig dich! Das lässt sich jetzt auch nicht mehr ändern. Ärgere dich nicht! Das konnte ja niemand ahnen."

Leni knurrt. „Boah, ich könnte die Krise kriegen. Wo ich doch schon die Kühltasche verloren habe ... Puh, also doch Plan A wie ‚Ab ins Camp', sobald sie ausgeflogen sind." Leni ist total genervt.

Phil nickt traurig und sagt dann vorsichtig: „Hey, mach dich nicht selbst fertig! Und ja, wenn wir etwas zu essen wollen, ist das tatsächlich der beste Weg. Denn hier die Düse machen und den Standort wechseln, das kann ich leider nicht einfach so. Zumindest jetzt noch nicht. Zwar geht es meinem Fuß ganz gut", er macht eine Pause und verzieht das Gesicht, „aber leider nur, wenn ich ihn absolut ruhig halte. Bewegungen mag er aktuell gar nicht."

Er schaut skeptisch zur Leiter hinüber. „Ich fürchte, ich käme kaum da runter. Und unten säße ich dann fest. Das fände ich aber schwierig, stell dir vor, wir kommen dann nicht weiter und haben auch nicht den Schutz des Hochsitzes ... Nein, das tut mir leid, so sehr ich dein Argument verstehen kann, hier möglichst abzudampfen. Wir sollten, äh, müssen wohl erst mal hier bleiben."

Leni nickt traurig. Phil grübelt und ergänzt dann zerknirscht: „Und irgendwie habe ich hier halt das Gefühl, Paps nicht völligen Blödsinn erzählt zu haben. Ich meine, wir sind ja in der Nähe von Max und Moya ..."

Leni grinst schief. „Na ja, nur dass die zwei hoffentlich nichts von uns ahnen und wir auch nicht erreichbar sind. Aber du hast recht, Ma und Paps anzulügen, das finde ich auch ziemlich schlimm."

Phil nickt bedrückt. „Ja, da sind wir uns einig. Aber ich kann mir auch beim besten Willen nicht vorstellen, bei wildfremden Verwandten zu leben, die wir noch nie gesehen haben."

Leni wehrt ab. „Hör bloß auf, mir wird schon vom Zuhören ganz anders. Aber sag mal, Phil, und das bitte ganz ehrlich ..." Mit bohrendem Blick fixiert sie ihren Bruder. „Bist du denn wirklich fit genug, dass wir das hier weitermachen? Weißt du, ich möchte nicht, dass du ernsthaft krank wirst.

Wir sollten nicht riskieren, dass du am Ende bleibende Schäden von der Flucht hast ... Dann nehme ich lieber die Verwandten in Kauf", ergänzt sie tapfer.

Phil lächelt sie dankbar an. „Superlieb von dir. Aber daran sollten wir nur als allerletzten Ausweg denken. Im Moment ist es echt okay, wenn ich den Fuß ruhig halte. Die Ruhe hilft mir schon. Das kannst du mir wirklich glauben. Und wir müssen ja auch erst mal nur die paar Tage bis zur geplanten Abreise durchhalten. Das müssen wir einfach schaffen."

Phil starrt nachdenklich geradeaus. „Danach werden unsere Eltern sich eh etwas anders überlegen müssen. Da bin ich sicher." Entschlossen ballt er die Faust. „Wir schaffen das, Leni. Du schaffst es und ich auch." Phil schaut ernst. „Aber ich verspreche dir hoch und heilig: Wenn es wirklich schlechter wird, sage ich dir auf jeden Fall Bescheid. Und notfalls brechen wir das hier auch ab." Leni nickt erleichtert.

Zur gleichen Zeit stärken sich gut einen Kilometer entfernt im Camp alle bei einem reichhaltigen Frühstück. Der Vormittag im Camp wird zur freien Verfügung sein, munter werden Pläne geschmiedet.

Nach dem Frühstück gehen die vier Jungs und die vier Mädchen erwartungsfroh zur Bank neben dem Gemeinschaftshaus. Dort wollen sie Vera wie verabredet treffen. Sie sind schon echt neugierig. Max schaut etwas skeptisch. „Was meint ihr? Ich bin echt gespannt, ob sie auf alle unsere Fragen antwortet."

Rebecca lächelt. „Ja klar, es sind sehr persönliche Themen, aber wieso nicht? Immerhin sind sie und Daniel doch sonst auch immer bereit, Fragen zu beantworten. Ich kann mir kaum vorstellen, dass es hier anders ist."

Als sie um die Ecke biegen, sehen sie Vera und Daniel auf der Bank sitzen.

Jule lacht. „Wow, cool, dass ihr beide da seid!"

Daniel schmunzelt: „Oh, ich dachte, das geht uns beide an ... Schön, dass ihr da seid! Wir sind schon echt neugierig auf eure Fragen."

Vera lächelt. „Ja, genau. So ein Kind ist definitiv etwas, das beide angeht. Setzt euch!", lädt sie die Kids ein. „Wir haben uns heute Vormittag extra freigenommen. Nun haben wir endlich Zeit für all eure Fragen."

Vera schmunzelt. „Und ehrlich gesagt sind wir auch gespannt, ob ihr euch wirklich so viele verschiedene Fragen ausdenken konntet."

Daniel nickt. „Wie auch immer. Wir nehmen eure Fragen-Challenge gern an."

Vera lehnt sich entspannt an Daniel. Sie streicht mit der Hand liebevoll über ihren Babybauch, dann lächelt sie in die Runde. „Also gut, was interessiert euch denn am meisten? Oh, und falls ihr mögt", sie deutet auf ein Glas, randvoll mit Keksen, „haben wir auch etwas Verpflegung dabei."

Nur Simon und Linus probieren eins der köstlichen Exemplare. Die anderen lehnen sie fürs Erste mit Bedauern ab. Das Frühstück war einfach zu reichhaltig. Vera verschließt das Glas wieder und stellt sie neben sich auf die Bank. „Klar, überfüttert euch nicht! Es ist ja genug da. Gerne auch später noch", schmunzelt sie.

Emma hat sich direkt neben Vera auf die Bank gesetzt und nickt. „Sehr gerne. Dann fange ich mal an: Wie weit bist du denn jetzt in der Schwangerschaft? Und wann kommt das Baby?"

Vera antwortet: „Der Geburtstermin ist wahrscheinlich im November. Etwas mehr als die Hälfte der neun Monate haben wir schon geschafft."

Simon nickt fachmännisch. „Klar, sonst könnten wir ja noch gar nichts sehen. Sag mal, das Baby bewegt sich doch schon da drinnen. Spürst du seine Bewegungen schon?"

Vera lächelt. „Ja, schon seit ein paar Wochen. Anfangs war es ganz leicht, eher wie ein Stupsen. Jetzt wird es langsam mehr. Es ist megaspannend zu fühlen, dass da in einem drin jemand wohnt."

Rebecca grinst. „Krass. Das kann ich mir gut vorstellen. Ich durfte mal bei meiner Tante fühlen, wie sich das Baby in ihrem Bauch bewegt. Und dann, ganz plötzlich, hat es voll gegen meine Hand getreten. Das allein hat mich schon völlig geflasht."

Simon hakt noch mal nach: „Alles gut und schön, aber ich bin ein Fan von harten Fakten. Also, wann genau kommt es? Datum? Könnt ihr vielleicht sogar die Uhrzeit schon eingrenzen? Vielleicht haben wir da schulfrei und können euch besuchen!"

Die anderen grinsen breit. „Typisch – unser Mathematiker!", wirft Paula ein. „Die Uhrzeit kann man doch vorher gar nicht wissen."

Daniel lächelt. „Erst mal langsam! Also, Simon. Da muss ich dich wirklich leider enttäuschen. So ganz genau kann man das vorher tatsächlich nicht abschätzen", erklärt er. „Nur vier von 100 Babys kommen an dem Tag, den die Ärzte ausgerechnet haben, zur Welt. Babys haben nun mal ihr ganz eigenes Tempo. Doch eine Ausnahme gibt es: Bei einem geplanten Kaiserschnitt, da kann man meist Datum und Uhrzeit ziemlich gut eingrenzen. Der ist aber bei uns bisher nicht angedacht."

## GEBURT

*Die meisten Babys drehen sich in den letzten Wochen der Schwangerschaft, sodass sie mit dem Köpfchen voran durch den Gang Scheide der Frau zur Welt kommen können. Meist schauen sie dabei nach unten zum Bett, wenn sie herauskommen. Dann ist ihr Kopfumfang im Geburtskanal am schmalsten. So passen sie am besten hindurch. Babys in „Sternengucker-Position", die nach oben schauen, brauchen mehr Platz und oftmals deutlich länger.*

*Kommt statt des Kopfes der Po des Babys zuerst, liegt es in „Beckenendlage". Manche Kinder können dann trotzdem normal geboren werden, bei anderen Kindern ist eine Kaiserschnittentbindung erforderlich.*

*Babys, die quer liegen, müssen immer per Kaiserschnitt geholt werden. Dabei helfen die Ärzte dem Baby, durch die Bauchdecke hindurch geboren zu werden. Ihre Mama bekommt dann zuvor eine Schmerzbetäubung. Denn Frauen haben dort am Unterbauch keinen natürlichen „Notausgang". Deshalb muss operativ eine Öffnung für das Baby geschaffen werden.*

*Wenn während einer natürlichen Geburt das Baby im Geburtskanal sehr lange braucht oder ungünstig liegt, können die Ärzte mit der sogenannten Saugglocke weiterhelfen.*

*Sie wird vorsichtig mit Unterdruck am Kopf des Babys angebracht und hilft dabei, es herauszuziehen. Ähnlich funktionieren auch sogenannte Geburtslöffel, die seitlich um den Kopf des Babys gelegt werden.*

*Der Raum, in dem Frauen ihre Babys bekommen, wird Kreißsaal oder Geburtszimmer genannt.*

*Neben ihren Männern, die oft bei der Geburt dabei sind, begleiten meist Fachfrauen die Schwangeren im Kreißsaal. Diese nennt man Hebammen. Nur sehr wenige Männer üben in Deutschland diesen Beruf aus.*

*Nach der Geburt wird das Baby sofort abgetrocknet und in trockene, warme Tücher gehüllt. Immerhin erlebt es gerade einen Temperatursturz von über zehn Grad Celsius.*

*Dann wird es auch sofort durch ein Armbändchen mit Namen gekennzeichnet, damit es nicht zu Verwechslungen kommt. Außerdem wird es bald auch ärztlich untersucht, um sicherzustellen, dass es ihm nach der Geburt gut geht.*

*Geburten finden in Geburtshäusern, Krankenhäusern oder unter der Begleitung von Hebammen auch zu Hause statt.*

---

Max nickt nachdenklich. „Die Babys haben nicht nur ihr eigenes Tempo, *wann* sie auf die Welt kommen, sondern auch, *ob* sie überhaupt kommen. Meine Tante und mein Onkel warten schon ganz lang auf ein Baby. Nun haben sie einen kleinen Jungen als Pflegekind aufgenommen."

Vera nickt. „Ja, das ist gar nicht selbstverständlich, dass es klappt. Und so ein unerfüllter Kinderwunsch ist für Betroffene schwer."

Daniel ergänzt: „Es betrifft viel mehr Menschen, als man denkt. Etwa jedes fünfte bis sechste Paar wird nicht so schnell Eltern, wie sie es sich wünschen. Manche auch gar nicht. Auch wenn es schon viele medizinische Hilfen gibt. Was irgendwie auch zeigt, dass wir Menschen nicht alle Dinge so steuern können, wie wir es wollen. Kinder kriegen zu können ist aus meiner Sicht voll das Geschenk."

Nun schaltet sich Linus ein: „Krass, das wusste ich nicht. Woher habt ihr denn überhaupt gewusst, dass ihr ein Baby erwartet?", möchte er unbedingt wissen.

„Ehrlich gesagt hatten wir noch gar nicht so richtig damit gerechnet", erklärt Vera. „Aber plötzlich kamen meine Tage nicht mehr. Wenn die eigentlich monatlich kommende Regelblutung ausbleibt, ist das zwar noch keine Garantie, dass ein Baby unterwegs ist. Aber sie ist ja generell schon ein Zeichen dafür, dass eine Frau Mutter werden kann. Dass ich schwanger bin, haben wir dann durch einen Schwangerschaftstest festgestellt."

Simon nickt und erklärt fachmännisch: „Damit weist man Botenstoffe des Kindes im Pipi der Mutter nach."

Daniel nickt beeindruckt. „Respekt! Du bist gut informiert. Das stimmt. Meistens jedenfalls. Sehr selten kann dieser Botenstoff auch in anderen Fällen vorhanden sein. Der Urintest misst meist auch nur, ob die Frau schwanger ist, und nicht, wie viele Botenstoffe da sind. Wie alt das Baby genau ist, findet am besten die Frauenärztin heraus. Denn selbst wenn man in Einzelfällen sogar messen kann, wie hoch der Wert ist, weiß man ja nicht, ob er von einem oder mehreren Babys kommt."

Simon schüttelt verlegen den Kopf und grinst. „So genau habe ich dann doch nicht nachgeforscht ... Aber gut zu wissen! Als vor zwei Jahren meine kleine Schwester geboren wurde, habe ich mich ein wenig genauer informiert ..."

Tobi unterbricht die beiden grinsend: „Bevor ihr jetzt tiefer in ein Fachgespräch einsteigt, habe ich noch eine grundsätzliche Frage an dich als Mediziner, Daniel, und an dich als Schwangere, Vera: Denn so ganz genau habe ich das alles immer noch nicht kapiert ...

Vera, du hast eben gesagt, dass die Monatsblutung im Zusammenhang damit steht, dass Frauen Babys bekommen können. Aber was genau hat denn nun so eine Blutung mit Schwangerschaft und der Geburt von kleinen Babys zu tun? Ehrlich, ich verstehe da nur Bahnhof!

Und bevor ihr mir jetzt sagt, ich hätte im Aufklärungsunterricht besser aufpassen sollen ..." Tobi knurrt und sieht irgendwie angefressen aus. „Ich kann euch gleich sagen, der Teil mit der Regelblutung gehörte für unsere Lehrerin ganz klar zur Rubrik ‚nur für Mädchen'. Sie hat einfach die Klasse geteilt", berichtet er frustriert. „Und wir Jungs waren raus. Beziehungsweise eigentlich hätte dann ein Lehrer mit uns Jungs allein sprechen sollen. Nur dass es bei uns an der Grundschule gerade mal zwei männliche Lehrer gab. Der eine war gerade in Elternzeit, und der für uns zuständige Lehrer war erkrankt. Ergebnis: ‚Schulfrei. Ihr dürft heute früher nach Hause gehen.' Tja, und weil das Projekt kurz vor den Sommerferien stattfand, gab es dann auch keinen Ersatztermin mehr."

Daniel nickt verständnisvoll: „Kein Problem. Da können wir dir weiterhelfen. Super, dass du fragst! Ehrlich gesagt war mir das früher auch ein echtes Rätsel. Und in der Schule wurde es nur am Rande erwähnt. Inzwischen verstehe ich es. Aber ...", er dreht sich zu Vera um, „magst du es als Frau nicht lieber erklären?", fragt er sie lächelnd.

Vera nickt. „Gern. Du kannst dir das so vorstellen, Tobi: Jeden Monat reift bei uns Frauen im Unterbauch abwechselnd mal am rechten und im nächsten Monat am linken Eierstock in einem Eibläschen eine winzige Eizelle heran. Eizellen sind die Zellen, die wir Frauen dazu beitragen, wenn ein Baby entstehen soll. Genauer gesagt: exakt eine. Sie enthält die halbe menschliche Erbinformation für das später entstehende Baby. Die andere Hälfte der Erbinformation kommt logischerweise vom Mann. Doch dazu gleich mehr. Die beiden Eierstöcke sind Organe im Bauch der Frau, in denen diese Eizellen aufbewahrt werden.

Gleichzeitig bereitet unser Körper im Unterbauch mittig im Zimmer Gebärmutter so etwas wie ein Bett vor. Für den Fall, dass dort ein Baby einziehen will, die sogenannte Einnistung. Dazu wird die innen liegende Wand der Gebärmutterhöhle mit einer flauschigen Zusatzschicht bezogen – wie ein weiches Polster.

Seitlich an die Gebärmutter grenzen zwei Eileiter an. Sie sind wie schmale Gänge, die jeweils Richtung Eierstock führen. An ihrem Ende münden sie aber nicht in den Eierstock, sondern haben eine große, weite Stelle – wie ein Baseballhandschuh. Mit ihr tasten sie den Eierstock ab, wo das Eibläschen sich vorwölben wird.

Sobald das Eibläschen eine bestimmte Größe erreicht hat, springt es auf – und die winzig-kleine Eizelle fliegt heraus. Deshalb sagt man Eisprung dazu. Nun fängt der Eileiter mit seinem weiten Baseballhandschuh-Ende die kleine Eizelle direkt auf und transportiert sie in Richtung der Gebärmutter. Im Gang Eileiter bestehen die Wände aus Fransen, wie ein Rolltunnel. Diese Fransen bewegen sich die ganze Zeit in Richtung Gebärmutter."

Daniel unterbricht Vera: „Respekt, du könntest Vorlesungen darüber halten. Aber warte mal, noch deutlicher wird es, wenn man es vor Augen hat! Am besten male ich es mal auf, dann wird es anschaulicher." Daniel zückt ein Blatt Papier und einen Stift. Geschickt malt er mit ein paar Strichen die weiblichen Geschlechtsorgane auf das Blatt. Vera lächelt und zeigt auf eine bestimmte Stelle. „Super, schaut, genau hier im Eileiter kann ein Baby entstehen."

# Die weiblichen Geschlechtsorgane

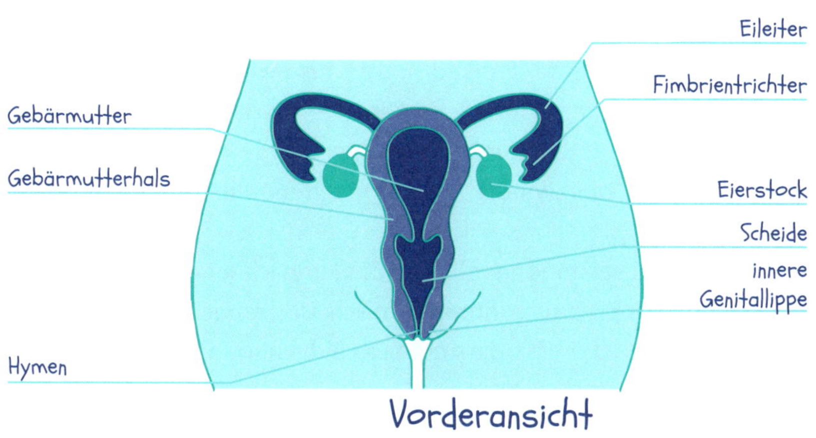


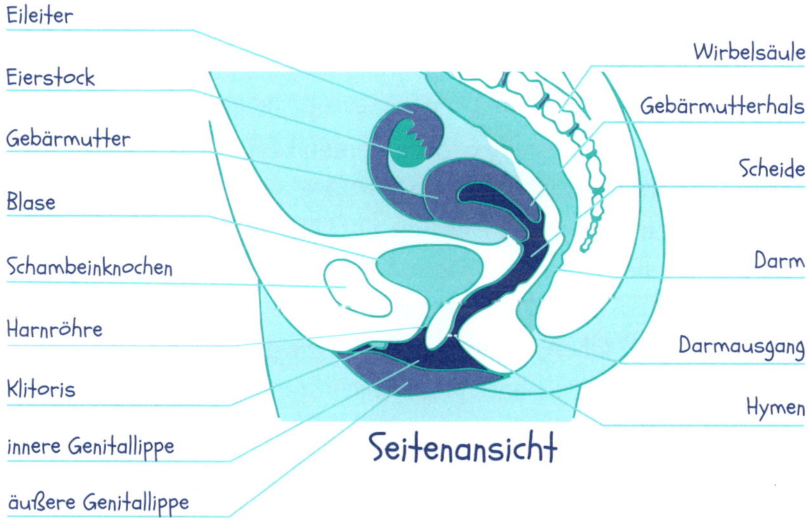

Daniel nickt und ergänzt: „Aber nur, wenn zu dem Zeitpunkt, wo die unbefruchtete Eizelle unterwegs ist, auch Samen vom Mann in den Eileiter kommen.

Denn die sogenannten Samenzellen oder Spermien tragen die männliche Hälfte der Erbinformation. Oder anders gesagt: Wenn der Mann einen Samenerguss in der Scheide der Frau hatte – also wenn die beiden Sex hatten …" Einige Kids kichern. Andere verziehen etwas das Gesicht.

Linus bringt es auf den Punkt: „Ehrlich gesagt finde ich die Vorstellung schon ziemlich, äh, merkwürdig … um es mal freundlich auszudrücken." Andere nicken.

Vera antwortet verständnisvoll: „Du, das kann ich total gut verstehen. Ich fand das früher als Kind auch immer komisch. Und ehrlich gesagt war ich gar nicht glücklich, als ich hörte, dass man ein Baby normalerweise auf diesem Weg bekommt."

Sie lächelt Daniel an. „Dass Sex eine Art ist, wie Erwachsene sich gegenseitig ihre Liebe ausdrücken können, hatte ich noch gar nicht auf dem Radar."

Daniel nickt. „Logisch, ich auch nicht. Woher auch, wenn man nicht darüber aufgeklärt wird?" Er schaut freundlich in die Runde. „Das zu wissen macht es aber, finde ich, auch entspannter. Als Kind oder Teenie muss man das noch nicht nachvollziehen können. Es ist ja eh etwas, das erst mit dem Erwachen der Geschlechtsreife wichtig werden kann – und überhaupt nicht bei jedem sofort wichtig werden muss."

Er schmunzelt. „Und mal ehrlich … es gibt doch total viele Sachen, die eure Eltern machen, die ihr nicht gut nachvollziehen könnt: wofür sie sich interessieren, wie sie ihren Urlaub verbringen wollen, welche Musik sie hören, welche Sendungen sie sehen, wie sie ihre Wohnung einrichten – und vieles andere mehr. Da zerbrecht ihr euch ja auch nicht ständig den Kopf, ob ihr später auch so drauf sein werdet. Was ihr selbst gut findet, wird sich dann ergeben.

Und beim Sex ist es nicht anders. Es ist die größtmögliche Nähe, die man zu einem anderen Menschen haben kann. Man begegnet einander nicht nur körperlich. Beim Sex werden Bindungshormone ausgeschüttet. Hormone sind übrigens Botenstoffe im Körper, die könnt ihr euch wie Fahrradkuriere vorstellen, die überall im Körper Botschaften ausliefern. In der Zeit der Geschlechtsreife besteht außerdem beim Sex die Möglichkeit, dass ein neues Leben entstehen kann."

Daniel streichelt liebevoll über Veras Babybauch. „So wie dieses hier." Er lächelt froh. „Darum hat Sex viel mit Verantwortung zu tun: für sich selbst, für den Partner und für eine weitere Person, die man ins Leben rufen kann. Übrigens auch, wenn man Mittel oder Methoden zur Empfängnisregelung verwendet. Denn es gibt keine Methode, die eine Schwangerschaft zu 100 Prozent sicher verhindert."

Vera schmunzelt und zuckt mit den Schultern. „Außer der, keinen Sex zu haben." Alle kichern.

Vera greift das Gespräch noch mal auf. „Daher war es uns aber auch wichtig, erst dann miteinander zu schlafen, als wir eine verbindliche und tragfähige Beziehung zueinander hatten. Und nicht einfach mit irgendwem ins Bett zu gehen. Oder Sex zu haben, weil andere meinen, man müsste das unbedingt ab einen bestimmten Alter tun. Das ist Quatsch. Jeder sollte das in aller Ruhe für sich entscheiden und auch überlegen, welche Rahmenbedingungen er oder sie dafür braucht.

Eine frühere Schulkameradin von mir ist vor einiger Zeit schwanger geworden. Leider hat ihr Freund dann die Freundschaft beendet und sie sitzen gelassen. Er sei noch nicht bereit für ein Baby, für Familie und dafür, Vater zu werden, meinte er. Sie war ziemlich fertig und musste dann erst mal schauen, was sie damit jetzt macht. Und all die schönen Freundschaftsgefühle und Schmetterlinge im Bauch, die sie zuvor hatte, haben sich in null Komma nix aus dem Staub gemacht.

Doch dann hat sie angefangen, nach Hilfen zu suchen. Und jetzt zieht sie das Kind allein auf. Ich freue mich total, dass ihre Familie zu ihr steht und sie nach Kräften unterstützt. Und manchmal babysitten wir auch bei ihr.

Auch deshalb war es mir und uns wichtig, nicht Hals über Kopf in eine Beziehung zu stolpern. Denn so viel kann man zur Pubertät schon sagen: Die Botenstoffe, die dann im Körper erwachen, stellen einen echt besonderen Mix da, der auch die Anziehung zwischen Verliebten noch mal deutlich anschiebt ...

Darum wollten wir erst mal schauen, ob wir zueinander passen. Ob wir uns mögen, uns vorstellen können, unser Leben miteinander zu teilen, eine Familie zu gründen ... also, wenn ihr so wollt: zu warten, bis unsere Beziehung verbindlich ist, oder in unserem Fall: zu heiraten. Wir haben lange darüber nachgedacht, wie wir damit umgehen. Jeder muss dazu ja seine eigene Position finden. Inzwischen verstehen wir Gott so, dass er Menschen bewusst einlädt, Sex innerhalb der Ehe zu haben. Nicht als Spielverderber. Vielmehr als eine Art sicheren Bereich, in dem nicht jeder einfach geht, wenn ihm irgendetwas nicht gefällt, weil man sich ein Versprechen gegeben hat, beieinander zu bleiben. Ihr habt bestimmt schon mal gehört: ‚In guten wie in schlechten Zeiten‘?“

Daniel ergänzt: „Genau. Auch wenn uns klar ist, dass viele Ehen heutzutage von diesem Ideal weit entfernt sind und auch zerbrechen können.“

Vera nickt. „Viele denken: Ach, wir sind doch verliebt, das fühlt sich so gut an, daran wird sich nie was ändern. Doch mit der Zeit muss sich Verliebtheit in Liebe umwandeln, auch wenn die schönen Gefühle vom Anfang nicht mehr so stark und viele Kleinigkeiten im Alltag herausfordernd sind. Besonders, wenn beide unterschiedliche Herangehensweisen gewohnt sind.

Ehe ist Anpassung aneinander. Ehe bedeutet, sich immer besser kennenzulernen und vor allem auch an den eigenen Schwachpunkten zu arbeiten. Also bringt einen die Ehe auch persönlich weiter, weil man eben im 24/7-Alltag, also 24 Stunden am Tag, 7 Tage die Woche, nicht auf Dauer eine Rolle spielen kann. Da fallen Schwachpunkte leichter auf. Und damit ist Ehe natürlicherweise eine Entwicklungschance für jeden Einzelnen.

Manche denken aber: ‚Wenn wir Streit haben oder uns anstrengend finden, habe ich bestimmt den Falschen geheiratet.‘ Aber durch jeden Menschen, mit dem wir so eng zusammen sind, kommen wir an unsere Entwicklungsbaustellen, also an die Bereiche, wo unser Verhalten noch Luft nach oben hat, weniger eigennützig sein sollte usw. Von allein wird eine Ehe nicht gut. In eine Ehe muss man sich einbringen, schauen, was man selbst dazu beitragen kann, dass es beiden gut geht.“

Daniel nickt: „Ja, und das will immer wieder durchbuchstabiert werden. Das bringt einen aber auch echt weiter.“ Er lächelt. „Doch zurück zur Zeugung des Kindes und zur Schwangerschaft. Wir hatten ja eben schon von den Samenzellen des Mannes gesprochen. Sie werden in den Hoden gebildet.“

Daniel hält wieder inne und wendet das Blatt. „Einen Augenblick, bitte. Auch das wird ohne ein Bild viel zu kompliziert.“ Rasch skizziert er eine kleine Übersicht der männlichen Geschlechtsorgane und erklärt dann: „Die

Hoden beim Jungen liegen vorgelagert vor dem Körper im Hodensack. Dort ist die Temperatur etwas niedriger als im Körperinneren. Die Samenzellen vertragen keine zu warme Umgebung.

Nach ihrer aufwändigen Herstellung in der Großfabrik Hoden brauchen die Samenzellen alles in allem 64 Tage, bis sie ganz ausgereift sind. Bis zu ihrem Einsatz beim Samenerguss des Mannes werden sie im Nebenhoden aufbewahrt. Das ist ein kleiner, schmaler Raum, direkt neben den Hoden, wie der Name schon sagt. Dieser Speicherort der Samenzellen ist sagenhafte fünf Meter lang."

64

Verwundert schauen die Kids Daniel an. Hat er sich gerade versprochen? Bevor sie Einwände erheben können, erklärt er aber schon weiter: „Ohne Witz, wirklich fünf Meter, aber zusammengeschoben auf fünf Zentimeter – wie eine Ziehharmonika. Beim Mann sind übrigens die Harnwege, mit denen er Pipi macht, und die Geschlechtswege gleich. Darum nennt man diesen Gang auch die Harn-Samen-Röhre. Vorfahrt hat immer das Pipi – es sei denn, der Mann hat Sex."

Schließlich zeigt er noch auf einen kleinen Bereich in der Nähe der Harnblase. „Schaut mal hier! Da gibt es eine Art kleines Ventil zur Harnblase. Das kann beim Sex vom Körper selbst geschlossen werden. Und nur dann wird der Samen aus den Nebenhoden durch einen Gang nach draußen geleitet." Er lächelt in die Runde. „Und da die Namen in diesem Bereich einer gewissen Logik folgen und es bei der Frau ‚Eileiter' heißt, habt ihr vielleicht schon eine Idee, wie der Gang beim Mann genannt wird?" Simon grinst. „Samenleiter?"

# Die männlichen Geschlechtsorgane

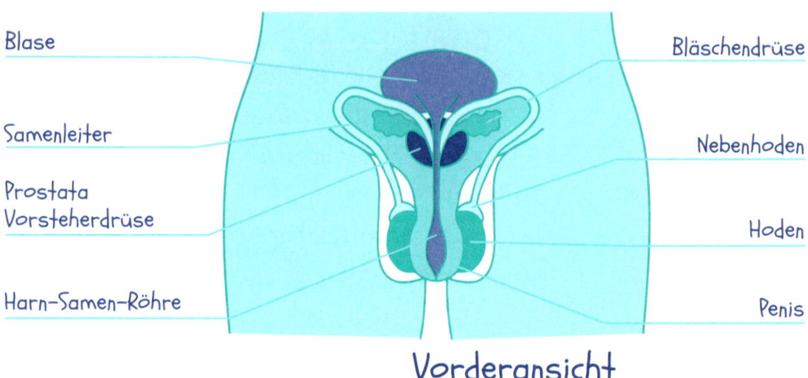


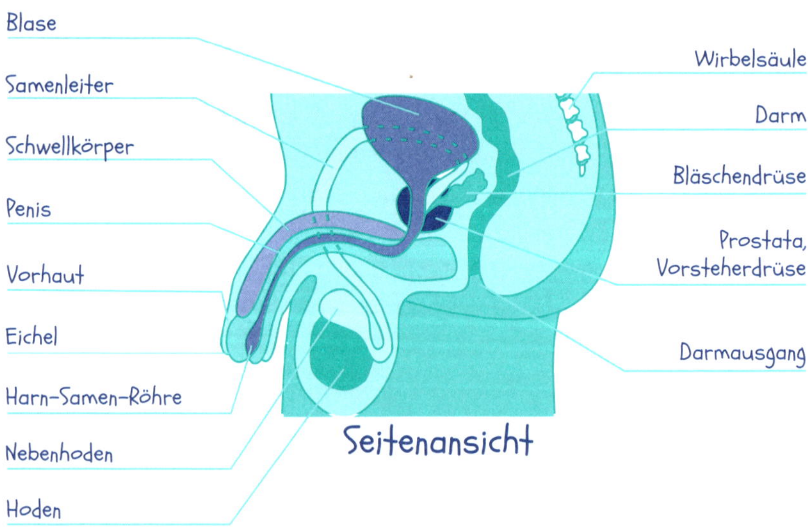

Daniel nickt bestätigend. „Genau richtig. Ich finde, das kann man sich so super merken. Unterwegs vom Nebenhoden kommend, werden die Samenzellen nun noch an zwei Drüsen vorbeigeleitet: den Bläschendrüsen rechts und links neben dem Samenleiter und der mittigen Vorsteherdrüse. Diese wird auch Prostata genannt.

Dort erhalten die Samenzellen Energie und Flüssigkeit zum Schwimmen. Man kann sich das vorstellen wie bei einem Marathonlauf. Das habt ihr vielleicht schon mal gesehen. Da bekommen die Marathonläufer doch im Laufen Wasser und Essen, zum Beispiel eine Banane, angereicht.

Und gemeinsam mit Flüssigkeit und Fruchtzucker als Energie werden auch die Samenzellen durch den Penis nach draußen transportiert. Eine schwammartige Schutzschicht im Penis schützt dabei die mittige Harn-Samen-Röhre wie eine Isolierung beim Kabel. Sie wird Schwellkörper genannt.

Dieser Schutz ist wichtig, denn zwei andere seitliche Schwellkörper, die diesen Namen viel mehr verdient haben, sorgen dafür, dass der Penis sich zum Sex aufrichten kann. Er schwillt an und wird fest. Ohne diese Isolierung würde die Harn-Samen-Röhre abgedrückt, und die Samen kämen gar nicht aus dem Penis heraus.

Das Aufrichten des Penis nennt man Erektion. Wenn der Mann einen Samenerguss hat, sagt man Ejakulation dazu. Nun müssen die unzähligen Samenzellen noch das unbefruchtete Ei finden. Nur die schnellste Samenzelle gewinnt dieses Wettschwimmen. Dazu sagt man Befruchtung: Wenn die Frau schwanger wird, indem diese Samenzelle in eine unbefruchtete Eizelle hineinschwimmt, wird die kleine, nun befruchtete Eizelle durch den Eileiter der Frau transportiert.

Ihr erinnert euch ja noch an die Fransen in der Wand. Sie rollen jetzt den winzigen, gerade entstandenen Menschen in Richtung Gebärmutter. Während der wenigen Tage, die er dorthin unterwegs ist, finden schon ganz viele Zellvermehrungen statt. Ernährt wird er in dieser Zeit von Flüssigkeiten im Eileiter. Darum ist es jetzt nicht mehr eine befruchtete Eizelle. Denn die Zelle hat sich schon fleißig vervielfältigt. Inzwischen sind es viele Zellen, die auf diesem Weg auch schon festlegen, welche Zellen die Nabelschnur bilden, welche sich als Baby weiter entwickeln und welche Zellen dafür da sind, sich mit der Wand der Gebärmutter zu verbinden.

Wenn das sich entwickelnde Baby im Zimmer Gebärmutter angekommen ist, sucht es sich zunächst einige Tage lang seinen Platz in der Gebärmutterwand aus. Erst dann nistet es sich dort ein. ‚Sich einnisten' bedeutet, dass es sich an den Blutkreislauf seiner Mama ankoppelt. So wie eine Raumkapsel an die Internationale Raumstation andockt.

Das ist für den neuen Erdenbürger auch dringend nötig, denn inzwischen ist er so groß, dass er nur überleben kann, wenn er durch den mütterlichen Blutkreislauf Sauerstoff und Nahrung bekommt. An dieser Stelle in der Wand der Gebärmutter wächst dann der sogenannte Mutterkuchen."

Linus grinst. „Oh köstlich. Habe ich da gerade was von Kuchen gehört? Bekommt das Baby im Bauch etwa Torte serviert?"

Daniel schüttelt den Kopf: „Bedaure. Da muss ich dich leider enttäuschen. Wenn überhaupt, bekommt das Baby nur Nährstoffschnipsel, wenn Mama eine Torte verspeist hat. Nein, der Mutterkuchen wird nicht vom Baby gegessen. Das wäre auch schlecht, denn den braucht es während der ganzen Schwangerschaft.

Zugegeben, es ist ein merkwürdiger Name, den da jemand mal vergeben hat, wahrscheinlich, weil dieses Organ dazu da ist, das Baby zu ernähren. Der Mutterkuchen ist eine Art Filter zwischen mütterlichem und kindlichem Blut.

Ihr könnt ihn euch wie eine dicke, große dunkelrote Frisbee-Scheibe vorstellen. An ihr ist mittig die Nabelschnur befestigt, die zum Baby führt."

Daniel fängt noch mal an zu zeichnen. „Seht mal hier, in der Nabelschnur gibt es drei Blutgefäße. Die kann man sich wie eine Art Transporttunnel vorstellen. Ein breiter Tunnel führt zum Kind. Dadurch werden Nahrungsschnipsel transportiert, aber auch frische Luft und Abwehrstoffe gegen Krankheiten. Die beiden anderen kleinen Tunnel führen in die Gegenrichtung. Sie entsorgen verbrauchte Luft und Abfälle, denn das Baby geht ja noch nicht zur Toilette."

Daniel grinst. „Das ist echt ausgeklügelt und sorgt dafür, dass das Baby immer gut versorgt wird. Und der Mutterkuchen schützt das Baby auch vor Erkrankungen. Denn viele Krankheitserreger passen nicht durch den Filter und können das Baby deshalb nicht erreichen."

Rebecca staunt, „Wow, cool! So genau haben wir das in der Schule gar nicht besprochen. Gut, dass wir mit dir als Arzt einen echten Experten haben. Danke, Daniel!"

Der winkt verlegen ab. „Sehr gern, wenn ich euch damit nicht nerve. Ich habe ja jetzt viel mehr erzählt, als ihr wissen wolltet."

Tobi schmunzelt. „Also, ich finde das gut und profitiere gern von deinem Wissen."

Auch Vera nickt lächelnd. „Ja, es hat schon Vorteile, mit einem Arzt verheiratet zu sein. Aber zurück zu deiner eigentlichen Frage, Tobi. Es ging ja um die Tage der Frau und darum, was die damit zu tun haben, dass eine Frau schwanger werden kann. Und da fehlt in unseren Erklärungen noch ein Teil, der auch sehr raffiniert ist. Ihr erinnert euch noch an die weiche, gepolsterte Zusatzschicht, in die sich das Baby einnistet?" Alle nicken.

Vera fährt fort: „Gut, denn wenn die Frau nicht schwanger wird, löst sich diese Extraschicht kurz darauf wieder auf. Das ist so ähnlich wie beim Wechseln eines Bettbezugs. Da bleibt ja auch die Bettdecke da, und nur der Überzug wird gewechselt. Und so ist das bei uns Frauen auch.

Die Gebärmutterinnenwand ist immer da. Nur der zusätzliche Überzug löst sich auf. Und das, was da aufgelöst wird, verlässt den Körper als sogenannte Monatsblutung. Die Bezeichnung Monatsblutung ist auch wieder logisch, weil sie etwa einmal im Monat vorkommt.

Und das nicht, weil Frauen zwölfmal im Jahr ein Baby bekommen wollen. Das würde ja auch gar nicht funktionieren, wenn das Zimmer Gebärmutter erst mal für neun Monate besetzt ist. Nein, das Geniale daran ist, dass so das Zimmer jedes Mal frisch hergerichtet wird. Und damit ist es immer supervorbereitet, wenn tatsächlich mal ein Neuankömmling vorbeikommt."

Jule nickt nachdenklich: „Ja, wenn man es so betrachtet, sind Frauen für ihre Babys sehr aufmerksame Gastgeber."

Vera lächelt. „Stimmt. Übrigens auch, wenn aus irgendeinem Grund die Regelblutung mal nicht so regelmäßig kommt, wie es eigentlich üblich ist.

Ab der Pubertät ist das Zimmer Gebärmutter grundsätzlich bereit, dass ein Baby einziehen kann. Aber natürlich heißt das noch lange nicht, dass man als Teenie schon dazu bereit wäre. Ich merke jetzt noch, dass das superviel bedeutet, wenn man ein Baby erwartet. Wenn Kinder Babys kriegen, ist das schon eine echte Hausnummer. Sie brauchen von allen Seiten viel Unterstützung, aber dann kann es gelingen – wie bei meiner Freundin.

Von daher ist es ja gut, dass ein Mädchen nicht allein deshalb Mama werden kann, weil es jetzt seine Tage bekommt. Da gehört ja auch noch ein männlicher Anteil dazu“, ergänzt sie und lächelt Daniel an.

„Richtig, bei uns Männern erwachen in der Pubertät auch die Hormone. Viele wissen ja, dass die Reise zum Mann Veränderungen mit sich bringt: Man(n) wächst, zusätzliche Haare kommen dazu, die Stimme wird tiefer, die Haare werden fettiger, Pickel sprießen – ich wusste schon ganz früh Bescheid, war ein echter Experte ...“ Daniel macht eine Kunstpause. „... in meinem Unwissen.“ Er schaut zerknirscht in die Runde. Dann lächelt er verschmitzt. „Denn ich gebe es hier unumwunden zu: Anfangs wusste ich so gut wie gar nichts. Das meiste habe ich mir dann notgedrungen bei meinem großen Bruder abgeguckt.“ Alle lächeln und freuen sich, dass Daniel so offen von damals spricht und dabei eigene Schwachpunkte nicht auslässt.

„Aber das half leider auch nicht in jedem Bereich. Denn das war alles nur Beobachtung. Wirklich geredet haben wir darüber meist nicht. Zum Beispiel hatte ich keine Ahnung, was bei einem Jungen das Zeichen dafür ist, dass er später mal Vater werden kann. Ich meine, wer spricht denn schon über den ersten Samenerguss?“ Er grinst. „Frau Brockmeyer, unsere Grundschullehrerin, jedenfalls nicht. Aber das ist viele, viele Jahre her. Hoffentlich machen sie es heute anders.“

Max schüttelt den Kopf. „Leider nicht. Bei uns war zu dem Thema auch Sendepause.“

Simon wirft ein: „Na ja, es stand immerhin auf einer Übersichtsfolie. Aber die hat sie nur ganz kurz gezeigt und erklärt hat sie es auch nicht ...“

Daniel nickt nachdenklich. „Okay, schade, so sollte es gerade nicht sein. Das ist ja nicht Sinn der Sache. Nun gut, ich kann euch ja mal von mir erzählen. Anfangs war ich nämlich voll beunruhigt, als ich mitbekommen habe, dass man als Junge irgendwann den ersten Samenerguss bekommt.

Denn ich hatte zwar irgendwo aufgeschnappt, dass so etwas passiert, aber ich hatte keine Vorstellung davon – weder *wann* das passiert, noch mit *wie viel* Flüssigkeit ich da rechnen muss. Ich dachte, wenn mir das in der Schule passiert, wäre das ein Albtraum. Dann habe ich lange mit mir gerungen und versucht, irgendwie mehr Informationen dazu zu bekommen. Aber Pustekuchen. Und offen danach fragen wollte ich erst recht nicht.

Aber irgendwann, als wir ein super Gespräch hatten, habe ich mir dann doch ein Herz gefasst und meinen Bruder gefragt. Der war ja schon älter und hat mir glücklicherweise direkt Entwarnung gegeben. Er erklärte mir, dass der Samenerguss nachts kommt, wenn man schläft – und nicht morgens in der Schule, und dass es auch nur wenig Flüssigkeit ist, bis zu fünf Milliliter."

Daniel verdreht die Augen. „Wie viele Sorgen und schlaflose Nächte mir das bisschen Information hätte ersparen können, wenn ich ihn bloß früher gefragt hätte! Oder wenn sie das im Unterricht erklärt hätten. Unvorstellbar, was mir das für einen Stress gemacht hat ... Ehrlich, ich könnte mich glatt ein wenig aufregen."

Er wendet sich Vera zu: „Über die Regelblutung der Mädchen wird viel mehr erzählt. Das haben sogar wir damals im Aufklärungsunterricht besprochen. Allerdings erst in der weiterführenden Schule. Und ich war echt froh darüber, weil ich mir das allein einfach nicht erklären konnte.

Aber bei allem, was Jungs angeht, herrschte bei uns in der Klasse Schweigen im Walde. Dabei finde ich es so wichtig, dass Jungen auch gut darauf vorbereitet sind, wie sich ihr Körper verändert. Dafür schlägt einfach mein Medizinerherz. Doch genug der Aufklärungsstunde ..." Er grinst in die Runde. „Hoffentlich habe ich euch jetzt nicht erschlagen. Und nun seid ihr gar nicht mehr zu euren Fragen gekommen."

Linus feixt zurück. „Kein Problem, das meiste habt ihr nun eh schon beantwortet. Und immerhin macht uns das zu Experten in eigener Sache. Gar nicht schlecht, und ehrlich gesagt viel einfacher, als wenn ich meinen Kinderarzt fragen würde ...

Aber eine Frage hätte ich tatsächlich noch. Sagt mal, seid ihr ganz sicher, dass es nur ein Kind ist, das Vera erwartet? Bei meiner ältesten Schwester waren es plötzlich Zwillinge. Und jetzt sehe ich als Onkel doppelt. Man kann die zwei Jungs kaum auseinanderhalten." Er schielt und lacht.

## ZWILLINGE

**Eineiige Zwillinge** haben die gleiche Erbinformation. Sie entstehen, wie der Name schon sagt, aus einer Eizelle und einer Samenzelle. Ganz früh in der Schwangerschaft, wenn Ei- und Samenzelle miteinander zu einer Zelle verschmolzen sind, beginnt sofort ein turboschneller Wachstumsprozess.

Aus dieser einen Zelle soll ja in neun Monaten ein ganzes Baby werden. Darum kopieren sich die ersten Zellen – wie bei einem 3D-Drucker – mehrfach. Danach entwickeln sie sich spezieller, zum Beispiel zum Mutterkuchen, der das Baby ernährt, zur Fruchtblase, in der es liegt, oder zum eigentlichen Baby.

Und innerhalb des Babys entstehen dann die einzelnen Körperteile. Anfangs sind alle Zellen aber noch gleich. Und dann kann es passieren, dass die Zellen nicht so fest zusammenkleben, wie sie das normalerweise tun. Wenn sich dann Zellen voneinander lösen und sich in zwei getrennten Gruppen weiterentwickeln, entstehen eineiige Zwillinge. Eineiig, weil sie ja aus der einen Eizelle entstanden sind.

**Zweieiige Zwillinge** – Du ahnst es schon, sie entstehen aus zwei Eizellen und zwei Samenzellen. Sie sind erbungleich.

Normalerweise wird in jedem Monat nur eine Eizelle im Körper der Frau aus dem Eierstock freigesetzt. Wenn ausnahmsweise zwei Eizellen freigesetzt und diese auch befruchtet werden, entstehen zweieiige Zwillinge.

**Siamesische Zwillinge** sind eine Sonderform der eineiigen Zwillinge, bei denen sich die Zellen nur teilweise voneinander lösen, andere bleiben kleben.

*Dadurch wachsen diese Zwillinge irgendwo an ihren Körpern miteinander verbunden auf. Ob die Ärzte sie operativ voneinander lösen können, hängt davon ab, ob sie sich lebenswichtige Organe teilen.*

---

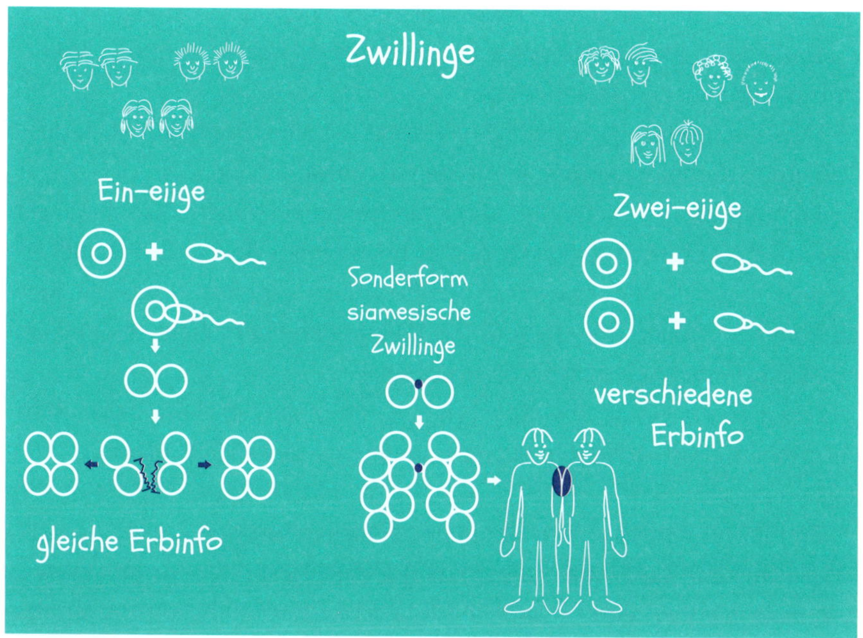

Vera nickt. „Stimmt, eineiige Zwillinge gleichen sich oft wie ein Ei dem anderen. Aber bei uns ist es definitiv nur ein Baby. Wir waren schon beim Ultraschall. Kennt ihr das? Dabei fährt die Ärztin mit einem Gerät über den mit Gel befeuchteten Bauch."

Sie kichert. „Das ist ziemlich kalt. In diesem Gerät ist eine Ultraschallkamera enthalten. Ohne das Gel funktioniert das nicht. Denn nur wenn die Sonde ganz dicht auf der Bauchdecke aufliegt, ohne Luft dazwischen, kann sie gute Bilder machen. Dieses Gerät erstellt dann Schwarz-Weiß-Bilder vom Baby auf einen Bildschirm. Man kann echt gut sehen, wie es sich da drin bewegt. Manchmal lutschen die Babys sogar am Daumen oder turnen im Bauch herum. Auf jeden Fall konnte man da gut sehen, dass es nur ein Baby ist."

Jule hakt gleich nach: „Auch, ob es ein Junge oder ein Mädchen wird?"

„Ja, in vielen Fällen schon", antwortet Vera.

Die Kids schauen sie fragend an. Linus grinst: „Und in eurem speziellen Fall? Wen genau erwartet ihr denn?"

Daniel schmunzelt. „Sorry, echte Verschlusssache. Das bleibt noch unser Geheimnis. Genauso wie der Name, den wir gewählt haben."

Emma seufzt. „Schade. Aber das kann ich gut verstehen. Manchmal vertun sich die Ärzte nämlich auch. So wie bei meinem kleinen Bruder, der angeblich meine kleine Schwester sein sollte. Er lag so ungünstig, dass die Ärzte da glatt etwas übersehen haben. Gut, dass meine Eltern nicht so drauf waren, das Zimmer vorher farbig zu streichen ..."

Paula nickt. „Deshalb haben meine Eltern letztes Jahr beim Baby-Ultraschall gleich gesagt, dass man ihnen das Geschlecht nicht verraten soll."

Emma wundert sich. „Wart ihr denn gar nicht neugierig?"

„Doch, klar", sagt Paula, „aber das Allerwichtigste war für uns, dass es dem Baby gut geht und ich endlich ein Geschwisterchen bekomme. Wir haben voll lange darauf gewartet. So ein Baby kann man ja nicht einfach bestellen, wann es einem gefällt. Das ist echt nicht selbstverständlich. Meine Patentante und ihr Mann wünschen sich schon seit acht Jahren ein Baby. Doch sie ist immer noch nicht schwanger. Sie haben sich schon beide untersuchen lassen. Bisher haben die Untersuchungen aber keinen Grund verraten. Das ist echt frustrierend für die zwei und zeigt nur wieder, dass Babys nicht selbstverständlich sind."

Daniel nickt. „Das wäre jetzt tatsächlich ein weises Schlusswort, falls ihr keine Fragen mehr habt?"

Daniel und Vera schauen fragend in die Runde. Die anderen nicken. Rebecca lächelt. „Vorerst wohl nicht, und wenn uns doch noch etwas einfällt, wissen wir ja, wo wir euch finden."

Vera grinst. „Ja, so können wir es gerne machen. Mir hat der Austausch mit euch jedenfalls echt Spaß gemacht."

Daniel schaut auf die Uhr. „Wow, es ist gleich bereits 11 Uhr. In einer Stunde gibt es schon Mittagessen. Das ist prima, das lässt uns noch ausreichend Zeit für die Vorbereitungen, bevor wir den Speisesaal aufschließen."

Während Vera und Daniel um die Ecke ins Gemeinschaftshaus zurückgehen, bleiben die Kids noch an der Bank. Tobi sagt nachdenklich: „Respekt, was die alles beantwortet haben."

Simon nickt. „Ja, ich bin auch beeindruckt, dass wir so offen sprechen konnten. Und wie viel ich dazugelernt habe ..."

Emma lächelt. „Allerdings." Sie grinst breit. „Voll cool! So haben wir jetzt in Aufklärungsfragen einen echten Wissensvorsprung. Was das Schulprojekt in zwei Wochen nicht geschafft hat, haben die zwei hier in kurzer Zeit völlig entspannt gehandelt."

Paula schüttelt den Kopf und seufzt. „Stimmt. Aber die zwei passen auch einfach gut zueinander ... ein echtes Traumpaar. Ich bin schon gespannt auf die kleinen Veraniels, die da noch kommen. Sie sehen bestimmt süß aus."

Rebecca schmunzelt. „Oder Daverinas ... Ja, das habe ich eben auch gedacht. Aber sagt mal, was machen wir eigentlich heute Nachmittag?"

Max antwortet voller Überzeugung: „Sport!"

Jule guckt ihn überrascht an: „Nicht dein Ernst, oder?"

Feixend schaut Max zurück. „Doch, heute ist das große Geländespiel im Wald."

Erleichtert atmet Jule auf. „Okay, die Art von Sport lasse ich mir gerade noch gefallen. Im Wald ist ja viel Schatten. Alles andere wäre mir viel zu viel bei der Hitze. Vielleicht finde ich ja eine Aufgabe, bei der man nicht so viel rennen muss. Denkt bloß daran, dass wir uns gleich nicht die Bäuche zu vollschlagen!"

Überrascht zeigt Simon auf Veras Glas mit den Keksen. „Oh. Jetzt hat Vera ihr Keksglas stehen gelassen. Möchtet ihr probieren?" Doch die anderen schütteln den Kopf. Max sagt: „Nee, lass uns die Kekse lieber mit ihnen zusammen genießen! Vielleicht am besten heute nach dem Geländespiel."

Die Mädchen verabschieden sich schon und laufen hinüber zur großen Wiese, um vor dem Mittagessen noch ein wenig in der Sonne zu sitzen.

Als sie weg sind, spricht Max seine Freunde an. „Wow, die Fragerunde mit Vera und Daniel hat mir richtig gut gefallen. Voll cool, dass sie alles so offen beantwortet haben." Er zögert. „Eigentlich hätte ich Daniel sogar gern noch mehr gefragt. Irgendwie geht mir die Sache mit diesen Videos immer noch nach. Auch wenn ich sie mir bisher nicht angesehen habe."

Simon schaut ihn anerkennend an. „Respekt, dass du das ansprichst. Mir geht es ähnlich wie dir. Ich habe auch schon die ganze Zeit überlegt, ob wir das Daniel nicht fragen könnten."

Linus nickt. „Da bin ich ganz bei euch. Aber mit den Mädchen in der großen Runde hätte ich das auch nicht zum Thema machen wollen."

Tobi denkt schon weiter. „Wie wäre es, wenn wir Daniel nach dem Mittagessen ansprechen? Da ist doch noch Zeit bis zum Geländespiel. Was denkt ihr?"

Simon schmunzelt. „Super Idee. Kommt, es ist gleich Essenszeit, lasst uns schon mal reingehen! Vielleicht können wir noch etwas helfen."

Nach dem Mittagessen passen die vier Freunde Daniel beim Gemeinschaftshaus ab. „Du, Daniel, können wir dich zu unserem Gespräch vorhin noch etwas fragen? Wir wollten das nicht gern in der Gruppe mit den anderen tun."

Daniel nickt freundlich. „Klar. Ich sage nur gerade Vera Bescheid, dass ich noch beschäftigt bin. Sollen wir rüber zur kleinen Lichtung im Wald gehen? Ich glaube, da ist um diese Zeit mehr Ruhe." Die Jungs nicken.

Gemeinsam schlendern sie los. Max freut sich, dass Daniel mitdenkt und sie so Ruhe für das Gespräch haben. An der Lichtung angekommen, hocken sie sich auf ein paar Baumstämme, die dort auf dem Boden liegen. Max überlegt, wie er anfangen soll, und tastet sich dann langsam an die eigentliche Frage heran. „Weißt du, vorhin habe ich ja schon gesagt, dass bei uns im sogenannten Aufklärungsunterricht ziemliche Sendepause herrschte."

Daniel nickt und hört aufmerksam zu.

Tobi nimmt den Ball auf und erklärt weiter: „Jedenfalls waren bei uns in der Klasse eine ganze Reihe von Jungs echt unzufrieden damit. Ich meine, nicht alle haben was gesagt, aber bei drei oder vieren hat man das direkt mitbekommen. Sie waren total genervt, dass die Lehrer erst den Unterricht ankündigen

und dann kaum was erklären. Danach haben sie gesagt, sie suchen sich jetzt selbst Antworten. Im Netz. Filme gäbe es ja schließlich genug."

Simon ergänzt: „Tja, und etwas später haben sie uns dann über einen Privatchat 'ne ganze Reihe Links zu Aufklärungsfilmchen geschickt, wie sie die nannten."

Linus nickt. „Da wir vier untereinander gut befreundet sind, haben wir uns dazu ausgetauscht und festgestellt, dass sie wohl so ziemlich alle Jungs in der Klasse angeschrieben hatten. Einige hatten die Links schon angeklickt und festgestellt, dass das, äh, wohl keine wirklichen Aufklärungsfilme für unser Alter sind ... Sie fanden das total eklig."

Max nickt. „Deshalb haben wir die Filme dann doch nicht angeklickt. Wir hatten alle irgendwie kein gutes Gefühl dabei. Aber ich wusste auch einfach nicht, wen ich fragen konnte."

Linus stimmt ihm direkt zu. „Das ging mir auch so. Immerhin weiß ich ja nicht, was das genau für Filme sind. Und wenn ich zum Beispiel meine Eltern frage ... keine Ahnung, welche Lawine das vielleicht lostritt."

Er schaut nachdenklich zu Daniel hinüber. „Sonst kann ich ja schon mit allen Fragen zu ihnen kommen. Aber bei einer anderen Frage hieß es schon mal sehr irritiert und kurz angebunden: ‚Dafür bist du noch zu jung.' Das wollte ich nicht wieder hören."

Tobi nickt. „Ich habe dann mal versucht, im Internet rauszukriegen, was das ist, was sie uns geschickt haben, ohne die Links direkt zu klicken. Doch die Suchergebnisse waren so komisch, dass ich es gleich wieder gelassen habe. Und", er wird rot, „danach wollte ich meine Eltern erst recht nicht mehr fragen."

Daniel nickt verständnisvoll und antwortet: „Also, erst mal finde ich es großartig, dass ihr nachfragt und versucht, die Sache zu klären. Vielen Dank für euer Vertrauen. Und das hier bleibt natürlich unter uns."

Er schaut sie freundlich an. „Wisst ihr, wenn man Fragen hat, ist man aus meiner Sicht auch bereit für eine, wohlgemerkt, altersgemäße Antwort. Denn wenn man auf Fragen gar nicht antwortet, verschwindet ja die Frage nicht automatisch oder löst sich einfach in Luft auf. Das aber übersehen Eltern leider manchmal trotz ihrer eigentlich guten Absichten. Sie wollen ihre Kinder nicht mit etwas belasten, was sie selbst als noch zu früh empfinden. Und dann denken sie, es sei besser, gar nichts zu sagen. So kann es übrigens auch euren Lehrern gegangen sein.

Doch dann passiert womöglich etwas in der Art, wie ihr es bei euren Klassenkameraden beschrieben habt. Die hatten Fragen, bekamen keine Antworten und machten sich dann allein auf die Suche. Dabei gerät man leicht an Inhalte, die weder altersgerecht noch für Kinder erlaubt sind!

Fotos oder Filme, die Sexualität als alleiniges Thema haben, sind in der Regel keine Aufklärungsfilme für Kinder. Man nennt sie ‚Pornografie'. Das sind meist bewusst erfundene, übertriebene Fantasiegeschichten für Erwachsene. Sie sind erst ab 18 Jahren erlaubt, weil sie meist ein fehlerhaftes oder unechtes Bild von Sexualität vermitteln. Fantasiegeschichten eben, die aber teils sogar kriminelle Inhalte zeigen. Und nach dem, was ihr schildert, besonders auch von der Reaktion der anderen Klassenkameraden, vermute ich, dass das Links zu pornografischen Videos waren."

## PORNOGRAFIE

*Als „Pornografie" oder abgekürzt „Pornos" bezeichnet man Bilder oder Filme, in denen Sex und vor allem die Geschlechtsorgane zentral im Vordergrund stehen.*

*Diese Darstellungen haben das ausdrückliche Ziel, beim Zuschauer sexuelle Lust hervorzurufen. Dazu nutzen sie alle möglichen Mittel und Methoden und schrecken auch vor Fakes und Gewalthandlungen nicht zurück.*

*Oftmals sind es Fantasiegeschichten.*

*Pornos sind keine Aufklärungsfilme für Kinder und Jugendliche. Rechtlich gesehen sind sie erst ab 18 Jahren erlaubt. Es ist verboten, Kindern Pornos zu zeigen oder zugänglich zu machen. Darüber hinaus gibt es bestimmtes pornografisches Material, das grundsätzlich verboten ist, auch für Erwachsene: zum Beispiel Kinder- und Jugendpornografie. Das ist die Darstellung von sexualisierter Gewalt an Minderjährigen. Strafbar sind* die Herstellung, der Erwerb, die Verbreitung, also Weitergabe, und der Besitz von kinderpornografischem Material.

Das durchschnittliche Alter, wann Kinder und Jugendliche mit Pornos erstmals in Kontakt kommen, liegt laut Studien derzeit bei elf bis zwölf Jahren! Durchschnitt – was heißt das? Nun, man zählt alle Kinder und addiert ihr Alter. Dann teilt man das zusammengezählte Alter durch die Menge der Kinder. Praktisch kann das bedeuten: Manche Kids sehen Pornos schon mit vier oder fünf Jahren, andere erst mit 14 oder 16 Jahren und wieder andere tatsächlich mit elf oder zwölf Jahren. Und manche Kinder oder Jugendliche sehen sie nie.

Wenn ich Aufklärungsunterricht in vierten Klassen an Grundschulen mache, begegnen mir immer wieder Kinder, die bereits mit Pornos zu tun hatten.

Auf Pornos treffen kann man unabsichtlich oder absichtlich. Absicht heißt, aktiv danach zu suchen. Unabsichtlich bedeutet: Kids bekommen etwas aufs Handy geschickt, jemand zeigt ihnen etwas, was sie gar nicht erfragt haben oder möchten, sie klicken im Internet auf Seiten, bei denen vorher unklar war, was sie enthalten.

Es gibt viele Kontakt-Möglichkeiten – und viele Kinder wissen nicht, dass es eine Altersbeschränkung gibt und warum es diese gibt.

Wichtig ist, sich notfalls Hilfe von fachkundigen Erwachsenen zu holen, wenn Pornos zum Beispiel auf deinem Handy oder Rechner landen. Aber auch, wenn du damit anderweitig in Kontakt gekommen bist und dich die gesehenen Inhalte irritieren oder bedrücken.

Daniel überlegt kurz. „Lasst mich das an einem Beispiel erklären. Wenn man euch einen Film zeigt, in dem ein Mensch ohne irgendwelche Hilfsmittel einfach munter durch die Luft fliegt, in Alltagsklamotten mit Schwimmflügeln durchs All schwebt oder ohne Sauerstoffgerät stundenlang taucht, dann wäre euch sofort klar, dass das ein Fantasyfilm ist und dass das im wirklichen Leben nicht funktioniert. Aber so etwas kann man ja durchaus in Filmen sehen oder zeigen. Und da sieht es sogar oft ziemlich echt aus. Vielleicht mal abgesehen von den Schwimmflügeln." Daniel grinst. „*Any idea,* wie sie das machen, damit der Zuschauer das für echt hält?"



Simon lächelt wissend. „Na, sie können Hilfsmittel wie Sauerstoffflaschen rauspixeln."

Linus ergänzt: „Oder sie arbeiten gleich mit einem grünen Hintergrund. Dem sogenannten ‚Green Screen'. Dann schwimmt der Typ vielleicht gar nicht wirklich im Wasser. Und man kann dann da, wo vorher der grüne Hintergrund war, einen Unterwasserfilm einblenden."

Tobi nickt. „Mit Bildbearbeitung kann man echt viel machen. Szenen rausschneiden, die nicht zu sehen sein sollen, anderes hinzufügen, was gar nicht da ist ..."

Daniel nickt beeindruckt. „Super, damit kennt ihr euch richtig gut aus. Doch bei den Filmen, die ihr da geschickt bekommen habt, geht es eben nicht um solche einfache Sachen wie Tauchen oder Fliegen. Dazu haben die meisten Kinder ja schon ein gewisses Grundwissen.

Bei Sex ist das anders. Mit Sex kennen sich Kinder ja noch nicht aus. Da könnte jemand massig Fakes einbauen. Und ein Kind würde diese Fehler oftmals gar nicht als solche erkennen. Und mancher Erwachsene übrigens auch nicht!"

Max nickt nachdenklich. „Okay, verstehe. Und wenn ich das richtig sehe, liegt es in der Natur der Sache, dass wir ohne Vorwissen zu, äh, Sex auch keine Idee haben, was für Fehler da denkbar wären ..."

Daniel grinst. „Du hast es voll erfasst."

Jetzt hören die Jungs noch genauer zu, was Daniel zu sagen hat. Sie sind erleichtert, dass Daniel endlich einen ganzen Bühnenscheinwerfer voll Licht in dieses Thema bringt.

Daniel ergänzt: „Eine Studienkollegin von mir arbeitet in der Sexualberatung. Zu ihr kommen Menschen, die einen Rat in sexuellen Fragen brauchen. Sie erzählte mir, dass sich manchmal junge Erwachsene mit Schwierigkeiten bei ihr vorstellen und berichten, dass bestimmte Dinge in der Sexualität nicht klappen. Sie denken dann zum Teil, dass sie krank sind oder dass etwas mit ihnen nicht stimmt. Schon häufiger war es aber so, dass diese Personen völlig gesund waren. Manchmal aber hatten sie schon als Kind oder später als Jugendlicher oder auch als Erwachsener Pornofilme gesehen. Nur hatten sie keine Ahnung, dass dies Fantasiefilme sind. Darum haben sie das, was sie da sahen, für bare Münze genommen. Und so entstand ihre Erwartung, dass Sex bei ihnen genauso funktioniert wie in diesen Filmen."

Tobi schmunzelt. „Aber in der Wirklichkeit konnten sie weder fliegen noch schweben oder tauchen, oder?"

Daniel grinst breit. „Genau richtig. Bingo! Was für eine schöne Übertragung. Ganz ehrlich, es hätte ihnen viel Stress erspart, wenn sie diese Fehlannahmen nicht in ihrer Lerngeschichte gehabt hätten."

Linus fragt nach: „Was meinst du mit Lerngeschichte?"

Daniel nickt. „Okay, das muss ich erklären. Wisst ihr, jeder Mensch hat eine sexuelle Lerngeschichte. Egal, wie alt er ist, und egal, ob er praktische Erfahrungen damit hat oder nicht. Denn alles, was wir irgendwie über Sex lernen – Sachinfos, Erlebnisse, Gefühle, Aufklärung usw. –, speichern wir ab. So lernen wir immer mehr dazu.

Und jeder hat auch Verantwortung für seine eigene sexuelle Lerngeschichte. Je älter er ist, umso mehr. Als kleine Kinder lernen wir zwar auch schon einiges zu dem Thema, aber da sind unsere Eltern noch viel mehr eingebunden und passen auf uns auf. Aber nicht weil die Erwachsenen Spielverderber wären, die es Kinder nicht gönnen, ihre Fragen zu klären.

Und wie ich eben auch erklärt habe, passt streng genommen sogar ein Gesetz mit auf. Die Idee hinter dem Gesetz ist, dass man Kinder vor Inhalten schützen will, die sie altersgemäß nicht einordnen können. Nehmt zum Beispiel mal das Thema Gruselfilme. Da ist es den meisten Menschen klar, dass die nichts für Kinder sind. Und je nach Inhalten darf man sie auch erst sehen, wenn man fast oder ganz erwachsen ist."

Max nickt. „Genau, Altersgruppen bei Filmen sind ja gestaffelt. Aber ganz ehrlich: So ganz sinnig ist das auch nicht immer. Ich habe da auch ein Beispiel. Einmal hatte meine Schwester Moya, als sie klein war, einen Puppenfilm geschenkt bekommen. Wisst ihr, so Puppen, ganz normale Puppen. Den Film hat sie mit ihren Freundinnen gesehen. Und der Film war sogar ganz ohne Altersbeschränkung …" Max macht eine Kunstpause. Dann verzieht er das Gesicht. „Und trotzdem hatte sie danach wochenlang Albträume und ich schlaflose Nächte. Wir haben uns damals ein Zimmer geteilt."

Daniel nickt. „Das ist übel. Und wie du gut beschreibst, teils im Vorfeld gar nicht abzuschätzen. Aber an sich ein gutes Beispiel. Es zeigt, dass diese Grenzen auch nur relativ sind. Deshalb sollte jeder gut auf sich aufpassen und schauen: Was passt wirklich zu mir, und was eben auch nicht?

Bei diesen Pornofilmen aber hat der Gesetzgeber diese absolute Altersgrenze von 18 Jahren festgelegt. Es ist sogar verboten, sie Kindern zu zeigen, selbst wenn Erwachsene dabei sind. Das ist bewusst anders als bei anderen Filmen mit Altersbeschränkung. Wenn Erwachsene solche Pornofilme mit Kindern anschauen, ist das eine Straftat", erklärt Daniel ernst.

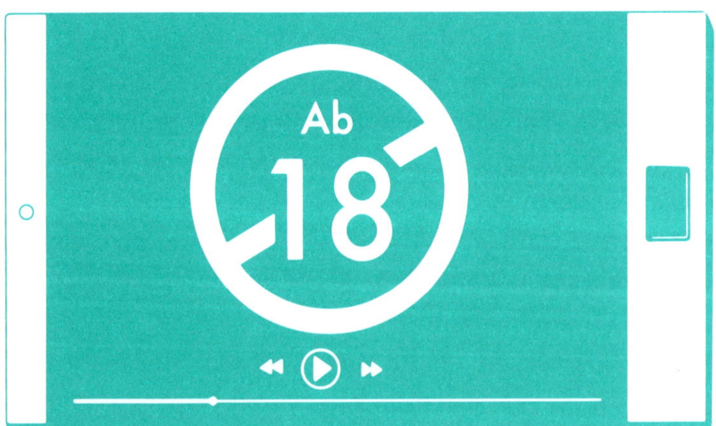


„Doch das bedeutet auch nicht automatisch, dass pornografische Filme für Erwachsene an sich unproblematisch sind, wie die Aussagen meiner Kollegin erahnen lassen. Aber lasst uns mal bei Kindern bleiben.

In diesem Fall haben euch ja eure Klassenkameraden diese Links geschickt. Es gibt aber auch viele andere Fälle, in denen Kinder unfreiwillig mit

Pornografie in Kontakt kommen. Sie klicken ein Pop-up-Fenster an, wenn sie im Internet surfen. Sie öffnen einen Film, der unter ganz anderem Namen daherkommt. Nicht selten finden sie unter eigentlich unverfänglichen Suchbegriffen im Internet komische Seiten. Und oftmals sind die dann auch noch ohne Altersschutz. Wichtig ist, sich notfalls Hilfe von Erwachsenen zu suchen."

Max zieht die Stirn kraus. Daniel lächelt. „Ja, ich weiß, dass das nicht so einfach ist. Weil die Erwachsenen eben oft nicht wissen, wie leicht es ist, unfreiwillig damit in Berührung zu kommen, und wie früh das manchen Kindern passiert. Eine Lehrerin erzählte mir, dass sie bei ihren Viertklässlern in jeder Klasse auf Kinder trifft, die davon schon gehört haben. Natürlich nicht die ganze Klasse. Es sind Einzelne wie bei euch auch, aber die geben es ja dann teils an andere weiter … Wichtig ist, keine Angst davor zu haben, sondern zu wissen, was man tun kann, wenn das passiert, und was schlau ist und was nicht."

Daniel schaut in die Runde. „Erinnert ihr euch noch, was ich eben zur sexuellen Lerngeschichte gesagt habe und zum Thema Verantwortung?"

Max nickt nachdenklich.

„Gut", lächelt Daniel. „Dann erkläre ich es euch mal an Max' Beispiel zu den altersgemäßen Filmen. Je älter ihr werdet, umso mehr habt ihr die Verantwortung dafür, welche Daten ihr euch auf eure Gehirn-Festplatte aufspielt, wenn ich das so sagen darf.

Wir lernen viel über alles Mögliche. Und natürlich auch über Sex. Und erst mal speichern wir alles ab, verknüpfen es mit Vorinformationen und weiteren Erfahrungen. Doch es ist wichtig zu verstehen, *wie* unser Gehirn arbeitet. Ihr könnt ja zum Beispiel nicht ins Kino gehen und erst nachher entscheiden, ob ihr euch den Film, den ihr euch angeschaut habt, merken wollt. Ihr speichert, während ihr guckt. Mit Gruselfilmen, Gewaltdarstellungen oder Pornofilmen ist es genauso.

Wenn ihr etwas Verstörendes seht, könnt ihr nicht nachher entscheiden: Ups, das war nichts. Das will ich mir nicht merken. Daher ist es schlau, vorher gut zu überlegen, was ihr wollt und was nicht. Und wenn man erst mittendrin checkt, dass der Film schräg ist oder einem nicht guttut, sollte man auch den Mut finden, dann auszusteigen."

Daniel lächelt die Jungs an. „Super, wie ihr es in diesem Fall gemacht habt. Ihr habt die Filme nicht einfach mal angeklickt, sondern euch vorher Rat gesucht. Auch wenn es etwas dauerte, bis ihr jemanden gefunden habt, bei dem ihr euch sicher gefühlt habt und die Fragen auch stellen wolltet. Klasse! Und danke für euer Vertrauen."

Die Jungs nicken. Sie freuen sich über das Lob, aber noch viel mehr darüber, dass Daniel sie mit ihren Fragen ernst genommen hat. Nachdem sie ihm gedankt haben, schlendern sie gemeinsam zum Camp zurück.

# GELÄNDESPIEL, EIN MISSVERFÄNGNIS & SICHTWEISEN

Nachmittags treffen sich alle am Parkplatz zum großen Geländespiel im Wald. Manu hat morgens am See mit Tom, dem Förster, schon abgesprochen, in welchem Bereich des Waldes sie das machen dürfen. Als sie starten wollen, ist es ziemlich windig.

Manu lächelt und erklärt freudig, dass der Wind für ihr Spiel ganz nützlich ist. „Der Wind wird uns helfen, euer Spielmaterial gekonnt zu verteilen. Dann ist es eure Aufgabe, im vorgegebenen Gelände farbige Blätter einzusammeln und in euer jeweiliges Lager zu bringen. Auf jedem Blatt steht ein Buchstabe. Die Buchstaben einer Farbe ergeben gemeinsam einen Lösungssatz. Sobald die erste Gruppe in ihrem Lager ihren Satz herausgefunden hat und auflösen kann, endet das Spiel."

Daniel ergänzt: „Die Blätter werden wir im Wind von einem Hochsitz ins Gelände werfen. Und natürlich solltet ihr möglichst alle Blätter finden. Für den Fall aber, dass der Wind Blätter davonweht oder ihr sie nicht erreichen könnt, haben wir extra umweltfreundliches Papier verwendet, das dem Wald nicht schadet und sich bei Regen selbst auflöst."

VOLL #RESPEKT LEBEN

Nach dieser Erklärung wandert die ganze Gruppe zum Startpunkt für das Geländespiel. Dort angekommen teilen Manu und Bekki sie direkt in zwei Gruppen ein. Jeder Teilnehmer erhält auf die Handinnenfläche einen Stempel mit dem Logo des Camps in der Farbe seiner Gruppe. Die rote Gruppe hat ihr Lager in der Nähe eines Wanderweges. Das Lager der blauen Gruppe liegt weiter im Wald an der Grenze zum Naturschutzgebiet.

Marlena erklärt das Spiel weiter: „Wir haben das Spielgelände extra so festgelegt, dass keine Spieler ins Naturschutzgebiet geraten und dort womöglich Vögel oder andere Tiere aufscheuchen.

Die Blätter verteilen wir auch weit genug weg, sodass kein Spielmaterial ins Naturschutzgebiet gelangen kann.

Für den unwahrscheinlichen Fall, dass bei dem Wind doch etwas dort landet, müsst ihr bitte den betreffenden Zettel dalassen und euren Satz ohne diese Hilfe auflösen. In jeder Gruppe habt ihr folgende Rollen zu verteilen: fünf Fänger, die im Wald unterwegs sind, um Mitglieder der anderen Gruppe aufzuhalten, sowie drei Tüftler, die im Lager ihres Teams bleiben und versuchen, den Lösungssatz zu entschlüsseln. Alle anderen sind Schmuggler. Sie sind im Gelände unterwegs, um Zettel in der Farbe ihres Teams zu finden und zum eigenen Lager zu bringen. Doch Vorsicht! Mitten zwischen euren Gruppen ist ein Hochsitz. An ihm müssen die Schmuggler immer vorbei und sich dort in einem unbeobachteten Moment für ihren gefundenen Zettel einen Rahmen abholen. Im Gelände sind Fänger beider Gruppen unterwegs. Im Umkreis von zehn Metern um den Hochsitz herum dürfen sie aber nicht warten und auch niemanden fangen.

Wenn sie einen Schmuggler aus der anderen Gruppe erwischen, bringen sie diesen zum Hochsitz. Dort muss er so lange bleiben, bis ihn ein anderer Schmuggler oder ein Fänger aus der eigenen Mannschaft durch Berühren ‚befreit'. Einen vorher gefundenen Buchstaben darf er dann mitnehmen.

Sind alle Schmuggler einer Gruppe gefangen, endet das Spiel, und die andere Gruppe hat gewonnen. Beide Gruppen haben die Aufgabe, die Blätter in der Farbe ihrer Gruppe möglichst rasch aufzuspüren und ins eigene Lager zurückzubringen. Blätter der anderen Gruppe dürft ihr nicht berühren.

Die Fänger können von der jeweils anderen Gruppe nicht gefangen werden. Sie bekommen ein Stoffband in der Farbe ihrer Gruppe; das binden sie sich um den Arm. Damit sind sie für alle eindeutig als Fänger erkennbar. Die Schmuggler aber sind auf den ersten Blick farblich nicht gekennzeichnet. Das macht es für die Fänger schwieriger, gegnerische Schmuggler aufzufinden.

Sie sind nur an dem kleinen farblichen Stempel in der Farbe ihres Teams innen auf der Handfläche zu erkennen. Diesen zeigen sie einem Fänger nur auf Aufforderung vor. Stimmt die Farbe des Fängers nicht mit der Farbe des Kennzeichens überein, bringt der Fänger den fremden Schmuggler zum Hochsitz."

Sie schaut lächelnd in die Runde. „Gibt es noch Fragen, oder ist jetzt alles klar?"

Alle nicken. Es gibt keine Rückfragen.

Marlena lächelt. „Okay, dann viel Spaß! Manu – Team rot – und Bekki – Team blau – bringen euch jetzt in euer jeweiliges Lager. Erst wenn ihr dort angekommen seid, werden Daniel, Vera und Manuel auf den Hochsitz steigen und eure Lösungsblätter dem Wind preisgeben. Sucht aber lieber auch etwas weiter um den Hochsitz herum, denn sie werden einige Zettel auch so verstecken. Das Spiel startet mit dem Pfiff aus dieser Trillerpfeife. Ach, ein letzter Tipp noch: Die Menge an Buchstabenzetteln könnt ihr der Lösungsschablone entnehmen. Einige Buchstaben haben wir euch als Hilfe vorab schon eingetragen. Wer als Erstes den Lösungssatz vollständig hat, hisst eine Fahne in seinem Lager. Vom Hochsitz überblicken wir beide Fahnenmasten und sehen so, wer zuerst auflöst. Dann kommt sofort ein Mitarbeiter zu euch ins Lager und prüft eure Lösung. Ist sie korrekt, hört ihr alle zum zweiten Mal die Trillerpfeife, und zwar dreimal. Dann kommt bitte alle zurück zum Hochsitz.“ Sie schmunzelt. „Viel Spaß wünschen wir euch!“

Im Team blau nahe am Naturschutzgebiet werden Tobi, Max, Simon, Linus und Leander wenige Minuten später zu Fängern erklärt. Als die Startpfeife ertönt, machen sie sich voller Eifer auf den Weg. „Es wäre doch gelacht, wenn wir das Spiel nicht gewinnen könnten. Also, gebt euch größte Mühe, Kumpels!“, feuert Max die anderen an.

Gegen 15 Uhr verabschiedet sich Leni von Phil. „Bis gleich, und pass gut auf, dass du nicht entdeckt wirst! Denk an die Kamera zur Tarnung!“

Sie zieht die Kapuze ihres Hoodies tief über ihren Kopf. Dann schiebt sie sich ihre Sonnenbrille auf die Nase. Kurz darauf hat sie bereits das Naturschutzgebiet verlassen. Als sie nah an den Wanderweg kommt, läuft sie sicherheitshalber parallel zum Weg im Unterholz. Zwar kommt sie so langsamer voran, fühlt sich aber sicherer, da ihr dort keine Spaziergänger entgegenkommen können.

In Gedanken ist sie schon beim Camp. Ungute Erinnerungen an ihren letzten „Besuch" dort steigen in ihr auf. ‚Hoffentlich läuft es diesmal besser, und ich finde rasch etwas zu essen. Bitte, lieber Gott, es wäre echt klasse, wenn ich etwas finden könnte ... – Hoppla!' Verwundert schmunzelt Leni. ‚Was war das denn jetzt? Habe ich gerade etwa schon wieder gebetet? Am helllichten Tag? Sonst habe ich doch nur mal ein Gute-Nacht-Gebet gesprochen ... Not lehrt beten', antwortet prompt ihr Kopf. ‚Nanu, wo kommt das denn jetzt her?', wundert sich Leni. Sie überlegt. ‚Stimmt, das sagt doch Frau Lieser sonst häufiger', stellt sie verdutzt fest.

Leni geht den Satz noch mal in Ruhe durch. ‚Merkwürdig. Darüber habe ich sonst noch nie nachgedacht. Aber irgendwie ist das ja auch logisch. Ja, eine ganze Reihe von Menschen wendet sich in schwierigen Situationen an Gott. Und wenn sie an Gott glauben, liegt es ja wahrscheinlich auch nahe, ihn um Hilfe zu bitten. Und Menschen, die nicht an Gott glauben? Die fänden das wahrscheinlich nicht naheliegend ...' Sie stutzt. ‚Aber ist das nicht nur schwarz-weiß gedacht? Entweder man glaubt oder man glaubt nicht?' Irgendetwas gefällt ihr daran nicht so richtig. Sie überlegt: ‚Was irritiert mich eigentlich so daran?'

Erstaunt stellt sie fest, dass es sogar mehrere Aspekte sind. ‚Na, ich selbst glaube ja schon irgendwie, dass es Gott gibt. Aber beten? Das mache ich doch normalerweise im Alltag nicht. Das habe ich erst hier angefangen, seit wir in dieser Notlage sind. Und überhaupt: Ist es eigentlich fair, Gott einen Auftragszettel rüberzureichen, wenn man Stress hat, sich sonst aber nicht bei ihm zu melden? Und hat Gott vielleicht irgendwelche Kriterien, wie man beten sollte, wenn man eine Not hat, die man ihm mitteilen möchte? Vielleicht eine Kerze anzünden?' Sie verwirft den Gedanken wieder. ‚Man hat ja nicht überall eine Kerze dabei. Das kann wohl nicht des Rätsels Lösung sein ...'

In Gedanken versunken stellt Leni fest, dass sie sich mit diesen Fragen noch nie wirklich beschäftigt hat. Vorsorglich schiebt sie murmelnd hinterher: „Hallo, ... Gott, ... Leni hier. Du kennst mich wahrscheinlich ... Jedenfalls kenne ich mich mit dem Beten nicht aus. Und meine auswendig gelernten Gebete passen hier irgendwie nicht so richtig. Also, nimm es bitte nicht persönlich, Gott. Ich glaube ja an dich. Nur habe ich da wohl einiges an, äh, Nachholbedarf."

‚Vielleicht kann ich das Moya mal fragen', denkt sie. ‚Die geht doch regelmäßig in ihre Kirchengemeinde.' Leni erinnert sich: ‚Einmal war ich sogar mit, damals als …'

Plötzlich hört sie hinter sich laut knackende Äste und eilige Schritte. Ungute Erinnerungen überfluten ihren Kopf. ‚Hiiilfee! Nein! Nicht schon wieder!' Noch bevor sie einen klaren Gedanken fassen kann, packt sie jemand kräftig am Arm. Sein Griff ist fest wie eine Schraubzwinge. Er zischt ihr ins Ohr. „Coole Tarnung, aber jetzt habe ich dich erwischt. Los, komm mit zum Hochsitz!"

Lenis Herz rast. Sie ist total erschrocken. Seine Worte hallen wie ein Echo durch ihren Kopf. ‚Hochsitz? Erwischt? – Oh, nein! Sind wir entdeckt worden?' Leni schluckt. Hilflos starrt sie vor sich hin. Ihr Blick fällt auf die blaue Binde am Arm des Jungen. Dann, mit einem Mal, wird ihr klar, was passiert ist. ‚Wie schrecklich! Jetzt bin ich mitten in das Geländespiel geraten. Und gleich in die Arme eines übereifrigen Spielers. Was der wohl von mir will?' Als sie zögert, wird der Junge ungeduldig. „Hat es dir vielleicht die Sprache verschlagen? Entweder du kommst jetzt mit, oder du zeigst mir dein Kennzeichen!"

Leni stutzt. ‚Kennzeichen? Was für ein Kennzeichen sucht er? Ich habe nicht die leiseste Ahnung!' Leni schätzt blitzschnell ihre Chancen ein. ‚Er ist deutlich stärker als ich und wahrscheinlich auch schneller. An Weglaufen ist nicht zu denken. Und wenn ich einen Aufstand mache und mit ihm diskutiere, kommen bestimmt noch mehr Mitspieler, und ich falle erst recht auf.' Siedend heiß wird ihr klar, dass jeder Mitspieler, der gleich dazukommt, Moya sein könnte. Oder Max. Obwohl sie nicht ahnt, dass Max einer der fünf Fänger dieser Gruppe ist, spürt sie instinktiv die Gefahr.

Hilflos zuckt sie innerlich mit den Schultern. ‚Ich meine, ja, ich wollte Moya was fragen. Aber doch nicht hier …' Die Unklarheiten zum Thema Gebet sind ihr jetzt gerade total egal. Sie schickt direkt noch ein Stoßgebet auf die Reise: ‚Hilfe, Gott! Bitte mach, dass mich hier niemand erkennt!'

Dann fasst sich Leni ein Herz und flüstert dem Jungen zu: „Hey, lass mich los! Ich spiele hier gar nicht mit."

Der Junge stutzt, hält sie aber weiter am Ärmel fest und lächelt dann. „Netter Versuch, aber sie haben alle eingeteilt. Es gibt keine Teilnehmer, die pausieren. Und ich wüsste ziemlich genau, wenn du in meiner Gruppe wärst." Er zögert. „Aber das können wir ja schnell klären. Also los, zeig mir dein Kennzeichen!"

Leni schaut ihn fragend an. „Mein was, bitte?"

Er nickt fordernd. „Komm, tu nicht so! Blau oder rot? Zeig sofort deine Hände!"

Leni zuckt mit den Schultern und hält ihm beide Hände hin. Sie dreht sie hin und her. Der Junge ist sichtlich irritiert. Triumphierend sagt Leni: „Ich habe keins, und mit eurem Camp habe ich nichts zu tun. Ich mache hier Urlaub."

Der Junge schaut sie groß an und lässt sie sofort los. Er tritt gleich drei Schritte zurück. „Ups. Dann war das Fangen hier ein Missverständnis ..." Er lächelt verlegen. Leni schmunzelt. „Stimmt. Ein Missverfängnis könnte man sagen ..." Beide grinsen. Doch schon fragt der Junge weiter: „Aber was machst du hier mitten in unserem Geländespiel?"

Leni sucht verzweifelt nach einer Antwort. Dann lächelt sie gekonnt: „Die Frage lautet eher: Was macht ihr hier in meiner Blaubeersuche? Ich wollte sehen, ob es hier Blaubeerbüsche gibt."

Er nickt. „Okay, verstehe." Dann zeigt er nach links. „Dann suchst du am besten weiter drüben, sonst gerätst du bald an die nächsten Fänger. Und außerdem kann ich dir versichern, dass ich hier bisher eh keine Blaubeersträucher gesehen habe." Als er gerade fertig ist, taucht weiter hinten zwischen den Bäumen noch ein Fänger auf. Gut, dass er noch weit weg ist. Leni erkennt aber die gleiche blaue Armbinde wie bei dem Jungen ihr gegenüber. Jetzt ruft der andere Fänger zu ihnen hinüber: „Warum kommst du nicht? Gibt es Schwierigkeiten, Tobi?"

Leni erschrickt furchtbar. ‚Oh nein, das ist Max' Stimme. Nichts wie weg!'

Sie bedankt sich rasch und verschwindet eilig im Gebüsch. Hoffentlich hört er ihr Herz nicht schlagen. Es klopft so laut, dass sie denkt, der ganze Wald wäre auf sie aufmerksam geworden. ‚Hoffentlich kommen die beiden nicht hinter mir her.' Eilig und mit superweichen Knien macht sie sich auf und davon. Erst als sie eine ganze Strecke gelaufen ist, bleibt sie stehen und holt tief Luft. ‚Puh, das entwickelt sich ja langsam alles zu einem einzigen Thriller. Das ist echt nichts für meine Nerven.' Rasch sucht sie nach dem Weg ins Camp. Endlich hat sie ihn gefunden. ‚Jetzt nur schnell etwas zu essen suchen, und dann nichts wie weg hier.'

Im Camp angekommen schaut Leni sich vorsichtig um. Es ist niemand zu sehen. Entschlossen geht sie direkt auf das Gemeinschaftshaus zu. Eilig drückt Leni die Klinke herunter. ‚Klar, es ist natürlich abgeschlossen. Was auch sonst.' Rasch läuft sie zur Rückseite, nur um enttäuscht stehen zu bleiben. Auch ihr kleiner Noteinstieg vom letzten Mal ist verschlossen. ‚Okay, das war absehbar. Was habe ich auch erwartet? Dass sie uns das Essen hier draußen einfach auf den Tisch stellen?', denkt sie zynisch und seufzt. ‚Was nun? Unverrichteter Dinge wieder zu gehen ist keine Option. Aber wenn alles Essen da eingeschlossen ist, was bleibt mir anderes übrig? Ich muss jetzt erst mal nachdenken. Wie komme ich jetzt bloß an etwas zu essen?'

Traurig, müde und hungrig hockt Leni sich auf die Bank neben dem Gemeinschaftshaus. Tränen laufen über ihr Gesicht. Sie fühlt sich mit der ganzen Situation überfordert. ‚Am liebsten wäre es mir, wenn alles wieder normal wäre. Aber was ist schon normal?' Leni schüttelt unwillig den Kopf. ‚Im Moment gar nichts. Und ganz sicher keine entfernten Verwandten in der Schweiz!'

Sie rafft sich wieder auf, wischt sich die Tränen ab und blickt sich um. ‚Wow, was ist das denn? Ein Glas mit Keksen! Ja, wo kommen die denn auf einmal her?' Leni reibt sich die Augen. ‚Wie jetzt? Haben die etwa die ganze Zeit hier neben mir auf der Bank gestanden? Oder sind die eben erst hier gelandet?'

Egal. Leni verbucht sie als echtes Himmelsgeschenk. Sie lächelt und schickt ein Dankgebet zum Himmel. ‚Hm. Okay, krass, langsam gewöhne ich mich an diese Art der Kommunikation …' Eilig verstaut sie einen Teil der Kekse in ihrer Jackentasche. ‚Lieber nicht alle rausnehmen, das fällt sonst auf', denkt sie.

Dann läuft Leni auf der Suche nach etwas Essbarem die Zeltplätze ab. In die Zelte mag sie nicht schauen. Irgendwo muss sie schließlich eine Grenze ziehen. All das ist ihr eh schon schrecklich unangenehm.

Schließlich entdeckt sie auch die Getränkestation. Doch die Betreuer haben den Schuppen mit einem Vorhängeschloss gesichert. Leider kann Leni deshalb nichts daraus mitnehmen. Umso mehr freut sie sich, als sie vor einem Zelt eine angebrochene Flasche Apfelschorle findet und weiter drüben bei einem anderen Zelt einen Apfel. Sie nimmt beides mit. ‚Das muss reichen', entscheidet sie, als sie plötzlich Stimmen hört.

‚Oh, nein! Sind die etwa mit dem Geländespiel schon fertig?', fragt sich Leni entsetzt. Mit einem schnellen Sprung hechtet sie hinter einen dichten Busch. Vorsichtig biegt sie die Zweige auseinander. Zwei Betreuer, ein Mann und eine offensichtlich schwangere Frau, gehen geradewegs aufs Gemeinschaftshaus zu. ‚Nur gut, dass ich jetzt nicht mehr auf der Bank sitze', denkt Leni. ‚Die hätten mich sofort entdeckt.'

Leise macht sie kehrt und sieht nun zu, dass sie wegkommt. Unterwegs überlegt sie. ‚Kekse, Schorle, ein Apfel – magere Ausbeute. Wir werden uns etwas anderes überlegen müssen. Sonst wecken wir hier richtig Verdacht."

Auf dem Rückweg schlägt sie einen weiten Bogen ein. Keine zehn Pferde würden sie jetzt an die Stelle bringen können, wo das Geländespiel stattfindet. ‚Bloß nicht noch mal gefangen werden! Nur gut, dass niemand mich erkannt hat. Die Aufregung reicht glatt für etliche Monate', denkt sie erschöpft.

Das Geländespiel neigt sich inzwischen dem Ende zu. Die Schmuggler haben sich alle Mühe gegeben und reichlich rote und blaue Buchstaben-Zettel in ihr jeweiliges Lager getragen.

Die Tüftler haben es aber nicht leicht, denn einige Blätter lassen sich trotz größter Mühe nicht mehr auffinden. Rebecca, Paula und Jule grübeln. Ihr Lösungsblatt zeigt, dass es sich um sechs Wörter handelt. Außerdem sind die Vokale e und i als Buchstaben bereits vorgegeben. Aber was in aller Welt soll das bloß heißen?

_ie_e _ei_e_ ______e_ _ie _i__ _e_____

Verwirrt stehen die drei davor und finden zunächst keinen Ansatz. Jule mault: „Dass das so schwierig ist, hätte ich nicht gedacht. Ich habe überhaupt keinen Schimmer!"

Paula starrt auch erst mal ratlos auf das Papier.

Rebecca ist sich auch unsicher, behält aber die Fassung: „Hey, Ladies. Das ist bestimmt machbar. Nur die Ruhe! Lasst uns erst mal schauen, wie viele Buchstaben wir haben und wie viele fehlen." Sie zählt die Lücken rasch durch. „Es müssten 22 Felder besetzt werden." Sie dreht sich zu Jule. „Wie viele Buchstaben haben wir denn?"

Jule zählt schnell die Buchstabenzettel. „Okay, das sind immerhin 19 Buchstaben und ein Ausrufungszeichen." Erleichtert grinst sie. „Super, dann fehlen uns nur zwei Buchstaben." Sie lächelt schon wieder ein wenig. „Das sollte unsere Chancen doch verbessern, oder?"

Paula schüttelt den Kopf und starrt auf die Buchstabenzettel:

w N s b h d c L s t
ä c h n n n b d ! s

„Aber das sagt mir immer noch rein gar nichts", seufzt sie.

Jule schlägt vor: „Lasst uns die Buchstaben als Erstes einmal alphabetisch sortieren! Dann haben wir auch eine Idee, wie oft jeder Buchstabe vorkommt."

Paula nickt. „Und das Ausrufezeichen kommt bestimmt in das leere Feld am Schluss." Sie schmunzelt. „Immerhin habe ich auch etwas gefunden!"

Nach dem Sortieren sieht das Ganze nun wie folgt aus:

ä b b c c d d h h L
N n n n s s s l w !

Paula greift sich das Ausrufezeichen und platziert es am Satzende.

_ie_e _ei_e_ ______e_ _ie _i__ _e____!

Aufgeregt tänzelt Rebecca um die Buchstabenzettel herum. „Seht ihr, was ich sehe? Die Buchstaben sehen nicht alle gleich aus ..."

Jule verdreht die Augen. Etwas genervt entgegnet sie: „Na klar, sie sind ja auch verschieden ..."

Rebecca lächelt. „Ja, natürlich. Aber das meinte ich nicht. Wir haben

hier große und kleine Buchstaben. Also können wir vielleicht unseren Satzanfang schon finden. Lasst mal überlegen! ‚Nie _ e' – was könnte das heißen? Ich probiere es mal mit den vorhandenen Konsonanten. ‚Niene, Niebe, Niewe, Niede' ... alles unsinnig. ‚Niese' ginge vielleicht, macht aber inhaltlich wenig Sinn. ‚Niete?' Das wäre theoretisch möglich, aber auch ein komischer Beginn."

Paula überlegt laut. „Was ist denn mit dem ‚L'? ‚Liete' gibt es nicht. ‚Liene' und ‚Liese' auch nicht. ‚Liede' ebenfalls nicht, höchstens ‚Lieder'. Aber das wäre zu lang."

Rebecca schmunzelt und hilft ihnen auf die Sprünge. „Nur knapp daneben. Ich denke, es geht um das gute alte Wort ‚Liebe'!"

Liebe _ei_e_ ______e_ _ie _i__ _e____!

ä b c c d d h h

N n n n s s s t w

Nun schaut sich Jule die restlichen Buchstaben genauer an. „Das ‚c' kommt ja eher selten vor. Meist in Kombination wie ‚ck' oder ‚ch' oder ‚sch'. Hm, ‚ck' fällt schon mal weg, ein ‚k' haben wir ja nicht", überlegt sie laut.

Paula wendet ein: „Außer es ist bei den Buchstaben, die wir nicht gefunden haben ..."

Sie grübeln weiter. Rebecca überlegt: „Bestimmt hat es was mit unserem Camp-Motto zu tun. ‚Respekt' kommt aber nicht drin vor. Da fehlen uns zu viele Buchstaben. Das ‚ä' ist aber selten, damit lässt sich schon was anfangen. Lasst mal sehen! Worin kommt denn ein ‚ä' vor? ‚Lärche, Ähren, Äxte, Säge, Täler, Wälder, Nässe, Nägel, Nähte, Nähe', nein, das passt inhaltlich so gar nicht. Und vieles können wir wahrscheinlich ausschließen, weil andere Buchstaben, die da reingehören, hier gar nicht vorkommen. Zum Beispiel das ‚x' von ‚Äxte'. Es sei denn, wir haben auch das wieder nicht gefunden. Aber Quatsch, unser ‚ä' ist ja klein geschrieben, damit ist ‚Äxte' eh raus. Aber ‚Nächste'", sie grinst, „das könnte etwas sein! Da würde auch dein ‚ch' reinpassen", lächelt sie Jule zu. „Und das würde auch nur an genau einer Stelle passen. Lasst mal sehen, ob das mit dem ‚e' hinkommt ... Ha, gar nicht schlecht!", ruft sie dann entzückt. „Was haltet ihr davon?":

Liebe _ei_e_ Nächsten _ie _i__ _e____!

b c d d h n n s s w

Jule schaut verwirrt. „‚Okay, okay, lassen wir das mal stehen. Aber was machen wir mit dem ‚w‘? Meint ihr, das könnte ‚weinen‘ heißen? Von den Buchstaben her wäre es möglich …“

Paula schüttelt den Kopf. „Nein, das denke ich nicht. ‚Liebe weinen Nächsten‘ ergibt keinen logischen Satz.“

Rebecca grinst breit. „Aber ‚Liebe deinen Nächsten‘ schon!“

Liebe deinen Nächsten _ie _i__ _e____!

b c d h s s w

Jule schmunzelt. „Dann baue ich mein ‚w‘ beim nächsten Wort ein – ‚w‘ wie ‚wie‘!“

Rebecca nickt. „Und der Rest ergibt sich dann ganz einfach … Uns fehlen also ein ‚l‘ und ein ‚t‘.“

„Mensch, klar!“ Nun hat es auch bei Paula klick gemacht. „Und jetzt passt es auch zum Campmotto.“ Eilig hissen sie die rote Fahne.

Kurz darauf erscheint ein lächelnder Manu bei Ihnen. Er verbeugt sich kurz und fragt: „Sie möchten auflösen, die Damen?“ Im Chor antworten Rebecca und Jule.

Liebe deinen Nächsten wie dich selbst!

Manu nickt bestätigend und pfeift dreimal mit seiner Trillerpfeife. Das ist das vereinbarte Signal für die anderen, dass es einen Sieger gibt und das Spiel nun beendet ist.

„Wir treffen uns mit den anderen am Hochsitz. Kommt bitte alle mit!“

Dort angekommen stoßen sie auf die Spieler von Team blau, die auch kurz vor der Lösung gestanden hatten.

Marlena ergreift noch einmal das Wort. „Super, dass ihr alle so gut und vor allem fair mitgespielt habt! Mit dem Lösungssatz", sie wiederholt ihn sicherheitshalber noch einmal für Team blau, „möchten wir euch Respekt für andere, aber auch für euch selbst mit ans Herz legen.

Es ist immer wichtig, beide im Blick zu haben. In beiden Teams sind einige Buchstaben verschollen, trotzdem habt ihr", sie blickt zu Team rot, „auflösen können. Und ihr", sie schaut zur blauen Gruppe hinüber, „wart auch kurz davor. Hätten wir aber kleinere Zettel genommen oder gar Federn, wären sie mit dem Wind verschwunden, und ihr hättet gar nichts lösen oder aufsammeln können. – Irgendwann, ich weiß gar nicht mehr genau wo, ist mir so eine Geschichte mal begegnet.[20] In der hat jemand ein Gerücht über jemanden in Umlauf gebracht. Das stellte sich aber als unwahr heraus.

Als die Person, die es in Umlauf gebracht hatte, sich schließlich nach längerer Zeit bei der anderen Person entschuldigte, nahm diese die Entschuldigung zwar an, gebrauchte aber genau dieses Bild: Gerüchte sind wie leichtes Material, das der Wind davonträgt. Man kann sie nicht wieder einfangen. – Das hat bestimmt jeder schon mal erlebt, wie sehr ein unüberlegtes Wort verletzen kann. Oder wie Worte auch gezielt verwendet werden können, um wunde Punkte zu treffen. Heftig wird es dann, wenn andere ins Spiel kommen und sich Parteien bilden.

Daher ermutigen wir euch, an den Impuls zu denken: ‚*Soweit es an euch liegt, habt Frieden mit jedermann!*'[21] – Wir machen euch Mut, Verantwortung für den Frieden zwischen Menschen zu übernehmen. Und wenn euch das gut gelingt, wer weiß, ob ihr nicht manch durchgeknalltem Erwachsenen auch eine neue Perspektive aufzeigen könnt. Immerhin haben wir Menschen nicht die absolute Sicht. Doch dazu später nach einer Stärkung mehr.

Jetzt machen wir uns erst mal auf den Rückweg zu kühlem Kakao, Limo und einem Snack, den Daniel und Vera inzwischen für uns vorbereitet haben."

Im Camp eingetroffen, geht Tobi rasch zur Bank, um die Kekse zu holen. Enttäuscht sieht er, dass nur noch wenige Kekse im Glas sind. Ob hier jemand von den anderen heimlich zugeschlagen hat? Er schüttelt den Kopf und kann sich das nicht vorstellen, oder doch? Tobi nimmt das Keksglas mit ins Gemeinschaftshaus.

Vera kommt ihm lächelnd entgegen. „Oh, euch hat es wohl geschmeckt?“

Tobi schüttelt irritiert den Kopf. „Wir, äh, ich, habe noch gar keine Kekse gegessen. Nur Simon und Linus haben je einen verspeist. Die anderen aus meiner Gruppe aber nicht. Wir wollten sie gemeinsam mit euch nach dem Geländespiel probieren. Und ich denke eher nicht, dass jemand von uns heimlich dran war. Da waren wir uns alle einig.“

Vera nickt. „Verstehe. Nun, ich habe sie draußen vergessen. Vielleicht war während unserer Abwesenheit doch wieder jemand hier? Wir müssen einfach unsere Augen offen halten. Aber keine Sorge, ich habe noch mehr Kekse. Gib mir mal das Glas, ich fülle es wieder auf! Ihr könnt sie auf jeden Fall probieren.“

Grinsend geht Tobi kurz später mit dem vollen Keksglas zu den anderen an den Tisch.

Als Leni sich dem Hochsitz nähert, erschrickt sie. Hinter einem Busch in der Nähe sieht sie versteckt jemanden kauern. Lautlos hält sie inne. ‚Oh, nein!‘, denkt sie. ‚Hoffentlich hat uns niemand entdeckt! Ob das schon wieder diese Jungs sind? Sind die etwa dabei, uns auszuspähen?‘ Schon will sie auf dem Absatz kehrtmachen, da stutzt sie plötzlich. ‚Habe ich jetzt eine optische Täuschung? Wie in aller Welt ... Aber das ist doch ...‘

„Phil?“, flüstert sie entsetzt.

Tatsächlich! Die Person, die sich jetzt langsam zu ihr umdreht, ist Phil. „Was in aller Welt tust du hier unten?“, flüstert sie besorgt und schleicht zu ihm hinüber.

Phil seufzt. „Na, an sich ist das Versteck ja gut und schützt vor schlechtem Wetter. Aber besonders luxuriös ist es leider nicht ausgestattet ... Besonders fehlte mir der Wasseranschluss.“

Leni schaut verwirrt. Plötzlich versteht sie. „Oh nein. Na klar, daran hatte ich noch gar nicht gedacht.“ Sie nickt verständnisvoll.

Phil berichtet dann noch mal in Ruhe. „Tja, kurz nachdem du weg warst, überfiel mich ein dringendes Bedürfnis. Eigentlich wollte ich auf dich warten. Aber dann ging es einfach nicht mehr. So blieb mir nichts anders übrig, als mich Stufe für Stufe herunterzuquälen." Er seufzt. „Es ist gerade noch gut gegangen. Doch für den Rückweg allein hinauf reichte meine Kraft einfach nicht mehr. Deshalb habe ich mich hier im Gebüsch versteckt."

Phil zuckt mit den Schultern. „Immerhin habe ich jetzt erst mal Ruhe, wenn ich irgendwie wieder nach oben komme. Hilfst du mir bitte hinauf?"

Leni zögert. „Aber wo du schon unten bist, sollen wir jetzt nicht sehen, dass wir hier wegkommen?"

Phil überlegt kurz. Dann sagt er traurig: „Nein, Leni, das hat wohl keinen Sinn. So wie es meinem Fuß geht, traue ich mir das nicht zu. Und dafür bin ich auch zu fertig nach der Aktion. Bitte, hilf mir wieder hinauf!"

Gemeinsam starten sie nun die ermüdende Prozedur noch einmal. Phil zieht sich hoch, Leni schiebt von unten nach. Die Leiter erscheint ihnen endlos. Endlich sackt Phil in eine Ecke des Hochsitzes. „Hoffentlich geht es mir bald besser! Wir müssen dringend hier weg!"

Dann essen sie Kekse und trinken etwas von der Apfelschorle. Als Phil ein wenig zu Kräften gekommen ist, berichtet ihm Leni in aller Ruhe von ihren Abenteuern. Sie schließt: „Und deshalb denke ich, dass es keine gute Idee ist, im Camp weiter nach Essen zu suchen. Keine Ahnung, ob die beiden Erwachsenen als Wachen dageblieben oder früher als gewohnt zurückgekommen sind. Aber egal: Zweimal bin ich jetzt fast erwischt worden, und einmal hat man mich sogar bei deren Geländespiel gefangen. Max hat mich beinahe entdeckt. Ich denke, wir sollten unser Glück nicht weiter herausfordern."

Phil nickt nachdenklich. „Ja", murmelt er, „lass uns später noch mal genauer überlegen, welche Alternativen wir haben!" Müde schließt er die Augen und döst ein. Sein kleiner Ausflug hat ihn enorm viel Kraft gekostet.

Frisch gestärkt treffen sich die Geländespieler auf der großen Wiese neben dem Gemeinschaftshaus wieder. Daniel begrüßt sie.

„Eben habt ihr ja schon von Marlena gehört, dass Gerüchte Folgen haben können. Jetzt möchten wir das Thema gerne noch etwas erweitern und vertiefen. Die meisten Menschen geben Gerüchte ja nicht einfach so weiter, sondern oft auch deshalb, weil sie daran aus ihrer Sicht etwas Wahres vermuten.

Und so ist das auch mit der menschlichen Wahrnehmung. Ein berühmtes jüdisches Buch, der Talmud, sagt weise: ‚Wir sehen die Dinge nicht so, wie sie sind, sondern wie wir sind.‘[22] Jeder Mensch sieht die Welt durch ‚seine Brille‘ oder durch sein ‚Nasenfahrrad‘, wie manche sagen.“ Viele kichern bei dem Vergleich. Daniel grinst ebenfalls.

Dann spricht er weiter: „Und diese eigene Perspektive, wie man auch sagt, hat man unabhängig davon, ob man tatsächlich eine Brille auf hat oder nicht. Jeder für sich hat ganz eigene Sichtweisen. Deshalb ist etwas, was der andere sagt, meint oder vertritt, für uns oft so unverständlich. Wenn man das aber einmal verstanden hat, ist es ein wichtiger Schatz fürs Leben. Es ist wichtig, sich das besonders in schwierigen Situationen vor Augen zu führen.

Generell im Leben, aber besonders auch in der Pubertät, in der ihr euch jetzt befindet. Das ist eine besondere Lebensphase, die sich über etwa zehn Jahre erstreckt. Vielen ist gar nicht klar, dass sie so lange dauert und eben nicht nur mit Körperveränderungen auf dem Weg vom Kind zum Erwachsenen zu tun hat.

Denn die Pubertät ist auch die Zeit, in der man sich seine eigene Meinung bildet, sich abgrenzt. Da ist es normal, Dinge zu hinterfragen, um besser zu verstehen, wer wir sind und was uns im Leben wichtig ist.

All das ist an sich gut und richtig. Auch das Abgrenzen anderen gegenüber, wie Eltern, Lehrern, Gruppenleitern …“ Er grinst. „Und doch kann es auch leicht in unnötigen, kräftezehrenden Grabenkämpfen enden. Daher unser Tipp besonders auch für zu Hause: Überlegt gut, wofür es sich zu kämpfen lohnt! Und wo ihr euch die Energie sparen könnt!“

Manu grinst. „Auf einem Metallschild, das ich mal bei Freunden entdeckt habe, stand: ‚Bevor du mit dem Kopf durch die Wand willst, überlege: Was willst du im Nebenraum?‘“[23] Spontan lachen einige laut los.

Linus schmunzelt und wirft ein: „Cooler Gedanke. Und das verstehe ich auch. Aber ist es nicht in der Regel so, dass es doch irgendwie ein klares Richtig und ein Falsch gibt?“

Daniel schmunzelt. „Das ist eine interessante Frage. Ja, es gibt Situationen, die sich so auflösen lassen, dass es ein eindeutiges Richtig und Falsch gibt. Aber könnte es nicht auch sein, dass beide recht haben? Dass dies aus ihrer jeweiligen persönlichen Sicht aber nicht erkennbar ist?“

Jetzt übernimmt Vera. Sie lächelt. „Wer von euch ist eigentlich richtig gut in Mathe?"

Simon und Paula melden sich direkt. „Dann kommt doch bitte mal kurz nach vorn, ihr zwei!"

Als sie vorn angekommen sind, wendet sich Vera an beide. „Wenn ihr gut in Mathe seid, dann beherrscht ihr doch den Zahlenraum zwischen 1 und 10 spielend, oder?"

Simon verdreht die Augen. „Na klar. Was ist das denn für eine Frage? Da hättet ihr sicher auch andere drannehmen können!" Auch Paula schaut irritiert.

Vera lächelt entschuldigend. „Sorry, ich wollte nur sichergehen, dass ihr die Zahlen zwischen 1 und 10 sehr gut kennt und sicher zuordnen könnt."

„Kein Problem", meint Paula. „Das ist ja Kinderkram."

Nun bittet Daniel Paula und Simon, sich mit etwas Abstand einander gegenüberzustellen. Dann rollt Vera ein großes Plakat zwischen beiden aus. „Teilt uns bitte mit, welche Zahl aus eurer Sicht darauf zu sehen ist!"

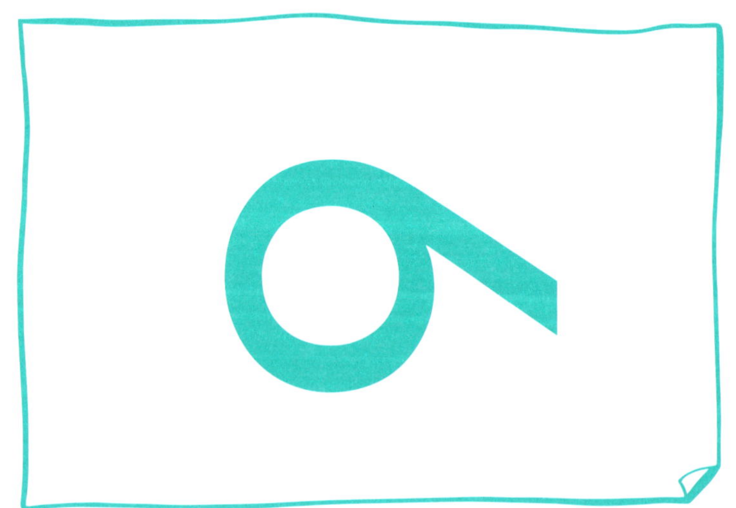

Simon grinst breit. „Das ist ganz klar eine Neun."

„Quatsch", fällt ihm Paula mindestens genauso breit grinsend ins Wort. „Auf dem Bild ist eindeutig eine Sechs zu sehen."

Daniel und Vera schauen die beiden herausfordernd an. Daniel fragt nach: „Aber ihr seid schon sicher, dass ihr den Zahlenraum zwischen 1 und 10 genau beherrscht? Ich meine, zwischen 6 und 9 liegen drei Zahlen! Auf dem Plakat ist definitiv nur eine Zahl. Und beim Rechnen ist es keineswegs egal, ob ich eine Sechs oder eine Neun in die Gleichung einsetze. Oder?" Beide, Paula und Simon, nicken bestätigend.

Jetzt wendet sich Daniel an die Zuschauer: „Aber wer hat nun recht?"

Eine Diskussion beginnt. Am Ende einigen sich alle, dass ein Perspektivwechsel die Lösung bringt.

Vera fasst sie für alle zusammen: „Wenn man das Blatt nur um 90° dreht oder beide Personen aus der gleichen Richtung schauen, ist die Lösung eindeutig. Hier ist es also eine Frage des Blickwinkels! Aber so, wie das Papier lag und die beiden sich gegenüberstanden ... aus der jeweiligen Sicht der einzelnen Betrachter, hatte jeder von ihnen Recht."

Daniel ergänzt: „Mit unserer kleinen Matheübung zwischen 1 und 10 ist das ja supereinfach zu verstehen. Aber so kann es eben auch im echten Leben sein. Dass jemand voll und ganz von seiner Sicht der Dinge überzeugt ist, in Wirklichkeit ist es aber ein, wie ich gern sage, ‚Sechs-oder-neun-Problem'. Darum kann es sehr lohnenswert sein, wenn man sich über andere und ihre Sicht ärgert, innerlich mal innezuhalten und zu überlegen, wie es wohl durch die Brille meines Gegenübers aussieht."

Marlena schaltet sich ein. „Und damit sind wir wieder beim Thema von vorhin. Ein überlegter Umgang mit Worten und deren Konsequenzen ist sinnvoll. Im Zweifel für den Angeklagten, sagt sogar unser Strafgesetz. Aber warum? Weil hier bei uns die Unschuldsvermutung gilt. Und zwar so lange, bis etwas tatsächlich bewiesen ist. Und wenn man sich die Sichtweise und die Motive von Menschen anschaut, hat man zum Teil auch eine Chance zu verstehen, wieso jemand so handelt. Euer Lösungssatz eben war: ‚Liebe deinen Nächsten wie dich selbst.' Wir sollen respektvoll mit anderen umgehen, so, wie wir uns ja auch für uns selbst wünschen, dass andere dies ebenfalls tun."

Manuel schaut auf die Uhr. „Es ist jetzt 17 Uhr. Nachdem wir uns gleich noch mal gestärkt haben, habt ihr bis halb acht Freizeit. Wir essen heute Abend bewusst später." Er grinst in die Runde. „Das gibt Frau Klassen genug Zeit, um unser köstliches Abendessen vorbereiten zu lassen."

Tobi grinst. „Stimmt. Pizza. Genial, Leute! Dann lasst uns doch draußen noch eine Runde kicken gehen. Wer hat Lust?“

Ruckzuck haben sich die Camp-Teilnehmer verteilt und beschäftigen sich noch bis zum Abendessen.

# ERFAHRUNGEN, RECYCLING & CHANCENVERWERTUNG

Gegen 19:30 Uhr treffen sich alle wieder am Gemeinschaftshaus. Sie beginnen die Mahlzeit mit einem Tischgebets-Rap. Dann bestaunen sie das Buffet. Die Bürgermeisterin hat nicht zu viel versprochen! Sie hat eine gewaltige Menge unterschiedlicher Pizzasorten liefern lassen. „Für die Spitzentruppe. Zur Stärkung nach der so wertvollen Mithilfe", zitiert Vera sie und wünscht im Namen von Frau Klassen allen einen guten Appetit.

Dann geht der große Run aufs Buffet los. Zum Essen sitzen alle gemütlich beisammen. Die Tische haben sie so zusammengeschoben, dass sie gut miteinander ins Gespräch kommen können.

Simon schiebt sich ein letztes Stück Pizza in den Mund. „Einfach köstlich! Aber das war's. Ich bin so was von pappsatt!" Die anderen nicken.

Tobi grinst: „Ja, das geht mir auch so. Oberkante Unterlippe! Aber jetzt mal echt: Das ist schon voll was Besonderes, dass man fürs Müllsammeln so belohnt wird, oder?" Er verdreht die Augen. „Ich werde mit meinen Erziehungsberechtigten noch mal sprechen müssen! Zu Hause habe ich fürs Müllrausbringen noch nie Pizza bekommen", meint er mit gespielter Empörung.

Emma grinst, schaut dann aber nachdenklich. „Ja, das ist schon eine besondere Ausnahme hier. Wenn man bedenkt, dass die Müllentsorgung ja eigentlich selbstverständlich sein sollte. Besonders aber auch, weil das, was wie Müll aussieht, in Wirklichkeit noch so viel Wert hat. Ehrlich gesagt habe ich am Anfang gedacht, dass es voll langweilig wird, wenn dieser Herr Adam uns einen Müllvortrag hält." Sie lächelt zerknirscht. „Aber, Leute, ich finde, er hat es voll interessant gemacht und war supernett."

Emma verdreht die Augen. „Da hatte ich wohl auch mein eigenes Nasenfahrrad auf!" Alle lachen.

Jule nickt. „Mir ging es aber ähnlich. Und was er uns gezeigt hat, geht mir auch immer noch durch den Kopf. Wie wenig da an der weißen Fahne lag. Überlegt doch mal, wie viel sonst oft achtlos weggeworfen wird. Schon innerhalb der Mülltonnen. Ganz zu schweigen vom Müll, der querfeldein entsorgt wird. Und wie das der Natur schadet."

Rebecca nickt. „Ja, ganz abgesehen von den Lebensmitteln, deren Haltbarkeit abläuft und die dann im Müll landen, während andere hungern müssen. Puh. Da müsste man noch viel mehr tun, um darauf aufmerksam zu machen. Cool finde ich jedenfalls Läden, die übrig gebliebene Lebensmittel spenden. Zum Beispiel an eine Tafel."

Linus hakt nach. „Kapier ich nicht. Wieso spenden die an einen vornehmen Tisch? Wäre es nicht besser, für Arme zu spenden?"

Paula grinst. „Ja klar, und das tun sie auch. Die Bezeichnung ‚Tafel', steht für eine Organisation, in der Ehrenamtliche bedürftige Menschen mit Nahrungsmitteln versorgen. Die gibt es hier bei uns in den meisten großen Städten. Ich habe mal ein Referat darüber gehalten. Allein in Deutschland gibt es fast 1000 Tafeln![24] Voll beeindruckend, wenn man bedenkt, dass die erste Tafel erst 1993 gegründet wurde."

Daniel lächelt in die Runde. „Ich sehe schon, dass es euch auch ein Stück so wie uns ergangen ist. Diese außergewöhnliche Rallye bringt einen schon ganz schön ins Nachdenken. Das ging uns beim Vorbereiten der Freizeit definitiv auch so. Man kriegt das Thema nicht mehr richtig aus dem Kopf. Und beim Müll ist vielen Menschen ja schon klar, was gut wäre. Auch wenn sie nicht unbedingt immer danach handeln. Aber auch sonst schätzen die Leute vieles gering oder werfen es im übertragenen Sinn weg, obwohl es wertvoll ist."

Max runzelt die Stirn und fragt direkt zurück: „Und was genau meinst du damit?"

Daniel antwortet. „Nun, nicht unbedingt Gegenstände, sondern auch Dinge, die passieren ..."

Vera nickt und führt Daniels Gedanken weiter: „Ja, das ist mir auch klar geworden. Manchmal ist es im Leben doch so: Man hat irgendwelche blöden Sachen erlebt, und oft denkt man dann: ‚Oh nein! Dass das ausgerechnet mir passieren musste!' Und man kann dem überhaupt nichts Positives abgewinnen. Im Gegenteil. Man möchte das unschöne Erleben am liebsten ruckzuck entsorgen oder ungeschehen machen. Aber das geht ja nicht.

Ab und an aber stellt man im Nachhinein fest: ‚Das, was ich da erlebt habe, da bin ich durch echte Tiefen gegangen. Und so schmerzhaft das auch war, irgendwie hat mich das auch weitergebracht. Ich habe jetzt vielleicht mehr Standfestigkeit und einiges an *Know-how* dazugewonnen, was mir für spätere Situationen hilft. Mich werfen Kleinigkeiten nicht mehr so leicht um. Oder ich kann sogar mit oder wegen meiner blöden Erfahrung einem anderen Menschen weiterhelfen. Weil ich ihn verstehen, mit ihm mitfühlen, ihn ein Stück begleiten, ihm vielleicht sogar einen Rat geben kann.'"

Jule grinst und meint: „Das wäre dann ein Erfahrungsrecycling!" Die anderen lachen.

Tobi schaut nachdenklich. „Krass, das finde ich echt einfallsreich oder innovativ, wie mein alter Herr sagen würde. Das Wort ‚Erfahrungsrecycling' ist jedenfalls echt cool und irgendwie auch lustig. Mich erinnert das alles aber vor allem daran, wie es mir ging, als die Firma meines Vaters geschlossen wurde. Holterdiepolter musste er sich eine neue Arbeitsstelle suchen. Und plötzlich waren Tatsachen geschaffen. Da hat keiner gefragt, ob uns das passt und wir gerne umziehen möchten. Echt, ich hatte total die Nase voll. Und anfangs war es hier für mich auch komisch, mich in alles reinzufinden. Alle sprachen so merkwürdig."

Tobi grinst. „Ich dachte echt, jetzt ist zappenduster." Er lächelt seine Freunde reumütig an. „Zappenduster will sagen: echt aussichtslos. Aber Pustekuchen …" Er schaut dankbar zu seinen Freunden hinüber. „Da hatte ich euch noch nicht auf dem Radar. Ihr habt mir super geholfen, hier zu landen. Und jetzt mag ich euch alle voll. Es ist überhaupt nicht vorstellbar, was wäre, wenn ich euch nie getroffen hätte. Da wäre mir glatt was durch die Lappen gegangen!"

„Und uns auch", ergänzt Emma halblaut und läuft rot an. Die anderen grinsen.

Rebecca bemerkt Emmas Verlegenheit und wirft rasch ein: „Irgendwie ist es doch so, dass hier keiner fehlen sollte. Jeder ist wichtig. Und unser Camp ist auch nur das, was es ist, weil wir alle hier sind. Super, dass du mit dabei bist!", schließt sie und lächelt Tobi an.

Dankbar schmunzelt Tobi. „Wisst ihr, das ist mir echt viel wert, mit euch hier zu sein. Und in meiner Klasse habe ich auch schon anderen helfen können, die neu waren und für die alles erst mal fremd war. Ja, Erfahrungsrecycling ist toll. Das merke ich mir. Es ist doch mehr als gut, wenn man das alles mehrfach anwenden kann."

Max schaut in die Ferne. Daniel spricht ihn an: „Du siehst nachdenklich aus, Max. Magst du mit uns teilen, was dir durch den Kopf geht?"

Max schaut zerstreut auf und nickt. „Ach, wisst ihr, mich beeindrucken beim Sport vor allem die Paralympics. Da sind Menschen, die ganz plötzlich oder schon immer echt schwere Beeinträchtigungen haben. Und trotzdem hängen die den Sport nicht einfach an den Nagel – oder fangen gar nicht erst an. Sondern sie bringen geniale Höchstleistungen. Manche kommen sogar erst durch ihre Einschränkung zu diesem Sport.

Bei den Paralympics in Tokio, stellt euch das vor, da hat ein Mann mitgemacht, der als Kind durch einen Zugunfall beide Arme verloren hat. Ihr habt keine Idee, in welcher Sportart, oder?" Die anderen schauen ihn ratlos an.

„Im Laufen vielleicht?", wirft Emma ein.

Max schüttelt den Kopf. „Viel krasser. Haltet euch fest! Im Tischtennis!"

Alle schauen verblüfft zu ihm hinüber. „Wie das geht, möchtet ihr jetzt gern wissen, oder?" Max kostet für einen Moment das Staunen seiner Freunde aus. Dann lüftet er das Geheimnis. „Er heißt Ibrahim Hamadtou[25], kommt aus Ägypten und hält den Schläger mit dem Mund. Den Ball wirft er mit dem Fuß hoch. Voll abgefahren. Er hat über drei Millionen Klicks auf YouTube[26]. Paralympics gucke ich, ehrlich gesagt, deshalb noch lieber als die normalen Wettkämpfe."

Die anderen sind nachdenklich geworden. Max sagt noch rasch etwas mehr dazu. „Bei uns an der Schule ist ein Junge, der ist schon ein ganzes Stück älter als wir. Er heißt Florian. Der ist durch einen Unfall vor zwei Jahren im Rollstuhl gelandet. Früher war Flo so ein richtiger Basketballfreak. Doch Rennen, Dribbeln usw., das geht jetzt ja so nicht mehr. Aber er macht weiter, vom Rollstuhl aus. Und neulich habe ich ihn in einem freiwilligen Nachmittagskurs gesehen. Da hat er den interessierten Kids jede Menge Tipps gegeben, ihnen die Wurftechnik erklärt. Der macht echt was draus. So etwas beeindruckt mich total."

Daniel nickt. „Ja, das ist auch so eine Form von Erfahrungsrecycling: Im Rahmen der eigenen Möglichkeiten das einbringen, was man kann.

Auch wenn sich der Rahmen verändert hat. Ich finde Erfahrungen superwichtig. Sie helfen uns, zukünftige Entscheidungen besser zu treffen.

Früher waren die alten Menschen einer Gesellschaft oft auch die Weisen, bei denen man sich Rat geholt hat. Heute hat man manchmal den Eindruck, dass alle versuchen, nur möglichst jung zu sein und auch so auszusehen.

Als Arzt habe ich noch mal einen anderen Blick darauf. Als ich im Studium ältere Menschen im Krankenhaus begleitet habe, ist mir anfangs gar nicht aufgefallen, dass sie viele Falten und teils auch Narben haben. Schließlich gehört das doch im Alter zum Anblick mit dazu.

Stutzig wurde ich erst, als ich die ersten Patienten hatte, die zuvor mit Botox behandelt worden waren. Botox, das ist ein lähmendes Nervengift. In geringer Dosierung wird es von der Schönheitsindustrie gegen Falten eingesetzt. Durch das Injizieren dieses Mittels wird die Schicht unter der Haut gelähmt, und die Falten verschwinden.

Doch wenn man Botox zu intensiv anwendet, sieht der so behandelte Mensch dann schon merkwürdig und sehr künstlich aus. Stellt euch vor, wie seltsam es ist, wenn das Gesicht einer 70-Jährigen glatt ist wie bei einem Kind. Und wenn es auf dich wirkt wie eine leere Landkarte. Wenn nichts darin zu dir spricht. Irgendwie sind Falten und Narben doch auch ein Zeichen dafür, dass man gelebt hat."

Vera ergänzt: „Daher machen wir euch Mut, blöde Dinge, die euch passieren, mit einem gewissen Abstand vielleicht auch mal von der anderen Seite zu betrachten. Nach dem Motto: Kann ich sie auch als Chance verstehen oder nutzen? Ich habe mal gehört, dass Edison zigtausend Versuche gebraucht hat, ehe er die Glühbirne erfunden hat. Nicht auszudenken, wenn er vorher aufgegeben hätte! Dann würden wir womöglich heute noch mit Fackeln und Kerzen rumlaufen."

Daniel nickt. „Und als ein Mitarbeiter nach tausend vergeblichen Versuchen von Scheitern sprach, sagte er: ‚Ich bin nicht gescheitert. Ich kenne jetzt tausend Wege, wie man keine Glühlampe baut.'[27]"

Vera fügt nach einer kurzen Pause noch hinzu: „Was, meint ihr, hat unser ‚#Respektvoll leben' mit all dem zu tun?"

Paula überlegt: „Na vielleicht, dass man Leute in Not nicht nur bemitleidet oder womöglich schlecht über sie denkt."

Linus nickt. „Dass man auch in schwierigen Situationen nach möglichen Chancen Ausschau hält. Wichtig finde ich aber auch, dass man gleichzeitig den betroffenen Menschen praktisch hilft. Denn sonst fühlen die sich womöglich verspottet. Nach dem Motto: Freu dich halt, wenn es dir schlecht geht! Ist doch alles nicht so schlimm."

Rebecca bestätigt: „Ja, ironisch oder besserwisserisch darf es auf keinen Fall rüberkommen. Ich finde auch, dass es unbedingt beides braucht: Hilfe im konkreten Fall, aber auch Respekt für Menschen, die Schweres erlebt haben.

So etwas will ja auch erst mal verarbeitet werden. Und letztlich muss die Person selbst zu der Sichtweise kommen, dass das Schwere auch eine Chance bedeutet. Man kann es ihr nicht einfach überstülpen. Ich glaube, es hängt auch stark vom richtigen Zeitpunkt ab, ob jemand das schon sehen kann."

Vera nickt nachdenklich. „Auf jeden Fall! Was Rebecca anspricht, sind noch mal ganz wertvolle Dinge, die wir uns unbedingt zu Herzen nehmen sollten. Ich finde es immens wichtig, dass man jedem Menschen mit Achtung und Wertschätzung begegnet.

Einmal ist mir das auf ganz besondere Weise klar geworden. Da wurde nämlich über ein Fotoshooting-Projekt mit Obdachlosen berichtet.[28/29] Als Erstes hatten die obdachlosen Menschen die Möglichkeit, zu duschen und sich frisch zu machen. Dann erhielten sie schicke Markenklamotten passend zum Thema, für das sie fotografiert werden sollten. Danach ging es für ein Haarstyling zum Friseur; je nach Einsatzbereich wurden sie dann auch geschminkt. Schließlich hat man professionelle Werbefotos von ihnen gemacht."

Sie ruft auf ihrem Tablet ein paar Bilder auf und dreht es zur Gruppe. „Wer sie noch genauer anschauen mag, kann nachher hier vorbeikommen und sich weitere Beispiele ansehen. Cool ist, dass jedes Mal, wenn jetzt eines dieser Fotos verkauft wird, der Erlös der Unterstützung von Obdachlosen zugutekommt. Krass ist aber auch, dass man ihnen so gar nicht mehr ansieht, dass sie eigentlich obdachlos sind. Was ja auch völlig logisch ist! Denn es sind ja einfach Menschen wie du und ich! Mit der Ausnahme, dass bei ihnen meist eine Notsituation dazu geführt hat, dass sie auf der Straße leben und kein Dach mehr über dem Kopf haben."

Daniel ergänzt Veras Gedanken: „Dieses Beispiel gibt uns allen einiges zum Nachdenken, nämlich wie wir Menschen sehen und was wir ihnen zutrauen. Und manchmal liegen wir mit unserer oft recht oberflächlichen Einschätzung oder unseren Vorurteilen einfach völlig falsch."

Bekki nickt. „Mir hilft dabei eine lehrreiche Geschichte aus dem Alten Testament über Gott und seine Sichtweise." Sie grinst. „Stellt euch vor: Damals im alten Israel lebte der Prophet Samuel. Propheten sind Menschen, die Weissagungen von Gott empfangen und weitergeben.

Zu Samuels Zeit wollte Gott in Israel einen neuen König bestimmen. Gott schickte daraufhin Samuel zu einer bestimmten Familie. Er hatte ihm angekündigt, dass ein Sohn dieser Familie der König von Israel werden sollte. Und diesen sollte Samuel zum König salben. Doch in dieser Familie gab es sage und schreibe acht Söhne! Als Samuel den ältesten Sohn sah, war er von seinem Aussehen sofort beeindruckt. Er dachte: Er wird der neue König sein.

*‚Doch der Herr sagte zu ihm (Samuel): „Lass dich von seinem Aussehen und von seiner Größe nicht beeindrucken. Er ist es nicht. Denn ich urteile nach anderen Maßstäben als die Menschen. Für die Menschen ist wichtig, was sie mit den Augen wahrnehmen können; ich dagegen schaue jedem Menschen ins Herz."'*[30] Und so ging es weiter – bei allen seinen anwesenden Brüdern. Schließlich fragte Samuel den Vater irritiert, ob das alle Söhne seien. Und erst dann stellte sich ganz zum Schluss heraus, dass es doch noch einen gibt, David, den jüngsten Sohn. Den hatten sie auf der Schafweide gelassen und zu dem Treffen gar nicht erst dazugeholt. Aber genau ihn hatte Gott erwählt."

Manu ergänzt: „Solche Überraschungen scheinen Gott echt Spaß zu machen. Denkt mal an Weihnachten! Obwohl Gott die Herzen und oftmals schrägen Absichten von Menschen kennt, mag er die Menschen offensichtlich so sehr, dass er selbst in Jesus als Mensch auf die Erde kam. Ein Gott, der als Baby kommt. Das muss man sich mal vorstellen. Damit hat keiner gerechnet.

Gott, der gigantisch groß ist, wird Mensch, macht sich extra klein, um auf Augenhöhe mit uns in Beziehung zu kommen. Das, liebe Leute, begeistert mich. Er hat ein Stück seiner Wesensart in uns hineingelegt. Daran muss ich oft denken, wenn ich über Menschen und ihre Eigenheiten und Besonderheiten nachdenke. Dass ich selbst auch welche habe und dass wir nicht nur für uns, sondern auch für Gott alle wertvoll sind."

Marlena lächelt. „Darum machen wir euch Mut, diese Gedanken besonders auch für euch selbst mitzunehmen, falls ihr an euch zweifelt oder denkt, dass andere irgendwie cooler wären.

Auch in euch steckt ganz viel Potenzial! Und mancher Schwierigkeit im eigenen Leben kann man tatsächlich ein Schnippchen schlagen, indem man nicht aufgibt, sondern sich anschaut, was man daraus machen kann – und sich gegebenenfalls Hilfe sucht …

Soweit mal von uns heute Abend. Ihr habt jetzt noch etwas Zeit für euch, bevor in gut einer Stunde die Glocke im Camp zur Nacht läutet. Wer noch Rückfragen hat, kann uns gerne ansprechen."

Schnell bilden sich kleine Gesprächsgrüppchen. Emma bedankt sich leise bei Rebecca. „Super, du hast mich eben echt gerettet. Ich meine, ich finde den Tobi wirklich nett." Sie zögert. „Und süß", grinst sie. „Den kann ich echt gut leiden. Der ist so hilfsbereit und kein Angeber."

Rebecca lächelt zurück. „Gern geschehen. Ich hoffe, es ist jetzt richtig angekommen. Und wenn jemand nett ist, egal. ob Junge oder Mädchen, muss man das auch mal loben können." Sie hakt sich bei ihrer Freundin unter und gähnt laut. „Puh, jetzt bin ich aber geschafft."

Gemeinsam machen sie sich auf den Weg zum Zähneputzen. Müde und satt fallen sie auf ihre Isomatten und sinken fast sofort in einen tiefen Schlaf.

Drüben auf dem Hochsitz überlegen Leni und Phil schon länger krampfhaft, was ihre Eltern noch von der Tour in die Schweiz abhalten könnte. Leni runzelt die Stirn. „Wir können unser Hirn durchforsten, wie wir wollen. Am Ende verstehen wir eh nicht, wieso sie das machen und was ihre Meinung ändern könnte. Ich habe eher den Eindruck, dass es ihnen insgesamt nicht gut zu gehen scheint. Ständig diese Geldsorgen. Und unser klappriger, alter Ersatzwagen macht ihnen beiden zusätzlich Not. Paps kriegt jedes Mal einen Anfall, wenn schon wieder so teure Reparaturen anfallen. Am letzten Wochenende hat er zu Ma gesagt: ‚Der Wagen frisst noch unser letztes Geld auf.' Und sie zuckte nur mit den Schultern und flüsterte: ‚Ja, ich weiß, er schluckt total viel Benzin. Aber ich brauche ihn doch für die Arbeit …'"

Wütend nickt Phil. „Ja, das habe ich auch schon mitbekommen. Zu ärgerlich, dass jemand bei Glatteis unser fast neues Auto in einen Totalschaden verwandelt hat."

Leni nickt traurig. Doch dann hellt sich ihr Blick auf. „Aber Gott sei Dank stand das Auto an der Straße, und niemand von uns saß drin. Das hätte ja auch ganz anders ausgehen können. Ma hat neulich gesagt, dass sie wohl einen großen Schutzengel hatten. Denn eigentlich wollten sie und Paps zu der Zeit in den Baumarkt fahren." Leni schluckt. „Nicht auszudenken, was dann passiert wäre!"

Phil nickt erschrocken. „Puh, das stimmt. So habe ich das noch gar nicht betrachtet. Ich habe mich vor allem über das viele Geld geärgert, dass wir dadurch verloren haben. Echt bitter. Da fährt so ein Typ ohne Führerschein Auto und ist nicht versichert. Aber unterm Strich ist es nur Geld."

Nun verdreht Leni empört die Augen. „Ja, das stimmt. Aber dafür arbeitet Ma jetzt hart."

Phil nickt bedrückt. „Tja, sie und ihre Arbeit. Es ist aber auch blöd. Ausgerechnet jetzt, wo Paps arbeitslos ist, gerät auch ihre Firma in Schwierigkeiten. Und nun arbeitet sie wie wild. Wir sehen sie ja kaum noch." Er schluckt. „Ich meine, ich verstehe ihre Sorge, dass sie auch noch arbeitslos werden könnte, wenn ihre Firma pleite geht."

Leni legt beruhigend ihre Hand auf Phils Schulter. „Aber sie sagte selbst, dass es nur fürs Erste sei, bis es der Firma wieder etwas besser geht. Oder bis Paps einen Job gefunden hat. Sie will das ja auch nicht."

Phil nickt. „Ja, da hast du schon recht. Aber manchmal kann ich das auch schon nicht mehr glauben. Lass gut sein! Wir sollten uns nicht den Kopf unserer Eltern zerbrechen."

Leni gähnt laut und murmelt müde: „Ja, lass uns jetzt davon aufhören! Sonst träume ich noch die ganze Nacht davon."

Erschöpft kriechen Leni und Phil in ihre Schlafsäcke. Phil dreht sich auf die Seite. Schon nach kurzer Zeit hört Leni seinen regelmäßigen Atem. ‚Wie schön für ihn', denkt sie. Trotz ihrer Müdigkeit liegt Leni noch immer grübelnd wach. ‚Das war wohl doch zu viel Gesprächsthema von zu Hause. Wie es wohl Mama und Papa geht? Ich will einfach nicht, dass sie sich Sorgen machen.' Schon will sie gedankenverloren ihr Handy einschalten, um zu schauen, ob ihre Eltern angerufen oder eine Nachricht geschickt haben. Schlagartig fällt ihr in letzter Sekunde etwas ein. ‚Haben die nicht kürzlich in einem Fernsehbericht gesagt, dass sie den Gefängnisausbrecher deshalb so schnell einfangen konnten, weil sie sein eingeschaltetes Handy geortet haben?' Erschrocken legt sie das Handy wieder beiseite. ‚Ich bin einfach zu müde und mache am Ende noch Blödsinn. Außerdem müsste ich so was doch eh mit Phil absprechen.'

Leni schüttelt entschlossen den Kopf. ‚Nein, nein, nein!', sagt sie sich. ‚Bloß keine unüberlegten Alleingänge. Ich kann ja gar nicht mehr klar denken. Und dann passieren Fehler. Also, komme, was wolle, ich muss jetzt sehen, dass ich irgendwie schlafen kann.'

Müde und erschöpft lauscht sie den immer noch ungewohnten nächtlichen Waldgeräuschen. Es wird schon beinahe hell, als Leni endlich einschläft.

# ÜBERRASCHUNGSBESUCH, MERKWÜRDIGE CHALLENGE & SCHLEUDERTIPPS

Leni rennt mitten durch den riesigen Wald. Sie stolpert, Äste streifen ihr durchs Gesicht. Ständig muss sie Bäumen ausweichen. Irgendwas … oder irgendwer … ist hinter ihr her. Schon ganz dicht hört sie die Geräusche hinter sich. Raschelndes Laub. Laut knackende Äste. Und zu allem Übel hat sie inzwischen komplett die Orientierung verloren. ‚Nicht schon wieder! Das kann doch nicht wahr sein! Es muss doch einen Ausweg aus diesem Dickicht geben.' Verzweifelt schaut sie sich beim Laufen um. Stehenbleiben ist undenkbar. Sie muss jetzt schnell sein. Das ist ihre einzige Chance. Schneller als alles oder jeder, der hinter ihr her ist. ‚Bloß weiter.' Sie keucht. Da, endlich, dort hinten ist eine Lichtung. Im Rennen versucht sie einzuschätzen, was sie sieht. ‚Ist weiter drüben vielleicht sogar ein Weg? Dann hätte ich am Ende doch noch eine Chance, hier rauszukommen.' Sie mobilisiert ihre letzten Kräfte und sprintet darauf zu. Die Sonne blendet sie. Verzweifelt versucht Leni, sich zu orientieren.

Auf einmal hört sie von Weitem eine Stimme, die nach ihr ruft: „Leni! Leni!" Sie stutzt, das ist doch Phil. Hektisch sieht sie sich um. Aber wo in aller Welt ist er? Sie kann ihn nirgends sehen. Eigentlich will sie nur schnell weiter. Doch da ruft er erneut. Jetzt näher. Plötzlich berührt etwas ihren Arm. Erschrocken zuckt sie zusammen. ‚War ich zu unvorsichtig? Haben sie mich jetzt?'

„Leni!" Es ist Phil, und er zieht jetzt ganz fest an ihrem Arm. Leni seufzt erleichtert. ‚Endlich muss ich nicht mehr allein weglaufen. Aber wieso bremst er mich aus? Wir müssen doch weiter!' Sie blinzelt. Verwirrt dreht sie sich zu Phil um. Er sitzt neben ihr auf einem Hochsitz. ‚Moment mal, Hochsitz? Wie bin ich bloß auf diesen Hochsitz gekommen? Ich bin doch gerade noch im Dickicht herumgeirrt …'

Nur langsam kommt Leni zu sich. Zig lose Puzzlestücke schwirren durch ihren Kopf. Verwirrt setzt sie sich auf. ‚Träume ich? Oder bin ich wach?', denkt sie erschöpft.

Phil reißt sie aus ihren Gedanken. „Guten Morgen, Schwesterherz! Tut mir leid, du bist ja kaum wachzukriegen. Von wo habe ich dich bloß hergeholt? Ich sehe schon, die Nächte im Wald scheinen dir gar nicht zu bekommen. Das ist jetzt schon das zweite Mal, dass du morgens nicht weißt, wo du bist." Phil schaut sie prüfend an. „Geht es dir gut, oder sollen wir wegen dir nicht vielleicht besser das Ganze abbrechen?"

Leni bleibt das Gähnen im Hals stecken. Erschrocken sieht sie ihren Bruder an. „Willst du mir etwa sagen, dass ich bis gerade geschlafen habe?" Phil nickt bestätigend.

Leni stützt müde ihren Kopf auf ihre Hände. „Krass. Total abgefahren. Ich fass es nicht!" Phil schaut irritiert zu ihr hinüber. Leni merkt, dass er nur Bahnhof versteht.

„Okay. Also, ich hatte voll den Albtraum. Nur gut, dass du mich geweckt hast." Sie schüttelt den Kopf, als wolle sie alle wirren Gedanken darin ein für alle Mal verscheuchen. Dann erst fährt sie fort: „Zunächst konnte ich ewig lange nicht einschlafen. Und plötzlich war ich mitten drin in einer abgefahrenen Verfolgungsjagd. Durch den dichten Wald. Ich wusste gar nicht mehr, wo ich war."

Ihre Augen blicken starr in die Ferne. Phil räuspert sich und berührt Lenis Arm. Sie kommt mit einem Ruck wieder zu sich. „Es fühlte sich alles so echt an. Ich habe mir im Rennen an Bäumen Kratzer geholt und die Arme aufgerissen ..." Sie blickt nach unten und schluckt. Unschuldig liegen ihre glatten, unversehrten Arme auf ihrem Schoß. „Puh, das war so real, ich kann es noch immer nicht fassen."

Phil schaut sie mitfühlend an. „Oh, das tut mir total leid. Wahrscheinlich hat dir das Erlebnis von gestern mit den Jungen so zu schaffen gemacht. Mir geht es auch oft noch so. Wenn irgendwo ein Ast laut knackt, schaue ich mich prüfend um, ob da niemand ist. Puh, es ist echt viel im Moment, was wir am Hut haben."

Energisch fügt Phil an: „Und nur, dass du mich nicht falsch verstehst. Ich habe das eben echt nicht zynisch gemeint. Wir sollten beide die Freiheit haben zu sagen, wenn wir das hier nicht mehr aushalten. Und dann ist es egal, ob es wegen meines Beins oder deiner Träume oder wegen sonst was ist. Hoffentlich geht es dir jetzt wieder besser?"

Leni nickt nachdenklich, noch immer leicht verwirrt. Sie schätzt es sehr, dass Phil auch Rücksicht auf sie nimmt. Laut knurrend meldet sich ihr Magen. Phil schmunzelt und fragt vorsichtig: „Sag mal, apropos knurrender Magen. Ich habe auch echt Hunger. Und soweit ich weiß, haben wir hier jetzt leider gar nichts mehr – bis auf die zwei Reservemüsliriegel.

Meinst du, du könntest noch mal auf Blaubeertour gehen? Oder ist dir das jetzt blöd nach dem Albtraum? Ich kann ja leider nicht mitkommen. Zu gern würde ich das auch mal übernehmen." Er schaut zerknirscht zu Leni hinüber.

Diese schüttelt energisch den Kopf. „Nein, wir haben zwar nichts mehr außer den letzten beiden Müsliriegeln. Einen davon solltest du aber unbedingt jetzt essen." Als Phil abwehren will, wird Leni deutlich. „Keine Diskussion! Du musst wieder zu Kräften kommen, sonst sitzen wir wer weiß wie lang weiter hier fest. Und gesund werden musst du auch!"

Leni schaut ihren Bruder ernst an und ergänzt dann: „Und was den Albtraum angeht: alles gut. Die dunklen Wolken sind komplett abgezogen. Die helle Sonne macht mir schon völlig klar, dass es Tag ist und ich nicht schlafe. Ruh du dich hier mal aus und pflege deinen Fuß! Ich mache das schon."

Ruckzuck kriecht Leni aus ihrem Schlafsack heraus. Sie greift die Flasche und klettert vorsichtig den Hochsitz hinunter. Jetzt braucht auch sie dringend etwas zu essen. Sie macht sich sofort auf die Suche. Doch rund um den Hochsitz ist inzwischen alles abgegrast.

‚Lange können wir das ohne Essen hier nicht mehr durchhalten', überlegt sie. ‚Die Blaubeeren helfen uns auch nur für kurze Zeit.' Leni grinst und muss an die Werbung denken. ‚Nur für kurze Zeit.' Werbung … Radio … Fernsehen … Gedanken an zu Hause … all das taucht wie vorbeischwebende Luftballons vor ihrem inneren Auge auf. Leni schluckt. ‚Oh, nein! Bloß jetzt nicht auf diese Gedankenschiene geraten.'

Entschlossen schiebt sie die Luftballons beiseite. Glücklicherweise verschwinden sie so schnell, wie sie gekommen sind. Rasch läuft sie weiter nach drüben in die Richtung, wo sie die Fahrräder versteckt haben.

‚Das ist irgendwie sogar ganz praktisch', denkt sie erfreut. ‚Dann muss ich nicht extra noch mal rüber laufen, um dort nachzuschauen, ob alles in Ordnung ist.' Unterwegs findet sie tatsächlich vereinzelt noch ein paar Beeren.

Als sie kurz darauf am Versteck der Räder ankommt, reibt sie sich verwirrt, die Augen. ‚Aber – hier müssten sie doch liegen.' Erschrocken schaut sie sich um. ‚Habe ich etwa die Abzweigung verpasst? Bin ich doch noch nicht richtig wach? Oder ist das hier tatsächlich die falsche Stelle?'

Leni schluckt. ‚Jetzt nur nicht in Panik geraten …' Sie schließt die Augen, zählt in Ruhe bis zehn und versucht, sich zu beruhigen. Dann öffnet sie ihre Augen wieder und schaut sich konzentriert um. ‚Aber ja, bei dem Baum, der mit seinen beiden parallelen Ästen aussieht wie eine Stimmgabel, hier war es doch. Und da …'

Leni wünscht sich für einen Moment, sie hätte sie nicht gesehen. Doch es nutzt nichts. Seitlich an dem Baum liegen unschuldig und stumm die Zweige, die sie zum Abdecken der Fahrräder verwendet hatten … Aber so lange sie auch auf die Stelle starrt, es hilft nichts. Die Fahrräder sind spurlos verschwunden! Und die Zweige schweigen sich darüber aus, was geschehen ist.

Kraftlos hockt sich Leni auf den taufrischen Waldboden. ‚Auch das noch', denkt sie verzweifelt. ‚Jetzt kommen wir hier gar nicht mehr weg. Und wie in aller Welt soll ich das nur Phil beibringen?' Sie erschrickt. Auf einmal ist ihr bewusst, wie lange ihre Eltern für diese Räder gespart haben. ‚Früher habe ich mir über so etwas gar keine Gedanken gemacht. Tja, wie sich die Zeiten ändern …' Sie kann die Tränen nicht mehr zurückhalten.

Drüben im Camp sitzen alle gemütlich beim Frühstück und genießen das leckere Essen. Plötzlich tritt Bekki mit Moya an den Tisch der Jungs. Bekki bittet Max, kurz mitzukommen. Mit beiden Geschwistern geht Bekki in eine Ecke des Speisesaals. Dort beruhigt Bekki die zwei zunächst: „Nicht, dass ihr denkt, dass jemand in eurer Familie erkrankt wäre. Bei euch zu Hause ist alles okay, keine Sorge. Aber ihr habt Besuch von eurem Vater."

Max schaut sie völlig irritiert an. „Ehrlich jetzt? Das kapiere ich nicht. Mein Vater würde nie herkommen. Was in aller Welt will er bloß hier?"

Moya ist ebenfalls verunsichert. „Voll peinlich", sagt sie leise. „Niemand der anderen bekommt Besuch von den eigenen Eltern."

Bekki nickt und grinst verständnisvoll. „Das verstehe ich gut. Es ist auch kein Camp-Besuch im eigentlichen Sinne. Kommt einfach kurz mit raus! Euer Vater hat tatsächlich einen wichtigen Grund. Und es ist besser, wenn wir das draußen unter acht Augen in Ruhe besprechen."

Tatsächlich, als sie draußen ankommen, geht da ihr Vater im schicken Businessanzug auf und ab. ‚Völlig fehlplatziert', denkt Moya sofort. ‚Als wäre er aus dem Büro in den Wald gebeamt worden.'

Sofort beendet ihr Vater seine Parade und begrüßt sie ruhig und freundlich. Dann kommt er rasch zum Thema und schaut sie prüfend an. „Sagt mal, gibt es da etwas, das wir als eure Eltern wissen sollten?"

Verwirrt schauen die Geschwister sich an. Max sieht seinen Vater fragend an. „Nicht, dass wir wüssten. Wieso fragst du?"

Herr Steinert räuspert sich kurz und fährt dann fort: „Nun, heute Nacht nach unserer Heimkehr aus Paris fand ich einen ausgesprochen merkwürdigen Anruf auf unserem Anrufbeantworter vor. Habt ihr euch vielleicht für die Ferien mit Phil und Leni verabredet?"

Max überlegt. „Du meinst Phil aus meiner Parallelklasse, der letztes Jahr neu hergezogen ist? Seine Schwester Leni ist mit Moya in einer Jahrgangsstufe. Sie waren schon ein paar Mal bei uns ..."

Herr Steinert nickt ungeduldig. „Ja, genau die zwei. Leni und Phil Reimers."

Max und Moya schauen sich ratlos an und zucken mit den Schultern.

„Negativ", antwortet Moya. „Wir haben uns zuletzt in der Schule gesehen. Warte mal, ich erinnere mich, dass Leni am letzten Schultag in der Pause mit Inga gesprochen hat. Ich glaube, sie war etwas angenervt. Ihr Urlaub war ins Wasser gefallen, und sie sollten stattdessen zu Verwandten fahren."

Max nickt bestätigend. „Ich habe Phil auch zuletzt in der Schule gesehen. Aber wieso fragst du uns das? Was ist denn eigentlich los?"

Herr Steinert seufzt. „Nun, wenn ihr die zwei nicht heimlich mit zum Camp mitgenommen habt ..."

Max und Moya schütteln vehement und irritiert den Kopf. „Auf keinen Fall", antworten sie fast gleichzeitig.

Herr Steinert fährt fort: „... dann ist jedenfalls alles umso merkwürdiger. Denn die zwei haben ihren Eltern offensichtlich erzählt, dass sie ein paar Tage gemeinsam mit euch Urlaub machen werden. Und dann sind sie mit ihren Fahrrädern und Schlafsäcken vor Beginn des Camps angeblich zu uns aufgebrochen. Aber sie sind wohl nie bei uns angekommen, richtig?" Er sieht prüfend zu seinen Kindern hinüber.

Moya und Max schauen ihren Vater erschrocken und mit großen Augen an. Max schluckt und nickt. „Großes Ehrenwort, Papa, damit haben wir nichts zu tun. Hoffentlich ist ihnen nichts passiert!"

Sein Vater nickt nachdenklich. „Ja, das hoffen wir auch."

Max überlegt weiter: „Okay, Phil hat in der Schule mitbekommen, dass wir zum Sommercamp fahren. Aber meine Frage, ob sie nicht auch mitkommen wollen, hat er entschieden abgelehnt. Da bin ich mir ganz sicher. Ich meine aber auch, dass er etwas von Urlaub bei Verwandten gesagt hat. Warte mal! In den Bergen?"

Moya nickt bestätigend. „Ja, das passt. Ich glaube, Leni hat die Schweiz erwähnt. Und sie hat mir auch gesagt, dass sie wegen dieses Urlaubs nicht mit herkommen können." Moya überlegt. „Oder warte mal, ist der vielleicht ausgefallen? Sodass es doch geklappt hätte?" Sie runzelt die Stirn und korrigiert sich gleich wieder. „Quatsch! Dann wären sie ja hier im Camp aufgetaucht. Aber das sind sie definitiv nicht! Das hätten wir gesehen. Es ist ja hier alles ziemlich überschaubar." Max nickt bestätigend. „Nein, keine Spur von den beiden hier. Ihnen ist doch nichts zugestoßen?" Aufgewühlt schaut er seinen Vater an. Auch Moya ist sehr besorgt.

Bekki und Herr Steinert sehen sich wortlos an. Schließlich antwortet Herr Steinert: „Das wissen wir natürlich nicht. Aber wir wollen jetzt auch nicht gleich vom Schlimmsten ausgehen. Ich vermute mal, dass da eher ein Missverständnis vorliegt. Vielleicht haben ihre Eltern euch mit anderen Freunden verwechselt? Sonst kann ich mir all das auch nicht erklären. Falls euch dazu noch jemand einfällt, gebt uns bitte direkt Bescheid!"

Doch beide Kinder schütteln bedauernd den Kopf. Herr Steinert seufzt. „Danke, dass wir das kurz klären konnten, meine Lieben. Jetzt im Anschluss muss ich dringend zu einer Geschäftssitzung mit Kunden. Ich werde ihren Vater dann gleich anrufen und Bericht erstatten." Er runzelt die Stirn. „Allerdings hat Herr Reimers schon signalisiert, dass sie – falls sich die Sache nicht rasch klären lässt – spätestens morgen früh die Polizei einschalten wollen."

Herr Steinert öffnet ein Foto auf seinem Smartphone. Phil und Leni schauen darauf fröhlich in die Kamera. Er wendet sich an Bekki. „Da die zwei ja im Moment zumindest inoffiziell vermisst werden ... Herr Reimers hat mich gebeten, ob Sie das Foto vielleicht den anderen Camp-Teilnehmern zeigen könnten? Sie sind darauf zwar noch etwas jünger, aber vielleicht erinnert sich ja doch jemand an die beiden, und das Rätsel lässt sich schneller als gedacht lösen?"

Bekki ist sofort einverstanden und antwortet: „Jetzt sind ja alle hier. Am besten machen wir das direkt nach dem Frühstück, beim Rausgehen." Sie bittet Herrn Steinert, ihr das Foto aufs Handy zu schicken, und verspricht ihm, sich zu melden, falls es Neuigkeiten gibt. Sicherheitshalber speichert sie auch die Handynummer von Phils und Lenis Eltern auf ihrem Smartphone. Herr Steinert verabschiedet sich rasch von seinen Kindern und macht sich zügig auf den Weg.

Als Bekki mit Max und Moya in den Speisesaal zurückkehrt, bittet sie kurz um Ruhe. Dann erklärt sie: „Gerade habe ich die Nachricht erhalten, dass möglicherweise zwei Kinder in eurem Alter, ein Mädchen und ein Junge, vermisst werden.

Allerdings ist noch nicht klar, ob sie wirklich vermisst sind, oder ob es sich um ein Missverständnis handelt, wo sie zwischenzeitlich untergekommen sind. Die Details müssen uns nicht interessieren.

Aber sicherheitshalber bitten wir euch einfach mal, die Augen offen zu halten, ob ihr sie beim Camp oder im Wald seht. Ich habe hier ein Foto. Wenn ihr gleich den Speisesaal verlasst, schaut bitte alle einmal auf das Bild – vielleicht habt ihr sie ja sogar schon gesehen ... Es kann aber auch gut möglich sein, dass sie sich ganz woanders aufhalten." Sie geht zum Ausgang des Speisesaals und öffnet das Foto auf ihrem Handy.

Nach und nach, sobald sie mit dem Frühstück fertig sind, gehen alle Camp-Teilnehmer und Betreuer zu Bekki und werfen einen Blick auf das Foto. Leider ergeben sich dadurch aber keine Neuigkeiten. Als einer der Letzten geht Tobi bei ihr vorbei. Er schaut sich das Bild lange an und sieht ziemlich ratlos aus.

„Kommen sie dir bekannt vor", fragt Bekki vorsichtig.

Tobi zuckt mit den Schultern. „Schwer zu sagen", meint er. „Bei dem Jungen überlege ich, ob der nicht vielleicht auf unsere Schule geht. Aber ich kenne vor allem die Jungs aus meiner eigenen Klasse. Und hier gesehen habe ich den definitiv nicht. Wenn überhaupt das Mädchen."

Dann erzählt er Bekki von dem unbekannten Mädchen, das er versehentlich am Tag zuvor beim Geländespiel gefangen hat. „Aber bei uns an der Schule tragen zig Mädchen diesen Style. Da bin ich mir total unsicher. Sie trug einen Hoodie und eine Sonnenbrille und hatte ihre Kapuze auf. Ihre Haare habe ich überhaupt nicht gesehen. Und sie war allein. Ein Junge war nicht bei ihr. Und sie hat gesagt, sie mache hier Urlaub."

Bekki nickt. „Verstehe. Du hast sie nicht zufällig gefragt, wo sie wohnt?"

Tobi entgegnet peinlich berührt: „Damit sie noch denkt, ich will ein Date? NEIN! Es war mir eh schon unangenehm genug, dass ich sie festgehalten hatte."

Bekki sieht das sofort ein. „Sorry, Tobi, die Frage war nicht gut überlegt. Ich mache mir einfach Sorgen um die beiden. Aber du hast völlig recht. So was hätte echt komisch rüberkommen können." Sie überlegt. „Letztlich wissen wir ja gar nicht, ob sie es war oder nicht. Diese Begegnung kann also alles oder nichts bedeuten. Am besten halten wir einfach die Augen offen. Und falls du sie noch mal treffen solltest, weißt du ja jetzt, wie das gesuchte Mädchen aussieht."

Tobi nickt und läuft schnell raus zu den anderen. Dort warten schon Max, Simon und Linus auf ihn. Tobi lächelt. „Okay, Jungs, auf zu den Mitarbeitern. Dann können wir endlich unser Ausflugsziel präsentieren. Hoffentlich reicht das Budget für den nahe gelegenen Freizeitpark."

Simon nickt zustimmend. „Und falls nicht, finden wir bestimmt auch eine andere gute Lösung!"

So langsam macht sich Phil richtig Sorgen. Anfangs hat er noch vermutet, dass Leni jetzt doch etwas weiter laufen muss, um Blaubeeren zu finden. ‚Aber dass sie immer noch nicht da ist … Ich könnte verrückt werden! Dabei hatten wir das doch schon mal, und sie wollte nicht mehr so weit gehen. Ob sie das vergessen hat? Oder ist ihr am Ende doch etwas passiert? Zu blöd, dass ich hier oben festsitze! Und anrufen kann ich sie auch nicht …'

Sein Magen hat den Müsliriegel dankend in Empfang genommen und fragt jetzt vehement nach Nachschub.

Doch was ist das? Äste knacken in der Nähe. Sicherheitshalber geht Phil erst mal in Deckung. Durch einen Spalt im Holz wirft er einen vorsichtigen Blick nach unten. ‚Hurra, es ist Leni!' Er entspannt sich etwas. ‚Hoffentlich hat sie Blaubeeren dabei.'

Da hört er sie schon auf der Leiter. Zuerst erscheint ihr linker Arm und schiebt die kaum halb gefüllte Flasche mit den Blaubeeren nach oben. Dann erscheint ihr tränenüberströmtes Gesicht. Sie sieht total fertig aus.

Phils Willkommenslächeln löst sich schlagartig in Luft auf. Erschrocken schaut er sie an. „Oh nein! Komm erst mal ganz rauf und setz dich! Hast du dich verletzt? Wurdest du entdeckt? Musstest du wieder weglaufen? Hast du etwa die Jungs wieder getroffen?"

Leni schüttelt den Kopf. Sie sinkt zu Boden, lehnt sich erschöpft an die Wand und sagt matt: „Hey, Phil. Stopp mal! Du beschießt mich ja geradezu mit Fragen wie eine Tennisballmaschine."

Phil beißt sich auf die Lippe. „Oh, das wollte ich nicht. Okay, ich höre jetzt einfach nur zu. Schieß los!" Leise beginnt Leni zu erzählen.

Als er den Grund ihrer Fassungslosigkeit hört, ist auch er ziemlich entmutigt. Ernst sagt er: „Ohne Räder sitzen wir hier richtig fest. Nie hätte ich gedacht, dass uns jemand im Naturschutzgebiet die Räder klauen könnte. Puh. Da haben wir uns ja einen großen Ärger eingebrockt." Er blickt traurig auf seinen Fuß. „Und verfolgen können wir die Diebe auch nicht."

Doch langsam fängt er sich wieder und beruhigt Leni: „Okay, kopflose Panik hilft uns hier nicht weiter. Lass uns beide noch mal jeder für sich überlegen, was wir tun können! Wir sollten nichts überstürzen. Ich muss jetzt erst einmal in Ruhe nachdenken."

Leni nickt und schüttet ein paar Blaubeeren aus der Flasche. Dann reicht sie den Rest lächelnd an Phil weiter. „Hier, echte Bio-Vitamindrops für deine Denkfabrik. Du kannst sie alle einwerfen. Hoffentlich kommt ein guter Plan dabei heraus."

Phil lächelt. „Danke. Lieb von dir. Und schön, dass auch du deinen Humor noch nicht ganz verloren hast." Er schmunzelt. „Gut, dass du auch ein paar Vitamindrops für dich genommen hast. Das erhöht unsere Chancen auf noch mehr gute Einfälle."

#

Nach dem Treffen mit den Betreuern spricht Daniel Linus an. „Kann ich kurz mal mit dir reden?“

Linus nickt. „Gern.“

Gemeinsam gehen sie ein wenig übers Gelände. Daniel fragt Linus: „Sag mal, hast du eine Idee, wie es Timo aus deiner Klasse hier im Camp geht?“

Linus zuckt mit den Schultern. „Nicht wirklich. Wir haben bisher kaum miteinander gesprochen. Durch die Rallye waren wir so gut beschäftigt, dass ich gar nicht zu den anderen Gruppen rübergegangen bin. Und gestern beim Geländespiel war auch keine Gelegenheit. Wieso fragst du?“

Daniel bleibt stehen und schaut Linus ernst an. „Weil ich mir Gedanken um ihn mache. Hast du mit ihm eventuell für das Camp irgendeine Challenge vereinbart?“

Linus tritt einen Schritt zurück und guckt Daniel irritiert an. Dann antwortet er nachdrücklich: „Nein. Wieso sollte ich? Und was für eine Challenge überhaupt? Ehrlich, ich kapiere bis jetzt rein gar nichts!“

Daniel erklärt ihm Näheres: „Na, heute Vormittag kam ich zufällig vorbei, als er in der Nähe vom Badehaus unterwegs war. Er hat sich immer wieder umgesehen, als ob er sicherstellen wolle, dass ihn keiner sieht. Dann ist er direkt am Badehaus auf einen Baum gestiegen. Kurz bevor sich einige Mädchen zum Duschen eingetragen hatten.“

Linus starrt Daniel ungläubig an. „Der Timo? Das ist jetzt nicht wahr, oder?“, meint er verblüfft.

Daniel schüttelt den Kopf. „Leider doch. Und es kommt noch blöder. Er war gerade auf einen Baum vor eines der Lüftungsfenster geklettert. Oben hat er dann sein Smartphone rausgeholt und aufs Fenster ausgerichtet. Als ich ihn ansprach, ist er vor Schreck fast vom Baum gefallen. Ich habe ihn dann herunterbeordert und gefragt, was er ausgerechnet da auf dem Baum mit seinem Handy in der Hand wollte. Er war völlig zerknirscht und ist knallrot angelaufen.

Es war ihm total unangenehm, aber immerhin war er ehrlich. Leider kam tatsächlich raus, dass er auf den Baum geklettert war, um mit seinem Smartphone Fotos zu schießen. Und er räumte ein, dass es diese Challenge gibt, Duschfotos von den Mädchen zu machen."

Linus schaut entsetzt und irritiert. „Was? Ehrlich jetzt? Fotos vom Duschen? Der Timo? Das kann ich ja kaum glauben. Der ist doch gar nicht der Typ dafür. Und überhaupt. Das geht ja gar nicht!" Seine Stimme überschlägt sich fast.

Dann meint er: „Aber irgendwie verstehe ich trotzdem nur Bahnhof. Was soll denn das mit einer Challenge zu tun haben? Das ist doch voll gegen unsere Camp-Regeln. Aber das geht auch außerhalb des Camps so was von gar nicht." Linus holt endlich mal Luft und sieht Daniel betroffen an. „Und wieso sprichst du eigentlich gerade mit mir darüber?"

Daniel schaut ihn nachdenklich an. „Tja, das alles kommt mir auch ausgesprochen merkwürdig vor. Und dich kenne ich ja schon lange. Komischerweise hat Timo erzählt, dass du ihn am Tag vor dem Camp angemailt und ihm genau diese Challenge vorgeschlagen hättest. Dass er Fotos von den Mädchen beim Duschen machen soll und sie dir dann per Mail schickt. Als Mutprobe, damit er in eure Clique aufgenommen wird."

Linus ist wie vor den Kopf geschlagen. Dann schüttelt er heftig den Kopf. „Bitte was? Niemals! Wie bescheuert ist das denn? Definitiv nicht! Erstens finde ich Nacktfotos mies. So was würde ich nie machen, geschweige denn, jemanden dazu anstiften. Und heimliche Fotos sind ja total hinterhältig. Völlig undenkbar. Zweitens weiß man ja auch nie, was mit solchen Fotos hinterher passiert, wo die im Netz landen und wer sich dann so was anschaut ..."

Daniel nickt. „Da hast du völlig recht."

Linus fährt aufgebracht fort: „Und drittens gibt es bei uns gar kein Aufnahmeritual oder irgendwelche Mutproben. So was machen wir nicht. Wir sind doch keine Gang!" Empört holt er Luft.

Er überlegt einen Moment und zieht dann die Stirn kraus: „Doch selbst wenn man all das beiseitelassen würde, könnte es trotzdem nicht so gewesen sein, wie er es dir erzählt hat. Denn ich war seit Anfang der Woche offline, ich war weder im Internet noch in meinen Mails oder in irgendwelchen Chats.

Du kannst meine Freunde fragen und auch meine Eltern. Unser Computer ist nämlich seit fast einer Woche defekt und offline. Ich war deshalb voll genervt, weil ich mit den anderen jetzt vor dem Camp gar nichts absprechen konnte.

Mit Simon hatte ich deswegen beinahe Streit. Der hatte mir nämlich auch geschrieben und steif und fest behauptete, ich hätte seine Nachricht bekommen. Obwohl wir völlig abgekapselt waren. Aber der Rechner hat wohl irgendwie eine Lesebestätigung verschickt. Alles sehr *strange*.

Mein Vater hat schon vor Tagen einen Kollegen gebeten, sich darum zu kümmern. Der ist ein richtiger Computerexperte. Nur leider hatte der die ganze Woche über keine Zeit. Ich hoffe sehr, dass alles wieder läuft, wenn ich nach dem Camp nach Hause komme."

Daniel nickt nachdenklich. „Hm, das klingt ja besorgniserregend. Und es wird nicht einfacher ..." Er holt sein Handy hervor. „Schau mal, hier habe ich ein Foto der Nachricht, die Timo angeblich von dir erhalten hat."

Linus wird blass und schluckt. Empört sagt er: „Also, das ist tatsächlich meine Mailadresse. Aber diese Nachricht sehe ich zum allerersten Mal. Die ist definitiv nicht von mir. Glaub mir ..."

Daniel sieht ihn verständnisvoll an. „Okay, verstehe."

Linus schaut Daniel erleichtert an. „Danke, dass du mir glaubst, Daniel. Ehrlich, ich verstehe das alles nicht. Und da ist noch etwas, was mich total beunruhigt. Denn die ganze Geschichte passt so gar nicht zu Timo. Er hat bisher nie auf mich den Eindruck gemacht, dass er sich Lügengeschichten ausdenkt. Und der Typ, der Nacktfotos von Mädchen schießt, ist er ganz und gar nicht. Er ist eher das komplette Gegenteil", sagt er eindringlich. „Jedenfalls so, wie ich ihn kennengelernt habe. Ich meine, lange ist er noch nicht bei uns an der Schule. Aber er hat sich schon zweimal für Mädchen aus unserer Klasse eingesetzt. Zu denen war Jannick, ein Junge aus der Nachbarklasse, in der Pause echt aufdringlich. Deshalb gab es richtig Stress kurz vor Ferienbeginn.

Jannick wollte es wohl nicht auf sich sitzen lassen, dass Timo dazwischengegangen war. Er hat das Timo echt übel genommen. Einmal hat es auf dem Schulhof fast eine Schlägerei gegeben. Das ging gerade noch gut, weil die Aufsicht dazwischenkam." Linus seufzt.

Daniel schaut ihn ernst an. „Das klingt, als ob du dir Sorgen gemacht hast."

Linus bestätigt: „Ja, ich hatte echt Sorge, dass Jannick sich an ihm

rächt. Oder dass er das noch tun wird." Er überlegt kurz und fährt dann fort: „Bei dir ist es ja gut aufgehoben: Ich mache mir schon länger Gedanken wegen Jannick, vielleicht hast du ja sogar einen Rat. Es ist gut, dass ich das mal mit jemandem bereden kann. Denn irgendwie wurmt es mich schon, dass ich ihm nicht helfen konnte."

Daniel nickt. „Klar, das bleibt alles bei mir. Wollen wir uns dort drüben auf die Bank setzen?"

Linus nickt dankbar. Gemeinsam gehen sie hinüber zur Bank. Dann beginnt Linus zu erzählen: „Weißt du, ich kenne Jannick schon länger. Er ist zwei Jahre älter als der Rest der Klasse, weil er inzwischen zwei Ehrenrunden gedreht hat. Dadurch ist er einfach auch schon viel größer und stärker als Timo. Wenn der Lehrer nicht dazugekommen wäre, hätte das übel ausgehen können."

Er seufzt und schüttelt unwillig den Kopf. „Eigentlich ist das alles total blöd, denn Jannick war früher überhaupt nicht so. Wir haben uns 'ne Zeit lang sogar mal richtig gut verstanden."

Daniel schaut nachdenklich. „Na, meist ändert sich jemand ja nicht so ohne Grund. Hast du denn eine Vermutung, woran das liegen könnte und wieso ihr euch jetzt nicht mehr versteht?"

Linus nickt traurig. „Ja, die habe ich. Leider. Jannick war früher mit mir im Team der Schülerzeitung. Anfangs war er voll okay. Ein echter Designfreak, voll fit am Rechner. Damals haben wir viel miteinander gechattet. Und ab und an ein Game gespielt.

Irgendwie wurde das aber immer weniger. Er hat sich total zurückgezogen. Ich habe mehrere Anläufe unternommen, aber er wollte weder chatten noch gamen. Anfangs habe ich das überhaupt nicht verstanden und, ehrlich gesagt, auch persönlich genommen.

Erst später habe ich über andere Schulkameraden mitbekommen, dass die Ehe seiner Eltern in die Brüche gegangen ist. Das hat ihn wohl ziemlich mitgenommen. Er hat sich nicht nur mir gegenüber, sondern auch von allen anderen total zurückgezogen. Bis auf die Schülerzeitung. Da war er noch richtig begeistert am Start.

Doch privat hat er keinen mehr an sich rangelassen. Leider ist er in dieser Phase schulisch von den Noten her total abgesackt. Und obwohl sich seine Eltern da schon getrennt hatten, waren sie sich wohl zumindest in diesem Punkt einig. Sie haben ganz hart durchgegriffen.

Jannick musste alles, wirklich ALLES, was er nebenher gemacht hat, aufgeben. Er durfte keine Computerkurse und keine Schülerzeitung mehr machen, keine Freunde mehr treffen. Sogar seinen schon geplanten Osterurlaub haben sie abgesagt. Stattdessen haben sie ihm intensive Nachhilfe aufs Auge gedrückt. Und das alles mit der Drohung, dass das so bleiben würde, bis seine Noten wieder besser sind. Das hat ihn mächtig frustriert."

Daniel nickt betroffen. „Das kann ich mir gut vorstellen. Es hat ihm wahrscheinlich richtig den Boden unter den Füßen weggezogen."

Linus nickt: „Ja, genau. Er hat dann auf stur geschaltet, hat gar nichts mehr für die Schule gemacht und ist sitzen geblieben. Irgendwann hat er noch einmal kurz mit mir geredet. Das war direkt nachdem er bei der Schülerzeitung aufhören musste.

Damals sagte er, dass er keinen Bock auf gar nichts mehr hat. Erst recht nicht, nach ihrer Pfeife zu tanzen. Und dass er die Schülerzeitung dann eben ganz aufgibt, also auch später nicht zurückkommen wird.

Danach haben wir den Kontakt verloren. Wenn ich mal versucht habe, ihn anzusprechen, ist er ausgewichen. Dass er keine privaten Kontakte haben durfte, wusste ich damals noch nicht. Und als er dann noch mal 'ne Ehrenrunde drehen durfte, ist er immer aggressiver geworden. Obwohl er es ja irgendwie auch darauf angelegt hatte."

Daniel nickt ernst. „Puh, das kann ich mir gut vorstellen. Das ist schon echt hart. Schade, dass er keine Vertrauensperson hatte, die ihm weiterhelfen konnte. Manchmal ist es dann pure Verzweiflung, dass jemand alle Kontakte abbricht. Manchmal testet er aber auch nur aus: ‚Wer hält noch zu mir, und wem bin ich egal?'

An sich finde ich es immer hilfreich, klarzumachen: ‚Du bist mir wichtig.' Und Linus, wenn du magst und es sich ergibt, kannst du Jannick auch gerne mal mit in die Jugendgruppe bringen. Falls er jetzt wieder andere treffen darf. Ab und an kann es aber auch wichtig werden, Vertrauenslehrer oder Schulsozialarbeiter einzuschalten, die noch mal andere Handlungsmöglichkeiten haben."

Linus nickt. „Nur blöd, dass das alles jetzt schon so lange her ist. Aber ja, ich könnte mal mit Herrn Bürgel sprechen. Er war damals unser

Ansprechpartner für die Schülerzeitung, und er kennt Jannick auch noch aus dieser Zeit. Der ist voll in Ordnung."

Linus grinst. „Und inzwischen ist er Vertrauenslehrer. Zu Recht. Ein cooler Typ. Der setzt sich voll für uns Schüler ein. Hat uns mal geholfen, als wir zu Unrecht beschuldigt worden waren." Linus denkt kurz nach. „Ehrlich, ich könnte dir da Geschichten erzählen ... Aber das ist ja hier nicht unser Thema. Vielleicht nur so viel: In eine Internetbewertung über unsere Schule hat einer mal geschrieben: ‚Herr Bürgel ist Ehrenmann.' Und das ist er wirklich. Danke für den Tipp, Daniel."

Er schaut ihn ernst an. „Aber jetzt habe ich so viel von Jannick erzählt. Eigentlich ging es ja um Timo. Und zu dem kann ich dir nur sagen, dass da irgendwas faul ist. Es will mir nicht in den Kopf, wieso der gleiche Junge, der sonst so ritterlich rüberkommt, plötzlich so mies drauf sein soll!

Ehrlich, wenn ich ihn nicht live hier gesehen hätte, würde ich sagen, den hat jemand aus dem Weg geräumt und tritt jetzt als sein Doppelgänger auf. Ohne zu wissen, wie die Person wirklich war."

Daniel nickt schmunzelnd. „Eine klassische Agentennummer mit Zielpersonenaustausch? Wie im Film. So was wird uns hier nicht geboten. Bedaure. Aber du hast völlig recht, was Timo angeht; ich habe den gleichen Eindruck wie du. Und tatsächlich habe ich Timo auch nicht am Duschfenster selbst erwischt.

Er kletterte auf den Baum, der am Fenster zum Flur steht, in dem der Föhn hängt. Oben hat er dann sein Handy rausgeholt und versucht, es auf dieses Flurfenster auszurichten. Er sagte mir, für ihn sei es undenkbar, Fotos von nackten Mädchen beim Duschen zu machen.

Daher habe er sich den Flur vor den Duschen ausgesucht, um sie beim Föhnen zu fotografieren. Weil er hoffte, dass euch das als Mutprobe reicht."

Linus nickt nachdenklich und grimmig zugleich. „Verstehe." Nachdrücklich ergänzt er: „Aber bitte glaub mir, es gibt keine Mutprobe! Und wir waren das nicht!"

Daniel schaut ihn beruhigend an. „Keine Sorge, Linus, ich glaube dir. Da muss etwas anderes dahinterstecken. Und was genau das ist, das kriegen wir auch noch raus. Ich nehme mal gleich Kontakt zu deinem Vater auf. Denn die Probleme mit eurem Computer rücken auch noch eine ganz andere

Möglichkeit in den Fokus, was da passiert sein könnte. Ich kläre das zeitnah mit deinem Vater und gebe dir dann später Bescheid, okay? Kannst du es bitte bis dahin erst mal für dich behalten?"

Linus nickt. „Ehrensache, Mann! Aber bevor ich abdampfe, habe ich auch noch eine Frage an dich."

Interessiert schaut Daniel zu ihm herüber. „Okay, gern, worum geht es?"

Linus lächelt. „Es geht um das Schleudern. Du weißt schon, mit dem Beten ..." Daniel nickt aufmerksam und hört erst mal weiter zu.

Linus versucht, seine Frage genauer zu formulieren. „Irgendwie fällt mir das total schwer. Nimm allein mal das Beispiel mit unserem Computer! Ich mache mir halt schon Sorgen, dass der nicht wieder zu reparieren ist. Und was mit komischen Nachrichten vielleicht noch alles passiert sein könnte."

Daniel entgegnet: „Klar, das ist doch auch erst mal naheliegend. Hast du vielleicht schon mal gehört, dass man Menschen als Optimisten oder Pessimisten bezeichnet?" Linus nickt zögerlich. „Ja, irgendwie schon. Aber so richtig definieren kann ich die nicht."

Daniel lächelt. „Kein Problem, ich erkläre es dir kurz. Pessimisten bezeichnet man auch als Schwarzseher. Die sehen überall Probleme. Optimisten sind ziemlich genau das Gegenteil. Die erwarten Gutes. Es gibt von den Optimisten mindestens zwei Unterarten, wie wir gleich noch sehen werden.

Der Pessimist würde in einer Situation etwa Folgendes sagen: ‚Vergiss es! Das geht schief. Du kannst einpacken.'" Daniel lächelt. „Was zugegebenermaßen sehr entmutigend sein kann. Gerade wenn man jemand ist, der sehr leicht Probleme kommen sieht, kann sich so eine pessimistische Sicht schnell aufdrängen. Und je nach Typ kann die einem auch beim Beten in die Quere kommen. Dass man gar keine wirkliche Hilfe erwartet ..."

Daniel wirkt nachdenklich. „Du hast mich offen gefragt. Und da will ich mit dir auch ganz ehrlich sein. Wenn ich Aufreger, Sorgen und Herausforderungen durch das Schleudern bei Gott abgebe", er schmunzelt, „oder einfach so im Gebet, dann ist das für mich je nach Thema auch nicht immer einfach. Denn ich weiß ja nicht, wie die Sachen ausgehen. Gott ist ja kein Wunscherfüllungsautomat, in den ich meine Bitte einwerfe und mir unten dann postwendend die fertige, mir passende Rundum-sorglos-Lösung abhole.

Die Spannung, wie es ausgeht, die muss ich schon aushalten. Lernen. Manchmal auch durchbuchstabieren. Aber mir hilft zu wissen, dass das jetzt Chefsache ist. Und dass er es gut mit mir meint. Denn er ist ja eine Person und kein Automat. Und – so viel kann ich dir aus meiner eigenen Erfahrung sagen – je länger ich mit diesem Chef persönlich unterwegs bin, umso besser lerne ich ihn kennen. Und ihm zu vertrauen. Das ist bei mir auch erst mit der Zeit gewachsen. Auf dem Weg bin ich immer noch ...

Und es fing auch erst dann an, als ich verstanden habe, dass man überhaupt mit Gott ‚per Du' sein, dass heißt, eine Beziehung mit ihm haben kann – wie mit einem guten Freund. Und sich gleichzeitig klarmacht, wer er ist und wie groß er ist. Und so rede ich mit ihm auch im Gebet."

Linus hakt nach: „Du redest mit ihm? Heißt das, du betest keine vorgefertigten Gebete?" Linus zögert. „Meist kann ich mit denen, ehrlich gesagt, nicht so viel anfangen, wenn wir mal in der Kirche sind. Dann bin ich eher im Stress, dass ich den richtigen Text aufsage."

Daniel erwidert nachdenklich: „Okay, das verstehe ich. Dabei hängt es aus meiner Erfahrung auch davon ab, was man wie kennengelernt hat und wozu man einen Zugang für sich gefunden hat. Ich kenne Menschen, die aus vorgefertigten Gebeten echt viel für sich mitnehmen. Andere tun sich damit schwerer.

Ich selbst bete eher frei formuliert. Wie in einem Gespräch, einem Austausch mit jemandem. Gebet ist nicht nur reden, sondern auch hören. Ein Dialog eben. Weil Gott zuhört, aber auch antwortet. Und weil er sich ‚Vater' nennt."

Linus hört interessiert zu und fragt nach: „Vater?"

Daniel nickt. „Als die Jünger Jesus fragten, wie sie beten könnten, brachte er ihnen das Vaterunser bei. Es hat bei mir ein bisschen gedauert, bis es klick gemacht hat, dass Gott mein Vater sein möchte und mich als sein Kind betrachtet. Aber wenn ich das ernst nehme, dann hilft mir das auch bei der Frage, wie ich mit ihm rede. Meist bete ich ähnlich, wie wir jetzt auch reden.

Doch in bestimmten Situationen kann es schon sein, dass ich auf so ein vorformuliertes Gebet zurückgreife: das Vaterunser zum Beispiel oder einen Psalm. Das Vaterunser fasst einfach ganz viel zusammen, was Gott wichtig ist.

Und es ist die Antwort auf die Frage, wie die Jünger beten sollten. Das gibt mir schon zu denken. Manchmal nehme ich es deshalb und bete es langsam. Mit Unterbrechungen. Und dann komme ich mit Gott über die einzelnen Teile näher ins Gespräch. Zum Beispiel über ihn als Vater, über sein Reich im Gegensatz zu unserem Alltag. Wenn ich von Verbrechen und Krieg in den Nachrichten höre und wie Menschen einander schaden, dann bete ich dafür, dass das aufhört und Frieden entsteht.

Aber auch welches ‚tägliche' Brot ich brauche und was er mir womöglich geben möchte, welche Schuld mich gerade drückt oder ob ich jemandem etwas nachtrage und es vergeben sollte ..." Daniel hält inne. „Sorry, das war jetzt wahrscheinlich zu viel auf einmal."

Linus schüttelt den Kopf. Er schaut nachdenklich. „Nein, im Gegenteil. Die Beispiele helfen mir, wie das praktisch aussehen kann. So habe ich das noch gar nicht gesehen. Das Vaterunser kenne ich ja auch aus der Kirche. Aber was war das andere noch, was du gerade gesagt hast, irgendwas mit P...?"

„Ein Psalm", hilft Daniel lächelnd. „Psalmen sind eigentlich alte Lieder. Ihre Melodien sind verloren gegangen. Aber ihre Texte sind im Alten Testament der Bibel festgehalten. Manche sind Loblieder. In anderen schütten Menschen Gott ihr Herz aus. Besonders ein Psalm ist vielen Menschen bekannt. Das ist der Psalm vom guten Hirten. ‚*Der Herr ist mein Hirte, mir wird nichts mangeln ...*'[31]"

Linus lächelt. „Stimmt, davon habe ich schon mal gehört." Er überlegt. „Okay, ich verstehe. Sind dann solche vorgefertigten Gebete vielleicht wie die Souffleuse beim Theater, die einem vorsagt, wenn der Text fehlt?"

Daniel grinst. „Cool. Interessanter Vergleich. Nur, dass es hier nicht den einen vorgegebenen Text gibt. Stattdessen findet man darin Impulse, wenn einem die eigenen Worte fehlen. Und man kann sich darin in Ruhe umschauen, welche Texte einen ansprechen ... Immerhin gibt es 150 dieser Psalmen. Ich habe sogar mal aus mehreren Stellen, die mich angesprochen haben, meinen ‚eigenen' Psalm zusammengeschrieben.

Doch zurück zu deiner Frage und dem Pessimismus, dem Denken, dass alles schiefläuft. Wenn ich das bei mir selbst feststelle, sage ich mir als bewussten Gegenpol gegen diese pessimistische Grundhaltung: ‚Es ist noch nicht gesagt, dass es schlecht ausgeht!' Weil ich ja die Zukunft noch nicht kenne. Ich erhalte mir damit den offenen Blick nach vorn.

Falls es wirklich mal crasht, kann ich mich immer noch darum kümmern. Das nennt man übrigens auch ‚realistischen Optimismus'. Und zu guter Letzt gibt es ja auch noch den ‚Träumer-Optimisten'. Der findet alles easy und toll. Der schwebt auf ‚Wolke sieben' nach dem Motto: ‚Ja, klar, das wird super ... Alles gut ...'

Das ist total abgehoben, realitätsfern. Daher finde ich es wichtig, nicht gleich ins Gefühlschaos abzutauchen, wenn etwas geschieht, was ich nicht gut finde oder was schwierig ist. Stattdessen trainiere ich mich immer mehr darin zu überlegen, was ich damit mache und zu wem ich damit gehen kann.

Und oft übe ich dann auch das ‚Schleudern'. Ich meine, mit einer echten Schleuder muss man ja auch trainieren und kann das in der Regel nicht automatisch."

Linus nickt. „Okay, das alles macht jetzt schon deutlich mehr Sinn." Er grinst. „Ich überlege mal, wie mir das beim ‚Schleudern' hilft. Vielen Dank, dass du dir so viel Zeit genommen hast!"

Er verabschiedet sich und läuft hinüber zur Wiese, wo seine Freunde schon auf ihn warten. Linus ist dankbar, dass sie keine Fragen zu seinem Gespräch mit Daniel stellen. Alles Gehörte will er erst mal in Ruhe für sich sortieren. Er lächelt. „Wow, die Ausflugsplanung ging ja turboschnell. Ich freue mich echt, dass sie das möglich machen!"

Tobi nickt. „Sie waren so schnell überzeugt, dass ich dachte, die wollen bestimmt auch Achterbahn fahren." Er grinst.

Simon stimmt ihm lachend zu. „Wieso auch nicht?! So lange sind die auch noch nicht erwachsen. Und überhaupt, was soll das eigentlich heißen? Als Erwachsener darf man doch auch seinen Spaß haben!" Er grinst und legt den Kopf schief. „Ausnahmsweise. Die haben dann ja das Alibi, uns beaufsichtigen zu müssen."

Max stupst ihn an. „Quatsch mit Soße. Meine Eltern fahren ab und zu als Paar in einen Freizeitpark, wenn sie ein Ehepaarwochenende machen. Und uns parken sie dann bei Oma und Opa." Er stellt sich schmollend. „Statt uns mitzunehmen. Schnief."

Dann grinst er. „Ehrlich, ich glaube, das ist echt Einstellungssache. Die sollen ruhig auch mal ihren Spaß alleine haben. Immerhin fahren sie mit uns gemeinsam da ja auch hin. Und letztlich ist doch die Frage, was man macht, auch abhängig davon, wie jung man sich fühlt. Neulich hat ein 90-Jähriger an einem Radrennen teilgenommen ... Cool, wenn man das in dem Alter noch kann!" Schmunzelnd stimmen die anderen ihm zu.

Leni und Phil sind mit der Lösung ihres Problems noch nicht weitergekommen. Ernst sieht Leni Phil an. „Tut mir echt leid. Neue Ideen sind mir bis jetzt nicht eingefallen. Am liebsten würde ich den Reisetermin in die Schweiz abwarten, und dann nichts wie zurück. Obwohl sich unsere Eltern dann vielleicht wieder etwas Neues einfallen lassen."

Phil nickt seufzend. „Ja, und deshalb sollten wir doch so lange wie möglich hier durchhalten. Nur gut, dass es nachts nicht so kalt wird ..." Er setzt sich aufrecht und stößt dabei versehentlich mit seinem Fuß gegen das Holz. Leise stöhnend zieht er sein Bein an sich und hält es fest. ‚Puh, das hat weh getan.' Aber er will sich nichts anmerken lassen und beißt sich auf die Zähne.

Doch Leni hat Adleraugen. Sie schüttelt den Kopf. Blass und entschlossen sagt sie: „Warm hin oder her. Sorry, Phil, das fällt mir jetzt echt nicht leicht. Aber eines sage ich dir: Deinem Fuß geht es kein Stückchen besser. Wenn es dir gesundheitlich schlechter geht, breche ich das Ganze hier sofort ab. Das ist es nicht wert. Und das kann ich nicht verantworten. Dann hole ich Hilfe."

Phil schluckt und traut seinen Ohren kaum. Seine kleine Schwester ist ja kaum wiederzuerkennen. Ihm ist ganz und gar nicht nach Streiten zumute. Er beschwichtigt Leni: „Okay, okay. Aber so weit ist es noch nicht. Ich habe mich gerade nur blöd gestoßen. Und ich habe dir versprochen, Bescheid zu sagen, wenn es nicht mehr geht. Das tue ich auch. Glaub mir, wir schaffen das ... Und übrigens geht es mir gar nicht so schlecht."

Müde lehnt er sich gegen den Hochsitz und lenkt das Gespräch wieder auf das Problem mit ihren Eltern. „Okay, lass uns wenigstens noch mal überlegen, was wir zu Hause tun könnten, damit sie uns nicht ausbooten ..."

Doch Leni schüttelt den Kopf. „Gerne später. Ich gehe jetzt einfach noch mal los und schaue, ob ich die Räder nicht doch irgendwo finden kann. Sie können sich doch nicht in Luft aufgelöst haben!" Phil nickt zögernd. „Okay, aber pass bitte gut auf dich auf!" Leni nickt. Entschlossen steigt sie vom Hochsitz herab.

# LEICHENFUND, MASSSTÄBE & GEHACKTES

Mittags warten alle in Gruppen vor dem Gemeinschaftshaus. Linus steht neben Max. Er mustert die anderen Jungs und Mädchen um sich herum genauer: „Ich weiß ja, dass diese unbekannte Größe Pubertät etwa zehn Jahre dauern soll, aber irgendwie finde ich es trotzdem merkwürdig, dass so viele Mädchen deutlich größer sind als wir. Obwohl wir doch ungefähr gleich alt sind“, wundert er sich.

## WACHSTUM

*Eines der besonders gut sichtbaren Pubertätszeichen ist das Wachstum. Und dabei geht es nicht nur um die Körpergröße an sich, sondern zum Beispiel auch um die Füße. Logisch. Wir würden sehr instabil stehen, wenn wir Minifüße wie ein kleines Kind hätten, aber schon in der Basketballprofi-Liga mitspielen könnten, weil wir fast zwei Meter groß sind.*

*Oft merkt man das Wachstum auch daran, dass gefühlt ständig neue Schuhe fällig sind.*

*Stress dich nicht, wenn Arme, Beine, Hände und Füße nicht immer in gleichem Tempo wachsen! Manchmal fühlt sich das komisch an, aber unser Körper weiß, was er tut.*

*Und ein Nebeneffekt ist, dass dir viele Erwachsene irgendwann nicht mehr auf den Kopf gucken können. Meist fällt es bei Oma oder Opa am ehesten auf: Das liegt daran, dass sie im Alter eher kleiner werden. Ihre Bandscheiben, das sind die Polster zwischen den Wirbelkörpern am Rücken, bestehen zu einem großen Teil aus Wasser. Wenn diese im*

*Alter immer mehr Wasser verlieren, verkürzt sich die Wirbelsäule.*

**Ergebnis:** *Jetzt kannst du auf Omas und Opas Kopf gucken!*

*Mädchen fangen übrigens mit der Pubertät ein bis zwei Jahre vor den Jungen an und wachsen oft zuerst in die Höhe. Entsprechend zeitversetzt startet das Größenwachstum bei den Jungen. Sie wachsen relativ gesehen in der Pubertät meist mehr als die Mädchen. Also „überholen" viele Jungen dann in der Pubertät die Mädchen und sind am Ende größer als sie.*

**ABER: „***Oft" heißt nicht „immer". D. h. im Einzelfall kann das genau andersherum sein: ein Mädchen, was eher sehr groß wird, und ein Junge, dessen Körperanlagen so sind, dass er nicht so groß wird.*

---

Max verdreht die Augen und murmelt stirnrunzelnd: „Ja, das geht mir zu Hause auch so. Meine kleine Schwester ist inzwischen genauso groß wie ich. Und sie benimmt sich immer häufiger so, als wären wir mindestens gleich alt. Manchmal ist das ganz schön nervig. Denn sonst ist sie eben doch noch anderthalb Jahre jünger. Und das merkt man auch!"

Linus nickt verständnisvoll. „Das kann ich mir gut vorstellen. Es ist halt vor allem die Größe. Im Aufklärungsprojekt in der Schule haben sie gesagt, dass bei den Mädchen die Pubertät eher beginnt. Irgendwie machen die schon recht früh einen ziemlichen Größensprung."

Max nickt. „Ja, das habe ich auch so verstanden. Aber nicht mehr lange", schmunzelt er, „dann holen wir Jungs auf!" Die beiden grinsen sich an.

Linus überlegt: „Aber ein anderes viel dringenderes Rätsel macht mir tatsächlich gerade noch mehr Sorgen. Bestimmt hat das auch mit dieser Pubertät zu tun."

Max sieht ihn verwirrt an. „Und das wäre?"

Linus antwortet mit ernster Miene: „Was in aller Welt es heute zum Mittagessen gibt. Puh, ich habe vielleicht Kohldampf! Das liegt bestimmt daran, dass ich innerlich schon voll in den Startlöchern bin, in die Höhe zu schießen ... Und dafür brauche ich Tonnen an Energie."

Beide prusten laut los. Max boxt Linus in die Rippen. „Los, komm, wir gehen rüber zu Simon und Tobi! Hoffentlich wissen die mehr."

Währenddessen stehen die Mädchen zusammen und schauen zu Vera hinüber. Emma wendet sich an ihre Freundinnen. „Wow, wenn man von hier schaut, sieht man, wie sehr sich Veras Babybauch schon abzeichnet. Seht euch bloß mal an, wie kurvig Vera inzwischen ist."

Rebecca lächelt. „Stimmt, sie ist schon sehr kurvig. Aber ein bisschen sind wir das doch auch. Das liegt ja nicht nur an der Schwangerschaft. Alle Mädchen verändern sich in der Pubertät, auch, was die Körperform betrifft. Die einen mehr, die anderen weniger."

Sie grinst und erklärt: „Ich habe da gute Beobachtungsmöglichkeiten. Die Freundinnen meiner großen Schwester kommen häufiger bei ihr vorbei. Und die haben sich schon ziemlich verändert. Aber sie sehen alle unterschiedlich rund aus. Trotzdem passiert bei allen in etwa das Gleiche: Das Becken wird breiter, und der Bauch, die Taille, wird schmaler."

Paula grinst. „Anders herum sähe es aber auch komisch aus!"

Jule schmunzelt und stellt klar: „Anders herum würde es auch nicht funktionieren. Dann hätte ein Baby im Becken keinen Platz und käme auch nicht aus dem Bauch heraus."

## KÖRPERFORMEN

Die Körperformen sind von Frau zu Frau sehr verschieden. Manche Frauen entwickeln sich sehr kurvig, andere haben eher schmale Körperformen oder wirken sportlich, drahtig. Egal, wie eine Frau gebaut ist, ihr Körper ist darauf vorbereitet, ein Baby austragen zu können. Dies sind mögliche Grundformen:

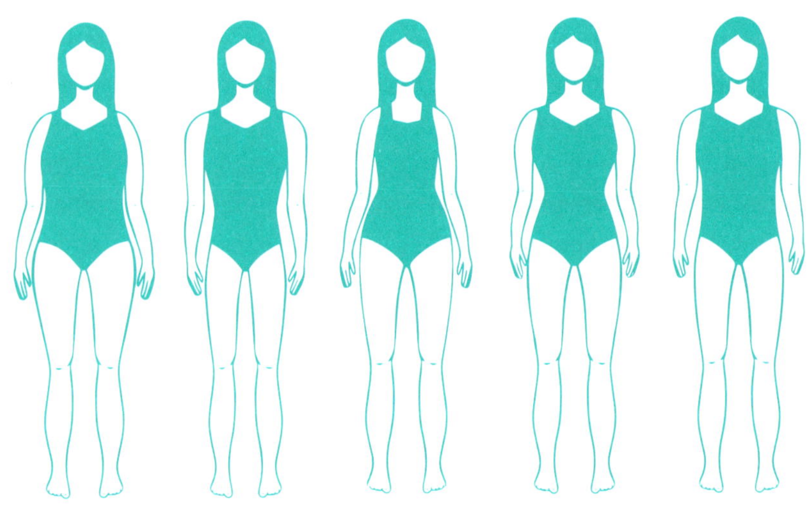

Rebecca kichert. „Kein Wunder, dass du dich auskennst, Jule. Wann bekommt deine Mutter denn ihr Baby?"

Jule lacht. „Der Countdown läuft schon. Es kommt im September. Das dauert also gar nicht mehr so lang. Aktuell sind es noch 48 Tage. Vorausgesetzt, es kommt pünktlich. Wir sind alle schon mächtig aufgeregt.

Inzwischen können wir schon super mit dem Baby spielen, es fängt nämlich nun an, gegen die Bauchdecke zu treten."

Emma freut sich. „Wie schön. Manchmal wünsche ich mir auch noch ein Geschwisterchen. Aber meine Eltern sind da ganz unerbittlich, obwohl ich es früher immer auf den Geburtstags- und Weihnachts-Wunschzettel geschrieben habe." Sie schaut betrübt.

Die anderen kichern und trösten sie. Jule meint: „Wenn das Baby da ist, lade ich dich zu uns ein, und wir feiern zusammen! Dann drehen wir gemeinsam Runden mit dem Kinderwagen."

Plötzlich öffnet sich die Tür vom Gemeinschaftshaus. Bekki steht im Eingang. „Kommt bitte alle herein und setzt euch erst mal auf eure Plätze! Wir müssen zum Essen noch etwas erklären."

Alle strömen hungrig in den Speisesaal. Manuel steht vorn am Buffet. Im Gegensatz zu sonst sieht es sehr überschaubar aus. Simon wundert sich. ‚Was da wohl los ist? Ob denen nach all der Großzügigkeit jetzt das Essen ausgegangen ist?' Sein Magen knurrt, und er beginnt, sich schon Sorgen zu machen. Jetzt klopft Manuel mit einem Löffel an ein Glas. Gespannt hören alle zu.

„Also, liebe Leute, heute Mittag haben wir für euch ein Wrap-Essen geplant. Ihr wisst schon, die dünnen Fladenbrote, die man füllen und aufrollen kann."

Zustimmendes Gemurmel ist im Saal zu hören.

„Hm, lecker."

„Super, die mag ich gerne ..."

Manuel klopft noch mal an das Glas und schaut bedeutungsvoll in die Runde. „Um die ganze Sache zu vereinfachen, haben wir schon vorher ermittelt, dass die Kombination von Wrap-Inhalten, die Daniel mag, die Beste von allen ist.

Daher haben wir überlegt, dass ihr eure Wraps am besten einfach genauso füllt, wie Daniel das immer tut. Dann habt ihr den ultimativen Daniel-Spezial-Wrap mit Salat, Thunfisch, Pilzen, Oliven, Peperoni, Artischocken, Kapern und Honig-Senfsoße."

Bekki zeigt auf das einzige Tablett, das auf der Essensausgabe steht. Es enthält nichts anderes als diesen Zutaten. Mehr gibt es nicht auf dem Buffet.

Es gibt Tumult. Alle rufen wild durcheinander: „Hä? Meint ihr das etwa ernst? Das könnt ihr uns doch nicht antun!"

„Iieeh, bloß keine Pilze!"

„Was in aller Welt sind Kapern?"

„Ich mag keine Oliven!"

„Kann ich was weglassen? Ich will meinen Wrap lieber anders füllen ..."

Die Betreuer hören sich die Kommentare eine Weile an. Dann klopft Bekki an das Glas, lächelt und erklärt: „Immer mit der Ruhe und keine Sorge. Wir haben uns schon gedacht, dass das nicht jedermanns Sache ist und dass ihr so ähnlich reagieren würdet."

Sie schmunzelt. „Wir wollten mit diesem kleinen Anschauungs-Beispiel nur etwas deutlich machen und heute Nachmittag in den Workshops genauer aufgreifen. Klar wäre es blöd, wenn alle genau das Gleiche essen müssten. Besonders, wenn es so ausgefallen ist und Sachen dabei sind, die man nicht mag.

Da sind wir uns schnell einig, dass es natürlich die beste Lösung ist, wenn jeder seinen Wrap selbst füllt. Und zwar so, wie er oder sie es mag. Vielleicht mal so viel für jetzt: Es gibt nicht das ideale Essen oder gar den idealen Menschen. Und selbstverständlich könnt ihr euer Essen gleich selbst zusammenstellen. Den sogenannten Daniel-Spezial-Wrap haben wir nur als Beispiel genommen. Ihr könnt euch also wieder entspannen."

„Tadaa!" Sie klopft an die Küchentür. Wie auf Kommando kommen Marlena, Vera, Daniel und Manu breit grinsend heraus. Sie bringen zahlreiche weitere Tabletts mit Wrap-Zutaten: verschiedene Salatsorten, Mais, Tomate, Gurke, Zwiebeln, Stangensellerie, schwarze Bohnen, Fetakäse, Blaubeeren, Cranberries, Cashewkerne, Erdnüsse, Walnusskerne, Reibekäse, Schinkenwürfel, Salami, Paprika, Röstzwiebeln, Ananaswürfel und mehrere Soßen.

Daniel schaut prüfend und ernst in die Runde. „So, so, keiner von euch möchte also meinen Spezial-Wrap probieren?" Er macht eine Kunstpause, dann grinst er breit. „Ich esse den ehrlich gesagt auch nur ab und zu. Je nach Appetit fülle ich ihn auch ganz anders. Wie auch immer, ich wünsche euch jetzt ein supergutes, kreatives Mittagessen. Lasst es euch schmecken!"

„Mhm, lecker", ruft Simon erleichtert in die Runde. „Lasst uns bloß schnell anfangen! Ich brauche heute viel Zeit zum Essen!"

Tobi lächelt ihn an. „Bist du so hungrig?"

Simon betastet seinen Bauch und antwortet dann: „Er knurrt schon wie ein wütender Hund und kann es kaum erwarten, die unterschiedlichsten Kombinationen auszuprobieren."

Entmutigt kommt Leni zum Hochsitz zurück. Phil erwartet sie schon gespannt. Doch sie schüttelt den Kopf. „Leider nichts. Ich habe echt einen weiten Bereich abgesucht", sagt sie traurig und erschöpft. „Aber die Fahrräder bleiben wie vom Erdboden verschluckt. Immerhin habe ich noch ein paar Blaubeeren auftreiben können."

Phil nickt dankbar und frustriert zugleich. Er freut sich sehr über die Blaubeeren, aber vor allem ist er genervt. „Danke, Leni." Er schiebt sich ein paar Beeren in den Mund und seufzt. „Es tut mir so leid, dass ich dir bei der Suche nach den Rädern nicht helfen kann und dass wir wegen mir hier jetzt nicht wegkommen."

Doch dann schüttelt er den Kopf, als wolle er die ganzen blöden Gedanken endlich loswerden. Beruhigend legt er seinen Arm auf die Schulter seiner Schwester. „Stress dich nicht, Leni! Das mit den Fahrrädern ist ärgerlich und echt unerfreulich. Aber das bringt uns jetzt auch nicht weiter. Lass uns einfach überlegen, was wir jetzt machen können! Das Wichtigste ist doch, dass wir im Moment zu essen und zu trinken haben." Er fügt hinzu: „Und dass wir überlegen, was wir mit dieser unfassbaren Idee unserer Eltern machen ..."

Leni nickt nachdenklich. „Okay", stimmt sie ihm zu. „Was machen wir jetzt? Hast du eine Idee? Ich meine, vielleicht könnte ich heute Abend noch mal zum Badesee gehen. Aber ..." Sie zögert. Doch dann bricht es aus ihr heraus: „Aber ins Camp mag ich nicht mehr gehen. Das war letztes Mal schon so knapp, das stehe ich einfach nicht noch mal durch."

Phil nickt. „Ja, klar, das kann ich mehr als gut nachvollziehen! Auch wenn da ja bisher die Chancen am größten waren. Dann bleibt uns vorerst nur – ganz spätabends oder sehr frühmorgens – der Badesee."

Nachmittags treffen sich alle Camp-Teilnehmer auf der großen Wiese neben dem Gemeinschaftshaus zu den beiden Workshops. Dort angekommen sehen sie als Erstes zwei abgesperrte Bereiche: Rechts sieht man eine Baustelle. Innerhalb der Absperrung mit dem rot-weißen Band stehen Eimer, eine Schubkarre und Werkzeug. Ein Schild ragt heraus. „Vorsicht: Großbaustelle! Betreten nur mit fachkundiger Leitung!"

Gegenüber, auf der linken Seite, ist ein Tatort abgesperrt. Auf dem Boden liegt auf einer Pappe eine lebensgroße Puppe. Sie besteht aus echter Kleidung: ausgestopfte Jeans und Sweatshirt. Schuhe trägt sie auch. Als Kopf dient ein Luftballon mit Perücke. Wie bei einem echten Tatort sind mit weißer Kreide die Umrisse der Person aufgemalt.

Emma kichert. „Das ist bestimmt die Leiche, von der Daniel gesprochen hat. Ich bin mal gespannt, was sie damit vorhaben." Die anderen nicken und warten ungeduldig, wann es losgeht.

Kurz darauf begrüßt Vera alle: „Schön, dass ihr wieder da seid. Und hoffentlich hat euch das Mittagsessen jetzt doch geschmeckt?" Sie lächelt fragend in die Runde. Als Antwort erhält sie ein zufriedenes Nicken von den Teilnehmern.

Simon hält sich den Bauch. „Zu gut, euer Ehren," witzelt er. „Mein Bauch arbeitet jetzt auf Hochtouren ..."

Vera lächelt und fährt fort: „Bestimmt habt ihr euch auch schon gefragt, was es mit Daniels Spezial-Wrap auf sich hat. Mal unabhängig von genau diesem Essen. Überlegt mal: Wie so oft im realen Leben hat einer etwas, das ein paar anderen auch gefällt. Und dann ist es plötzlich ‚in'. Alle meinen, es haben zu müssen: ein bestimmter Look oder Kleidungsstil, ein Game, eine Frisur, das neue Hobby, ein Smartphone – du kannst das einsetzen, was dir gerade einfällt. Und vielleicht ist es anfangs auch cool und schön. Doch es kann auch echt zum Krampf werden. Weil doch jeder irgendwie anders ist. Dem einen steht etwas, der andere kann es nicht tragen."

Vera schmunzelt. „Früher, als ich ein Teenie war, war zum Beispiel eine bestimmte Frisur ‚in'. Doch das konnte ich glatt vergessen. Meine Haare haben ihr Eigenleben geführt. Das hat bei mir einfach nicht funktioniert. Oder du schneidest deine Haare wegen eines Trends ab. Und zwei Wochen später meint ein anderer Influencer, lange Haare wären angesagt."

Sie verdreht die Augen. „Und dann kann es auch total langweilig werden. Weil alle nur noch das Gleiche machen, anziehen und wollen. Oder echt stressig, wenn es nicht zu einem passt, man es schlichtweg nicht mag oder es sich nicht leisten kann. Und damit drohen wir in die Falle des Vergleichens zu geraten." Sie hält ein Schild hoch. Darauf steht: „Vorsicht vor der Falle des Vergleichens!"

Daniel macht jetzt weiter: „Viel zu viele Menschen können sich selbst nicht leiden. Sie vergleichen sich ständig mit anderen und werten sich ab. Oder sie werten sich auf, indem sie andere schlechtmachen. Ist euch eigentlich schon mal aufgefallen, dass in dem Wort ‚vergleichen' noch etwas verborgen ist?"

„Ein Ei!", witzelt Simon. „Hilfe, die verfolgen mich jetzt schon ..."

Vera lacht.

Paula fügt schnell hinzu: „Das ‚Ich' ist noch mit drin. Oder die ‚Eiche'."

Daniel nickt. „Das ist schon richtig gut. Und wir haben tatsächlich noch etwas anderes gefunden."



Er zeigt auf das Schild, das Vera nun schmunzelnd umdreht. Hinten steht noch mal das Gleiche wie auf der Vorderseite, doch einige Buchstaben sind hervorgehoben: „Vorsicht vor der Falle des Verg**LEICHE**ns!"

Vera schaut in die Runde. „Im Vergleichen steckt also die Leiche! Genauso wie im Anspruch, dass alle immer das G**LEICHE** mögen müssen. Und irgendwie steckt darin eine tiefe Wahrheit. Weil uns das ständige Vergleichen nicht guttut. Übrigens wäre es auch nicht gut, wenn wir alle völlig gleich wären."

„Überlegt bloß mal", sie runzelt die Stirn und schaut in die Gruppe, „wenn ihr euch alle gleich anziehen würdet, die gleiche Frisur hättet, den gleichen Namen, die gleichen Interessen, die gleiche Stimme, die gleiche Zimmereinrichtung, die gleichen Lieblingsfächer, den gleichen Musikgeschmack …"

Simon unterbricht sie trocken: „Dann wären wir Klone."

Vera nickt. Rebecca verzieht das Gesicht. „Das wäre ja voll gruselig. Du könntest ja keinen mehr auseinanderhalten." Paula grinst. „Aber du hättest auch kein Problem, wenn du sonst Namen leicht vergisst …" Sie schüttelt angewidert den Kopf. „Aber schön wäre das nicht!"

Manu schaltet sich ein. „Ja, das ginge uns nicht anders. Wir könnten euch gar nicht auseinanderhalten. Nicht auszudenken …" Er grinst breit. „Aber ihr uns auch nicht!" Dann wird er nachdenklich. „Doch mal im Ernst. Optisch ist das ja kein Problem, wir sehen ja alle unterschiedlich aus. Aber innerlich ist es doch schon so, dass man gerade in der Pubertät oft schaut, was aktuell angesagt ist. Man ist lieber in der breiten Masse unterwegs.

Und zu einem gewissen Maß gehört das in dieser Lebensphase ja auch dazu. Da kann ich euch beruhigen. Aber irgendwann ist auch ein Punkt erreicht, an dem es wichtig ist, sein eigenes Profil zu finden. Denn dazu ist die Pubertät ja da. Als Kleinkind übernehmen wir ganz viel von unseren Eltern, ungefiltert. Das dient zu unserem Überleben. Wenn sie sagen, die Herdplatte ist heiß, ist es wichtig, dass ein Kind das glaubt und sich davon fernhält.

Aber wir übernehmen eben auch oft erst mal Meinungen und Verhaltensweisen. Doch damit wir als Erwachsene nicht die 1-zu-1-Kopien unserer Eltern sind, ist es wichtig herauszufinden: Was denke denn ich selbst? Was halte ich selbst für gut und richtig?"

Daniel lächelt in die Runde. „Und letztlich hilft es dann auch nicht, andere Teens zu kopieren, denn dann habt ihr das Gleiche in grün: eine 1-zu-1-Kopie von jemand anderem."

Daniel hält kurz inne und fährt dann nachdenklich fort: „Habt ihr eigentlich eine Idee, wie viele Menschen es gerade auf der Welt gibt?"

Simon grinst: „Das kommt darauf an, wann genau wir darauf antworten. Denn es werden ja ständig mehr. Gib mir die Fakten, und ich suche dir dazu eine genaue Berechnung raus!" Simon lächelt siegessicher. „Da gibt es spannende Weltbevölkerungsuhren[32/33/34], die zeigen es laufend an." Er runzelt die Stirn. „Allerdings gehen die auch alle ein klein wenig anders. Also, so ungefähr halt."

Daniel grinst. „Sehr schlau, Simon! Du hast recht, es ist immer nur eine Momentaufnahme. Wir sind gerade etwas über die acht Milliarden. Das ist unvorstellbar viel!" Er schaut hinüber zu den Teilnehmern. „Wer kann mir denn sagen, wie viele davon genau gleich sind? In allem: wie sie aussehen, was sie denken, in ihrer Persönlichkeit ..."

Jule lächelt. „Das ist einfach und kompliziert zugleich. Einfach ist, dass niemand genau gleich ist! Kompliziert ist, dass es bei so vielen Menschen geradezu unvorstellbar ist, dass es da keine Doppelungen gibt, außer vielleicht im Aussehen von eineiigen Zwillingen."

Daniel nickt „Genau, das stimmt, Jule. Und jetzt, bitte entschuldigt, wird es für einen Moment sehr medizinisch. Aber das Bild passt einfach zu gut. Ist euch eigentlich klar, dass sich bei der Zeugung eines Babys bis zu mehrere Hundert Millionen Samenzellen des Mannes auf den Weg machen, um die *eine* Eizelle der Frau zu befruchten? Warum nur wird bei der Entstehung von Menschen mit so viel Überfluss gearbeitet?"

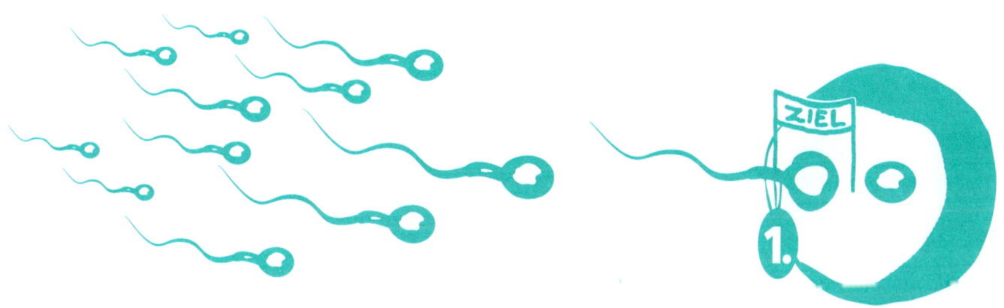


Er macht eine Pause und fährt dann fort: „Nun, anders gäbe es eben gar keine Möglichkeit, dass wir alle unterschiedlich sind. Wenn es weniger Samenzellen wären, hätten wir weniger Verschiedenartigkeit. Dann wäre der Mix an Erbinformationen und möglichen Kombinationen nicht machbar. Das gelingt nur, *weil* es so viele verschiedene Kombinationsmöglichkeiten gibt. Und deshalb sind aus meiner Sicht auch solche Wahlen zum Mister World und zur Miss Universum im Grunde genommen unsinnig. Sie hängen ja total ab von vorherrschenden Schönheitsidealen. Wenn es ‚den absolut richtig aussehenden Mann' und ‚die total richtig aussehende Frau' wirklich gäbe, dann wären ja die allermeisten Menschen auf der Welt ‚B-Ware'. So bezeichnet man übrigens zum Beispiel Geräte mit kleinen Fehlern.

Jedenfalls zeigt die Geschichte, dass Menschen zu ihrer jeweiligen Zeit auch immer eigene Schönheitsideale hatten. Mal waren gut genährte Menschen ‚in', weil das ein Zeichen von Reichtum war. Später drehte sich das, und man fand sie plötzlich passiv und bequem."

Vera nickt. „Ja, und dann gab es eine Zeit, in der sehr dünne Menschen dem Ideal ihrer Zeit entsprachen, bis man fand, dass kurvigere Menschen schöner aussehen. Und, das darf man dabei auch nicht vergessen, es ist auch innerhalb einer Zeit von Land zu Land und Kultur zu Kultur total verschieden. Ich habe mal irgendwo gelesen, dass Grafiker und Grafikerinnen in 18 Ländern das Bild einer Frau geschickt bekamen mit der Bitte, es digital so zu bearbeiten, dass es dem Ideal ihres Landes entspricht. Da kamen völlig verschiedene Bilder heraus.[35] Deshalb noch mal unser Appell an euch: Lasst euch durch vermeintliche Maßstäbe und Meinungen nicht verrückt machen! Weder was euer Aussehen angeht, was sich definitiv in der Pubertät noch ändern wird, noch was eure Interessen und Meinungen angeht. Wir laden dich ein: Werde dein bester Freund, deine beste Freundin, möglichst schon ganz früh im Leben! Dann hast du vielen Erwachsenen etwas voraus, die mit sich selbst im Kriegszustand sind."

Jetzt schaltet Manu sich ein. „Sein bester Freund zu werden hat übrigens nichts mit Arroganz-Anfällen und Imponiergehabe zu tun. Oder dass man meint, perfekt sein zu müssen und dass einem niemand mehr etwas sagen kann. Nein, das meint vielmehr Selbstannahme, dass man sich nicht selbst fertigmacht durch das ewige Vergleichen und Herummeckern."

Bekki nickt. „Genau. Wenn ich mich annehme, wie ich bin, bedeutet das für mich gleichzeitig auch, mit meinen persönlichen Baustellen unterwegs zu sein. Mich zu entwickeln und da, wo ich Dinge verkehrt mache, auch dazu zu stehen und die Konsequenzen zu tragen. Wohl wissend, dass Menschen das nicht immer alles können."

Simon beschäftigt noch etwas, was Manu gerade gesagt hat. „Sag mal, Manu, nur theoretisch gesehen: Du sagst, es geht nicht um Perfektionismus. Aber manche Leute sind doch so drauf. Die finden ständig noch was, was sie oder andere hätten besser machen können. Das finde ich,

unter uns gesagt, total anstrengend. Und ich frage mich, ob es eigentlich so richtig perfekte Menschen überhaupt gibt. Solche, die nie was falsch machen, nie die Unwahrheit sagen und keinen verletzen?" Er schaut Manu skeptisch an.

Manu gibt die Frage direkt in die Runde weiter. „Was denkt ihr?"

Rebecca schüttelt den Kopf. „Klar sind Menschen unterschiedlich drauf, und es gibt schon spezielle Leute, die sich mehr mit anderen anlegen. Und andere, die ihre Sachen besser auf die Reihe kriegen. Aber insgesamt, denke ich, macht doch jeder mal was verkehrt, absichtlich oder auch unabsichtlich. Das lässt sich ja nicht verhindern."

Max nickt. „Das sehe ich auch so. So sehr man sich auch anstrengt, so ganz ohne Fails kommt man dann doch nicht durchs Leben."

Daniel nickt. „Als Arzt kann ich sagen, dass Perfektionismus sogar gefährlich ist. Immer wieder erkranken Menschen psychisch, wenn sie sich einen Riesendruck machen, dass sie nichts falsch machen dürfen, und meinen, alles am besten 150-prozentig machen zu müssen."

Tobi grinst. „Tja, darum muss Gott sich immerhin keine Sorgen machen. Der ist vollkommen, allwissend, eben perfekt."

Manu wirkt nachdenklich. „Ja, das stimmt. Gott hat kein Problem mit dieser Perfektionismus-Falle. Und dann denke ich aber auch daran, wie bodenständig Jesus war, obwohl er Mensch und Gott in einer Person ist. Wie er mit seinen Jüngern jahrelang eng zusammen gelebt hat. Er war Versuchungen ausgesetzt wie du und ich und war sich nicht zu fein, mit Menschen zusammen zu sein, die von anderen abgelehnt und ausgegrenzt wurden. Damals waren das zum Beispiel Zollbeamte, die mit der Besatzungsmacht kooperierten, oder Menschen, die wegen einer ansteckenden Krankheit aus der Gemeinschaft ausgestoßen waren, und viele andere mehr. Er hat nicht raushängen lassen, dass er Gott ist. Und er schwebte nicht als *Superhero* abgehoben über allem."

Paula zieht die Stirn kraus. „Aber eines kapiere ich nicht. Jesus hatte doch besondere Kräfte. Er konnte Wunder tun. Ich meine, in der Bibel kann man krasse Sachen über ihn lesen. Er hat Menschen geheilt, Stürme gestillt, Tausende Leute satt gekriegt, wo es kaum Essen gab, er hat aus Wasser Wein gemacht, ist übers Wasser gelaufen … und das ist ja bei Weitem nicht alles. Wieso ist dann ausgerechnet er am Kreuz gestorben? Er hätte doch problemlos vom Kreuz entkommen können, oder?"

Daniel nickt. „Keine Frage, das hätte er. Und einige haben ihn ja sogar verspottet[36], dass er behauptet hat, Sohn Gottes zu sein, und das nicht tat: sich selbst zu retten. Der Clou liegt aber darin, dass Jesus nicht gekommen war, um sich selbst zu retten, sondern uns Menschen. Er hatte einen Auftrag. Und dem ist er auch am Kreuz treu geblieben. Und dieser Auftrag war eben nicht, die große Selbstentfesselungs-Show zu machen. Sein Auftrag war, die Menschen, die alle nicht perfekt sind, mit Gott zu versöhnen. Und deshalb war es auch wichtig, dass er selbst nie schuldig geworden ist. Nur so konnte er stellvertretend für alle Menschen am Kreuz sterben. Darum ist Karfreitag auch so ein wichtiger und besonderer christlicher Feiertag."

Linus runzelt die Stirn. „Hm, okay, das wusste ich noch nicht. Ehrlich gesagt geht es mir ähnlich wie Paula. Was das Kreuz wirklich bedeutet, habe ich bisher auch nicht verstanden. Und auch jetzt bekomme ich noch nicht alle Puzzleteile zusammen. Das mit dem Auftrag klingt zwar irgendwie einleuchtend. Aber mich irritiert trotzdem noch etwas gewaltig: Wieso ging das nur auf diesem Weg? Warum nur war dieser Auftrag denn nicht anders zu lösen?"

Vera antwortet einfühlsam: „Ja, super, dass du das ansprichst, Linus. Das ging mir auch lange so. Es wirkt erst mal echt befremdlich. Besonders, wenn man die Hintergründe nicht versteht. Ich versuche das mal aufzudröseln. Auf den ersten Blick sieht es ja so aus, als wäre Gott grausam, indem er seinen Sohn opfert. Dann ist es aber auch so, dass Jesus sein Leben freiwillig gegeben hat. Und das muss man erst mal auf einen Nenner kriegen. Und das versteht man nur, wenn man begreift, welche besondere Person Jesus ist. Er ist Gottes Sohn, aber auch Mensch. Und das alles in einer Person."

Sie macht eine Pause und schaut in die Runde. „Ich hoffe, ihr könnt mir noch folgen." Als die Zuhörer nicken, fährt sie fort: „Okay, dann tasten wir uns mal weiter vorwärts. Wichtig ist nun auch, das Wesen Gottes zu betrachten: Gott ist gerecht und unparteiisch. Und das bedeutet, dass er Schuld an sich bestrafen muss wie ein Richter Straftaten oder ein Schiedsrichter ein Foul oder Regelübertretungen. Das heißt, er kann nicht einfach weggucken, wenn Unrecht geschieht. Er kann auch nicht willkürlich mal etwas bestrafen und ein anderes Mal beide Augen zudrücken. Gleichzeitig aber liebt Gott die Menschen. Er hat sie ins Leben gerufen und weiß um ihre Unvollkommenheit und ihre Fehler. Und deshalb will er nicht, dass sie für ihre Schuld sterben. Doch für Gott ist das kein Dilemma – so nennt man eine unauflösbare Situation. Gott hat stattdessen einen Ausweg geschaffen, der beide Aspekte gleichermaßen berücksichtigt."

Simon wirkt nachdenklich. „Dann ist der Tod von Jesus am Kreuz also genau die Lösung für diese knifflige Situation? Hm. Krass. Das war mir bis jetzt auch noch nicht klar."

Daniel nickt. „Ja, genau. Weil es ein schuldloses Opfer ist, das er als Mensch bringt, sorgt er einerseits für Gottes Gerechtigkeit und eröffnet zugleich für die Menschen einen neuen Weg zur Gemeinschaft mit Gott.[37] Damit die persönliche Schuld der Menschen nicht mehr zwischen ihnen und Gott stehen muss. Darum lädt Jesus auch alle Menschen ein, dieses Opfer für sich persönlich in Anspruch zu nehmen und ein Kind Gottes zu werden."[38]

Linus überlegt. „Okay, das muss ich auch noch mal in Ruhe durchbuchstabieren. Aber das macht irgendwie Sinn. Stark, dass Jesus das auf sich genommen hat!"

Manu nickt. „Allerdings. Und deshalb müssen sich Menschen auch nicht erst anstrengen oder abrackern und irgendwelche Aufgaben erfüllen, um Gott zu gefallen oder ihn irgendwie gnädig zu stimmen. Es genügt, das anzunehmen, was Jesus getan hat. Das ist voll befreiend."

Bekki nickt und ergänzt: „Und mit dem Kreuz endet das Ganze ja auch nicht. Denn an Ostern feiern wir Jesus' Auferstehung von den Toten." Sie lächelt Paula an. „Da hast du dann noch mal ein krasses Wunder."

Paula schaut nachdenklich. „Verstehe. So habe ich all das noch gar nicht gesehen. Wow! Danke! Das finde ich jetzt alles echt hilfreich. Denn ehrlich gesagt ist mir die Bedeutung der verschiedenen Feiertage oft total schleierhaft. Das sind halt freie Tage. Aber was genau dahintersteckt und wieso, das wird oft gar nicht erklärt. Dankeschön!"

Vera lächelt. „Super, wenn es weiterhilft. Das freut mich und uns sehr. Doch nun zurück zu unserem Wrap-Beispiel. Lou Engle hat einmal gesagt: *‚God had a dream, and wrapped your body around it.'*[39] – ‚Gott hatte einen Traum, und hat deinen Körper wie einen Wrap drum herumgewickelt.' Das würde aber auch, um in dem Bild zu bleiben, bedeuten, dass jeder Mensch seine ganz eigene Wrap-Spezialmischung hat. Und die gilt es herauszufinden, sich damit anzufreunden und seine Besonderheiten zu feiern. So kann man sich immer mehr entfalten und sich mit sich selbst anfreunden."

Nun übernimmt Marlena. „Wir laden euch jetzt zu zwei Workshops ein: In Workshop 1 nehmen euch Bekki und Manu mit hinein in die Großbaustelle Pubertät. Ihr lernt die Eigenheiten der Baustelle verstehen, wieso Pubertät etwas mit Privatsphäre und Grenzen-Setzen zu tun hat. Und was uns hilft, trotz allem auf ein gutes Klima gegenüber anderen zu achten. ‚#Respektvoll leben' eben, und was das mit eurem Lösungssatz ‚Liebe deinen Nächsten wie dich selbst' zu tun hat. Workshop 1 trifft sich drüben am Gemeinschaftshaus."

Manuel übernimmt. „Den Workshop 2 bieten Daniel und Vera an. Er findet hier statt. In diesem Workshop geht es um die ‚Freundschaft mit mir'. Ihr besprecht Fragen wie: Wie entkomme ich der Vergleichen-Leiche? Und: Wie entwickle ich mein eigenes Profil? Wie gehe ich mit Aspekten an mir um, die ich nicht leiden kann? Was heißt das für ‚#Respektvoll leben'? Und: Wie gehe ich mit blinden Flecken um, wenn ich nicht sehen kann, was an mir gut ist? In ihrem Workshop geht es um verschiedene Sichtweisen und vermeintliche Schönheitsideale. Die Workshops dauern anderthalb Stunden. Danach habt ihr Zeit für euch bis zum Abendessen. Teilt euch bitte jetzt so auf, wie ihr möchtet!"

Nach einigen Minuten haben sich zwei Gruppen gebildet. Rebecca und ihre Freundinnen haben sich nach der Ankündigung gleich zu Daniel und Vera gestellt.

Daniel und Vera begrüßen alle Workshop-Teilnehmer herzlich. Sie haben fünf große Kreise aus Schnüren auf die Wiese gelegt und nummeriert. Dann bitten sie alle Teilnehmer, sich in einer Reihe aufzustellen. Nun geht Vera an der Linie entlang. Scheinbar wahllos sucht sie einzelne Teilnehmer heraus und schickt sie in einen der fünf Kreise.

Als eine ganze Reihe von Teilnehmern aufgeteilt ist, beginnt Vera zu erklären: „In jedem der Kreise befindet sich jetzt eine Gruppe mit speziellen Merkmalen. Betrachtet doch mal die Gruppen, was fällt euch an den Kreisen auf? Habt ihr eine Idee, was jeweils der gemeinsame Nenner sein könnte?"

Emma grinst. „In Kreis 1 sind alle blond."

Moya nickt. „Und die Riesen sind in Kreis 2."

Ihre Freundin Fenja ergänzt: „Und in Kreis 3 tragen alle Shorts."

Daniel und Vera grinsen. „Prima. Was fällt euch an den anderen beiden Kreisen noch auf?"

Jule lacht. „In Kreis 4 sind die Brillen- und Kontaktlinsenträger."

Paula wundert sich. „Brillen kapier ich ja, aber Kontaktlinsen? Hast du etwa den Laserblick? Wie kannst du das sehen?"

Jule schüttelt den Kopf. „Du hast recht. Sehen kann ich das gar nicht. Das wusste ich zufällig von der einzigen Person, die keine Brille trägt."

Daniel schmunzelt. „Okay, noch irgendeine Idee zu Kreis 5?", fragt er in die Runde.

Alle schauen angestrengt zu Gruppe 5 hinüber. Schließlich ist es Rebecca, der auffällt, dass alle Schnürschuhe tragen.

Nun übernimmt Vera wieder. „Bleibt bitte noch einen Moment so stehen! Wir würden von euch jetzt gern noch Folgendes wissen: Welche Gruppe hier ist jetzt die beste oder die angesagteste? Wie seht ihr das?"

Sofort reden alle durcheinander. Daniel hebt die Hand. „Langsam, so verstehen wir euch ja gar nicht."

Jule beginnt. „Na, das ist zum Beispiel eine Frage der persönlichen Einstellung. Ob man gern Schnürschuhe oder kurze Hosen trägt."

Daniel nickt und wendet ein: „Wenn jemand das nicht mag, es aber gesellschaftlich oder in seiner Gruppe, mit der er viel zu tun hat, ‚in' ist, was könnte er oder sie dann tun?"

Emma antwortet: „Nun, er könnte zwei Dinge tun. Sich für die entsprechende Kleidung entscheiden, obwohl er sie nicht mag. Oder sich so kleiden, wie er es gut findet. Und darauf pfeifen, was die anderen sagen."

Vera nickt. „Genau, wobei es immer einfacher ist, etwas in der Theorie zu sagen, als es praktisch zu tun. Besonders, wenn man das Gefühl hat, dass man dann ausgeschlossen ist. Und wir haben hier ja auch sehr einfache, plumpe Beispiele rausgesucht. Ihr seht aber am Beispiel der Gruppe mit den blonden Haaren, dass man, um zu dieser Gruppe dazuzugehören, schon seine Haare färben müsste. Und bei den sogenannten Riesen", sie lächelt die besonders großen Teilnehmer an, „wird es richtig schwierig. Man kann ja nicht einfach größer werden. Oder kleiner, wenn der Trend sich plötzlich ändert. Genauso wenig kann man seine Sehstärke beeinflussen und einfach die Brille weglassen."

Sie wird ernst. „Eine alte Freundin meiner Oma ist sehr kurzsichtig. Sie erzählte mir einmal, dass sie schon früh Brillenträgerin war. Und dass das damals, als sie zur Schule ging, bei den anderen Kindern gar nicht gut ankam. Sie wurde immer wieder als ‚Brillenschlange' gehänselt und ausgelacht. Brillen waren damals noch nicht so stylisch und weniger verbreitet als heute. Deshalb hat sie ihre Brille dann oft zu Hause gelassen und riskiert, dass sie in der Schule nicht mitkommt. Den Lehrern hat sie dann erzählt, dass sie die Brille ‚leider vergessen hat'. Das war ihre Ausrede. Auch wenn das in Wirklichkeit glatt gelogen war. Und im Kino konnte sie den Film nur hören und verschwommen sehen."

Empört schaltet sich Rebecca ein: „Aber das ist doch total unfair! Ich meine, so konnte sie doch in der Schule gar nicht richtig mitkommen und verpasste total viel. Ich finde es ganz im Gegenteil super, dass wir diese Hilfen haben! Bei uns an der Schule gibt es zum Beispiel ein Mädchen, das sehr schlecht hört. Sie benutzt Hörgeräte, und es gibt ein Mikro, das man herumreichen kann, wenn der Lehrer oder jemand aus der Klasse etwas erzählt. Dann kann sie es genau mithören."

Moya stimmt ihr zu. „Ich finde es gemein, wenn man Menschen ausschließt nur, weil sie anders sind. Alle sollen doch mitmachen können." Sie grinst Daniel und Vera an. „Das hat doch schließlich auch etwas mit Respekt zu tun!"

Die beiden schmunzeln. „Exakt!", ruft Daniel. „Genau darauf wollen wir hinaus. Und bei Beispielen wie mit dieser alten Dame ist es für uns auch ziemlich klar, dass man sie nicht ausschließen sollte. Aber ihr habt sicher auch bemerkt, dass sie irgendwann wegen der vielen Angriffe auch selbst versucht hat, sich anzupassen, indem sie die Brille nicht mitnahm.

Und das könnt ihr jetzt auf alles Mögliche übertragen. Dass man sich verbiegt, um anderen zu gefallen. Doch damit sind wir genau bei der Frage, die hier ganz wichtig ist: Wer bestimmt denn, was angesagt ist? Und ob man toll ist? Es ist immer eine bestimmte Gruppe, die das jeweils vorgibt. Mit dem Ergebnis, dass sie andere ausschließt.

Bei solchen Kriterien verliert also immer jemand, der nicht mithalten kann, der nicht so aussieht wie gefordert. Und das hat teils schwerwiegende

Folgen. Manche Menschen denken sogar, sie müssen sich operieren lassen, um so auszusehen, dass sie anderen gefallen. Sie trauen sich manchmal gar nicht, Freundschaften einzugehen, ehe sie nicht diesem Ideal entsprechen. Das finde ich schon aus medizinischer Sicht traurig und gefährlich."

Marlena ergänzt: „Und dabei handelt es sich bei diesen sogenannten Schönheitsidealen ja nur um eine aktuelle Auffassung davon, was bestimmte Menschen unter Schönheit verstehen. Und das ist bei Weitem nichts absolut Gültiges. Trotzdem empfinden immer wieder Menschen, sie müssten dann auch so aussehen, wie diese angeblichen Ideale es vorgeben."

Vera nickt und zeigt noch mal auf die Kreise. „Wir haben die Kriterien ja auch einfach so festgelegt. Und wenn man mal nachforscht und schaut, wie sich in der Vergangenheit sogenannte ‚Schönheitsideale' verändert haben, dann erlebt man so manchen Aha-Effekt. Wir haben das abends ja schon mal angesprochen. Mal wurde eine gute Körperfülle mit Wohlstand und guter Ernährung verknüpft, mal mit Trägheit und Krankheit. Mal waren weibliche Kurven out, zu anderen Zeiten war eine sogenannte Wespentaille das Ideal. Dass man also in der Körpermitte ganz schmal geschnürt wurde."

Daniel nickt. „Irgendwann haben die Warnungen der Ärzte dann doch gefruchtet, und man hat diese Schnürkorsette aufgegeben. Wer weiß? Wenn das nicht passiert wäre, würden Frauen vielleicht bis heute so rumlaufen."

Vera schüttelt den Kopf. „Bloß nicht!" Sie streichelt liebevoll ihren Babybauch. „Was wir euch heute mitgeben wollen, ist, dass Schönheit im Auge des Betrachters liegt, und auch im eigenen Auge. Und dass Schönheitsideale einfach sehr von menschlichen Sichtweisen abhängen und von der Kultur, in der man lebt. Wenn ihr euch an das Beispiel von der Frau erinnert, deren Bild in den 18 Ländern bearbeitet wurde ... Nicht auszudenken, wenn die arme Frau tatsächlich mehrmals in verschiedene Länder ziehen und meinen würde, sich dann immer dem jeweiligen Ideal anpassen zu müssen ..." Vera verdreht die Augen.

Nun zeigt Daniel noch mal auf die ausgestopfte Leiche. „Versteht ihr jetzt, wieso Vergleichen zur Leiche werden kann? Wir machen euch echt Mut, zu euch selbst und euren Besonderheiten zu stehen und euch daran zu erfreuen.

Vera ergänzt: „Wenn ihr etwas an euch nicht leiden könnt, lohnt es sich, die ganze Sache mal mit Abstand zu betrachten und sich ein paar Fragen zu stellen:

- *Geht es mir immer so oder nur jetzt aktuell?*
- *Haben andere komische Bemerkungen gemacht, oder sind das meine eigenen Gedanken?*
- *Geht es hier um vermeintliche Maßstäbe? Und wer stellt die auf?*
- *Bin ich gerade noch im Wachstum, oder bleibt es so?*

Mir zum Beispiel ging es in der Pubertät eine Zeit lang echt schlecht, weil ich statt nach oben erst mal in die Breite gewachsen bin. Da hatte ich ziemlich die Krise. Und ich bin echt froh, dass ich damals nicht in einen Diätwahn oder etwas Ähnliches verfallen bin. Meine Ma hat mir da voll geholfen. Sie hat von sich erzählt, wie es ihr als Teenie ähnlich erging." Vera schmunzelt. „Auch wenn es echt komisch war, mir meine Ma als Teenager vorzustellen."

Die anderen kichern. Daniel nickt lächelnd. „Ich kann mich noch gut erinnern, dass meine Füße sehr schnell gewachsen sind. Ständig brauchte ich neue Schuhe. Ich war echt ein großer Haushaltsposten im Portemonnaie meiner Eltern ... Schuhe sind teuer! Und kapiert habe ich das damals auch nicht. Wieso große Füße, wenn ich sonst noch nicht so groß war. Das hat mich anfangs ziemlich irritiert."

Er sieht nachdenklich aus. „Bei mir war es mein Sportlehrer, der mir da weitergeholfen hat. Ich hatte schon wieder keine passenden Turnschuhe dabei. Und statt mir eine Gardinenpredigt zu halten und mich abzukanzeln, weil ich keine Turnschuhe hatte, hat er sich zu mir gesetzt und sich meinen Frust angehört. Dann hat er auf seine großen Füße gezeigt, gelächelt und gesagt: ‚Ich kenne das Problem ...' Und er hat von seinen Erfahrungen damit erzählt. Supernett von ihm.

Das hat mir echt geholfen, mich so anzunehmen, wie ich bin und mir in der Pubertät die Zeit zu geben, die mein Körper brauchte, um vollständig auszuwachsen. Und ganz praktisch hat mein Sportlehrer mir aus der Fundgrubenkiste der Turnhalle ein Paar Schuhe besorgt, die da schon lange rumstanden. Die konnte ich mir dann für die Turnstunde ausleihen. Von der Sorte Lehrer dürfte es gerne eine ganze Stange mehr geben!"

Daniel dreht sich langsam einmal um seine Achse und lacht. „Und jetzt bin ich mit dem Gesamt-Ergebnis sehr zufrieden."

Vera lächelt. „Ich auch!", meint sie. „Vielleicht noch ein anderer Tipp, wenn es dir schwerfällt, das Gute an dir zu sehen: Such dir jemanden, dem du vertraust, und frag ihn, was er dazu denkt! Manchmal sind wir für uns selbst ganz schön betriebsblind. Und denkt – falls ihr mal wieder die Krise kriegt – vielleicht das eine oder andere Mal auch an den Spezial-Wrap! Gott liebt unsere Unterschiedlichkeit. Sie ist kein Zufall. Er mag uns genau so. Ihm geht es um die Beziehung zu uns."

Daniel schaut noch mal in die Runde. „Wenn ihr mögt, habt ihr jetzt noch gut eine Viertelstunde Zeit, um in Kleingruppen weiter ins Gespräch zu kommen. Danach ist bis zum Abendessen Freizeit."

Drüben am Gemeinschaftshaus endet etwa zeitgleich auch der Workshop von Manu und Bekki. Simon schwirrt noch der Kopf von den Erklärungen, gleichzeitig hat er viel dazugelernt. Zufrieden dreht er sich zu Tobi um. „Gute Wahl, der Workshop." Er tippt sich an die Stirn. „Ich hätte gar nicht gedacht, dass in meinem Großrechenzentrum so viel los ist."

# GEHIRNUMBAU & MUTPROBEN

Pubertät, was ist das? Was passiert im Denken?

In der Pubertät verändern wir uns nicht nur äußerlich auf dem Weg vom Kind zum Erwachsenen. Wir reifen auch innerlich. Unser Gehirn wird umgebaut. Wir entwickeln immer mehr unser eigenes Profil. Manchmal kann einen das innerlich ganz schön aus dem Takt bringen. Besonders die Gefühle werden von vielen als sehr intensiv und höchst unterschiedlich wahrgenommen. Einige sagen, sie fahren „Achterbahn".

Man kann in dem einen Moment sehr glücklich und gut gelaunt sein und kurz darauf gefühlsmäßig ziemlich abstürzen. Doch das ist nicht jeden Tag so, und man lernt auch, damit umzugehen. Wichtig ist, um diese Stimmungsschwankungen zu wissen und sich dann gut zu überlegen, wie man mit ihnen im Einzelfall umgehen kann.

Das Frontalhirn, zuständig für Vernunft und Logik, wird als Letztes wieder verschaltet. Deshalb ist es in der Pubertät teils echt herausfordernd, und manch ein Teen handelt bei Mutproben oder wenn Freunde dabei sind, eher unüberlegt. Auch insofern macht es Sinn, sich gerade in der Zeit manches noch mal in Ruhe und für sich allein zu überlegen.

Tobi nickt. „Ja, ich finde es auch echt krass, dass alles noch mal vernetzt wird. Besonders wenn der Teil des Gehirns, der für die logischen Entscheidungen und die Vernunft zuständig ist, erst spät wieder richtig funktioniert. Habe mir echt vorgenommen, mit Schnellschüssen vorsichtiger zu sein."

Linus nickt. „Und irgendwie ist es auch eine gute Idee, bei Stress zu Hause nicht jedes Mal in die Vollen zu gehen. Das will ich echt mal ausprobieren."

Max grinst. „Es ist halt alles eine Frage der Sichtweise. Pubertät ist, wenn die Eltern komisch werden!" Die anderen lachen.

„Aber im Ernst", fährt Max fort. „Mir hilft es auch zu verstehen, dass meine Eltern mich manchmal genauso komisch finden wie ich sie. Doch jetzt genug geredet. Wer kommt noch mit eine Runde Kicken, bevor es Essen gibt?" Seine Freunde stimmen freudig zu.

Max nickt. „Also gut. Ich laufe rasch rüber zum Zelt und hole den Ball, dann treffen wir uns in fünf Minuten auf der großen Wiese."

Während Max losläuft, macht sich Linus schon auf den Weg zur Wiese. Simon sprintet rasch zu Manu, weil er noch eine Frage aus dem Workshop klären will. Inzwischen macht Tobi einen Umweg zur Getränkestation, um Wasser für alle zu holen.

Unterwegs treffen sich Daniel und Linus zufällig beim Gemeinschaftshaus. Daniel nutzt die gute Gelegenheit und spricht Linus noch mal an.

„Hey, Linus, das passt ja super. Mit dir wollte ich eh noch reden. Danke, dass du die Spannung mit ausgehalten hast. Inzwischen hat sich tatsächlich einiges geklärt von dem, was passiert ist.

Heute in der Mittagspause habe ich deinen Vater angerufen. Da war sein Arbeitskollege gerade bei ihm. Der hatte kurz vorher herausgefunden, dass euer Computer gehackt wurde. Oder anders gesagt: Jemand hat sich illegal Zugang dazu verschafft. Was auch das Rätsel um deine E-Mails erklärt. Denn diese Person hat auch deinen Mailaccount gekapert und alle Nachrichten an euch abgefangen.

Der Hacker hat dann euren Rechner fremdgesteuert und eure Identitäten benutzt, um auf Nachrichten zu antworten. Das heißt, er hat sich als dich ausgegeben, auch Timo gegenüber. In Wirklichkeit aber wollte er die Fotos, die Timo machen sollte, für sich haben."

Linus erschrickt und schaut jetzt ziemlich besorgt: „Puh, das klingt aber gar nicht gut. Wie in aller Welt kann denn so etwas passieren?"

Daniel nickt. „Ja, in fremde Rechner und E-Mail-Konten eindringen und andere zu Straftaten anstiften ist eine kriminelle Handlung. Im Internet sind leider nicht nur nette Menschen unterwegs."

## INTERNET – NICHT IMMER NETT!

*Das Internet ist ein weltweites Netzwerk für Kommunikations- und Informationsaustausch mit vielen genialen Möglichkeiten. Es erleichtert vielen Menschen das Leben enorm. In ultrakurzer Zeit können wir so eigentlich fast alles herausfinden, was wir wissen wollen.*

### Doch die Sache hat einige Haken:

*Für die Inhalte, die dort zu finden sind, gibt es keine für alle verbindlichen Regeln. Jeder Nutzer kann dort Inhalte einstellen. Es findet meist keine Überprüfung statt, ob diese richtig oder falsch sind.*

*Außerdem kann, wer das Internet nutzt, „als er selbst" unterwegs sein oder aber auch seine eigentliche Identität verbergen und „sich als jemand anderes ausgeben". Das kannst du dir vorstellen wie an Karneval oder auf einer Kostümparty. Da weiß man auch nicht immer, wer hinter der Verkleidung steckt. Manche Leute verschleiern ihre eigentliche Identität, um sich auszuprobieren, andere, weil sie bewusst verbergen wollen, wer sie eigentlich sind. Einige auch, weil sie böse Absichten haben. Fakt ist – beim Internet sollte man auf dem Radar haben, dass es diese Möglichkeiten gibt.*

## Was kannst du tun?[40/41]

- Teile im Internet keine persönlichen Daten und Informationen über dich selbst, wie zum Beispiel deinen richtigen Namen (dieser wird da auch Klarname genannt), dein Geburtsdatum, wo du wohnst, wo du zur Schule gehst, in welchem Verein du bist usw.
- Gib keine Kennwörter weiter und nutze ein Virenschutzprogramm!
- Achte in sozialen Netzwerken auf deine Privatsphäre-Einstellung! Wer darf dein Profil und Fotos von dir sehen?
- Wer darf welche Informationen über dich erhalten?
- Befreunde dich im Internet nur mit Personen, die du aus dem echten Leben kennst! Kläre mit ihnen bei echten Kontakten, ob Freundschaftsanfragen tatsächlich von ihnen kommen!
- Lass deine Webcam generell aus, es sei denn, du chattest mit Freunden, die du aus dem echten Leben kennst!
- Überlege dir gut, ob und welche Fotos von dir du online stellst!
- Das Internet hat keinen wirklichen Kopierschutz. Inhalte und Bilder, die andere heruntergeladen haben, kannst du in der Regel nicht zurückholen.
- Altersbeschränkungen in sozialen Netzwerken haben ihren Sinn. Halte dich daran!

- *Kontrollierte Chats haben einen Moderator, den man notfalls zu Hilfe holen kann (mit einem Hilfe-Knopf) und der bei Fragen ansprechbar ist. Nutzer, die einem merkwürdig vorkommen, kann man sperren oder ignorieren.*

- *Falls dich jemand im Internet beleidigt, dich bedroht oder bedrängt, vertraue dich Erwachsenen an! Unangemessene Nachrichten oder Bilder, die man erhält, kann man durch Screenshots sichern, und gegebenenfalls kann man auch bei der Polizei Anzeige erstatten. Lass dir, falls nötig, von anderen kurz zeigen, wie man Screenshots macht!*

  **Sichere Internetseiten für Kids**
  *https://www.blinde-kuh.de/index.html*
  *https://www.fragfinn.de/*
  *https://www.internet-abc.de/kinder/surfratgeber/*

---

Daniel fährt fort: „Dein Vater hat Strafanzeige gestellt, und die Polizei ist der Person, die das gemacht hat, auch schon auf der Spur. Sie hat nämlich sogenannte ‚digitale Spuren' hinterlassen. Das ist so ähnlich wie bei Fußabdrücken im Boden oder Fingerabdrücke an einem Tatort. Man kann durch das Relief der Schuhe Rückschlüsse auf den Besitzer ziehen. Ebenso durch Fingerabdrücke. Und bei digitalen Spuren arbeitet man eben mit Daten, die die betreffende Person im Netz hinterlassen hat."

Linus schluckt. „Puh, das ist ja spannend wie in einem Krimi. Aber was ich noch nicht verstehe ... Wie in aller Welt konnte der überhaupt auf unseren Rechner zugreifen?"

Daniel nickt ernst. „Ja, das kann man sich anfangs oft kaum vorstellen. Aber solche Leute wenden Tricks an. Bekomm bitte keinen Schreck! Im Moment sieht es so aus, dass derjenige wohl über einen Kontakt zu dir erfolgreich war."

Linus guckt ihn verwirrt und erschrocken an. „Zu mir? Was meinst du damit?“

Daniel erklärt: „Du hast wohl vor ein paar Wochen bei so einem neuen Onlinespiel mitgemacht, das bei euch an der Schule rumgeschickt wurde. Und daran war diese Person auch beteiligt. Er nannte sich Luca, hat ein Alter von 14 Jahren angegeben, dich als Experte angechattet und dir ein paar Tipps gegeben.“

Linus schluckt und wird ganz blass. „Ja, klar. Oh Mann, ich erinnere mich. Der war echt hilfsbereit und total fit. Ich hatte mich echt noch gefreut, dass jemand Älteres so nett sein kann. Nicht so ein abgehobener Snob. Und dann … Aber … Oh nein …“ Linus schluckt und fährt dann mit leiser Stimme fort: „Ich ahne es schon … dann hat er mir eine Datei in den Chat gestellt, auf der noch mehr Tipps waren.“

Linus schaut Daniel besorgt an. Dieser nickt. „Treffer, versenkt. Exakt diese Datei enthielt eine geheime Schadsoftware. Und die hat ihm dann den Zugriff auf euren Rechner ermöglicht, sodass er ihn aus der Ferne lahmlegen konnte.“

Linus schaut Daniel schuldbewusst an. „Oh Mist, das ist ja echt übel. Das habe ich überhaupt nicht mitbekommen. Dann ist das alles ja meine Schuld. Hoffentlich ist mein Papa jetzt nicht sauer auf mich.“

Daniel schüttelt den Kopf. „Da kann ich dich echt beruhigen. Ja, dein Vater ärgert sich. Aber die Schuldfrage sieht er ganz anders. Er ärgert sich über sich selbst. Seit Monaten wollte er schon den Virenschutz aktualisieren. Wegen seiner vielen Arbeit und den zahlreichen Dienstreisen hat er das immer wieder aus dem Blick verloren. Er hat insgeheim gehofft, dass es schon gut gehen wird. Doch durch genau diese Lücke kam der Hackerangriff. Das hätte deinem Vater genauso wie dir passieren können. Und nicht nur bei Dateien im Chat. Auch bei E-Mails oder beim Surfen im Internet … Sein Kollege hat den Rechner jetzt der Polizei übergeben. Sobald die alles für ihre Ermittlungen gesichert haben, bekommt dein Vater den Rechner zurück. Und bevor er wieder online geht, installiert der Kollege deines Vaters ihm einen ganz neuen Virusschutz.“

# COMPUTERVIREN

Kann denn ein Computer krank werden? Ja, er kann. Aber nicht so, wie wir es vielleicht von zu Hause kennen, mit Husten und Fieberthermometer.

Viren beim Computer lösen keine Grippe aus. Sie stecken den Computer meist im **Internet** mit schlechten Programmen an. Manche von diesen Programmen wirken sich sofort aus. Sie können den Rechner blockieren, Inhalte zerstören oder Informationen vom Rechner stehlen, zum Beispiel Fotos an Fremde weiterleiten oder die Daten aus Adressbüchern … Andere gehen unauffälliger vor. Sie kannst du dir wie Bankräuber vorstellen, die die Bank erst mal ausspionieren, bevor sie zuschlagen. Wieder andere greifen einen Computer an, weil sie Zugriff auf die Kamera der Person haben möchten. Sie können sie dann aus der Ferne steuern.

Darum ist es wichtig, seinen Computer zu schützen. Es gibt Virenschutzprogramme, die diese Aufgabe übernehmen. Wenn diese aktuell sind, schützen sie vor vielen Cyberangriffen.

*Einen absoluten Schutz gibt es aber nicht, weil ja immer wieder auch neue Schadprogramme entwickelt werden. Es kann auch hilfreich sein, die Kamera mit einem kleinen Stück Papier abzukleben und nur zu öffnen, wenn du sie brauchst. Wichtig ist aber vor allem, mit Angeboten von Downloads aus dem Internet vorsichtig zu sein.*

---

Linus nickt erleichtert. „Gut, dass sich das so schnell geklärt hat. Aber sag mal, was passiert denn jetzt mit Timo? Der ist doch dann auch übel reingelegt worden."

Daniel antwortet: „Mit Timo habe ich in Ruhe ein ernstes Wort gesprochen. Ja, er ist getäuscht worden. Aber das ändert erst mal nichts daran, dass man sich auf solche Vorschläge nicht einlassen darf. Was er da vorhatte, war überhaupt nicht okay. Es verstößt auch absolut gegen unsere Camp-Regeln zum Thema Privatsphäre.

Er hatte einige schlaflose Nächte vorher und auch viele Bedenken. Doch irgendwie hat er sich dann nach langem Überlegen für die falsche Sache entschieden. Er wollte die Angelegenheit hinter sich bringen und zeigen, dass er sich was traut. Um den Mädchen aber zugleich nicht zu schaden, hat er sich ja die Variante mit den Föhn-Fotos ausgedacht. Dabei sein zu dürfen war ihm superwichtig. Das hat er mir vorhin auch noch mal gesagt.

Linus, mal eine ganz andere Frage: Ist es denn ein Problem für euch, wenn Timo bei euch mitmachen will?" Daniel schaut Linus fragend an.

Linus überlegt und schüttelt den Kopf. „Weißt du, Daniel, an sich ist es überhaupt kein großes Thema. Wir haben ihn auch schon mal mitgenommen. Andere auch. Keiner hat was gegen ihn. Ganz im Gegenteil. Der ist ein netter Kerl. Doch Timo ist erst im Frühjahr hergezogen. Er hat insgesamt noch nicht so viel Anschluss. Und das Aufbauen einer Freundschaft braucht eben Zeit. Na ja, und manche Sachen machen wir als Kumpels eben auch gern unter uns."

Daniel nickt. „Du, das verstehe ich völlig. Man kann auch nichts erzwingen. Super, dass ihr ihn auf dem Radar habt. So wie ich ihn verstehe, ist das auch nicht der erste Umzug seiner Eltern. Und jedes Mal reißt es ihm wieder den Freundeskreis weg. Er scheint ziemlich einsam zu sein. Was natürlich keine Entschuldigung für die Aktion ist.

Die Geschichte von Tobi gestern Abend hat ihm mächtig imponiert. Ich hoffe, die zwei werden auch noch mal miteinander ins Gespräch kommen. Ich freue mich jedenfalls, dass Timo hier mit dabei ist. Auch das ist ja eine Chance für neue Freundschaften. Ich werde noch mal in Ruhe mit ihm reden und ihn in unsere Jugendgruppe einladen.

Und was das Camp angeht, wir haben entschieden, ihn wegen der Aktion so kurz vor Schluss nicht nach Hause zu schicken, sondern anzuerkennen, dass er so ehrlich war, als ich ihn angesprochen habe. Ihm ist jetzt selbst klar, dass die Aktion totaler Blödsinn war. Er hat mir versichert, dass er so etwas nicht noch mal macht.

Wir schauen mal, wie er ab jetzt unterwegs ist. Ich persönlich würde den Vorfall nicht im ganzen Camp bekannt machen und ihm erst mal Zeit geben, sich zu bewähren. Es sei denn, etwas in der Art wiederholt sich."

Nachdem Daniel sich von Linus verabschiedet hat, stößt er fast mit Tobi zusammen, der auf dem Rückweg von der Getränkestation ist.

„Hoppla, da treffe ich ja den Richtigen. Hi Tobi, du kommt ja fast wie auf Bestellung", spricht Daniel ihn an. „Du, ich wollte dir gerne noch mal Danke sagen."

Tobi schaut ihn fragend an. „Danke sagen? Mir? Wofür denn?"

„Na, dass du gestern Abend so persönlich von dir erzählt hast, war ja nicht selbstverständlich. Ich denke, dass es für einige Teilnehmer echt wichtig war."

Tobi freut sich und brummt: „Na, dann war es immerhin noch für etwas gut." Er lächelt. „Nein, ernsthaft, ich wollte da gestern nicht so dick auftragen. Aber das hat mir damals schon den Boden unter den Füßen weggezogen. Denn kaum waren wir umgezogen, hatte ich das Gefühl, war ich für meine früheren Freunde ‚aus den Augen – aus dem Sinn.' Da kam einfach nichts mehr. Und hier gab es noch nichts. Da bin ich ganz heftig in ein Loch gefallen. Puh. Das war nicht schön", erinnert er sich.

Daniel nickt. „Das ging mir anfangs im Studium auch so. Neue Stadt, neue Kontakte, alles neu. Nicht einfach. Aber auch viele Chancen, die darin

lagen." Er runzelt die Stirn und wird etwas ernster. „Du, Tobi, im Moment haben wir hier im Camp auch einen Jungen, der so eine ähnliche Sache gerade hinter sich hat, beziehungsweise noch mitten drinsteckt. Er hat mir schon gesagt, dass ihn deine Erzählung sehr bewegt hat. Könntest du dir vorstellen, mal mit ihm zu reden? Zum Beispiel darüber, was dir geholfen hat."

Tobi nickt. „Klar, Mann. Am besten spricht er mich einfach mal an, wenn er denkt, dass es gut passt."

Daniel lächelt. „Ja, so machen wir es. Dann sag ich ihm Bescheid, dass er mit dir sprechen kann. Du kennst ihn schon ein wenig. Es ist Timo."

Tobi nickt. „Ja, klar kenn ich den. Der hat ab und an mal mit uns abgehangen. Alles paletti. Wird gemacht."

Als Daniel sich gerade verabschieden will, sagt Tobi: „Du, Daniel, dir will ich auch einfach mal Danke sagen." Überrascht bleibt Daniel stehen.

Tobi nickt. „Weißt du, ich habe aus der Frage-Zeit gestern total viel mitgenommen." Er zögert. Doch dann fasst er sich ein Herz. „Mir war das wirklich blöd, dass ich aus dem sogenannten Aufklärungsunterricht so wenig mitnehmen konnte. Und unsere Lehrerin kannte sich mit Jungsthemen eh nicht gut aus." Tobi lächelt entschuldigend. „Kann ich dich vielleicht noch kurz was anderes fragen?"

Daniel nickt und setzt sich auf einen größeren Stein. „Klar, schieß los!"

Tobi mustert Daniels Gesicht. „Sag mal, du rasierst dich doch bestimmt, oder?" Als Daniel lächelnd nickt, hakt Tobi nach: „Nass oder trocken? Und was mich ehrlich gesagt am meisten interessiert: Seit wann? Ging das plötzlich los mit den Barthaaren oder über eine längere Zeit?"

Daniel schmunzelt. „Ah okay, darum geht es. Und nein, keine Sorge, du wachst nicht plötzlich mit einem Vollbart auf. Das geht eher langsam. Ehrlich gesagt habe ich als Teenie lange auf meinen Bart gewartet. Andere aus meiner altersgleichen Clique hatten schon Bart-Ansätze. Und ich fühlte mich immer noch als Milchbubi. So haben die Jungs das damals genannt, wenn man noch keine Barthaare hatte."

Er verzieht grinsend und kopfschüttelnd das Gesicht. „Tja, so ist das mit der Mode. Damals war es ‚in', Bartwuchs vorweisen zu können. Und heute rasiere ich oft alles ab. Manchmal lasse ich auch einen Drei-Tage-Bart stehen. Die anderen aus meiner ehemaligen Gruppe, zu denen ich noch

Kontakt habe, machen es ähnlich. Da lief halt damals unter uns so ein Erwachsenen-Ding. Schon komisch, dass es hinterher keinen mehr interessiert hat, sobald alle so weit waren, dass ihre Barthaare wuchsen."

Daniel überlegt. „Angefangen hat es bei mir mit ein paar wenigen weichen Haaren oberhalb der Lippe. Die habe ich meist gekürzt, weil ich das nicht so cool fand, dass hier ein Haar war und weiter drüben noch eins ..."

Tobi grinst und streicht sich übers Gesicht. „Ha, das kenne ich. Bei mir hat es im Frühjahr auch so angefangen. Und wie ging es dann weiter?"

Daniel schmunzelt. „Als ich dann irgendwann angefangen habe, mich zu rasieren, war ich überrascht, dass dann die Bartstoppeln recht schnell wuchsen. Und ja, ich habe am Anfang erst mal den Rasierapparat benutzt. Also trocken rasiert. Allerdings nur alle zwei bis drei Tage. Der Drei-Tage-Bart, der dann entsteht, ist für mich okay. Ich muss nicht immer total glattrasiert sein. Übrigens benutzt man danach ein Aftershave, damit sich die Haut nach dem Rasieren beruhigt und sich nichts entzündet."

Tobi nickt. „Und was spricht gegen Nassrasierer?"

„Erst mal nichts Weltbewegendes", antwortet Daniel. „Ich denke, das ist auch eine Typ- und Gewöhnungsfrage. Ja, die Gefahr, sich zu schneiden, ist beim Nassrasieren für Ungeübte definitiv höher. Und man benutzt einen Rasierpinsel, mit dem man sich das Gesicht vorher einseift. Doch auch das ist im Grunde genommen vor allem eine Frage der richtigen Technik. Schließlich kann man sich mit einem Trockenrasierer auch mal schneiden. Mein Dad hat mich damals gefragt, was ich machen möchte."

Daniel schmunzelt. „Und in den Sommerferien, als wir dann lange weggefahren sind und uns niemand sehen konnte, haben wir dann beides mal ausprobiert: Nass- und Trockenrasur. Ich bin schließlich wie mein Dad dauerhaft beim Trockenrasierer gelandet. Ich fand's aber cool, dass er mir beides gezeigt und mitgemacht hat."

Daniel grinst breit. „Wir haben sogar ein Kopfrasur-Set, so eine Schermaschine, mitgenommen und auch damit experimentiert. Das war der beste Urlaub ever. Wir hatten sooo viel Spaß!"

Tobi lächelt nachdenklich. „Das merkt man dir heute noch an. Hey, super Idee, ich glaube, ich frage meinen alten Herrn demnächst auch mal. Danke, Daniel. Das bringt mich alles echt weiter."

„Ehrensache", antwortet Daniel. Dann läuft Tobi rasch hinüber zu den anderen.

# MUCKSMÄUSCHENSTILL-NACHTWANDERUNG, LICHTBLICKE & GEHEIME OFFENBARUNGEN

Abends, als es dunkel ist, kommt Tom, der Förster, ins Camp. Alle treffen sich mit Jacken und festen Schuhen am Gemeinschaftshaus. Er erklärt: „Heute nehme ich euch mit auf eine ganz besondere Nachtwanderung. Ihr habt dem Wald und seinen Tieren mit der Müll-Rallye echt etwas Gutes getan. Deshalb möchte ich euch heute Abend zeigen, dass hier im Wald tatsächlich viele Tiere wohnen. Ihr wisst ja schon, wie wichtig es ist, dass die Tiere im Wald nicht gestört werden. Damit sie uns bei einer so großen Gruppe nicht so leicht hören und sich erschrecken, machen wir daraus eine ‚Mucksmäuschenstill-Nachtwanderung'. Es ist zunehmender Mond, einige Wolken stehen am Himmel. Aber meist sollte das Mondlicht reichen. Daher werden wir selbst auch keine Lichter anmachen.

Ein kleiner Tipp übrigens: Wenn der Wald ringsum dunkel ist, schaut nach oben, denn da, wo die Baumwipfel enden, kann man die Richtung des Weges gut erkennen. Natürlich werden wir die meisten Tiere nicht sehen, aber wir werden viel hören können." Tom lächelt. „Wir machen eine kleine Challenge daraus: Nachher werde ich euch fragen, welche Tiere ihr wahrgenommen habt. Okay, seid ihr bereit für ein nächtliches Abenteuer? Oder gibt es noch Fragen?"

Tobi räuspert sich. „Bei der Müll-Rallye haben wir ja im Unterholz etwas wegrennen gehört. Sehen konnten wir es aber nicht, es war rasend schnell. Was könnte das denn gewesen sein? Gibt es hier womöglich Wildschweine?"

Tom lächelt. „Ausschließen kann man das nicht ..."

Tobi sieht ihn mit großen Augen an.

Tom ergänzt: „Aber die letzten Wildschweine hatten wir hier vor fünf Jahren. Die sind damals nur durchgezogen und hatten hier kein Revier. Es ist wahrscheinlicher, dass ihr einen Fuchs oder ein Rudel Rehe aufgeschreckt habt." Er schaut noch mal in die Runde. „Also, bitte heute Nacht keine Alleingänge! Bleibt bitte alle in der Gruppe! Ich verlasse mich auf euch.

Wenn es keine Fragen mehr gibt, bildet jetzt Zweier-Paare, und los geht es! Wir werden etwa eine Stunde unterwegs sein."

Zügig bildet sich eine lange Schlange. Simon und Tobi gehen gemeinsam los. Weil Tobis Schnürsenkel lose ist, halten sie noch mal kurz an. Als sie sich wieder einreihen wollen, sehen sie gerade noch das Ende der Schlange. Zügig schließen sie sich den anderen an.

Unterwegs spitzen alle die Ohren. Ab und zu ist ein Vogel zu hören, es knackt und raschelt im Wald um sie herum. Jetzt am späten Abend, wo es dunkel ist, hört man das Leben im Wald viel intensiver. Schließlich erreichen sie eine Lichtung. Tom bleibt stehen und lässt die Gruppe etwas aufschließen. Langsam deutet er hinüber zum Waldrand. Da hinten sehen sie tatsächlich eine kleine Gruppe Rehe. Sie grasen dort im Mondlicht. Als jemand versehentlich auf einen Ast tritt, spitzen sie sofort die Ohren. Sie beobachten die Menschen aus sicherer Distanz. Als dann auch noch ein Hustenanfall durch die nächtliche Stille schallt, flüchten sie blitzartig in den Wald.

In der Luft kann man immer wieder Schatten von Fledermäusen entdecken. Sie sind sehr wendig und schnell unterwegs. Auf einmal hämmert und klopft es eifrig hoch über ihnen. Es ist ein Specht, der mit seinem harten Schnabel im Holz Insekten sucht. Gerade wollen sie weitergehen, als Rebecca ein winziges Eichhörnchen einen Stamm hinaufsprinten sieht. Dann setzt sich die stille Menschen-Schlange wieder in Bewegung.

Gespannt halten alle Ausschau, wenn etwas im Gebüsch knackt. Nicht, dass doch noch ein Tier aus dem Wald gerannt kommt. So ganz geheuer ist ihnen das Ganze nicht. Doch bis jetzt ist alles ruhig.

Sie erreichen jetzt den Rand des Naturschutzgebiets. Kurz darauf kommen sie auch an der Stelle vorbei, an der Tobi den Hochsitz mit dem Malervlies untersucht hatte. Tobi stupst Simon an und zeigt in die Richtung des Hochsitzes. Simon nickt. Er hatte den gleichen Gedanken und erinnert sich noch wie gestern an die Stelle. Nun sind sie fast daran vorbei. Plötzlich hören Tobi und Simon einen kurzen, hellen Laut aus der Richtung hinter ihnen. Beide fahren herum. ‚Was in aller Welt war das?' Simon stupst Tobi an und zeigt in Richtung des Hochsitzes. Tobi zuckt mit den Achseln. Weil sie nicht reden sollen, macht er mit den Armen einen Vogel nach und schaut Simon fragend an. ‚War das vielleicht ein Waldkauz?', soll das wohl heißen.

Beide horchen angestrengt in die Richtung, aus der das Geräusch kam. Da, plötzlich flackert weiter oben in den Bäumen ganz kurz ein schwaches Licht auf. Simon zeigt hinüber. Krass, sie sehen es beide! Wie Mondschein sieht das definitiv nicht aus! Ganz klar, das kann nur ein künstliches Licht sein. Schon nach zwei, drei Sekunden ist es wieder erloschen. Und doch war es lang genug, sodass beide es genau gesehen haben.

Simon grübelt: ‚Was war das bloß? Tom, der Förster, jedenfalls nicht! Der läuft weit vorn, und der würde hier nachts auch nicht einfach in der Gegend herumleuchten.' Sie zucken ratlos mit den Schultern. ‚Vielleicht doch jemand, der obdachlos ist? Oder hat jemand eine Zigarette angezündet?' Gedanken an das Lagerfeuer und die Gefahr eines Waldbrandes tauchen in ihrer Erinnerung auf. ‚Keine Alleingänge', echot Toms Stimme laut in ihren Köpfen. Zu blöd, dass sie niemandem Bescheid geben können. Und mit Zeichensprache können sie das den Betreuern oder Tom auch nicht erklären.

Schweren Herzens beschließen sie, erst mal abzuwarten. Sie entscheiden sich, weiterzugehen und das Ganze später im Camp anzusprechen. Als sie sich umdrehen, sehen sie gerade noch das Ende der Gruppe hinter einer Kurve abbiegen. ‚Oh nein', denkt Tobi. ‚Das Zurückbleiben kann uns mühelos als Alleingang ausgelegt werden.'

Sie blicken sich kurz an, nicken einander zu. Dann, als hätte es einen lautlosen Startschuss gegeben, sprinten die beiden los. Turboschnell und superleichtfüßig schaffen sie den Anschluss fast geräuschlos in wenigen Sekunden. ‚Puh', schießt es Simon durch den Kopf. ‚Das ist gerade noch mal gut gegangen. Zum Glück hat das keiner mitbekommen!'

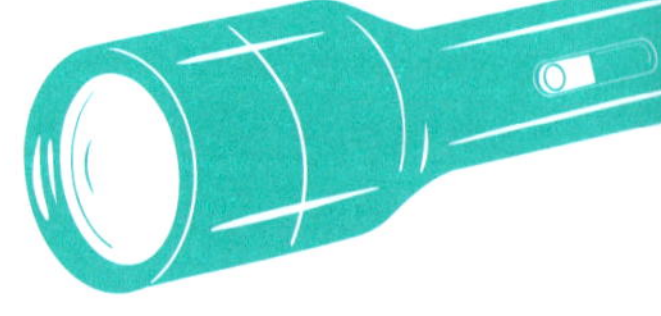

Leni zischt Phil leise ins Ohr: „Phil, bitte, mach die Taschenlampe aus! Ich habe so ein komisches Gefühl. Irgendetwas stimmt nicht. Vielleicht sind wir nicht alleine hier?" Sie hört ihr Herz laut schlagen.

Phil flüstert ganz leise zurück: „Ist schon aus. Und die Spinne, die über deinen Arm gelaufen ist, habe ich trotz der kurzen Beleuchtung tatsächlich erwischt und ihr eine Gratisflugreise nach unten verpasst."

Dankbar flüstert Leni zurück: „Super, Phil. Ich bin echt erleichtert, dass sie weg ist. So hätte ich hier nicht schlafen wollen. Es tut mir auch leid, dass ich vor Schreck aufgeschrien habe. Das hat sich vielleicht gruselig angefühlt. Hoffentlich hat uns niemand gehört."

Phil beruhigt sie. „Hey, ganz ruhig. Erstens ist abends kaum noch jemand im Wald unterwegs. Und falls doch, denke ich nicht, dass es jemand zuordnen konnte. Und selbst wenn jemand etwas gehört hat ... Der weiß im Dunklen ja nicht, woher es kam. Vielleicht hat er es auch für den Schrei eines Waldkauzes gehalten. Der Wald ist nun mal voller Geräusche. Und nachts hört man das einfach besser."

Er ergänzt leise ironisch: „Das wissen wir beide inzwischen mehr als gut genug! Du kannst dich entspannen, Leni. Wenn es dir lieber ist, sind wir jetzt erst mal still. Schlafen kann ich allerdings noch nicht ... und Hunger habe ich auch."

Leni nickt erleichtert und schiebt ihm den letzten Müsliriegel hinüber. „Hier, iss! Mir ist der Hunger aufs Erste vergangen." Phil sträubt sich. „Aber ich hatte doch schon meinen zweiten Riegel ..." Leni unterbricht ihn. „Schluss jetzt, sonst werden wir noch entdeckt! Bitte nimm ihn! Ich bestehe darauf." Zögernd greift Phil nach dem Riegel. Mit Leni ist jetzt nicht gut Kirschen essen. Das hört er schon an ihrer Stimme. Also entschließt er sich, den Riegel doch zu verspeisen.

Auch bei Leni ist an Schlafen noch gar nicht zu denken. Irgendwann beruhigt sie sich hoffentlich wieder. Doch sie grübelt weiter. ‚Das macht ja alles keinen Sinn, wenn wir Phil nicht wieder fit kriegen. Keine Ahnung, wie lange wir zwei das noch durchhalten. Und dann auch noch ohne Essen.' Sich vorübergehend zu verstecken hatte sie sich definitiv leichter vorgestellt. Ärger steigt in ihr auf. Schließlich ringt sie sich durch und sagt flüsternd: „Du, Phil, ehrlich gesagt, ist es mir heute Nacht zu dunkel. Meine Taschenlampe ist auch nicht mehr so fit. Ich gehe heute nicht mehr zum Badesee, um nach Essen zu suchen."

Phil nickt. „Kein Problem, ich hätte dich auch jetzt in der Nacht nicht allein gehen lassen wollen. Dann gehst du halt morgen früh, wenn es hell wird."

Leni schluchzt leise auf. Kurze Zeit später knurrt sie zurück: „Du hast gut reden. Das ist total leicht gesagt: ‚Dann gehst du halt.' Du machst das ja nicht. Und hast ständig Angst, irgendwo gesehen zu werden."

Phil schluckt und entgegnet zerknirscht: „Es tut mir so leid. Ich kann es halt nicht."

Leni schüttelt unwillig den Kopf. „Ja, das verstehe ich ja auch. Aber ehrlich: Ich halte ich es hier nicht mehr aus. Ich will einfach nur noch hier weg. Bei jedem Knacken zucke ich zusammen und denke, dass die Jungs wiederkommen ... du bist verletzt und ..." Sie schlägt die Arme über ihrem Gesicht zusammen. Der Rest geht in unverständlichem Gemurmel unter.

Phil rückt näher zu Leni und nimmt sie vorsichtig in den Arm. „Glaub mir, Leni! Es tut mir unendlich leid, dass es alles so gekommen ist." Er seufzt. „Und dass ich nun alles nur noch schwieriger mache ... Okay, ich verspreche dir, morgen, ganz früh, wenn es hell wird, bevor Leute unterwegs sind, hauen wir hier ab."

Er stupst Leni an. „Hey, mir ist gerade etwas eingefallen. Ole, einer meiner Klassenkameraden, hat bei uns in der Nähe einen Schrebergarten. Also, seine Familie hat den. Wir waren mal zusammen da. Es ist nicht weit von uns zu Hause. Und sie wollten auch in den Ferien wegfahren. Vielleicht können wir es bis dahin schaffen."

Leni nickt erst mal müde und erschöpft. Sie hat aber keine Idee, wie sie das bewerkstelligen sollen, und protestiert: „Ich weiß nicht, so ohne Fahrräder? Das müssten wir ja auch wieder schaffen und uns verstecken und etwas zu essen finden. Ich weiß einfach nicht, ob ich das alles noch länger kann. Vielleicht sollten wir doch zurück nach Hause gehen."

Phil schluckt. ‚Auch das noch. Knickt Leni jetzt endgültig ein?' Verdenken könnte er es ihr nicht. ‚Eigentlich wollte ich doch auf sie aufpassen und für uns hier sorgen.' Streiten will er sich mit ihr nicht. ‚Aber zurück nach Hause und dann doch in die Schweiz? Auf gar keinen Fall!'

Ernst sagt er: „Leni, ich gehe erst zurück, wenn die Fahrt in die Schweiz vom Tisch ist. Vorausgesetzt, es geht mir gesundheitlich nicht zu schlecht. Aber das ist einfach nicht der Fall. Also, lass uns jetzt erst mal ausruhen, und morgen früh sieht die Welt schon wieder etwas freundlicher aus. Wir finden bestimmt eine Lösung, wie wir hier wegkommen."

Auch Leni will sich nicht mit ihrem Bruder streiten. Müde lehnt sie sich an den Hochsitz und starrt ins Dunkle. An Schlafen ist überhaupt nicht zu denken.

#

Inzwischen ist die Nachtwanderung beendet, und alle sind zurück im Camp.

Tom lobt alle: „Respekt, ihr wart wirklich leise. Jetzt bin ich wirklich gespannt. Lasst mal hören! Welche Tiere habt ihr wahrnehmen können?"

Die Rufe gehen durcheinander: „Fledermaus", „Eichhörnchen", „Rehe" – „Bestimmt gehört auch ein Hirsch dazu, der hat sich bloß im Wald versteckt ..." – „Specht", „Eule", „Waldkauz".

Tom nickt begeistert. „Super, das war schon eine ganze Menge. Alle Achtung!" Dann ergänzt er, was sie nicht hören oder sehen konnten. „Es gibt hier Rot- und Damwild. Wir haben in der Gegend auch Marder, Biber und Füchse, Waldmäuse und Feldhasen. Im Wald leben auch Blindschleichen und Echsen. Manchmal hört man auch einen Igel. Besonders, wenn er angegriffen wird und eine stachelige Kugel bildet. Dann kann man ihn laut fauchen hören. Am Waldrand hin zu den Feldern leben Fasane und Wildgänse. Ab und an ist ein Storch zu sehen. Nah am See gibt es viele Gänse, Enten, Teichhühner und Reiher."

Daniel nickt. „Wir haben ja jetzt nicht so viel Zeit. Aber Tom hat mich mal nachts mit zu einem Hochsitz genommen. Dann konnten wir in der Morgendämmerung gut versteckt beobachten, welche Tiere unterwegs sind. Ehrlich gesagt: weitaus mehr, als ich dachte."

Tom nickt und lächelt in die Runde. „Ja, Tiere und der Wald sind meine große Leidenschaft. Danke, dass ihr so gut mitgemacht habt. Ihr wart superleise. Das ist für eine so große Gruppe echt nicht selbstverständlich. Es hat mir wirklich Spaß gemacht, mit euch unterwegs zu sein! Wenn ihr keine Fragen mehr habt, wünsche ich euch jetzt noch einen guten Abend und noch eine schöne restliche Camp-Zeit."

Tom verabschiedet sich gerade von Daniel, als Simon und Tobi zu ihnen kommen. Tobi räuspert sich und wendet sich an den Förster. „Entschuldigung, Tom, können wir dich noch mal kurz sprechen?"

Tom dreht sich zu ihm herum. „Klar, was gibt es? Habt ihr doch noch ein Wildschwein entdeckt?" Er grinst.

Tobi zögert. „Das nicht gerade. Und wir wollten das auch nicht in der großen Gruppe sagen. Weil wir nicht wissen, ob es etwas bedeutet. Aber eben haben wir im Naturschutzgebiet ein Licht gesehen."

Der Förster schaut sie fragend an. „Und seid ihr sicher, dass das keine Mondspiegelung war?"

Simon nickt. „Auf keinen Fall. Also, um es genau zu sagen, war da erst ganz kurz so ein komisches Geräusch. Das hat uns überhaupt aufmerksam gemacht. Wir konnten es aber nicht zuordnen. Ob es vielleicht ein Vogel war? Vielleicht ein Waldkauz? Dann sahen wir in der Richtung, aus der das Geräusch kam, kurz darauf das Licht aufleuchten. Vielleicht war es auch ein Feuerzeug. Das war nicht zu erkennen. Jedenfalls sind wir etwas in Sorge, weil der Wald so trocken ist ... Und es war in der Nähe der Stelle, wo wir das Malervlies und die Laubsäcke auf dem Hochsitz entdeckt hatten. Erinnerst du dich noch daran?"

Tom runzelt die Stirn. „Ja, klar, das hattet ihr mir nach der Müll-Rallye berichtet. Es steht für nächste Woche schon auf meiner Inspektionsrunde." Er wird sehr nachdenklich. „Okay, vielleicht hat sich da doch jemand für länger eingerichtet. Das werde ich mir gleich mal noch anschauen."

Daniel schaltet sich ein: „Tom, denkst du, dass jemand ohne festen Wohnsitz dort sein könnte? Soll ich vielleicht besser mitkommen?"

Tom überlegt kurz: „Ja. Das wäre eine gute Idee. So was kommt selten vor, und normalerweise lässt es sich regeln. Aber manchmal ist Alkohol im Spiel, und dann wäre es besser, wenn du notfalls die Polizei rufen kannst. Gut, dass ich heute in der Stadt beim Forstamt war und deshalb den Jeep dabeihabe. Wir nehmen am besten den Wagen, der kommt mit den Waldwegen gut zurecht, ist als Elektroauto superleise und erspart uns um diese Uhrzeit viel Zeit."

Er dreht sich zu Simon und Tobi. „Ich bin mir zwar ziemlich sicher, welchen Hochsitz ihr meint, aber bevor wir am Ende doch etwas anderes angenommen haben: Könnt ihr kurz mitfahren und uns die Stelle zeigen? Ich würde ungern in der Nacht den halben Wald absuchen ... Natürlich bringe ich euch alle danach auch wieder ins Camp zurück."

Tobi und Simon nicken. „Klar doch!", antworten sie und laufen begeistert mit Tom hinüber zum Jeep. Wer kommt auch schon nachts in den Genuss, mit dem Revierförster Jeep zu fahren ...

Tom lächelt. „Super, dass ihr so aufmerksam seid! Verratet ihr mir noch mal eure Namen?"

Simon und Tobi grinsen erfreut und stellen sich kurz vor.

Da kommt schon Daniel angelaufen. Er hat noch rasch die anderen Betreuer informiert.

Tom lächelt die beiden Jungs an. „Springt rein, ihr dürft vorne sitzen!"

Sein Wagen ist ein 6-Sitzer mit Ladefläche. Daniel hat es sich auf der Rückbank bequem gemacht. Er hat sein Smartphone dabei und hält es gerade hoch, um zu sehen, ob es Empfang hat. Tom sieht das im Rückspiegel und schmunzelt.

„Keine Sorge, Daniel, der nahe Badesee lockt inzwischen so viele Touristen an, dass die Stadt auch in die Mobilinfrastruktur investiert hat. Es gibt seit letztem Jahr hier überall im Wald Empfang."

Dann sind sie auch schon unterwegs mit dem geräumigen Forstjeep. Sie rollen kaum hörbar über den Waldweg, auf dem sie eben noch zu Fuß unterwegs waren. Tom fährt bewusst mit dem weniger starken Abblendlicht, um die Tiere so wenig wie möglich zu stören.

Simon zeigt nach vorn. „Da, äh, Tom ... Da drüben ist die Kreuzung. Wenn man dort nach rechts abbiegt, sind es nur noch ein paar Meter. Dort ist dann die Stelle, wo Tobi damals ins Gelände gegangen ist."

Tom nickt und dunkelt sicherheitshalber das Licht nun ganz ab. Er hält den Wagen vor der Kreuzung an. Leise dreht er sich zu seinen Mitfahrern um. „Okay, ab hier gehe ich zu Fuß. Daniel, du kommst noch ein kurzes Stück mit, damit du notfalls schnell reagieren kannst."

Er sieht die beiden Jungs an. „Und ihr zwei, bitte keine ..."

„Alleingänge", antworten Simon und Tobi im Chor.

Tom grinst. „Okay, ich sehe schon, ihr habt verstanden. Bleibt im Auto und verriegelt es von innen! Wir wissen nicht, wen wir vielleicht dort antreffen. Alles klar?" Beide nicken. Die Spannung liegt spürbar in der Luft.

Daniel und Tom gehen ganz vorsichtig und leise noch ein kurzes Stück gemeinsam. Dann bedeutet Tom Daniel, stehen zu bleiben. Im Mondlicht kann Daniel den Schatten des Hochsitzes schon recht gut sehen. Die letzten Meter geht Tom allein. Er biegt seitlich ab ins Unterholz und nähert sich dem Hochsitz von der entgegengesetzten Seite. Sollte jemand oben sein, würde Tom erst im letzten Moment entdeckt werden.

Hier im Gelände kennt Tom sich aus wie in seiner Westentasche. Er kann fast geräuschlos schleichen. Zigmal schon ist er nachts hier gewesen, wenn er Wild beobachten wollte. Im Schutz der Dunkelheit erreicht er den Hochsitz, hält kurz inne und horcht. Verblüfft denkt er: ‚Die Jungs haben tatsächlich recht.' Von oben hört er leise Atemzüge.

Tom wappnet sich innerlich. ‚Ich bin gespannt, wer es sich da oben bequem gemacht hat.' Bevor er loslegt, schnuppert er sicherheitshalber sorgfältig. ‚Gott sei Dank, kein Anhalt für Rauch, Feuer, Alkohol oder Zigaretten. Also dann …'

Lautlos klettert Tom die lange Leiter des Hochsitzes ein Stück hinauf. Weil er so groß ist, wird er gleich schon Sicht auf den Innenraum haben. Notfalls kann er aber noch abspringen. Man weiß ja nie. Wer oder was ihn wohl dort oben erwartet? Tom richtet seine Taschenlampe nun genau auf den kleinen Raum. Dort wird es mit einem Mal hell. Gleichzeitig ruft er: „Hallo, hallo, wer ist da? Und was haben Sie hier zu suchen? Ich …"

Doch weiter kommt er nicht. Ein spitzer, heller Aufschrei hallt durch die Nacht. Sein Lichtkegel erfasst ein junges Mädchen. Es ist völlig erstarrt und schaut ihn entgeistert an. Schützend hebt es die Hand vor die Augen. Eine plötzliche Bewegung von rechts überrumpelt Tom total. Etwas schlägt ihm die Taschenlampe aus der Hand. ‚War das jetzt das Mädchen mit dem Fuß? Oder ist da noch jemand?'

„Hoppla", ruft Tom. „Immer langsam mit den jungen Pferden." Er springt erst mal ab und holt seine Taschenlampe zurück. Dann ruft er mit lauter Stimme nach oben: „Jetzt mal ganz sachte, wer auch immer da ist. Ich bin der Revierförster. Und Sie befinden sich im Naturschutzgebiet. Wenn wir das hier nicht vernünftig klären können, rufe ich die Polizei!"

Von oben kommt kein Mucks mehr. Tom entschließt sich, es noch mal zu versuchen. „Ich komme jetzt rauf. Letzte Chance, das hier friedlich zu lösen …"

Tom steigt die Leiter hinauf. Der Lichtschein seiner Taschenlampe erfasst das Mädchen. Tom nimmt den Kegel der Taschenlampe wieder etwas herunter und sagt: „Nanu, wen haben wir denn hier? Bist du etwa allein hier draußen?"

Gerade als er den Hochsitz weiter ausleuchten will, räuspert sich Phil von der anderen Seite und sagt zerknirscht: „Nein, wir sind zu zweit hier."

Tom leuchtet zu ihm hinüber. ‚Okay, Jugendliche ...Na, sehr alt sehen die zwei nicht aus', denkt er. Verschiedene Szenarien gehen ihm durch den Kopf. Die Geschichte mit den Fahrrädern fällt ihm wieder ein ... ‚Ob sie wohl ein Paar sind?' Er schlägt einen versöhnlichen Ton an und fragt: „Okay, also raus mit der Sprache! Was macht ihr hier draußen? Seid ihr befreundet und wolltet ein wenig für euch sein? Und wolltest du deine Freundin gerade beschützen?"

Leni und Phil laufen beide rot an. Sie schütteln stumm, aber sehr deutlich den Kopf. Doch auf eine Erklärung wartet Tom vergeblich. Die beiden wirken, als hätten sie vor wenigen Sekunden erst ein umfassendes Schweigegelübde abgelegt. Prüfend schaut der junge Förster die zwei Teenager an und sagt dann beschwichtigend: „Okay, das klären wir später noch. Fest steht: Das hier ist ein Naturschutzgebiet. Ihr dürftet nicht hier sein und erst recht nicht hier campieren. Überall am Weg stehen doch Hinweisschilder. Habt ihr die nicht gesehen?"

Leni schaut Phil betroffen an. Noch mehr erschrickt sie, als der Mann sagt: „Ihr kommt jetzt erst mal mit ins Forsthaus zum Feststellen eurer Personalien." Dann ruft er zu Daniel hinunter: „Daniel, kannst du bitte mal kommen?" Kurz darauf hören Leni und Phil Schritte unten am Hochsitz.

Der Förster steigt die Leiter ein kleines Stück hinunter und erklärt Daniel die Situation. „Ich habe hier oben ein Mädchen und einen Jungen beim wilden Campen entdeckt. Wir nehmen sie erst mal mit zum Forsthaus. Wir kommen jetzt gleich zu dritt runter, bitte schau mit, dass sie nicht weglaufen!"

Leni starrt frustriert auf den Boden. Dann blickt sie auf. Offensichtlich hat sie ihre Sprache wiedergefunden. Trotzig ruft sie mit zittriger Stimme: „Oh, die Mühe können Sie sich sparen."

Als Tom mit fragendem Blick wieder hinaufsteigt, deutet sie auf ihren Bruder. „Er hat sich den Fuß verletzt. Der läuft nirgendwohin. Weder langsam noch schnell!" Leise fügt sie hinzu. „Und ich auch nicht!"

Daniel hat alles mitbekommen. Und auch Tom schaltet sofort. Er sagt: „Moment mal. Das sieht sich dann lieber mein Freund an. Diesbezüglich ist er der Fachmann."

Rasch klettert Tom von der Leiter und lässt Daniel den Vortritt. Zügig steigt Daniel zu den beiden Kids hinauf. Auch er hat eine Taschenlampe dabei.

Ihr Strahl erfasst zuerst Leni und dann Phil. Blitzschnell schiebt sich ein anderes Bild vor Daniels Augen: ein Handyfoto … Er stutzt. ‚Es ist recht dunkel hier draußen, aber ja, das könnten womöglich die gesuchten Geschwister sein.'

Daniel beschließt, sich vorerst nichts anmerken zu lassen. Ruhig stellt er sich erst einmal vor: „Hallo, ihr zwei, ihr könnt mich Daniel nennen. Ich bin von Beruf Kinderarzt." Auf eine namentliche Vorstellung seines Patienten und dessen Begleitung wartet er vergeblich. Er lächelt Phil aufmunternd zu. „Darf ich mir deinen Fuß kurz mal ansehen?" Daniel hockt sich zu beiden auf den Boden des Hochsitzes.

Phil nickt zögernd. Dann hält er ihm seinen schmerzenden Knöchel hin. Leni beginnt lautlos zu weinen. All der Stress und die Anspannung fahren in ihrem Kopf Kirmes. Sie weiß nicht mehr, was sie denken soll. ‚Bam! Wir sind entdeckt worden! Ist das jetzt gut oder schlecht?' Drohend taucht die Schweiz wieder in ihrem Kopf auf. Aber da ist auch die inzwischen supergroße Sorge um Phil. ‚Und ja, abhauen können wir nun eh nicht mehr.' Und dann mischen sich in das Gefühlschaos irgendwie auch Erleichterung und Dankbarkeit. ‚Ausgerechnet ein Kinderarzt. Was für ein Geschenk! Der kommt ja wie gerufen', überlegt Leni. ‚Und das, wo ich mir so sehr Hilfe gewünscht habe.' Ihre Gebete, dass alles gut werden soll, fallen ihr wieder ein. Zaghaft denkt sie: ‚Okay, Gott, dann betrachte ich das jetzt mal als Antwort auf mein Gebet.'

Während Daniel Phils Fuß untersucht, beginnt er ein bisschen zu reden, um seinen Patienten abzulenken. Grinsend sagt er: „Vielleicht fragt ihr euch, wieso ein Kinderarzt hier nachts im Wald herumrennt. Nein, ich habe hier keine Sprechstunde. Das ist tatsächlich Zufall. Ich leite ein Sommercamp in der Nähe …"

Den Rest seiner Worte hört Leni kaum noch. Alles geht im Nebel unter. Sie zuckt zusammen. Siedend heiß fällt ihr das entwendete Essen aus dem Camp wieder ein. ‚Oh nein! Wieso muss dieser Retter in der Not ausgerechnet aus dem Camp kommen, in dem wir Essen gestohlen haben? Und wie wird dieser Daniel reagieren, falls es rauskommt, dass wir das waren? Werden wir Ärger bekommen?' Sie schluchzt leise. ‚Hoffentlich wird alles gut …'

Daniel hört Lenis Weinen. „Hast du dich auch verletzt?", fragt er behutsam. Leni schüttelt nur stumm den Kopf. Sie schaut gar nicht auf.

‚Ich werde mich später noch um sie kümmern. Irgendwas stimmt mit ihr nicht', denkt Daniel bei sich. Er ist gerade mit der Untersuchung des Knöchels fertig. Nun sieht er sich noch rasch die offene Stelle an Phils Schienbein an. Dann sagt er ernst zu Phil: „Tja, diese Wunde scheinst du schon ein paar Tage zu haben. Sie hat sich leider entzündet. Die muss richtig gereinigt werden, sonst kannst du eine Blutvergiftung bekommen. Weißt du, ob du gegen Tetanus geimpft bist?"

Phil nickt kurz bestätigend. Mehr erfährt Daniel von seinem schweigsamen Patienten aber fürs Erste nicht. Ihm ist klar: ‚Was ich jetzt sage, wird Klarheit bringen, kann aber auch einschlagen wie eine Bombe.'

Vorsichtig sagt er: „Prima, das ist schon mal gut. Deine Wunde könnte ich im Forsthaus versorgen. Aber ich kann hier draußen leider nicht feststellen, ob dein Knöchel nur verstaucht oder gebrochen ist. Es führt kein Weg drum herum. Wir müssen zum Röntgen ins Krankenhaus."

Entsetzt schaut Phil ihn an und schaltet schlagartig den Ton ein. „Ins Krankenhaus? Aber das geht nicht!", wehrt er ab.

Erschöpft fangen beide an zu weinen. Daniel lässt ihnen Zeit und reicht beiden ein Taschentuch. Dann fällt auf einmal die Belastung der letzten Tage von Phil ab, und es bricht aus ihm heraus: „Es geht nicht, weil ... wir von zu Hause ausgerissen sind!" Er versteckt sein Gesicht in seinen Armen. Leni mustert Daniel besorgt. ‚Wie wird er reagieren?'

Daniel ist einen Momen still. ‚Also doch!' Er schaltet schnell. Vorsichtig und behutsam fragt er: „Okay, hm ... Seid ihr zwei vielleicht Leni und Phil?"

Erschrocken und kalkweiß schauen die Geschwister ihn an. „Woher wissen Sie das denn jetzt?", fragen sie aufgeregt.

Daniel beruhigt sie: „Also, zuerst mal könnt ihr ‚du' zu mir sagen. Ich bin Daniel. Gerne erkläre ich euch gleich alles in Ruhe. Und habt bitte keine Sorge. Wir unternehmen nichts, bevor wir nicht in Ruhe gesprochen haben.

Aber jetzt sehen wir erst mal zu, dass wir euch hier runter schaffen. Hilfst du mir bitte mal, Tom? Zuerst reiche ich dir die Schlafsäcke und Laubkissen an. Sie sind ein gutes Polster, falls jemand beim Heruntersteigen abrutscht.

Dann kommt die junge Dame hier herunter. Sie heißt Leni. Wenn sie unten ist, lasse ich ihren Bruder Phil an den Armen vorsichtig zu dir hinab. Bitte achte auf seinen Fuß. Er darf ihn im Moment nicht belasten."

Leni macht sich mit zittrigen Händen und Füßen an den Abstieg. Sie ist total unsicher, ob sie die Leiter in dem Zustand noch einmal bewältigen kann. Doch auf halber Höhe stützt Tom sie schon, damit sie nicht wegrutscht. Erleichtert spürt sie, dass sie gehalten wird. Und schon hat sie festen Boden unter den Füßen. Besorgt schaut sie dann zu, während Daniel Phil hilft. Er hat ihn unter den Achseln gefasst.

Vorsichtig lässt Daniel Phil nach und nach zu Tom herunter, sodass dieser ihn übernehmen kann. Tom trägt ihn gleich hinüber zu seinem Wagen. Daniel steigt rasch hinunter und sammelt gemeinsam mit Leni noch schnell die Schlafsäcke und Laubkissen ein.

Überrascht öffnen Simon und Tobi die Autotür, als sie Tom kommen sehen. Dieser erklärt nur kurz: „Wir haben hier zwei Gäste gefunden, die zunächst mit uns ins Forsthaus fahren. Dort regeln wir alles Weitere." Behutsam setzt er Phil mittig auf der Rückbank ab und hilft ihm beim Anschnallen.

Simon ist verblüfft. „Sag mal, gehst du nicht bei uns auf die Schule?"

Phil nickt müde.

Doch Tom winkt ab. „Lasst mal, das klären wir alles später!"

Inzwischen ist Daniel mit Leni eingetroffen. Tobi erkennt das Mädchen im Hoodie sofort wieder. Er wendet sich aufgeregt an Daniel. „Hey, Daniel, das ist das Mädchen, das ich beim Geländespiel gefangen hatte. Sie sagte, sie wäre hier im Urlaub."

Leni schaut überrascht zu Tobi hinüber. Dann lächelt sie bedrückt und sagt leise: „Oh, hi … hätte nicht gedacht, dass wir uns so schnell wiedersehen."

Daniel nickt beruhigend. „Ja, ich weiß. Darf ich vorstellen? Das sind Leni und ihr Bruder Phil. Gemeinsam fahren wir jetzt erst mal alle zu Toms Forsthaus. Dort können wir mit Phil und Leni bei einer Tasse heißem Kakao in Ruhe klären, weshalb sie hier sind."

Leni ist ganz durcheinander. ‚Heißer Kakao, das klingt zu schön, um wahr zu sein. Klären, weshalb wir hier sind? Genau das Gegenteil.' Erschöpft lässt sie sich neben Phil in den Autositz sinken. Daniel setzt sich auf die andere Seite, sodass sie Phil notfalls abstützen können. Als alle startklar und angeschnallt sind, fährt Tom los.

Die Fahrt zum Forsthaus dauert nur wenige Minuten. Dort angekommen, trägt Tom Phil ins Haus. Die anderen folgen zu Fuß. Zügig setzt Tom einen großen Topf Kakao für alle auf. Daniel heizt inzwischen den Kamin in Toms Wohnzimmer an.

Simon und Tobi schieben die Sessel für die Geschwister nah an den Kamin heran. Da sitzen jetzt Phil und Leni in Decken gehüllt. Zitternd schiebt Leni ihre kalten Hände unter den warmen, weichen Stoff. Allmählich tauen sie etwas auf. Wortlos starren Phil und Leni in die Flammen.

Als kurz darauf die dampfenden Tassen vor ihnen stehen, erwachen sie wieder etwas zum Leben. Vorsichtig klärt Daniel, ob es für sie okay ist, mit ihnen hier in der Runde darüber zu sprechen, wieso sie da draußen im Wald gewesen sind. Er bekräftigt: „Das bleibt auch alles so lange unter uns, bis wir mit euch in aller Ruhe geklärt haben, was weiter passieren soll. Okay?"

Leni und Phil schauen sich wortlos an. Dann nicken beide. Erst langsam finden sie ihre Sprache wieder. Sie fangen zögernd abwechselnd an zu erzählen. Betroffen hören die anderen zu, warum sie sich auf dem Hochsitz versteckt haben. Erst mal unterbricht sie niemand.

Phil seufzt. „Letztes Jahr hat unser Vater seine Arbeit verloren. Anfangs dachte er noch, dass er schnell etwas Neues findet. Doch das klappte irgendwie nicht." Er schluckt. Es ist ihm unangenehm, aber irgendwie auch erleichternd, darüber reden zu können. „Durch Paps' lange Arbeitslosigkeit haben unsere Eltern inzwischen große Geldsorgen. Mama arbeitet jetzt ganz viel, damit es überhaupt geht. Auch ihre Arbeitsstelle ist in Gefahr. Und ganz viele unserer Pläne als Familie haben sich in Luft aufgelöst ..."

Er fährt stockend fort, fasst das ganze Drama zusammen und erzählt. Vom geplatzten Umzug, dem beengten Wohnraum, anderen Plänen, die sich zerschlagen haben – und dem geschrotteten Auto. Phil grinst schief und schüttelt den Kopf. „Kurzum: Finanzkrise an allen Fronten. Und so wohnen wir seit einem Dreivierteljahr zu viert in einer Miniwohnung mit zwei Zimmern unterm Dach ... Und deshalb haben sie ..." Phils Stimme versagt.

Leni fasst sich ein Herz und erzählt von dem belauschten Gespräch. „Und deshalb, also ... puh, ich kann es immer noch nicht glauben ... wollen sie uns beide für längere Zeit bei entfernten Verwandten in der Schweiz unterbringen." Sie stockt und schüttelt ungläubig den Kopf. „Aber wir kennen diese Leute gar nicht. Und da wollen wir ganz definitiv und auf gar keinen Fall hin!" Sie fängt wieder an zu weinen.

Phil hat sich inzwischen wieder gefangen und übernimmt nun. Enttäuscht sagt er leise: „Ich meine, sie haben uns noch nicht mal gefragt, ob wir das überhaupt wollen. Sie haben einfach über unsere Köpfe hinweg Pläne gemacht. Darum sind wir weg. Wir wollten nur so lange wegbleiben, bis die Fahrt in die Schweiz nicht mehr möglich ist. Denn später hat Ma dann keinen Urlaub mehr."

Daniel hat die ganze Zeit sehr aufmerksam zugehört. Jetzt nickt er verständnisvoll und sagt dann behutsam: „Erst mal danke für euer großes Vertrauen. Das schätzen wir wirklich sehr! Darf ich noch etwas rückfragen?" Beide nicken bedrückt. Daniel hakt nach: „Das heißt, wenn ich es richtig verstanden habe, habt ihr euren Eltern eure Bedenken bisher gar nicht sagen können?"

Beide schütteln den Kopf. Leni erklärt: „Na, wir haben schon mal vorsichtig gesagt, dass wir für uns nicht unbedingt in die Schweiz fahren müssen. So als Testballon. Aber sie waren überhaupt nicht davon abzubringen und haben gesagt, dass es ihnen aber wichtig ist. Und wir wussten dann ja auch, wieso ..." Sie verzieht traurig das Gesicht. „Deshalb haben wir dazu dann nicht mehr viel gesagt." Phil erklärt noch genauer, wie es dazu kam, dass sie spät abends das Gespräch zufällig mitgehört haben.

Nun schaltet sich Tom ein. „Aber zu Hause seid ihr ja wahrscheinlich noch gesund gestartet. Sag mal, Phil, wie ist das denn bloß mit deinem Fuß und der Verletzung am Bein passiert?"

Zögernd erzählen Phil und Leni von ihrer Beinahe-Entdeckung während der Müll-Rallye.

Tom schmunzelt und dreht sich zu Tobi. „So etwas in der Richtung habe ich mir jetzt auch schon gedacht. Das klärt dann wohl auch die Frage, ‚wen' du aufgescheucht hast", meint er trocken.

Tobi schaut ihn einen Moment begriffsstutzig an. Dann begreift er den Zusammenhang und läuft rot an. Er dreht sich zu Phil und Leni und sagt: „Oh nein, das tut mir sehr leid! Dann war ich das ja, der euch so erschreckt hat. Glaubt mir bitte, das wollte ich nicht! Phil, es tut mir superleid, dass du dich bei der Aktion so schlimm verletzt hast und dass ich euch beiden

dadurch so viel Stress gemacht habe. Bitte verzeiht mir!" Beide nicken ihm überrascht, aber verständnisvoll zu.

Phil antwortet ihm direkt: „Hey, mach dir keinen Kopf, Mann! Wir hätten ja gar nicht dort sein dürfen. Das konntest du schließlich am allerwenigsten ahnen." Dankbar und erleichtert lächelt Tobi zurück.

Schließlich wendet sich Daniel an Leni und Phil: „Auch, wenn euch das nicht leichtfällt ... Wir sollten jetzt zumindest mal gemeinsam überlegen, wie es nun weitergehen kann. Denn ihr habt euren Eltern wohl anfangs gesagt, dass ihr bei Max und Moya Steinert Urlaub machen wollt ..."

‚Aber woher weiß er das?' Überrascht und bedrückt nicken Leni und Phil. Dieser Daniel ist wirklich gut informiert.

Und schon antwortet Daniel auf die nicht laut gestellte Frage: „Ich weiß das, weil deren Vater heute früh bei uns im Camp war. Er hat nach euch gefragt. Denn eure Eltern haben inzwischen mit Steinerts Kontakt aufgenommen."

Phil grübelt. ‚Also sind Max' Eltern von der Reise inzwischen zurück. Mist ... Ich hatte gehofft, sie sind länger weg ...' Schlagartig erstarrt er bei Daniels nächstem Satz. „Und ich weiß daher auch, dass sie spätestens morgen früh die Polizei einschalten wollen."

‚Polizei?!' Erschrocken schauen Leni und Phil ihn an. Beruhigend sagt Daniel: „Niemand hat gesagt, dass es dazu kommen wird. Passt mal auf! Ich hätte da vielleicht einen Plan."

Gespannt hören alle zu, was Daniel sich überlegt hat. „Ich würde vorschlagen, dass ich eure Eltern jetzt gleich noch kurz anrufe und zunächst beruhige, dass ihr – äh – einigermaßen unversehrt ...", er wirft ein schiefes Lächeln zu Phil hinüber, „... wieder aufgetaucht seid. Das sollte hoffentlich zumindest die Polizei aus dem Spiel lassen.

Die Verletzung kann und darf ich ihnen natürlich nicht verschweigen. Aber ich kann sagen, dass wir das ruckzuck medizinisch abklären. Doch darüber hinaus haben sie bestimmt Angst um euch und machen sich viele Sorgen. Also, zumindest ginge mir das so, wenn ihr meine Kinder wärt." Er lächelt sie freundlich an.

„Deshalb würde ich, falls ihr einverstanden seid, direkt heute Abend noch kurz allein bei ihnen vorbeifahren. Zwischen dem Info Telefonat und dem Termin bei ihnen fahren wir aber zuerst zu meiner Abteilung ins Krankenhaus. Da schauen wir, was mit deinem Fuß los ist, Phil. Und ich reinige deine Wunde. Dann kann ich deinen Eltern gleich auch genau berichten, was gesundheitlich bei dir los ist.

Wenn es für euch okay ist, werde ich auch schon mal vorsichtig ansprechen, weshalb ihr ausgebüxt seid. Und je nachdem, wie das Gespräch läuft, auch, was ihr auf keinen Fall wollt, und mal behutsam anfragen, ob es nicht noch andere Möglichkeiten gibt.“ Er schaut hinüber zu Leni und Phil, wie sie reagieren. Sie hören gespannt zu, scheinen insgesamt aber schon etwas ruhiger zu sein. Daniel ergänzt: „Und im Idealfall könnten wir dann morgen Vormittag alle gemeinsam miteinander reden. Was denkt ihr? Könnte das vielleicht ein Plan sein?“

Phil und Leni schauen sich an. Dann nicken sie zögernd. Leni fragt nachdenklich zurück: „Wenn du erst mal mit ihnen allein sprichst – was ich, glaube ich, gut finde …“ Sie sortiert ihre Gedanken. „Also, ich würde das jetzt nicht mehr schaffen … aber wo bleiben wir denn dann heute Nacht? Doch nicht etwa im Krankenhaus?“ Leni verzieht das Gesicht.

Dann schielt sie zu Tom hinüber. „Und der Hochsitz scheidet ja wahrscheinlich auch aus?“ Ihr Blick wandert fragend zwischen Tom und Daniel hin und her.

Zuerst ergreift Daniel das Wort. „Ganz bestimmt nicht wieder auf dem Hochsitz“, sagt er schmunzelnd und fährt fort: „Nein, im Ernst. Bei Phil hängt das tatsächlich von der Untersuchung ab. Im Moment denke ich aber nicht, dass du …“, er schaut ihn direkt an, „… im Krankenhaus übernachten musst. Vielleicht könnten wir euch im Camp …“

Tom unterbricht ihn: „Lass mal, Daniel. Wenn ihre Eltern einverstanden sind, kann ich da weiterhelfen.“ Er lächelt die beiden Ausreißer an. „Ich habe hier im Forsthaus ein Gästezimmer, das ich euch für die Nacht anbieten würde. Und wenn eure Eltern mögen, könnten sie morgen früh nach dem Frühstück herkommen, und ihr redet dann mit ihnen – gemeinsam mit Daniel und vielleicht auch Vera, seiner Frau. Was meinst du, Daniel!“, fragt er. „Vielleicht ist es gut, wenn Vera als Frau noch mit dabei ist?“

Daniel nickt. „Ja, das macht sie bestimmt.“

Tom lächelt Leni und Phil an. „Vorausgesetzt, ihr würdet hier schlafen wollen."

Phil schluckt. Er lächelt dankbar und zugleich verlegen zurück. „Sehr nett von Ihnen, wo wir doch gar nicht im Naturschutzgebiet hätten sein dürfen ..."

Tom schmunzelt. „Sag gern Tom und ‚du' zu mir, okay? Und Phil, in echten Notfällen geht das schon klar. Ich weiß ja jetzt, wieso ihr dort wart."

Leni schaut noch sorgenvoll: „Hier schlafen fände ich super. Vielen Dank für das Angebot", bedankt sie sich lächelnd bei Tom. „Was das Gespräch angeht: Ehrlich, ich habe halt furchtbare Angst, dass wir Ärger kriegen, weil wir weggelaufen sind. Und dass sie uns trotzdem in die Schweiz schicken. Ich meine, ich habe sie selbst gehört. Ich glaube, sie finden wirklich, dass die Schweiz eine gute Idee ist", meint sie bedrückt und ergänzt verzweifelt: „Was ich überhaupt nicht verstehen kann." Sie schaut zaghaft zu Daniel hinüber. „Vielleicht ist es dann wirklich besser, wenn, äh, du vorher mit ihnen sprichst."

Phil nickt. „Und wir wollen auch nicht schon wieder von hier wegziehen. Wir sind doch gerade erst hergezogen und haben hier erste Freunde gefunden. Das war schwer genug. Das Letzte, was wir wollen, ist, schon wieder einen Neuanfang woanders zu machen!"

Tobi nickt wissend und murmelt brummig: „Das kann ich so was von gut verstehen. Wenn es nötig ist, rede ich auch gern mal Tacheles, also, äh, Klartext mit euren Eltern. Dat werde ich denen schon verklickern. Da kenn ich gar nix ..."

Daniel grinst und sagt: „Oh, und Tobi kann sehr überzeugend sein."

Er lächelt Leni und Phil aufmunternd zu. Dann sagt er zuversichtlich: „Wir finden mit euren Eltern bestimmt eine gute Lösung. Was, sagtet ihr, macht euer Vater beruflich?"

Leni meint: „Oh, der ist ein Allround-Talent. Gelernt hat er, glaube ich, ganz früher mal Schreiner. Dann hat er eine Ausbildung zum Heilerziehungspfleger gemacht. Doch darin hat er keine Stelle in der Nähe unseres Wohnorts gefunden. Deshalb hat er dann, als wir klein waren, als Lagerverwalter in einer großen Firma für Bodenbeläge gearbeitet und wurde speziell dafür geschult. Da war er ziemlich lange. Zuletzt hatten sie ein Projekt mit straffällig gewordenen Jugendlichen, die dort Arbeit fanden. Er hat sie betreut. Das hat ihm echt Spaß gemacht. Aber dann mussten die leider im letzten Jahr aus finanziellen Gründen schließen. Es ist echt blöd. Paps hat schon

Hunderte Bewerbungen geschrieben. Aber bisher gab es überall nur Absagen. Teils mit blöden Argumenten. Dass ihm die Erfahrung fehlt … Das frustriert ihn sehr. Inzwischen hat er sich in allen drei Berufen beworben, sogar auch wieder als Schreiner."

Daniel nickt, mahnt dann aber zur Eile. „Wir wollen eure Eltern nicht so lange warten lassen. Immerhin machen die sich ja große Sorgen. Geht ihr bitte schon mal zum Wagen, während ich eure Eltern anrufe!" Leni setzt an und will ihm die Nummer sagen. Daniel winkt ab. „Keine Sorge, die Nummer habe ich schon."

Phil und Leni sehen sich verwundert an. Bei Phil macht es zuerst klick. „Klar, wenn wir schon im Camp gesucht wurden, dann hat er auch die Nummer …"

Tom trägt Phil nun hinüber zum Auto. Leni und die beiden Jungs folgen ihnen rasch. Nach kurzer Zeit kommt auch schon Daniel hinzu. Er lächelt Phil und Leni an: „Also, ich habe eure Eltern direkt erreicht. Ich soll euch herzlich von ihnen grüßen. Sie sind heilfroh und supererleichtert, dass ihr wieder da seid. Und sie haben ihr Okay gegeben, dass wir jetzt erst mal nach deinem Fuß schauen." Er lächelt. „Sie sind auch einverstanden, dass ich sie danach besuche, um mit ihnen zu reden." Ernst schaut er die beiden an. „Sie haben euch lieb, soll ich euch sagen. Egal, was passiert ist." Das geht nicht spurlos an Leni und Phil vorüber. Sie wischen sich die Augen.

Noch ehe sie nachfragen können, sagt Daniel: „Und ja, vorausgesetzt, ich finde an Phils Fuß nichts Gefährliches, sind sie auch einverstanden, dass ihr heute Nacht bei Tom schlaft.

Und sie kommen gern, wenn wir alle morgen ausgeschlafen sind, um gemeinsam alles zu besprechen. Nur im Notfall – falls doch etwas Schwerwiegenderes mit deinem Fuß ist, das musste ich ihnen versichern –, muss ich sie direkt vom Krankenhaus anrufen. Dann kommen sie sofort."

Erleichtert schauen sich Phil und Leni an. Dann starrt Phil seinen Knöchel an, als wolle er ihn hypnotisieren. Schließlich beugt er sich zu seinem Fuß hinunter und macht diesem eine klare Ansage: „Also, du hast es gehört, du Knöchel. Du hast jetzt genug Ärger gemacht. Ab jetzt wird wieder richtig mitgespielt!"

Alle schmunzeln. Dann fahren sie los, um zunächst die beiden Jungs ins Camp zurückzubringen.

Unterwegs wendet sich Daniel an Tobi und Simon: „Bitte behandelt alles, was wir besprochen haben, vertraulich! Und sagt den anderen auch nichts von den nächtlichen Geschehnissen! Das machen wir lieber morgen gemeinsam nach den Gesprächen mit Phils und Lenis Eltern." Beide nicken. „Klar, Ehrensache!"

Nach kurzer Zeit schon hält der Wagen. „Vielen Dank noch mal", sagt Tom und wünscht den beiden Jungs eine gute Nacht. Die winken noch kurz und machen sich dann direkt auf den Weg zu ihrem Zelt.

Daniel informiert rasch Vera, warum er noch mal losmuss. Kurz darauf sind sie schon zu viert unterwegs zum Krankenhaus, wo Daniel arbeitet.

„Willkommen in meinem Reich", lächelt er, als er Phil in einem Rollstuhl, den sie aus der Notaufnahme bekommen haben, ins Krankenhaus schiebt.

Nach der Röntgenuntersuchung und dem Säubern der Wunde grinst Daniel Phil breit an. „Sag mal, hat dein Knöchel etwa Ohren?"

Phil starrt verblüfft auf seinen Fuß. Dann begreift er und grinst. „Ist alles okay? Wirklich? Kein Notfall?"

Daniel nickt. „Na ja, wenn er ganz okay wäre, könntest du wieder hüpfen und springen. Aber es gibt gute Nachrichten. Dein Knöchel ist nur verstaucht. Du bekommst eine Schiene. Und die Wunde am Bein ist jetzt fachgerecht gereinigt und desinfiziert. Ich gehe davon aus, dass sie ebenso gut hört wie dein Fuß und jetzt in Ruhe abheilt."

Leni fällt ein Stein vom Herzen. „Dann musst du auch nicht hier übernachten. Also, was hindert uns noch? Nichts wie weg von hier!" Alle grinsen.

Gemeinsam machen sie sich auf den Weg zurück zum Auto. Daniel hat ein paar Gehhilfen für Phil dabei, mit denen er seinen Fuß entlasten kann. Erst chauffiert Tom Phil aber noch einmal im Schiebetaxi und hebt ihn dann ins Auto. Rasch bringt er den Rollstuhl zurück in die Notaufnahme.

Draußen verabschiedet sich Daniel von den beiden Geschwistern. „Gut, dann nimmt Tom euch jetzt mit zu sich nach Hause. Ich wünsche euch erholsame Träume. Stellt euch bloß vor: endlich wieder richtige Betten! Ihr werdet schlafen wie die Murmeltiere. Und für sein Frühstück ist Tom weltberühmt."

Leni lächelt, fragt Daniel aber dann besorgt: „Und wie kommst du jetzt zu unseren Eltern und wieder zurück ins Camp?"

Daniel beruhigt sie. „Oh, keine Sorge. Ich habe nachgesehen, so weit wohnt ihr gar nicht vom Krankenhaus entfernt. Ich düse jetzt mit meinem zweirädrigen Einsatzfahrrad direkt zu euch nach Hause." Er grinst.

„Mein praktisches Fahrrad für alle Fälle habe ich nämlich hier im Fahrradkeller der Klinik stehen. Da ist es sicher, vor Diebstahl geschützt und jederzeit für mich verfügbar. Das ist jetzt superpraktisch. Und hinterher holt mich einer der anderen Betreuer mit dem Wagen ab. Also alles in Butter." Er winkt den beiden zu, verabschiedet sich und stiefelt los, um sein Fahrrad zu holen.

Tom und Leni sind zu Phil ins Auto gestiegen. Lenis Gedankenkarussell rattert schon wieder: ‚Fahrräder! Geschützt! Diebstahl!' Falsche Stichworte. Wie Hammerschläge hallen die Worte in Lenis Kopf nach. Ihr fallen die verschwundenen Fahrräder wieder ein. Tränen schießen in ihre Augen.

Tom sieht das und schaut sie besorgt an. „Nanu. Ist alles okay, Leni? Soll ich Daniel zurückholen?"

„Nein, das ist schon okay. Nur unsere Fahrräder ..." Sie schluchzt und kann im Moment nicht weitersprechen.

Phil schaltet sich ein. Auch er ist sichtlich betroffen und erklärt Tom bedrückt: „Es ist zum Verrücktwerden. Nicht genug, dass ich mir den Fuß verletzt habe, nach ein paar Tagen im Wald sind unsere Räder über Nacht einfach verschwunden. Und wir haben keine Idee, was aus ihnen geworden ist."

Er erklärt genauer, was geschehen ist: „Wir hatten uns echt große Mühe gegeben ... Die Räder haben wir sogar abgedeckt ... Abgeschlossen waren sie. Und aneinander gekettet. Das Versteck war extra ein ganzes Stück weit vom Hochsitz im Wald entfernt, fast zehn Minuten. Falls jemand die Räder gefunden hätte, wären wir dann nicht gleich mit aufgeflogen."

Leni ergänzt zerknirscht: „Nur konnten wir dadurch natürlich nicht gut auf sie aufpassen. Deshalb bin ich auch jeden Morgen dort vorbeigegangen, um zu schauen, ob alles okay ist. Tagelang ging alles gut, aber als ich zuletzt nachsah, waren sie plötzlich wie vom Erdboden verschluckt."

Beide sehen traurig und bestürzt aus. Phil sagt: „Das werden unsere Eltern gar nicht gut finden. Sie hatten extra Geld abgezweigt und so lange dafür gespart. Und jetzt sind sie weg. Einfach so. Und nun müssen wir ihnen das morgen auch noch erklären."

Tom nickt nachdenklich. „Verstehe. Hm. Nun, ich weiß zumindest so viel, dass eure Räder möglicherweise einer Gruppe bei der Müll-Rallye aufgefallen sind."

Erschrocken und fragend schauen ihn die Geschwister an. „Sind die Räder dann vielleicht im Camp oder womöglich auf dem Schrott?", fragt Phil entsetzt.

Tom schüttelt den Kopf. „Die Camp-Teilnehmer haben mir nur davon berichtet und sie an Ort und Stelle liegen gelassen, weil sie im Naturschutzgebiet lagen. Da wir hier im Wald vor einiger Zeit mal Fahrraddiebstähle hatten, wollte ich heute früh bei meinem Rundgang mal nachschauen und sie erst mal bei mir unterstellen."

Vorsichtig fasst Leni wieder Hoffnung. „Also sind die Räder bei dir?"

Wieder schüttelt Tom den Kopf. „Bedaure, nein. Ich bin genau zu der Stelle gegangen, die mir die Kids genannt hatten, konnte sie jedoch nicht finden. Nur die Zweige, die ihr zum Abdecken genommen habt, waren noch da. Es muss also die richtige Stelle gewesen sein.

Die Fahrraddiebe, von denen ich eben sprach, wurden allerdings gefasst. Die können es also nicht mehr gewesen sein. Aber okay, dann weiß ich jetzt Bescheid und halte mal die Augen offen. Am besten beschreibt ihr mir eure Räder auf der Rückfahrt genauer. Dann höre ich mich zusätzlich mal um. Noch würde ich sie nicht verloren geben ..."

Phil beginnt, die Räder zu beschreiben. Dankbar und müde lehnt sich Leni in den Sitz des Forstjeeps. Sie betrachtet Tom während der Fahrt. ‚Seine Zuversicht hätte ich auch gern', denkt sie noch, bevor das monotone Fahrgeräusch sie in einen leichten Schlaf wiegt.

„Sie haben Ihr Ziel erreicht! Willkommen im Forsthaus!", ruft kurz darauf Tom. Gerade hat er den Wagen auf seinem Hof geparkt. ‚Hoppla, sind wir etwa geflogen?', überlegt Leni. Müde schiebt sie sich aus dem Sitz heraus. Klasse, dass Tom Phil schon ins Haus hilft. Leni freut sich vor allem auf das angekündigte Bett. ‚Ein richtiges Bett! Was für ein Luxus! Wer hätte das noch vor wenigen Stunden gedacht!'

Ein Lächeln huscht über Lenis Gesicht. Kurz darauf kuschelt sie sich in das bequeme Gästebett. Leni ist Tom total dankbar, dass sie heute Nacht hier schlafen dürfen. Und auf Ma und Paps freut sie sich irgendwie auch. Obwohl ihr immer noch mulmig zumute ist. ‚Wie werden sie das alles wohl aufnehmen? Hauptsache, sie verfrachten uns nicht postwendend in die Schweiz', denkt sie noch. ,Wir wollen doch nur zusammenbleiben ...' Wenige Augenblicke später ist sie erschöpft in einen tiefen Schlaf gefallen.

Phil hingegen liegt noch etwas länger wach. Sein Blick geht durchs Fenster. Es ist eine klare Nacht. Er kann von seinem Bett gleich mehrere Sterne sehen. Alles Mögliche geht ihm durch den Kopf. ,Hoffentlich läuft das Gespräch zwischen Daniel und unseren Eltern gut. Niemand hätte gestern gedacht, dass die ganze Sache so eine Wendung nehmen würde und dass wir heute hier sein würden. Ausgerechnet ein Kinderarzt findet uns. Das ist schon krass.' Verwundert schüttelt er den Kopf. Dann schickt er entschieden ein Dankgebet zum Himmel.

Müde sinkt Phil in die weichen Federn, dann ist auch er endlich eingeschlafen.

Inzwischen ist Daniel bei den Eltern von Phil und Leni eingetroffen. Aufgeregt öffnen sie ihm die Tür. Beide sehen blass und übermüdet aus. Sie bitten Daniel zum Gespräch in das Wohnzimmer.

,Hui. Die Wohnung ist tatsächlich winzig. Wie eine Puppenstube', denkt Daniel. ,Jetzt verstehe ich zumindest einen Teil des Problems schon ein wenig besser.' Er beendet seine heimliche Inspektion und stellt sich erst mal in Ruhe vor. Zuerst beruhigt er Reimers und erklärt ihnen, dass Phils Knöchel nur verstaucht ist und er sich nicht schwer verletzt hat. Anschließend erzählt er ihnen, wie sie Phil und Leni gefunden haben.

Reimers sind sichtlich bewegt. Frau Reimers bedankt sich herzlich bei Daniel. „Vielen Dank, dass Sie sich so um unsere Kinder gekümmert haben. Mitten in der Nacht. Und jetzt sind Sie auch noch hierhergekommen. Sie kennen uns ja gar nicht. Das alles ist überhaupt nicht selbstverständlich!" Sie lächelt Daniel dankbar an. „Sie ahnen gar nicht, wie viel uns das bedeutet!"

Herr Reimers schließt sich ihr an. „Ja, vielen, vielen Dank dafür. Wir sind immer noch ganz geschockt, dass die beiden davongelaufen sind."

Angespannt und aufgebracht fährt er fort: „So etwas hätten wir uns

bei den beiden nie träumen lassen. Und ehrlich gesagt, verstehen wir auch noch immer nicht, wieso sie das getan haben."

Tiefe Ratlosigkeit spricht aus seinem Blick. „Ich meine, sie haben uns keinerlei Hinweis dagelassen. Wir haben schon hin und her überlegt, was der Grund sein könnte. An den Schulnoten kann es nicht gelegen haben. Freunde haben sie in ihren neuen Klassen auch schon gefunden. Es wirkt nicht, als ob sie den Ort hier nicht mögen ... Kurzum, wir tappen total im Dunkeln und hatten schon große Sorge, dass sie einen Unfall auf dem Weg zu Max und Moya hatten.

Als sich dann herausstellte, dass sie gar nicht dort sind und dass Max und Moya weder davon wussten, noch überhaupt zu Hause waren, hat uns das total ratlos zurückgelassen. Nachdem wir von Steinerts gehört haben, dass ihre Kinder Phil und Leni vom Sommercamp erzählt hatten, haben wir schon überlegt, ob sie auf eigene Faust dorthin gefahren sind. Vielleicht waren sie ja ärgerlich, weil wir kein Geld für so etwas haben und im Urlaub nur Verwandte besuchen können ..."

Frau Reimers nickt bedrückt. Sie ist sehr erschöpft und sagt leise: „Morgen früh sprechen wir ja alle miteinander ... Aber bitte, können Sie uns vielleicht jetzt schon irgendetwas dazu sagen, was in aller Welt der Grund für ihr Verschwinden ist?"

Daniel nickt verständnisvoll. „Also, zunächst einmal geht es den beiden jetzt gut. Und sie sind sicher beim Revierförster untergebracht. Tom Österreich ist ein guter, langjähriger Freund von mir. Sie können ganz beruhigt sein. Er kümmert sich gut um die beiden. Da können Sie ganz sicher sein."

Behutsam kommt er dann auf den Grund ihrer Flucht zu sprechen. Er erklärt nach und nach, was er über die Gesamtsituation der Familie Reimers und die Arbeitslosigkeit von Herrn Reimers weiß. Dass daraus Auswirkungen und Einschränkungen entstanden sind.

Schließlich bringt er es konkret auf den Punkt: „Nach allem, was ich verstanden habe, sind den beiden ihre Familie, ihre Schule, ihre Freunde und ihr Wohnort hier sehr wichtig. Sie wollen nicht von Ihnen beiden getrennt sein und definitiv nicht allein bei fremden Verwandten in der Schweiz leben. Das ist, soweit ich es verstanden habe, der einzige Grund für ihre Flucht."

Erschrocken und tief betroffen schauen Reimers sich an. Frau Reimers schaut dann fassungslos zu Daniel hinüber. „Was? Aber wie kommen die Kinder denn bloß darauf? Oh, nein! So war das doch gar nicht gemeint!", ruft sie verzweifelt. Tränen laufen ihr übers Gesicht.

Ihr Mann ist auch sichtlich bestürzt. Er nimmt seine Frau in den Arm und beruhigt sie. Als sie sich wieder etwas gefasst haben, stellt Herr Reimers ernüchtert fest: „Puh, okay. Das bedeutet, die Kinder haben offensichtlich einen Teil unseres Gesprächs neulich abends mitgehört. Aber definitiv nicht alles."

Er schaut Daniel direkt und offen an. „Ja, es ist richtig, dass wir darüber gesprochen haben, ob sie in der Schweiz bei der Halbschwester meiner Frau eine Zeit lang wohnen können. Die haben dort Kinder in ihrem Alter und ein großes Haus mit viel Platz.

Aber gerade weil sie diese Verwandten noch nicht kennengelernt haben, hatten wir überlegt, mit Phil und Leni im Sommer erst mal hinzufahren und dort in Ruhe mit ihnen zu sprechen, ob das für sie vorübergehend eine Alternative sein könnte. Weil es hier so furchtbar klein und eng ist, haben wir den Eindruck, dass dies für die Kinder auf Dauer keine Lösung ist."

Frau Reimers hat sich wieder etwas beruhigt und ergänzt: „Wissen Sie, Leni und Phil verstehen sich wirklich gut. Aber in dem Alter ist es schon problematisch, wenn man noch nicht mal einen Rückzugsraum zum Umziehen hat. Ich meine, die zwei kommen ja jetzt in die Pubertät. Und darüber hinaus gibt es hier schon jetzt kaum Ruhe für Hausaufgaben. Sie können keine Freunde einladen. Ihr Musikunterricht ruht, weil wir den nicht mehr bezahlen können. Und mit ihren Instrumenten allein weiter üben können sie hier in der kleinen, hellhörigen Wohnung auch nicht. Und wenn wir nicht bald eine andere Lösung finden, wird es demnächst überhaupt keine Ruhe mehr geben."

Sie seufzt und streicht liebevoll über ihren Bauch. „Wir haben es den Kindern noch nicht gesagt, weil es auch für uns ganz überraschend kam und wir uns erst mal darauf einstellen müssen. Seit drei Wochen wissen wir, dass wir noch mal Nachwuchs bekommen."

Daniel lächelt sie überrascht und ermutigend an. Schmunzelnd sagt er: „Oh, das freut mich sehr! Wir erwarten auch in gut vier Monaten unser erstes Kind."

Susanne Reimers lächelt zaghaft zurück. „Oh, wie schön für Sie. Herzlichen Glückwunsch!" Sie stockt und fährt dann fort:

„Uns hat diese Nachricht tatsächlich völlig überrumpelt. Denn zuerst dachte ich, dass ich durch den Stress etwas zugenommen habe. Wir hätten in der aktuellen Situation nie eine Schwangerschaft bewusst geplant. Und meine Regel kam anfangs noch ganz normal ..."

Sie stützt den Kopf in die Hände. „Und nun macht uns die Schwangerschaft sogar noch mehr Sorgen." Ihre Stimme wird immer leiser. „Seit eineinhalb Wochen wissen wir, dass es Zwillinge sind. Ich bin schon in der 15. Woche. Das aber bedeutet neben den finanziellen Sorgen, dass wir hier in der Wohnung räumlich gar nicht mehr klarkommen werden. Und es bedeutet auch – zumindest mit Stand von heute –, dass ich nach der Geburt voll werde arbeiten müssen, falls mir mein Job überhaupt erhalten bleibt ... Und mein Mann wird sich allein um die Zwillinge kümmern müssen, sonst geht das alles gar nicht. Aber ich möchte doch gern stillen, und ich weiß überhaupt nicht, wie das alles gehen soll, wenn kein Wunder passiert ..."

Verzweifelt blickt sie auf und schaut Daniel direkt an. „Vielleicht denken Sie jetzt, wir sind Rabeneltern. Aber so ist das nicht! Natürlich wollen auch wir mit all unseren Kindern beisammenbleiben. Etwas anderes kann ich mir gar nicht vorstellen. Und gleichzeitig haben wir jetzt schon so lange diese Ausnahmesituation. Allein die zwei Teenager in einem Zimmer, Mädchen und Junge, das geht eigentlich gar nicht. Und bieten können wir ihnen auch nichts. Nur Urlaub bei Verwandten, nichts mit Freunden, ganz zu schweigen von unserer geplanten Reise. Es ist so schwer, die beiden ständig enttäuschen zu müssen.

Die letzten Monate haben wir das Geld zusammengekratzt, um ihnen wenigstens gute gebrauchte Fahrräder kaufen zu können. Und jetzt sparen wir, wo immer es geht, damit wir Geld für die Fahrtkosten in die Schweiz zurücklegen können. Wohnen können wir da bei den Verwandten. Sonst könnten wir uns auch diese Reise niemals leisten."

Daniel beruhigt sie und sagt: „Ich verstehe Ihr Dilemma mehr als gut. Und ich denke überhaupt nicht schlecht über Sie. Manchmal kommen einem die Lebensumstände ganz gewaltig quer. Und auf einmal gerät man in so eine Not, die man sich vorher gar nicht vorstellen konnte. So ging es meinem Onkel auch. Der hat durch Überschwemmungen sein Haus und Habe plötzlich verloren. Das macht einen fassungslos. Aber damals konnten wir als Familie wenigstens etwas helfen."

Frau Reimers nickt und schließt müde die Augen. Nach einem Moment fährt sie fort: „Ja, das hätten wir uns auch gewünscht. Aber auf unsere Eltern können wir leider nicht mehr zurückgreifen. Die einzige Verwandte ist meine Halbschwester in der Schweiz ... Und die hat bis vor zwei Jahren in Südamerika gelebt. Daher kennen die Kids sie auch noch gar nicht. Kurzum – wir wissen einfach gerade keinen Ausweg und hoffen immer nur, dass es mit einer der Bewerbungen meines Mannes klappt."

Herr Reimers schaut deprimiert in die Ferne und schüttelt den Kopf. „Es ist zum Verrücktwerden. Ich habe schon alles versucht. Erst nur vor Ort. Irgendwann dann auch überregional, weil es hier nur Absagen gehagelt hat.

Deshalb haben wir erst gestern richtig mitbekommen, dass die Kinder verschwunden und nicht bei ihren Freunden sind. Als ich bei Steinerts anrief, war nur der Anrufbeantworter dran. Aber ich wähnte sie da ja in guten Händen. Und meine Frau dachte das auch. Susanne hat an beiden Tagen bis spät abends gearbeitet. Ich musste zu einem Bewerbungsgespräch, als sie losfuhren. Auf dem Rückweg erreichte mich ein Anruf, dass ich zu einem weiteren Gespräch kommen sollte. Das war am anderen Ende der Republik, etwa sechs Stunden von hier entfernt. Dahin bin ich direkt mit dem Zug gefahren und musste dort übernachten. Der Termin war dann nachmittags. So bin ich erst vorgestern spät in der Nacht wiedergekommen. Und dann haben wir die Kinder nicht erreicht. Frühmorgens haben Steinerts verwundert angerufen ... Den Rest der Geschichte kennen Sie ja wohl."

Daniel nickt verständnisvoll.

Herr Reimers fährt fort: „Dass es mit den Bewerbungen nicht klappt, geht jetzt schon fast ein Jahr so. Und eigentlich wollen wir den Kindern keinen weiteren Umzug zumuten. Wie meine Frau schon sagte, war die Schweiz auch für uns nur die absolute Notlösung. Und das hätten wir auch nur für begrenzte Zeit gemacht und nur dann, wenn die Kids selbst nach dem Besuch dort dazu ein volles Ja gehabt hätten.

Aber hier in der winzigen Wohnung können wir auch fast nie ungestört reden. Die Kinder kriegen ganz viel mit, keiner hat richtig Privatsphäre. Kein Wunder, dass sie uns gehört haben." Er schluckt und sieht sehr blass und fertig aus. „Es trifft mich tief, dass sie mit ihrer Sorge nicht zu uns gekommen sind."

Daniel nickt und sagt vorsichtig: „Sie haben wohl versucht zu sagen, dass sie die Reise in die Schweiz nicht machen müssen."

Herr Reimers schüttelt verlegen den Kopf. „Ja, und wir haben verstanden, dass sie das wegen uns gesagt haben. Damit wir Geld sparen können. Und wir wollten ihnen doch wenigstens etwas bieten. Und dass sie die Verwandten erst mal kennenlernen, um dann besser mitentscheiden zu können. Puh, da haben wir wohl voll aneinander vorbeigeredet."

Seine Frau nickt. „Ich habe das auch falsch verstanden, Stefan. Und mich bedrückt es auch, dass sie sich uns nicht anvertraut und daran gezweifelt haben, dass wir es gut mit ihnen meinen. Ich finde es einfach furchtbar.

Und wenn wir ehrlich sind, waren wir auch nur mit uns selbst beschäftigt. Ich habe wie eine Wilde gearbeitet und Überstunden gemacht, wo es nur ging, um meine Arbeitsstelle zu sichern, die plötzlich auch ins Wanken gekommen ist. Ständig hatten wir Geldsorgen. Du mit deinen vielen Bewerbungen. Echte Familienzeit gab es kaum noch ..." Herr Reimers nickt nachdenklich.

Daniel ist froh über die gute und offene Gesprächsatmosphäre. Nachdem sie alles beredet haben, spricht Daniel mit Reimers noch eine spontane Idee durch, die ihm gerade in den Sinn kommt. Er bittet sie, sich diese bis zum nächsten Tag in Ruhe zu überlegen. Reimers nicken und lächeln zaghaft.

Frau Reimers sagt zum Abschied: „Tja, herausfordernd finde ich das schon. Nach allem, was jetzt war. Wir schlafen noch mal eine Nacht drüber, aber irgendwie denke ich schon ... Vielen Dank für das Angebot." Herr Reimers schließt sich seiner Frau an. „Genauso machen wir es. Und auch von mir noch mal ein großes Dankeschön." Er sieht Daniel ernst an. „Für alles!"

Daniel ruft nun kurz im Camp an und macht sich dann rasch auf den Rückweg. Im Krankenhaus angekommen, parkt er sein Fahrrad zügig im Fahrradkeller. Bereits wenige Minuten später holt ihn Manuel mit dem Wagen am Ambulanzausgang ab.

# AUSSPRACHE, MIST!VERSTÄNDNISSE & NEUE PERSPEKTIVEN

Am nächsten Tag überrascht Tom Phil und Leni mit einem prächtigen Frühstück. Leni steht gerührt vor dem reich gedeckten Tisch und sagt: „Wow, das ist ja mal ein Unterschied wie Tag und Nacht. Bei unserer kargen Verpflegung in den Tagen zuvor. Und das weiche Bett!" Sie dreht sich suchend zu Tom um. Der kommt gerade aus der Küche und bringt heiße Schokolade.

Doch Phil kommt ihr zuvor. „Vielen herzlichen Dank für alle Hilfe und deine Gastfreundschaft! Wir freuen uns riesig darüber."

Tom grinst breit. „Sehr, sehr gern geschehen." Dann setzt er sich mit einem Kaffee zu den Geschwistern und berichtet.

„Gestern Nacht hat Daniel mich nach dem Besuch bei euren Eltern noch angerufen. Sie hatten ein langes und gutes Gespräch miteinander. Eure Eltern sind sehr froh, dass es euch gut geht. Und es gab wohl auch ein Missverständnis wegen der Schweiz. Aber das werden sie euch nachher selbst erzählen. Sie treffen sich mit Daniel und seiner Frau Vera gegen 11 Uhr hier mit euch."

Phil und Leni schauen erleichtert. Leni nickt. „Das mit unseren Eltern ist schon echt gut." Zerknirscht fügt sie hinzu: „Aber wo wir schon bei klärenden Gesprächen sind: Irgendwie fürchte ich, wir müssen mit Daniel und seiner Frau auch noch etwas besprechen."

Phil nickt bedrückt. „Ja, Daniel hat uns so viel geholfen und du auch." Er blickt Tom an. „Meinst du, dass Daniel und Vera vielleicht etwas eher kommen könnten, sodass wir vorher noch mit ihnen reden können?"

Kurz erklären Leni und Phil Tom, wieso sie wegen des Camps so ein schlechtes Gewissen haben.

Tom nickt verständnisvoll. „Oh, okay ... Ich rufe ihn gleich mal an, sage aber inhaltlich noch nichts. Das macht ihr dann besser selbst. Aber ich bin sicher", fügt er hinzu, „dass die Leiter des Camps eure Situation verstehen und euch nicht böse sind."

Leni und Phil nicken zögernd, aber so ganz überzeugt sind sie noch nicht.

Erleichtert hören sie nach dem Telefonat, dass Daniel und Vera schon

eine halbe Stunde früher kommen werden. Bis dahin genießen sie mit Tom das herrliche Frühstück. Nur die Blaubeeren stehen an diesem Tag nicht so hoch im Kurs, stellt Tom schmunzelnd fest.

Die Zeit vergeht wie im Flug. Plötzlich sehen sie Daniel und Vera im Hof. Schnell lässt Tom sie herein. Zaghaft beginnen Phil und Leni, von ihrer Not mit den Lebensmitteln zu erzählen.

„Die grüne Kühltasche mit den Lebensmitteln, die war von uns", erklärt Phil.

Leni seufzt. „Und als wir durch den Verlust der Tasche nichts mehr zu essen hatten, haben wir versucht, sie zurückzuholen. Da war dieses Fenster zur Küche hin ..."

Vera nickt verständnisvoll und schmunzelt. „Dann wart ihr das also. Das kann ich total gut verstehen. Wie schön, dass dieses Rätsel nun auch gelöst ist."

Leni schaut sie und Daniel fragend an. „Wirklich jetzt? Ich meine, Daniel war so nett zu uns, und jetzt kommen wir und sagen, wir haben bei euch Essen geklaut ... " Sie schaut Vera zerknirscht an. Doch sie will lieber jetzt reinen Tisch machen. „... und Kekse."

Doch Vera ist diesbezüglich sehr entspannt. „Oh, die waren selbst gebacken. Hoffentlich haben sie euch geschmeckt?", fragt sie, lächelt und wird dann wieder ernster. „Mal ehrlich: Für uns ist die Sache klar. Ihr wart in Not – und wir verstehen das alles."

Daniel nickt. „Macht euch da mal keine Gedanken!" Er grinst. „Außerdem haben wir im Austausch ja auch noch Lebensmittel von euch. Aber im Ernst: Viel wichtiger ist jetzt, dass ihr euch in Ruhe mit euren Eltern zusammensetzt und wieder zusammenfindet!"

Dankbar lächeln Leni und Phil den beiden zu. ‚Echt coole Freizeitleiter', denkt Leni. ‚Mit denen wäre ich auch gern unterwegs gewesen.' Sie seufzt.

„Oh!" Phil schaut aus dem Fenster und unterbricht ihre Gedanken. „Ich sehe unser Auto. Da sind Ma und Paps. Irgendwie bin ich total froh, und gleichzeitig habe ich Sorge, dass sie sauer sind. Und die Sache mit den Fahrrädern müssen wir ihnen auch noch beibringen."

Daniel schaut sie fragend an. Rasch informieren sie ihn über die verschwundenen Fahrräder. Währenddessen öffnet Tom den Eltern die

Tür. Dann lässt er alle sechs in Ruhe miteinander reden und zieht sich in sein Arbeitszimmer zurück.

Beide Eltern nehmen ihre Kinder erst mal nur lange in die Arme. Es ist ein frohes Wiedersehen, bei dem auch so manche Träne fließt. Vor allem als die Eltern erklären, was sie bezüglich der Schweiz eigentlich überlegt hatten und dass noch überhaupt nichts entschieden war. Phil und Leni sacken betroffen auf der Couch zusammen und schauen sich entsetzt an.

Leni bringt es auf den Punkt. „Oh, nein! Was für ein Mist! Dann war das ja ein totales Mist!Verständnis. Es tut mir echt leid, dass wir so voreilig waren und nicht nachgefragt haben. Aber wir hatten solche Angst ..." Phil nickt zerknirscht.

Frau Reimers nimmt sie rasch in den Arm und sagt: „Das kann ich total gut verstehen. Aus dem Zusammenhang gerissen muss es ja auch völlig verwirrend und schrecklich geklungen haben. So wie ‚die schieben uns ab'. Aber hört mal, ihr zwei: Das lag ja nicht nur an euch.

Uns hätte auch klar sein müssen, dass diese winzige Wohnung für solche Gespräche einfach viel zu klein und hellhörig ist. Und uns tut es total leid, dass wir euch unsere Gedanken nicht gleich mitgeteilt haben. Sonst wäre das ja alles auch nicht passiert."

Herr Reimers nickt und ergänzt: „Uns sollte hoffentlich allen klar sein, dass wir mehr miteinander reden sollten ... wann immer der Schuh drückt!"

Phil läuft rot an. Er fasst sich ein Herz und beichtet, dass ihre Fahrräder abhanden gekommen sind. Herr Reimers sieht ihn ernst an. „Phil, solange es nur die Räder sind ... So etwas kann man nachkaufen." Er drückt seine beiden Kinder fest und liebevoll an sich. „Kinder kann man nicht ersetzen! Vergesst die Räder! Das ist ärgerlich, aber ersetzbar. Wir sind einfach nur unendlich froh, dass ihr wieder da seid!"

Erleichtert liegen sich alle vier in den Armen. Dann bitten Kinder und Eltern einander ausdrücklich um Verzeihung. Gemeinsam entscheiden sie, dass die Idee, Phil und Leni bei den Verwandten in der Schweiz unterzubringen, fallen gelassen wird. Was immer auch kommt, sie wollen – selbst mit ihren kleinen Möglichkeiten – auf jeden Fall als Familie zusammen bleiben.

Als sich alle wieder ein wenig beruhigt haben, wird Herr Reimers noch einmal ernst. Feierlich sagt er: „Das ehrt euch, dass ihr mit uns durch

diese schwere Zeit geht, auch wenn wir finanziell sehr wenig Spielraum haben. Aber da ist noch etwas, was ihr wissen solltet. Wir haben nämlich noch eine Neuigkeit für euch, die auch irgendwie mit allem zusammenhängt."

Phil unterbricht ihn eilig: „Hat es etwa endlich mit deiner Bewerbung geklappt?"

Herr Reimers schüttelt bedauernd den Kopf. „Bisher leider nicht. Die Nachricht ist nicht beruflicher Natur." Er lächelt seine Frau an. „Susanne, willst du es ihnen sagen?"

Sie schmunzelt und nickt. Dann deutet sie hinüber zu Vera, „Nun, uns verbindet so einiges." Sie streicht über ihren rundlichen Bauch.

Leni und Phil schauen sie ungläubig an. Leni fängt sich als Erste wieder. „Du meinst, du bist gar nicht krank? Kriegen wir etwa ein Geschwisterchen?"

Susanne Reimers lächelt geheimnisvoll und antwortet recht einsilbig: „Fast ..."

Verwirrt schauen ihre Kinder sie an. Phil hakt kritisch nach: „Was meinst du damit? Man kann doch nicht fast schwanger sein."

Seine Mutter schüttelt den Kopf und schmunzelt. „Nein, ‚fast schwanger' nicht, aber doppelt."

Gleichzeitig platzt es aus Phil und Leni heraus: „Was, Zwillinge?! Nicht zu fassen!" Sie reißen die Augen auf und fallen sich dann lachend in die Arme.

Dann werden ihre Eltern noch mal ernst und sagen: „Versteht ihr jetzt, wieso wir uns wegen der Enge der Wohnung und des anstehenden Lärms so viele Gedanken machen?"

Phil und Leni nicken ratlos. Phil meint: „Aber bis sie auf die Welt kommen, finden wir doch hoffentlich eine Lösung?"

Susanne Reimers nickt. „Ja, wir geben uns die allergrößte Mühe. Denn nach der Entbindung möchte ich nicht sofort wieder arbeiten gehen. Zuerst möchte ich sie stillen und mit ihnen zu Hause bleiben."

Ihr Mann ergänzt: „Notfalls nehme ich eine Arbeit weiter entfernt an und bin nur am Wochenende da."

Phil und Leni wollen schon protestieren, aber ihr Vater winkt ab. „Macht euch mal keine Sorgen! Vorerst versuche ich weiter alles andere. So etwas wäre auch für mich nur die allerletzte Möglichkeit. Noch ist nicht das letzte Wort gesprochen. Wir haben ja noch etwas Zeit zum Suchen. Auch nach einer neuen Wohnung." Nachdenklich nicken alle.

Mitten in das bedrückende Schweigen schaltet sich Vera ein. Sie schaut Herrn Reimers an und fragt ihn direkt: „Wann könnten Sie denn anfangen zu arbeiten?"

Zerstreut schaut Herr Reimers sie an. „Na, jederzeit. Wieso fragen Sie?"

Vera stellt, anstatt zu antworten, eine weitere Frage: „Und würden Sie vielleicht vorübergehend in etwas Ähnlichem wie Ihrem alten Beruf wieder arbeiten?"

Herr Reimers schaut sie überrascht und noch verwirrter an. „Klar, darauf habe ich mich ja inzwischen auch beworben. Aber was heißt in dem Zusammenhang ‚vorübergehend'?"

Daniel und Vera schauen nachdenklich. „Tja, es gäbe da tatsächlich eine Stelle, auf die dringend jemand gesucht wird. Allerdings wäre sie befristet. Doch vielleicht könnte es beiden Seiten helfen", sagt Vera.

Daniel ergänzt: „Anfang dieser Woche ist die Stelle plötzlich frei geworden. Also ab sofort. Andere Bewerber gibt es noch nicht. Und bevor wir hier jetzt lange um den heißen Brei herumreden ...", er seufzt, „...lege ich die Karten auf den Tisch."

Ernst schaut er zu Reimers hinüber. „Hören Sie es sich bitte einfach mal an! Und fühlen Sie sich bitte frei zu sagen, wenn das nichts für Sie ist! Sie sollen sich zu nichts verpflichtet fühlen." Reimers nickten gespannt.

Daniel beginnt zu erzählen. „Es geht um unsere Kirchengemeinde. Wir befinden uns gerade mitten im größten Umbau unserer immerhin fast 111-jährigen Gemeindegeschichte. Doch leider ist aus heiterem Himmel unser Hausmeister ausgefallen. Er leitet den gesamten Umbau fachlich ..."

Daniel erklärt kurz die Umstände, wieso Bernd, der Hausmeister, vorübergehend zu seinen Eltern gezogen ist. Dann führt er die Sache weiter aus. „Den Anbau selbst hat eine Firma errichtet. Wir sind für den Innenausbau zuständig. Wir hatten immer mal einzelne Helfer, die den Umbau punktuell unterstützt haben. Auch Freiwillige aus der Gemeinde waren dabei. Aber außer Bernd haben wir niemanden, der die Arbeiten fachlich beaufsichtigen und anleiten oder selbst übernehmen kann. Und da haben wir überlegt, ob Sie als gelernter Schreiner das nicht vielleicht machen könnten ..."

Vera ergänzt: „Und weil Sie ja auch arbeitssuchend sind und für die Zukunft planen müssen, haben wir zwischenzeitlich mit Bernd gesprochen und ihn gefragt, ob er irgendwie abschätzen kann, wie lange er ausfällt."

Daniel nickt. „Bernd versteht unsere Not als Gemeinde und weiß natürlich auch, dass Sie die Stelle nicht einfach auf Abruf machen und alles fallen lassen können, wenn er wieder zurückkommt. Daher hat er angeboten, sich drei Monate unbezahlten Urlaub zu nehmen. Sprich, wir könnten Ihnen als Gemeinde für die drei Monate eine volle Hausmeisterstelle anbieten. Die würde vor allem den Umbau beinhalten – und ein paar Reinigungstätigkeiten, die Bernd sonst auch übernimmt."

Reimers sind erst mal sprachlos. Sie schauen Daniel und Vera begeistert und zugleich fragend an. Herr Reimers findet als Erster seine Sprache wieder und bringt es zögernd auf den Punkt. „Das glaube ich jetzt nicht. Ist das jetzt etwa ... ein konkretes Job-Angebot? Hier in der Stadt?"

Daniel nickt und lächelt vorsichtig. „Ja, genauso sieht es aus. Allerdings leider nur für drei Monate. Ich würde Ihnen supergern länger helfen. Aber mehr können wir als Gemeinde nicht stemmen."

Daniel schaut Herrn Reimers fragend an. „Aber vielleicht würde das zum Überbrücken ja schon etwas weiterhelfen. Und es wäre, falls es Ihnen gefällt, ja quasi eine Win-win-Situation. Wir würden beide gewinnen: Sie eine Stelle und wir als Gemeinde eine rasche Lösung für die Baustelle. Von daher ist unser Angebot schon eigennützig. Fühlen Sie sich also völlig frei, auch Nein zu sagen!"

Herr Reimers blickt sie ernst an. „Erstens sitze ich zu Hause im Moment nur an Bewerbungen. Zweitens haben Sie uns in großer Not geholfen. Wieso sollte ich Ihnen nicht jetzt auch helfen? Und vielleicht gibt uns das ja genau die nötige Überbrückung, die wir brauchen, bis ich eine andere Stelle finde. Natürlich muss ich mir die Baustelle vorher anschauen, um einen Eindruck zu bekommen, ob ich das auch fachlich leisten kann. Immerhin habe ich jetzt viele Jahre nicht mehr in diesem Beruf gearbeitet. Und ich muss das noch mit dem Arbeitsamt klären. Aber an sich wäre ich persönlich interessiert. Allerdings ..."

Alle halten den Atem an.

Herr Reimers wendet sich seiner Frau und seinen Kindern zu. „... würde ich das nur machen, wenn ihr drei das auch befürwortet. Es würde ja einiges an Veränderungen zu Hause bringen, wenn ich jetzt die nächsten drei Monate voll dort arbeiten würde."

Frau Reimers schaut ernst zurück. Phil und Leni starren sie erschrocken an. ‚Was, wenn Mama jetzt Nein sagt?' Frau Reimers schluckt. „Puh, das ist alles etwas viel für mich im Moment. An sich freue ich mich, wenn du es okay findest und meinst, es schaffen zu können."

Sie schaut hinüber zu Phil und Leni. „Das würde aber auch bedeuten, dass ihr mich zu Hause im Moment mehr unterstützen müsstet. Wenn wir beide voll arbeiten. Aber ...", sie streichelt ihren Bauch, „das würde uns auch ein gewisses finanzielles Polster geben, damit ich nach der Geburt nicht voll arbeiten muss. Falls Papa bis dahin noch keine andere Stelle gefunden hat."

Sie wendet sich an ihren Mann: „Andererseits müsstest du noch vor der Geburt wieder eine andere Stelle finden. Das bringt auch viel Unruhe mit sich. Ich bin mir wirklich unsicher ..."

Dann wendet sie sich direkt an Daniel und Vera: „Helfen würde ich Ihnen auch gern. Gar keine Frage. Und gleichzeitig bin ich noch ganz durcheinander. Denn das kommt ja wie gerufen. Es klingt ja fast zu schön, um wahr zu sein. Und natürlich unterstelle ich Ihnen nur gute Absichten. Aber gibt es nicht vielleicht doch irgendwo noch einen Haken an der Sache?"

Daniel nickt. „Ja, abgesehen von der Befristung gibt es tatsächlich noch einen Haken ..." Alle schauen erschrocken auf.

Doch Daniel spricht schon weiter. „Das hatten wir noch nicht erwähnt, weil wir erst einmal grundsätzlich fragen wollten und weil es in der aktuellen Situation durch Bernds unbezahlten Urlaub schwierig und kompliziert ist. Eine zentrale Voraussetzung für die Stelle ist eigentlich, dass man im Gemeindehaus wohnt. Dort gibt es extra eine Hausmeisterwohnung. Das liegt daran, dass es in der Vergangenheit mal technische Probleme gab und der Hausmeister außerhalb wohnte und nicht erreichbar war."

Vera nickt. „Aber natürlich kann Bernd die Wohnung nicht für drei Monate räumen, und Sie ziehen für drei Monate ein, um danach gar keine Bleibe zu haben. Es gäbe daher folgende zwei Möglichkeiten oder ...", sie lächelt Frau Reimers an, „‚Haken', wenn Sie so wollen ... Entweder müssten Sie, Herr Reimers, ein Gemeindehandy bekommen und hätten dann quasi auch nachts und am Wochenende Rufbereitschaft, außer wenn Sie im Urlaub sind, natürlich."

Daniel ergänzt: „Womit die Gemeindeleitung in der Sondersituation übrigens ausnahmsweise einverstanden wäre."

Vera nickt und spricht weiter: „Oder aber Sie nähmen vorübergehend Bernds Angebot an ..."

Reimers schauen sie irritiert an. „Und was bedeutet das?", fragt Frau Reimers.

Daniel lächelt und schubst seine Frau an. „Hey, mach es nicht so spannend!"

Vera nickt und beginnt zu erklären: „Nun, Bernd lebt, seit seine Frau vor drei Jahren starb, allein in der Wohnung. Seine Kinder sind schon lange erwachsen. Ihre Kinderzimmer hat er zu Gästezimmern umgestaltet. Darin hat er immer mal Besucher beherbergt, wenn wir in der Gemeinde Veranstaltungen oder Konferenzen hatten."

Sie lächelt. „Zu der Stelle gehört oben im Gemeindehaus eine Vier-Zimmer-Wohnung und ein separater Bereich im Gemeindegarten zur privaten Nutzung. Und als wir Bernd ein klein wenig von Ihrer Situation erzählt haben, hat er angeboten, dass Sie und die Kinder für die drei Monate die Gästezimmer der Wohnung nutzen könnten. Falls Sie das möchten ..."

Daniel ergänzt: „Also der Haken, wenn man so sagen könnte, ist auch, dass es bei Gemeindeveranstaltungen schon mal eine entsprechende Geräuschkulisse geben kann ... Aber keine Sorge: Wir feiern nicht jede Woche." Daniel lächelt.

Beide schauen gespannt zu Reimers hinüber. Sprachlos sehen sich alle an. Leni findet als Erste ihre Sprache wieder: „Das heißt, der Haken besteht darin, dass wir drei Monate in der großen Wohnung leben könnten? Also, ich fände das toll. Wann können wir hinfahren und alles anschauen?"

Alle lachen. Die Eltern stimmen sich kurz ab und sagen dann: „Na, wir würden vorschlagen, dass wir es uns mal anschauen und dann entscheiden. Außerdem müssten wir ja noch klären, wie das dann mit der Miete wird. Beide Wohnungen können wir auf keinen Fall bezahlen. Und unsere kleine Wohnung müssten wir ja trotzdem behalten."

Daniel antwortet: „Alles erst mal anzuschauen ist auch aus meiner Sicht eine gute Idee. So können wir es gerne machen. Wegen der Finanzen können wir später in Ruhe überlegen. Wenn Sie also jetzt Zeit haben, könnten wir tatsächlich gleich einmal rüber fahren. Unser Pastor ist heute in seinem Büro. Wenn es für Sie okay ist, freut er sich, Sie kennenzulernen. Ich will Sie damit aber nicht überrumpeln, falls Sie noch Zeit brauchen ..."

Herr Reimers schüttelt den Kopf. „Nein, das sind doch gute Nachrichten – und wir sollten das alles so schnell wie möglich klären." Ernst wendet er sich an seine Kinder und an seine Frau. „Mir ist es lieber, wir schauen uns das an und wissen dann sofort, woran wir sind, als dass sich das jetzt über Tage hinzieht und am Ende vielleicht nichts wird. Aber es muss auch allen klar sein, dass es vielleicht nicht zu uns passt oder aus einem anderen Grund nicht klappt."

Daniel nickt zu Herrn Reimers' Worten und sagt ernst: „Ganz genau. Bei aller Hochstimmung und so schön das jetzt alles auch scheinen mag. Natürlich müssen Sie das Haus, die Baustelle und die Wohnung erst sehen und kennenlernen. Und erst danach entscheiden Sie sich. Okay?"

Herr Reimers nickt gerührt und sagt: „Danke. Das bedeutet uns echt viel!"

Rasch rufen sie Tom dazu. Er erklärt sich bereit mitzufahren, da sie nicht alle in Reimers' Auto passen. Keine zehn Minuten später sitzen sie in den Autos und sind unterwegs zum Gemeindehaus. Phil und Leni fahren mit ihren Eltern. Daniel und Vera fahren mit Tom. Dort angekommen zeigen sie Reimers zunächst das Hauptgebäude und dann den Gemeindeanbau, der jetzt durch den Ausfall des Hausmeisters unfreiwillig stillliegt.

Daniel erklärt: „Das hier ist also der Rohbau. Aber der Innenausbau fehlt halt noch größtenteils. Hier müsste tatsächlich viel geschreinert, Türen, Fenster, Verkleidungen eingesetzt werden ..."

Herr Reimers schaut sich in Ruhe alles fachkundig an. Dann nickt er begeistert. „Gute Arbeit bisher. Und was jetzt an Arbeiten folgt, kann ich mir an sich gut vorstellen. Das beherrsche ich technisch auch. Allerdings braucht es für manche Aufgaben Hilfe, das kann man nur zu zweit machen. Die zweite Person müsste aber nicht vom Fach sein. Wie sieht es damit aus?"

Daniel nickt anerkennend. „Okay, ich sehe, Sie kennen sich aus. Und ja, das wissen wir. Das haben wir schon eingeplant. Denn das hatte Bernd auch angemerkt und schon jemanden dafür angesprochen. Der könnte die Stelle hier aber nicht übernehmen, weil er handwerklich nur aushelfen

kann. Und wir können, wie gesagt, auch mal Freiwillige aus der Gemeinde einbinden."

Herr Reimers nickt. „Ja, so könnte es gehen."

Vera lächelt und meint: „Gut, wenn der erste Überblick hier genügt, sollten wir uns jetzt vielleicht mal die Wohnung ansehen."

Alle nicken gespannt. Vera fährt fort: „Bevor wir raufgehen, gibt es dazu noch Folgendes zu sagen. Bernd hat uns extra sein Okay gegeben, dass wir den Zweit-Schlüssel dafür nutzen dürfen. Wundern Sie sich bitte nicht; er hat alles so stehen und liegen lassen, weil er wegen des gesundheitlichen Notfalls in seiner Familie eilig abreisen musste. Und er hat auch angeboten, dass Sie nicht nur die beiden Gästezimmer nutzen könnten. Er würde sein Schlafzimmer so freiräumen, dass Sie als Ehepaar dort übernachten könnten."

Dankbar lächelt Frau Reimers sie an. „Ich weiß gar nicht, was ich sagen soll. Er kennt uns doch gar nicht ... Also, das ist wirklich großzügig."

Vera nickt. „Ja, Bernd ist tatsächlich unser Gemeindeengel." Sie lächelt die Eheleute Reimers an und sagt: „Aber wie auch immer. Jetzt, wo Sie alles wissen, schauen Sie sich die Wohnung erst einmal in Ruhe an. Und dann können Sie überlegen, ob das Angebot hilfreich wäre."

Herr Reimers hilft Phil die Treppe hinauf. Dort kann er sich mit den schicken Gehhilfen aus dem Krankenhaus gut allein bewegen. Gespannt nehmen sie alles unter die Lupe.

Nach einem Rundgang durch den Garten und dem Gespräch mit Martin, dem Pastor – auch über die Finanzen –, besprechen sich die Eheleute Reimers kurz allein. Dann holen sie Phil und Leni dazu. „Was sagt ihr denn? Möchtet ihr, dass ich hier arbeite? Und würdet ihr vorübergehend hier wohnen wollen?"

Beide schauen überrascht. Phil antwortet: „Aber, Paps, das ist doch die Chance für dich, turboschnell eine super Arbeitsstelle zu bekommen!"

Herr Reimers schaut ihn ernst an und antwortet: „Ja, gewiss, Phil, aber ich nehme sie nur, wenn meine Familie hier glücklich werden kann. Wenn ich eines aus den letzten Tagen gelernt habe, dann ist es, keine Entscheidungen ohne die ganze Familie zu treffen."

Leni nickt beeindruckt. Sie fragt: „Und du, Ma?"

Frau Reimers lächelt glücklich. „Also, mir gefällt es super hier. Für mich wäre es eine große Erleichterung, wenn wir vorübergehend hier wohnen könnten. Papa und ich müssten dann nicht mehr auf dem Sofa schlafen. Und Papa wäre rufbereit in der Nähe, auch wenn er arbeitet. Dann könnte ich beruhigter zur Arbeit fahren."

Sie seufzt. „Klar, wir müssen dann noch weiterschauen, wo wir endgültig landen, aber ich freue mich einfach gerade riesig über die geschenkten drei Monate. Aber was sagst du?", fragt sie ihre Tochter zurück.

Leni läuft rot an, zögert und flüstert dann leise: „Darf ich das kleine Zimmer hinten zum Garten hinaus haben? Da sind so tolle Rosen am Fenster ..."

Phil lächelt und antwortet: „Ist gebongt. Das andere Gästezimmer gleich nebenan mit dem Eckfenster gefällt *mir* besonders gut."

Alle schmunzeln. Dann wird Herr Reimers noch mal ernst. „Zwei Dinge noch. Erstens müssen wir noch klären, was es uns kostet, wenn wir hier wohnen. Ich erinnere ungern an die womöglich doppelte Miete ...

Und zweitens: Es sollte uns klar sein, dass das keine Arbeitsstelle ist wie jede andere. Das Gemeindeleben findet hier direkt vor Ort statt. Da werden wir uns wahrscheinlich auch einbringen müssen."

Leni grinst. „Oh, das kommt mir wie gerufen. Dann kann ich endlich Leute fragen, die sich besser auskennen als ich, wie das mit Stoßgebeten ist."

Die anderen Familienmitglieder schauen sie verwundert an.

Doch Leni sagt unbeirrt: „Wartet ab, bis ich euch von meinen Erfahrungen berichte! Nein, ehrlich. Im Gegenteil. Ich finde es super, wenn wir die Gemeinde hier kennenlernen können. Und mit Daniel und Vera haben wir ja schon einen Anfang gemacht."

Frau Reimers schmunzelt. „Stimmt, und falls wir langfristig in der Nähe wohnen bleiben, können Vera und ich mit den Babys ja vielleicht sogar zusammen in eine Krabbelgruppe gehen ..."

Herr Reimers bringt es auf den Punkt. „Also, das hört sich nach einer einstimmigen Entscheidung an. Ich denke, die Arbeitsagentur wird froh sein, wenn ich vorübergehend etwas gefunden habe und von da aus weitersuche. Dann werde ich den Verantwortlichen mal rasch die Antwort überbringen und auch die offenen Fragen wegen der Miete noch klären. Hoffentlich ist das für uns machbar ..."

Geschwind läuft er die Treppe hinunter zum Gemeindebüro.

Eine gute halbe Stunde später ist bezüglich der Drei-Monats-Stelle und der Wohnung alles geklärt. Daniel fasst es für Phil, Leni und Frau Reimers zusammen: „Der Einzug hier kann in gut zwei Wochen erfolgen. Vorher kommt Bernd noch einmal vorbei und bereitet seine Wohnung entsprechend vor."

Er nickt Herrn Reimers zu. „Dann wird auch Arbeitsbeginn sein. Das passt gut, weil wir gerade noch auf einige Lieferungen warten. Und wenn Bernd kommt, kann er sich auch gleich mit Ihnen, Herr Reimers, abstimmen und Sie einweisen. Was das Wohnen hier angeht, habe ich auch noch eine gute Neuigkeit. Weil Sie uns in unserer Notlage helfen, übernimmt die Gemeindeleitung einen Teil der Miete. Den Rest zahlt Bernd weiter. Ich habe gerade noch mal mit ihm telefoniert. Er bestand darauf, weil er jetzt eh mietfrei bei seinen Eltern lebt, all seine Sachen ja hier sind und er auch langfristig weiter hier wohnen will."

Staunend hören alle zu und freuen sich über die tolle Entwicklung. Frau Reimers hat Tränen in den Augen. Leni zwinkert Gott dankbar zu und fragt sich, ob er das sehen kann. Sie schmunzelt und denkt: ‚Noch etwas auf meiner Liste, was ich Moya fragen könnte … oder Daniel und Vera.' Sie lächelt.

# FELDBETTEN, DASEINSFREUDE & FREIZEITPARK

Bevor sie sich an der Gemeinde verabschieden, greifen Reimers noch Daniels Angebot vom Vorabend am Ende ihres Gesprächs auf. Sie rufen Phil und Leni zu sich. Herr Reimers sagt ihnen:

„Ob wir bis zum Arbeitsbeginn in zwei Wochen tatsächlich noch für ein paar Tage gemeinsam in die Schweiz fahren, nun, wo es hier so bald losgeht, das überlegen wir noch alle gemeinsam. Aber jetzt, wo ihr so viel Aufregendes erlebt habt und eigentlich doch auch gern etwas Schönes für euch gehabt hättet ...", Frau Reimers lächelt sie an, „... wollten wir euch fragen, ob ihr vielleicht die letzten zwei Tage mit den anderen Teilnehmern im Sommercamp verbringen möchtet. Daniel und Vera würden euch herzlich dazu einladen."

Phil und Leni schauen total überrascht. Ein Strahlen geht über ihre Gesichter. „Wow. Echt jetzt?", freut sich Leni und fragt besorgt zurück: „Aber dann wären wir schon wieder weg. Wäre das denn nicht blöd für euch?"

Herr Reimers lächelt. „Na, vermissen werden wir euch schon. Und natürlich haben wir euch sehr, sehr gern bei uns. Und gleichzeitig ist uns auch klar, dass dieses unschöne ...", er lächelt Leni an, „... – wie hast du es noch so gut auf den Punkt gebracht – ‚Mist!Verständnis' uns alle viele Nerven gekostet hat. Und dass wir euch so eine schöne Sommerfreizeit wegen unserer finanziellen Sorgen im Moment leider nicht ermöglichen konnten. Daher würden wir – aber nur, wenn ihr es möchtet – das Angebot annehmen und euch die Teilnahme an den restlichen beiden Tagen gerne ermöglichen."

Frau Reimers schaut sie eindrücklich an und schmunzelt. „Vorausgesetzt, wir wissen, wo ihr seid, und wir telefonieren zwischendurch mal ..."

Phil und Leni strahlen einander und ihre Eltern begeistert an. Dann umarmen sie beide. Phil jubelt: „Super, danke! Ich freue mich riesig."

Leni lacht. „Ich mich auch, total!" Dann hält sie inne und grinst breit: „Solange sie für uns keinen Hochsitz als Schlafplatz bestimmen. Davon habe ich jetzt definitiv die Nase voll!" Erschrocken sagt sie: „Aber ein Zelt haben wir doch auch nicht!"

Daniel lächelt. „Kein Problem, Leni. Im Gemeinschaftshaus ist vorn ein kleiner Nebenraum. Darin stehen zwei Feldbetten, die wir als „Krankenstation" in Reserve dabeihaben. Auf denen könntet ihr schlafen. Sie sind zwar nicht so komfortabel wie Toms Betten, aber dann seid ihr mittendrin im Geschehen. Und wir gehen jetzt einfach mal davon aus, dass niemand mehr krank wird."

Er lächelt Reimers zu und bedankt sich für ihr Vertrauen. Dann gehen sie alle gemeinsam zu den Autos. Unterwegs erreicht Tom ein Anruf. Er klinkt sich kurz aus und geht in den Gemeindegarten, um zu telefonieren.

Am Auto sieht Leni ihre Eltern besorgt an. „Aber wir brauchen ja auch noch Sachen, wie machen wir das denn? Fahren wir erst mal nach Hause?"

Frau Reimers schmunzelt und öffnet den Kofferraum. Darin stehen zwei Taschen mit Wechselsachen, die sie für beide schon vorsorglich gepackt hat. Außerdem hat sie die Musikinstrumente der beiden eingepackt. „Nur für den Fall, dass ihr sie für den bunten Abend verwenden möchtet."

Leni starrt in den Kofferraum. Stürmisch umarmt sie ihre Mutter. Dann lässt sie auf einmal los und tritt erschrocken einen Schritt zurück. „Oh, habe ich jetzt etwa die Zwillinge gequetscht?"

Frau Reimers lächelt und schüttelt den Kopf. „Nein, alles okay. Die Babys liegen ja im Fruchtwasser. So sind sie im Bauch gut geschützt und gepolstert." Sie schließt Leni liebevoll in die Arme.

## FRUCHTBLASE

*Jedes Baby wächst während der* **Schwangerschaft** *in einer Fruchtblase heran. Da das Baby im Mutterleib noch nicht atmet wie wir und über die Nabelschnur mit Sauerstoff versorgt wird, ist es problemlos möglich, im Wasser zu liegen. Es muss deshalb auch vorher keinen Schwimmkurs besuchen. Die Fruchtblase bildet übrigens das Baby selbst zu Beginn der Schwangerschaft. Innerhalb dieser Fruchtblase, die du dir wie einen Luftballon vorstellen kannst, befindet sich das sogenannte Fruchtwasser.*

Das Fruchtwasser hat mehrere wichtige Funktionen:

- Es hilft dem Kind, seine Gelenke zu bewegen und zu trainieren.
- Es schützt das Baby wie ein Airbag vor Stößen.
- Es schirmt das Baby vor zu lauten Außengeräuschen ab.
- Es hilft, dass sich die Gebärmutter ausdehnen kann, während das Baby wächst, ohne dass das Kind sich aktiv gegen die Wand stemmen müsste.
- Es dient dem Baby als Getränk.
- Die Filteranlage in der Wand der Fruchtblase erneuert das Fruchtwasser innerhalb weniger Stunden. So kann das Baby auch überflüssiges Wasser ins Fruchtwasser abgeben.
- Seine übrigen Abfälle werden über die Nabelschnur entsorgt. Daher benötigt das Baby im Bauch noch kein WC.

Alles in allem ein echt ausgeklügeltes System!

---

Glücklich seufzt Leni: „Was für ein Tag. Was für eine turboschnelle Wende. Ich glaube glatt, ich träume."

Flugs kneift Phil sie vorsichtig in den Arm. „Autsch", ruft Leni überrascht. Ihr Bruder lächelt unschuldig und sagt: „Fühlt sich echt an, was? Keine Sorge, Leni, dieses Mal ist alles echt! Echt cool!"

Gerade kommt Tom aus dem Garten von seinem Telefonat zurück. Er wirkt gedankenverloren. Nachdem sich alle in Ruhe von Reimers verabschiedet haben, fahren Phil und Leni mit Tom und Daniel direkt zum Zeltplatz hinüber.

Als sie im Camp ankommen, wird dort gerade zu Mittag gegessen. Tobi und Simon begrüßen Phil freudig und nehmen ihn mit zu sich an den Tisch. Mit seiner Lauf-Schiene am Knöchel und mit den Gehhilfen kann er schon wieder kurze Strecken allein laufen. Max freut sich riesig, Phil zu sehen. Moya steht überrascht auf und begrüßt Leni freudig. Dann nimmt sie sie mit zu ihren Freundinnen. Nach kurzer Zeit sind sie schon lebhaft im Gespräch.

Am Ende der Mahlzeit erklärt Daniel den anderen Camp-Teilnehmern kurz, dass sie für die letzten Tage noch zwei weitere Teilnehmer dazubekommen haben. Dann stellt er die beiden namentlich vor.

„Vielleicht erinnert ihr euch, dass zwischenzeitlich unklar war, ob hier in der Gegend zwei Kinder vermisst werden. Wir hatten euch ein Foto gezeigt. Da gab es einige Missverständnisse, die sich inzwischen aber vollständig geklärt haben. Um ihre Privatsphäre zu schützen, werde ich jetzt nicht weiter dazu ins Detail gehen und bitte euch, sie auch nicht darauf anzusprechen, es sei denn, es möchte jeder von ihnen selbst etwas dazu sagen. Für uns ist die Hauptsache, dass sie jetzt hier sind." Anschließend erklärt ihnen Manu noch, wie es weitergehen wird.

Gleich nach dem extra früh angesetzten Mittagessen geht es nämlich schon los. Die ganze Gruppe fährt mit dem Bus in den nahe gelegenen Freizeitpark. Für Phil hat Daniel kurzerhand einen Rollstuhl organisiert. Er ermutigt Phil, das Angebot anzunehmen.

„Auch wenn du wieder einigermaßen gehen kannst, hilft dir der Rollstuhl, deinen Fuß zwischendurch zu schonen, damit er schnell wieder ganz okay wird. Und wo du entspannt mitfahren kannst – wie bei der Wildwasserbahn –, lasst ihr ihn einfach am Einstieg stehen und holt ihn danach wieder ab." Phil sieht das ein. Auch wenn er sich ungern schieben lässt.

Dann gibt Daniel Phil noch rasch seine Handynummer; so kann dieser ihn jederzeit im Park erreichen, falls es Schwierigkeiten gibt.

Voller Freude machen sich Phil und Leni mit den anderen auf Entdeckungstour durch den Park. Sie sind in Gruppen von vier bis sechs Teilnehmern allein unterwegs. Da sie bis 19 Uhr Zeit haben, probieren sie jede Menge coole Attraktionen aus. Auch Phil kommt gebührend auf seine Kosten. Er freut sich total, dass die anderen ihn abwechselnd schieben und so viel Rücksicht auf ihn nehmen. Immer wieder überlegen sie mit, welche

Fahrgeschäfte auch für ihn geeignet sind. Der ganze Ausflug hilft ihm und auch Leni, den Stress der letzten Tage hinter sich zu lassen.

Als die Gruppenleiter sie zum vereinbarten Zeitpunkt am Ausgang wiedertreffen, schauen sie in lauter glückliche Gesichter. Vera beobachtet besonders Phil und Leni aus der Distanz. ‚Es ist erstaunlich, wie gut sie sich bereits in die Gruppe eingefunden haben. Nach allem, was sie durchgemacht haben, ist es schön, sie so unbeschwert mit den anderen zu sehen', denkt sie.

Am Parkplatz steht bereits der Bus für die Rückfahrt. Im Camp angekommen, wartet auf alle ein leckereres Buffet, das Marlena und Manuel zwischenzeitlich für sie vorbereitet haben. Hungrig fallen sie darüber her. Nach kurzer Zeit ist es ziemlich abgegrast.

Dann lassen sie den Abend gemeinsam am Lagerfeuer ausklingen. Müde und dankbar liegen Phil und Leni nach einem erfüllten Tag auf ihren Feldbetten.

„Echt komfortabel!", meint Leni müde grinsend. „Ein Bett! Und wenn ich an die schöne Wohnung denke ...", sagt sie schläfrig. „Die wartet bald schon auf uns. Ich kann es kaum erwarten, dort für eine Zeit einzuziehen. Was für ein Geschenk! Und bestimmt finden wir danach auch etwas für uns". Sie beugt sich zu Phil hinüber. „Und ich finde es gut, dass wir im Wald trotz aller Schwierigkeiten zusammengehalten haben."

Phil nickt müde, aber glücklich. „Ja, das ist mir auch viel wert. Und dass du dich so fürsorglich um mich gekümmert hast. Mensch, da haben wir echt ein Abenteuer erlebt. Gott sei Dank, dass es so gut ausgegangen ist! Und wie schön, dass wir die letzten beiden Tage hier im Camp noch mitmachen können ..." Er gähnt so gewaltig, dass er fast Maulsperre bekommt.

Minuten später sind beide tief und fest eingeschlafen.

# GEHEIME PLANUNGEN, KÜHLES NASS & BUNTER ABEND

Morgens weckt ein Sonnenstrahl Leni auf ihrem Feldbett. Sie blinzelt. Schon wieder sieht alles um sie herum fremd aus. Sie besinnt sich kurz. ‚Halt, stopp! Erst mal in Ruhe wach werden.' Langsam kommen die Erinnerungen Stück für Stück zurück. Oder ist das alles doch wieder nur ein Traum?

Sie kneift sich vorsichtig selbst in den Arm. ‚Autsch, das war ausgerechnet dieselbe Stelle, die Phil gestern schon für die gleiche Wirklichkeitsprobe ausprobiert hatte. Es fühlt sich definitiv echt an. – Phil? Wo steckt der eigentlich?' Prüfend sieht Leni sich weiter um. ‚Aha, da drüben liegt Phil. Ebenfalls auf einem Feldbett.' Leni schnuppert an ihrer Kleidung. Der Duft vom gestrigen Lagerfeuer hängt noch in ihrer Jacke.

‚Nein, das alles ist ganz bestimmt kein Traum!' Freudig springt sie mit beiden Beinen aus dem Bett. Rasch weckt sie ihren Bruder. „Wach auf, du Langschläfer! Wir haben nur diese zwei Tage hier im Camp. Lass uns die nicht vertrödeln! In einer halben Stunde gibt es schon Frühstück. Komm, wir gehen rasch ins Bad, bevor die anderen Teilnehmer kommen."

Phil steigt laut gähnend aus dem Bett. Er ist müde, doch er grinst. „Du hast völlig recht. Das sollten wir auskosten! Genial, dass wir noch mit dabei sein können", murmelt er.

Den Weg hinüber zum Bad schafft Phil mit den Gehhilfen. Zügig machen sich die beiden fertig. Kurz darauf hilft Leni schon beim Tischdecken. Phil überlegt, was er tun kann, obwohl er wegen seines Fußes nicht so beweglich ist. Er fragt Bekki nach etwas Gemüse und einem scharfen Messer. Geschickt bastelt er daraus eine schöne Dekoration fürs Buffet – einen Gurkenfächer, Tomatenschiffchen, gezackte Möhrenscheiben. Alles sieht sehr einladend aus. Einige Zeit später trudeln schon die ersten Kids im Speisesaal ein.

Nach dem Frühstück klopfen Manu und Bekki laut an ihre Kaffeetassen. Das Gemurmel im Speisesaal ebbt rasch ab. Bekki lächelt in die Runde. „Heute ist unser letzter ganzer Tag hier im Sommercamp."

Ein trauriges Grummeln setzt ein. Sie nickt. „Ja, ich könnte auch noch drei Wochen länger bleiben", sie lächelt in die Runde, „aber wir machen das Beste draus, nicht wahr?! Ihr wisst, unser Camp endet morgen mit dem Frühstück. Für heute haben wir uns zwei Dinge vorgenommen.

Erstens feiern wir den Camp-Abschluss heute Abend angemessen mit einem von euch gestalteten, kreativen bunten Abend. Ihr habt den ganzen Vormittag über Zeit, euch etwas dafür auszudenken. Bitte meldet mittags eure Beiträge bei Daniel und Vera an! Sie planen das Programm. Damit sich jede Gruppe ihre Vorbereitungs-Zeit passend einteilen kann, bauen wir für euch ein flexibles Mittagsbuffet auf. Bis 14:30 Uhr sollten auch die Letzten gegessen haben."

Manu nickt und grinst. „Denn um 15 Uhr werden wir zum Badesee gehen, um uns dort in die Fluten zu stürzen."

Alle jubeln. Was für eine schöne Abkühlung!

Manu fährt fort: „Um 18 Uhr machen wir uns dann auf den Rückweg. Der bunte Abend beginnt mit dem Abendessen um 19:30 Uhr. Alles klar?"

Zustimmendes Gemurmel schallt ihm entgegen. Die meisten Camp-Teilnehmer sind schon dabei, erste Ideen für den bunten Abend zu sammeln. Phil und Leni flüstern kurz miteinander. Dann teilen sie sich auf und machen bei den Vorbereitungen mit. Phil gesellt sich zu Max und seiner Gruppe, Leni ist bei Moya und ihren Freundinnen dabei.

Einige Stunden später treffen sich die Gruppen nach und nach beim Mittagessen wieder. Der Geräuschpegel ist deutlich leiser als am Morgen. Alle hüllen sich in bedeutungsvolles Schweigen, um ihre Programmpunkte nicht zu verraten. Daniel und Vera sitzen in einer Ecke. Jedes Mal, wenn ein Abgeordneter ihnen flüsternd den Beitrag seiner Gruppe erklärt, lächeln sie geheimnisvoll und machen sich Notizen. Zufrieden sortieren sie am Ende die Programmpunkte.

Nachmittags brennt die Sonne heiß vom Himmel. Ein Großteil der Gruppe ist mit Manu und Bekki im Schatten des Waldes zum Badesee gelaufen.

Badesee

Tom ist so freundlich, Phil mit seinem Forstjeep abzuholen. Als sie am großen Parkplatz ankommen, trifft kurze Zeit später auch die Wandergruppe ein. Tom begrüßt sie. Bevor sie zum Ufer gehen, deutet er auf eine Wiese am Durchgang zum See.

„Hier werden schon in der nächsten Woche eure Müllskulpturen zu sehen sein!"

Der Platz ist echt zentral. Alle sind begeistert. Gemeinsam suchen sie sich jetzt einen gemütlichen Lagerplatz im Halbschatten am See. Da Phil wegen seiner Beinverletzung nicht mit ins Wasser kann, wechseln sie sich ab. Es sind immer auch einige Kids bei ihm. Plötzlich bekommt er von hinten eine ordentliche Ladung Wasser ab. Allerdings nur über den Rücken, nicht aufs Bein.

„Hey! Was soll das denn!" Überrascht fährt Phil hoch und sieht sich um.

Grinsend steht da Leni mit einer durchlöcherten Plastiktüte, die sie kurzerhand zu einer Dusche umfunktioniert hat. „Hi, Bruderherz. Du sollst bei dem heißen Wetter auch nicht leer ausgehen."

Phil grinst schräg, nickt aber dann versöhnlich. „Erfrischend war es auf jeden Fall. Danke dir."

Entspannt genießen sie die schönen Sonnenstunden am See.

Auf einmal wird es dann plötzlich spannend. Ein kleiner Junge ist seiner Familie ausgebüxt. In einem irren Tempo, das ihm keiner zugetraut hat, rennt er auf einen Holzsteg am See. Dort angekommen stürzt er sich voller Elan ins kühle Nass.

Obwohl einige Erwachsene alles mitansehen und hinterhersprinten, erreichen sie ihn nicht mehr rechtzeitig. Der kleine Mann geht auf der Stelle unter.

Rebecca, die in der Nähe steht, hat das Ganze ebenfalls mitbekommen und handelt blitzschnell. Sie springt dem Jungen nach und zieht ihn geschwind aus dem Wasser. Der See geht ihr an dieser Stelle gerade bis zur Hüfte, sodass sie gut stehen kann.

Der Kleine hustet und spuckt ordentlich Wasser. Rebecca hilft ihm und klopft unterstützend auf seinen Rücken. Erst jetzt merkt er, wer ihn da festhält. Erschrocken starrt er Rebecca an und brüllt direkt laut los. Was gut ist, weil es den Rest des Wassers aus seinen Atemwegen vertreibt. Inzwischen hat seine ebenfalls geschockte Mutter den Steg erreicht. Überglücklich streckt er ihr seine kleinen Ärmchen entgegen. Sie schließt ihn dankbar in die Arme. Manu hilft inzwischen Rebecca an Land. Noch ziemlich aufgeregt sagt seine Mutter: „Gott sei Dank ist dem kleinen Lasse nichts passiert. Heute ist sein zweiter Geburtstag.“ Sie hat Tränen in den Augen und bedankt sich überglücklich bei Rebecca, dass sie so geistesgegenwärtig war.

Manu und Bekki geben der Mutter noch den wichtigen Hinweis, den kleinen Mann unbedingt direkt in einer Klinik oder bei einem Kinderarzt vorzustellen. Dann verabschiedet sich die überglückliche Mutter mit dem kleinen Lasse und trägt ihn voller Erleichterung zurück zum Picknickplatz, an dem die Familie saß. Kurz darauf brechen sie mit ihm ins Krankenhaus auf.

Manu und Bekki nutzen die Gelegenheit, um alle Camp-Teilnehmer auf die Gefahren für Kleinkinder in Zusammenhang mit Wasser hinzuweisen.

Bekki sagt: „Super, dass Rebecca gerade so schnell reagiert hat. Viele Menschen wissen nicht, wie gefährlich schon kleine Mengen Wasser wie eine etwas tiefere Pfütze, ein Gartenteich, die Badewanne oder auch ein Baby-Pool für kleine Kinder sein können. Sie sind buchstäblich lebensgefährlich, auch wenn das Wasser darin nur wenige Zentimeter tief ist.

Denn die Kinder, die mit ihrem Gesicht ins Wasser geraten, können nicht mehr atmen, weil sie ja nun nur noch Wasser vor dem Mund haben; sie verlieren die Orientierung. Besonders bei kaltem Wasser verschließt sich reflexartig ihr Kehlkopf, und sie haben eine Art ‚Atemsperre‘. Das bedeutet, obwohl sie atmen wollen, können sie es nicht.“

Manu nickt und ergänzt: „Darum muss man im Beisein von Kleinkindern sehr gut aufpassen, wenn es offene Gewässer gibt – und auch darauf achten, frei zugängliche Gefahrenstellen gut zu sichern. Hierzulande gibt es ja nicht mehr viele Brunnen, aber in anderen Ländern fallen immer wieder auch Kinder in nicht gesicherte Brunnenschächte.“ Bekki klopft Rebecca lobend auf die Schulter. „Toll, dass du so turboschnell gehandelt hast!“ Die anderen nicken. Rebeccas rasche Reaktion hat ihnen imponiert.

Rebecca wird rot. „Das war doch selbstverständlich. Ich wusste das zufällig, weil bei uns in der Siedlung mal ein Kleinkind in einen Pool gefallen war und es gerade noch gut ging. Und der See hier ist auch nicht so tief, sodass ich ja sogar stehen konnte …“ Sie freut sich riesig für den kleinen Lasse.

# ERTRINKEN[42/43]

Ertrinken ist eine der häufigsten Todesursachen im Kleinkindalter. Typische Symptome sind Husten mit schaumigem und blutigem Auswurf, Blässe, Blaufärbung von Lippen und Gesicht, teils Bewusstlosigkeit und Atemstillstand.

Gefahrenstellen sind Badewannen, Schwimmbecken, alle offenen Gewässer wie Teiche, Bäche, Flüsse, Seen, Meer, aber auch Regentonnen im Garten, wassergefüllte Maurerkübel oder andere Wasserauffangbecken.

Kinder ertrinken bei einer einsetzenden Atemsperre meist „leise". Sie machen im Schwimmbad oft nicht rufend auf sich aufmerksam, sondern sinken wie ein Stein zu Boden. Und sie umgebende Badegäste bekommen oft nichts davon mit.

Die Kinder verlieren dabei die Orientierung und unternehmen meist keine Selbstrettungsversuche wie Strampeln oder Um-Hilfe-Rufen.

Schwimmhilfen wie Schwimmflügel, Schwimmringe oder Luftmatratzen sind kein sicherer Schutz vor dem Ertrinken!

Kindern, die noch bei Bewusstsein sind, sollte man nach der Rettung die nasse Kleidung ausziehen und sie mit Decken langsam aufwärmen. Bei bewusstlosen Kindern, die nicht mehr atmen, sollten ein Notruf bei der 112 abgesetzt und Wiederbelebungsmaßnahmen begonnen werden.

Ein Badeunfall kann auch Stunden später durch Wasserreste in der Lunge schwere Atemnot und andere Komplikationen auslösen! Daher muss man das Kind anschließend immer in einer Klinik oder bei einem Arzt vorstellen.

Besonders bei kühlem Wasser braucht der Körper weniger Sauerstoff, sodass eine Wiederbelebungsmaßnahme auch dann erfolgreich sein kann, wenn das Kind schon eine Zeit lang im Wasser gelegen hat.

### Was schützt Kinder vor dem Ertrinken?

*Ab dem Alter von drei Jahren können Kinder bereits schwimmen lernen. Das ist sehr sinnvoll, weil es sie zusätzlich schützen kann. Das Schwimmen muss aber dann auch regelmäßig geübt werden.*

*Falls du noch keinen Schwimmkurs gemacht hast oder dich beim Schwimmen noch unsicher fühlst, sprich mit deinen Eltern! Es gibt viele Schwimmvereine, die entsprechende Kurse anbieten.*

*Der wichtigste Schutz ist aber, Gartenteiche, Pools, Regentonnen abzudecken und andere Gewässer für Kleinkinder möglichst unzugänglich zu machen. Und wo dies nicht machbar ist, sollten alle wachsam sein, wenn kleine Kinder in der Nähe sind und gut auf sie aufpassen!*

---

Am Abend holt Tom Phil am Badesee wieder ab. Auf dem Rückweg sagt er überraschend: „Lass uns kurz einen Abstecher zu mir machen! Ich habe beim Forsthaus noch etwas von euch gefunden."

Phil grübelt, ob sie etwas liegen gelassen haben und was das wohl sein könnte, hat aber auf Anhieb keine Idee. Ehe er nachfragen kann, sind sie schon auf dem Hof des Forsthauses angekommen. Sie steigen aus. Tom geht zielstrebig auf die große Scheune zu. Phil ist verwirrt. ‚Aber wir haben doch im Haus geschlafen? In der Scheune waren wir doch gar nicht … Was Tom wohl da will?' Doch mit seinem kaputten Fuß und den Gehhilfen kann er eh nicht so schnell hinterher. Er entscheidet sich zu warten. Tom schließt inzwischen unbeirrt die Scheune auf. Dann geht er zu Phil und bittet ihn, mit hinüber zum Scheunentor zu kommen. Er deutet hinein. „Da ist es."

Phil starrt ins Innere der Scheune. Wegen des hellen Sonnenscheins müssen sich seine Augen erst noch an die dunkle Scheune gewöhnen. Doch dann, er traut seinen Augen kaum … ‚Das gibt es doch gar nicht!' Da stehen doch tatsächlich ihre Fahrräder.

„Aber wie …" Ihm fehlen die Worte.

Tom lächelt. „Erinnerst du dich, dass ich einen Anruf bekam, als ihr die Wohnung in der Gemeinde besichtigt habt?" Phil nickt, noch immer total sprachlos.

Tom erklärt weiter: „Das war mein Assistent Kai. Er sollte nächste Woche zu meiner Unterstützung dazukommen. Er war die Tage aber schon allein hier bei mir und auch im Nachbarrevier im Wald unterwegs, weil er einige Ameisenvölker überwacht. Und dabei ist er geradewegs in euer Fahrradversteck gelaufen. Da die Räder im Naturschutzgebiet lagen und er auch von den früheren Diebstählen wusste, hat er die Räder sicherheitshalber an sich genommen. Er hatte danach noch einen Einsatz in dem anderen Revier und hatte sie noch auf seiner Ladefläche. Daher konnte er mir erst später Bescheid gegeben." Phil nickt staunend.

Tom erklärt weiter: „Sorry, ich habe nach dem Telefonat extra noch nichts gesagt, weil ich sichergehen wollte, dass es nicht irgendwelche Räder sind, sondern eure. Heute Nachmittag hat Kai sie mir dann vorbeigebracht."

Phil ist völlig baff. „Ja, das sind tatsächlich unsere Räder. Ende gut, alles gut!", meint er erleichtert. „Da wird sich Leni aber freuen. Und unsere Eltern erst ..."

Tom nickt. „Die Räder können übrigens auch erst mal hier bei mir stehen bleiben, bis eurer Vater Zeit hat, sie abzuholen. Oder ich bringe sie mal mit, wenn ich in die Stadt fahre."

Dann fährt Tom Phil rasch hinüber zum Zeltlager. Leni ist dort hellauf begeistert, als sie hört, dass die Fahrräder wieder da sind. Sofort rufen sie ihre Eltern an. Danach ziehen sich Leni und Phil noch zum Üben für das Abendprogramm zurück.

Als die Kids am Abend in den Speisesaal kommen, sind sie voll geflasht. Er ist liebevoll mit Lampions und Girlanden geschmückt. Die Mitarbeiter haben sich ins Zeug gelegt und ein superleckeres Buffet gezaubert. Das Essen ist schön mit bunten Fähnchen und Schirmchen dekoriert. Alles sieht sehr einladend aus.

Nachdem es sich alle ausgiebig haben schmecken lassen, räumen sie gemeinsam die Reste weg. Die Tische werden schnell zur Seite gestellt. Mit ein paar Handgriffen entsteht vorne eine schöne Bühne. Festlich gekleidet beginnen Daniel und Vera, den Abend zu moderieren.

Die Zeit vergeht wie im Flug. Da gibt es ein Ratespiel mit Freizeitfotos, mehrere Sketche – darunter einer über den Ritter auf dem Klappstuhl, der klappernd und scheppernd um die Hand der liebreizenden Prinzessin anhält – und sogar ein umgedichtetes Lied, das von einer echt begabten Gesangsgruppe vorgetragen wird. Jemand hat ein Märchen kreativ umgeschrieben auf das Sommercamp. Zwei Mädchen geben eine coole Jonglier-Vorstellung. Ein Stepptanz und eine akrobatische Vorführung auf dem Einrad runden den Abend ab. Alle staunen, was die einzelnen Teilnehmer an Begabungen einbringen.

Ein lustiger Luftballon-Tanz für alle beendet schließlich das offizielle Programm der Kids. Nun sind eigentlich die Mitarbeiter an der Reihe. Doch sie müssen noch etwas vorbereiten.

Und plötzlich erscheinen Phil und Leni vorne mit ihrem Saxofon und der Querflöte. Gemeinsam spielen sie ein Lied für die Gruppe. Als die letzten Töne verklingen, brandet ihnen begeisterter Applaus entgegen. Phil

schmunzelt. ‚Wie gut, dass Ma uns die Instrumente mit eingepackt hat und wir dieses Stück seit Jahren eingeübt haben.‘

Dann übernehmen die Mitarbeiter das Programm. Zunächst kündigen sie als Nachtisch einen eigens von Vera und Daniel gekochten Karamell-Pudding an. Allen läuft schon das Wasser im Mund zusammen. Alles ist portionsweise in Schälchen abgefüllt. Nur Löffel sind keine zu sehen. Rebecca will gerade in die Küche gehen, um welche zu holen, als plötzlich Manu und Manuel mit langen Holzstielen hereinkommen. Sie grinsen schelmisch in die Runde.

Manuel sagt: „Nun laden wir euch zu einem kreativen Dessert ein. Bildet bitte Zweiergruppen und setzt euch gegenüber, etwa einen Meter auseinander! Dann holt ihr euch für jeden Teilnehmer ein Nachtischschälchen und von uns hier eine unserer Freizeitspezialkonstruktionen. Vorn klemmt ihr jeweils einen frischen Teelöffel ein.“

Manu hält demonstrativ den langen Stiel hoch. Vorn am Ende sieht man den dort befestigten Teelöffel. Jetzt bringt Bekki auch die dazugehörigen Teelöffel. Unter großem Gelächter füttern sich die Teilnehmer damit gegenseitig.

Nachdem jeder satt geworden und das Geschirr eingesammelt ist, holen Marlena und Vera Pappteller, Stifte und Wäscheklammern hervor. Marlena lächelt in die Runde.

„Wir laden euch jetzt zu einem letzten kreativen Spiel ein. Bitte holt euch jeder einen Pappteller, eine Holz-Wäscheklammer und einen Stift hier ab!“

Vera nickt und erklärt weiter: „Schreibt zunächst euren Namen auf die Wäscheklammer. Danach befestigt ihr, eventuell mithilfe von anderen, den Pappteller hinten an eurem Kragen. Nehmt dazu einfach die Holz-Wäscheklammer. Wenn alle einen Teller auf ihrem Rücken haben, geht es los. Eure Aufgabe ist es, den anderen, die auch unterwegs sind, mit eurem Stift etwas Ermutigendes auf ihren Teller zu schreiben. Das kann ein Kompliment sein, ein Lob für ihren tollen Beitrag oder etwas, was ihr am anderen schätzt. Es sollte grundsätzlich positiv sein, und ...“ Sie schaut feierlich in die Runde und lächelt. „...achtet bitte darauf, dass jeder mindestens drei Ermutigungen auf seinem Teller stehen hat! Geht also ruhig mal durch den Raum spazieren und schaut, welche Teller noch nicht so voll sind, und ergänzt dort noch etwas! Die Teller nehmt ihr bitte erst ab und schaut nach, wenn wir euch das Signal dazu geben."

Marlena fragt: „Gibt es noch Rückfragen, oder können wir starten?"

Simon meldet sich und schüttelt entschieden den Kopf. „Moment mal, so geht das nicht! Wir können so nicht anfangen", protestiert er energisch.

Marlena schaut ihn überrascht an und fragt dann nach: „Okay, was fehlt euch denn noch?"

Simon lächelt und korrigiert: „*Wer* fehlt noch? Ich sehe mehrere Personen im Raum, die noch keinen Teller haben." Marlena schaut irritiert auf die Gruppe. „Aber ihr habt doch alle Teller ..." Simon schmunzelt und schaut die Camp-Betreuer betont und intensiv an. Schließlich macht er deutlich: „*Wir* schon. Aber ihr Betreuer fehlt noch ... Ihr solltet auch mitmachen!"

Zustimmung und spontaner Applaus kommen von den anderen. Die Mitarbeiter schauen sich lachend an. Kurzerhand befestigen sie schnell auch noch gegenseitig Pappteller an ihren Kragen. Dann geht es endlich los.

Daniel legt etwas Musik dazu auf. Und schon machen sich alle mit ihren Stiften auf die Reise. Kurze Zeit später sieht man alle emsig schreiben. Teils bilden sich ganze Reihen von Kids, die hintereinanderstehen und jeweils auf den Rücken des Vordermanns schreiben.

Es ist schon spannend. Denn natürlich weiß noch niemand, was wohl auf dem eigenen Teller steht. Schließlich fühlt man nur, dass die anderen schreiben, und muss sich bis zur Auflösung noch etwas gedulden.

Nach gut einer Viertelstunde dreht Daniel die Musik leiser. „Kommt jetzt bitte langsam zum Ende! Ihr habt noch zwei Minuten."

Die letzten Teilnehmer schreiben noch zu Ende. Dann stellt Daniel die Musik ab und wendet sich an die Gruppe. „Bestimmt seid ihr gespannt, was auf euren Tellern steht. Bevor ihr sie aber abnehmt, möchten wir gerne noch etwas zum Camp und unserer gemeinsamen Zeit hier sagen und euch einen Ausblick für danach geben. Wir sagen euch dann wegen der Teller gleich Bescheid, wenn es so weit ist."

Freudig schaut er die Teilnehmer an. „Wir haben eine tolle, abenteuerliche Woche miteinander verbracht und sogar noch Zuwachs bekommen."

Er lächelt Phil und Leni an.

„Außerdem habt ihr mit der Müll-Rallye einen wesentlichen Beitrag für die Natur hier geleistet und einen wichtigen Prozess des Umdenkens eingeleitet. Wir als Mitarbeiter sind sehr stolz auf euch, dass ihr euch auf all das eingelassen habt und dass ihr unser Camp-Motto – #Respektvoll leben – so super umgesetzt habt. Wir hoffen auch, dass bei euch angekommen ist, dass jeder von euch ein echtes Unikat ist, mit ganz vielfältigen Begabungen."

Vera nickt und ergänzt: „Wow, ich bin immer noch so beeindruckt von diesem bunten Abend und von den vielen Begabungen, die ihr habt! Krass, was ihr alles auf die Beine gestellt habt. Wir ermutigen euch, auch zu Hause damit am Ball zu bleiben, eure Talente mehr und mehr herauszufinden, euch auszuprobieren und das zu feiern, was ihr habt. Ohne der Leiche zu viel Raum zu geben." Sie grinst.

Leni schaut Phil irritiert an. „Was für eine Leiche?", flüstert sie.

Bekki hat das mitbekommen und fragt schmunzelnd: „Wer würde denn kurz Leni und Phil von der Leiche berichten?"

Moya erklärt sich bereit und erzählt kurz, was sie im Workshop gemacht haben. Dann fährt Daniel fort: „Daher machen wir euch Mut, gut mit euch unterwegs zu sein, Respekt zu haben für euch und auch für andere.

Denn jeder Mensch ist einzigartig in dem, was ihn interessiert, in seiner Persönlichkeit, seinen Charaktereigenschaften, seinem Aussehen, seiner Stimme. Jemanden wie dich gibt es nicht noch mal. Mach was draus!

Und überleg dir gut, was du von diesem Camp mit nach Hause nehmen willst! Was ist der erste kleine Schritt hin zu dem, was du verändern möchtest? Zum Beispiel, dir selbst den Wert zuzusprechen, den du hast.[44] Dich mit dir anzufreunden ... weil Gott dich liebt! Zum Beispiel auch über deinen Umgang mit anderen nachzudenken ... weil Gott sie liebt!

Und als dritten Punkt: auch mal über Gott selbst nachdenken. Freundschaft mit ihm? Er für seinen Teil freut sich, wenn Menschen sich auf die Suche nach ihm machen. Und das ist gar nicht schwer. Der Hebräerbrief nennt zwei Voraussetzungen dafür, sich ihm zu nahen: *Ohne Glauben aber ist es unmöglich, ihm wohlzugefallen; denn wer Gott naht, muss glauben, dass er ist und denen, die ihn suchen, ein Belohner sein wird.*[45] Also, ich weiß ja nicht, wie es euch geht, aber mich motiviert das."

Vera lächelt. „Menschen sind sehr unterschiedlich unterwegs und haben auch unterschiedliche Entwicklungsbereiche. Der eine ist super in Nächstenliebe, vergisst sich selbst aber ständig. Der Nächste ist vielleicht sehr auf Gott und seine Gebote fokussiert, verliert aber möglicherweise andere Menschen aus dem Blick. Welche Aspekte euch wichtig geworden sind, wisst ihr selbst am besten. Eure Camp-Tasse und die Tasche können hilfreiche Erinnerungen im Alltag sein. Als kleine Gedankenstütze haben wir euch noch ein Lesezeichen gebastelt."

Marlena reicht einen Korb herum, aus dem sich jeder ein Lesezeichen herausnehmen kann. Jedes ist individuell gestaltet. Auf der Rückseite steht: #Respektvoll leben. Außerdem ist darauf ein gerader Turm zu sehen.

Vera spricht weiter, nachdem jeder ein Lesezeichen erhalten hat: „Habt ihr mal vom Schiefen Turm von Pisa gehört?"

Rebecca nickt und sagt: „Ich war sogar schon einmal dort. Erstaunlich, dass er noch nicht umgefallen ist."

Vera hält ein großes Bild des Turms hoch und stimmt ihr zu. „Seine Schieflage liegt daran, dass der Boden dort nicht fest ist. Er besteht aus Sand und Lehm. Einige Zeit nach dem Baubeginn fing der Turm an, in Schieflage zu geraten."

Daniel übernimmt und ergänzt: „Das erinnert mich an ein Gleichnis aus der Bibel von einem Mann, der sein Haus auf Sand baut, und einem anderen, der es auf den Felsen baut. Wenn die Wasserflut kommt, bleibt das Haus, das auf festen Grund gebaut ist, stehen. Das Haus aber, das auf Sand gebaut ist, wird weggeschwemmt. Und was das bedeutet, haben wir wohl alle bei den schlimmen Überflutungen gesehen, die vor einiger Zeit ganze Ortschaften betroffen haben. Ich finde, sich mit sich selbst anzufreunden ist, wie sein Haus auf ein gutes Fundament zu bauen. Auch die Freundschaft mit Gott ist ein wichtiges Lebensfundament für mich. Wenn Lebensstürme oder Krisen kommen, weiß ich, worauf ich gebaut habe und dass er mich nie verlässt."

Vera lächelt und sagt: „Und für das Anfreunden mit sich selbst werden wir jetzt gleich praktisch. Danke, dass ihr euch mit euren Tellern so lange geduldet habt. Falls ihr euch fragt, was an euch denn so Besonderes ist, nehmt doch jetzt gleich bitte die Teller ab und schaut mal, was ihr da als erste Impulse findet! Damit lassen wir den Abend dann ausklingen. Morgen gibt es um 9 Uhr Frühstück. Danach bauen wir die Zelte ab, gegen 11:30 Uhr werdet ihr abgeholt."

In den nächsten Minuten sind alle damit beschäftigt, ihre Teller zu studieren. Viele lächeln, als sie entdecken, was dort geschrieben steht. Leni und Phil sind beeindruckt, dass auch sie viele aufmunternde und ermutigende Einträge haben, obwohl sie erst seit gestern dabei sind.

Schließlich beendet Manu das Programm mit einem Gebet. Bei Musik und Knabbereien lassen sie den Abend ausklingen.

# ABSCHIED, NEUANFÄNGE & EIN VERSPRECHEN VOM ANFANG

Am letzten Morgen genießen alle noch mal das gemeinsame Frühstück. Viele gähnen, da es abends doch spät geworden ist. Vera hat extra noch mal gekochte Eier aufs Buffet gestellt. Simon grinst breit, als er die Schüssel sieht.

Nach dem Frühstück geht alles ruckzuck. Mit vereinten Kräften packen sie die letzten Sachen zusammen, bauen die Zelte ab und bringen sie zum Parkplatz. Dann treffen sich alle noch mal auf der großen Wiese und stellen sich im Kreis auf. Sie machen eine Verabschiedungsspirale. Dabei dreht sich an einer Stelle jemand im Kreis ein und beginnt nun, innen im Kreis nach und nach seine Nachbarn zu verabschieden. Sobald er bei jemandem gewesen ist, folgt ihm dieser nach innen. Solange, bis sich jeder von jedem verabschiedet hat.

Als sie gerade fertig sind, trudeln schon die ersten Eltern ein. Phil und Leni bedanken sich noch mal bei Daniel und Vera für ihre Unterstützung. Daniel lächelt. „Sehr, sehr gern. Und ich hoffe, dass dein Fuß, Phil, bald wieder topfit ist."

Phil nickt. „Danke, es geht schon wieder recht gut. Das wird jeden Tag ein bisschen besser."

Dann begleitet Daniel die beiden zum Auto ihrer Eltern. Susanne und Stefan Reimers bedanken sich auch noch einmal. Überrascht stellen Phil und Leni fest, dass sie inzwischen mit Daniel und Vera per „du" sind.

Daniel und Vera schmunzeln. „Die Freude ist ganz auf unserer Seite. Wir freuen uns, dass wir euch schon bald in der Gemeinde sehen werden. Eine schöne Zeit, bis ..." Das Klingeln von Daniels Handy unterbricht den Satz. „Moment mal, das ist unser Pastor, da muss ich eben rangehen", sagt Daniel überrascht. „Hallo, Martin. Du, ich bin hier gerade noch im Gespräch ... ja, mit Reimers ... kann ich dich gleich zurück... oh, okay, verstehe. ... Ja, ich höre zu. Was? ... Aber ich verstehe nicht ... was meinst du mit ‚hat es sich anders überlegt'?"

Reimers schauen sich erschrocken an. Daniel klingt immer noch ziemlich aufgeregt: „Verstehe ... Nein, das geht natürlich vor ... das tut mir leid für Bernd ..."

Herr Reimers schluckt. ‚Also doch. Es geht um Bernd. *Den* Bernd? Mit der Wohnung? Und was heißt das jetzt für die Arbeitsstelle?' Tausend Fragen schießen ihm durch den Kopf.

Daniel spricht in der Zwischenzeit weiter. „Aber wie will er das denn machen? ... Verstehe ... Ja, du hast recht, das ist dann seine Sorge ... Puh, okay, also einmal Rolle rückwärts und alles anders ... Ja, ich sage es ihnen ... Ja, ich weiß, dass das wieder neue Fragen aufwirft ... Okay, ich melde mich, wenn wir es besprochen haben." Daniel legt auf und zieht die Stirn kraus. Dann holt er tief Luft.

„Also, ich fürchte, wir müssen uns noch mal zusammensetzen. Es hat sich einiges verändert", sagt er und schaut Reimers entschuldigend an. „Habt ihr noch einen Moment Zeit?"

„Natürlich", sagt Susanne beunruhigt und hakt sich bei ihrem Mann unter. „Kommt, lasst es uns lieber gleich klären!" Alle gehen hinüber zum Gemeinschaftshaus. Phil und Leni sind blass geworden. Sie grübeln, was passiert sein könnte und was das für sie als Familie bedeutet.

Gerade kommt Linus' Vater als einer der Letzten auf den Parkplatz gefahren. Er springt aus dem Auto.

„Sorry, ich hoffe, ich bin nicht zu spät. Es gab noch so viel wegen des Hackerangriffs zu regeln, dass die Zeit echt knapp geworden ist."

Linus schluckt und schaut seinen Vater zerknirscht an: „Papa, es tut mir so leid, dass ich so unvorsichtig ..."

Sein Vater unterbricht ihn und schaut ihn ernst an. „Quatsch, Linus, lass gut sein, mach dir keine Vorwürfe! Wenn ich den Virenschutz rechtzeitig aktualisiert hätte, wäre es sehr wahrscheinlich nicht passiert. Aber das hilft uns beiden jetzt nicht mehr. Das Wichtigste ist, dass wir alle unsere Lektion gelernt haben. Das Internet ist halt nicht immer nett. Da tummeln sich auch Leute, die schlechte Absichten haben."

Linus nickt. „Ja, das habe ich nun auch kapiert. Da bin ich jetzt auf jeden Fall vorsichtig", seufzt er und überlegt dann: „Aber sag mal, hat sich denn jetzt geklärt, wer es war?"

Sein Vater nickt und schaut ihn ernst an. „Ja, deshalb bin ich ja so spät dran. Ich war eben noch bei der Polizei. Sie haben inzwischen ermittelt, wer dahintersteckt. Er ist noch minderjährig. Und es ist jemand von eurer Schule."

Linus wird blass und fragt betreten: „Sag bloß, es war Jannick?"

Nun schaut ihn sein Vater überrascht und stutzig an. „Aha. Du kennst ihn also?"

Linus nickt traurig und sagt: „Oh ja. Und das ist eine echt lange Geschichte. Die erzähle ich dir am besten nachher in Ruhe zu Hause. Jetzt hole ich erst mal Tobi, okay? Er hat noch drüben im Speisesaal geholfen, Sachen zu verpacken." Sein Vater nickt.

Dann flitzt Linus zum Gemeinschaftshaus. Dort sieht er Daniel gerade mit Reimers ankommen. Er spricht ihn an. „Es ist jetzt wohl ungünstig, oder kann ich dich noch kurz sprechen?"

Reimers nicken Daniel ermutigend zu. Daniel lächelt dankbar zurück. „Okay, dann geht schon mal rüber, ich komme rasch nach." Er dreht sich zu Linus. „Also, wo brennt es denn?"

Linus schildert ihm kurz, was er von seinem Vater erfahren hat.

Daniel nickt. „Hm, so was in der Richtung hatte ich auch schon befürchtet. Nun, wenn es hilft, können wir gern mal gemeinsam mit deinen Eltern überlegen, wie sie damit weiter umgehen wollen, ob sie die Anzeige aufrechterhalten oder doch zurückziehen."

Linus nickt. „Gut, ich rede erst mal in Ruhe zu Hause mit meinen Eltern. Vielleicht sprechen wir auch Herrn Bürgel an. Und wenn es dann Fragen gibt, können wir dich dann mal anrufen?"

Daniel klopft ihm auf die Schulter. „Klar, jederzeit. Jetzt lass deinen alten Herrn aber nicht so lang warten! Und Tobi ist inzwischen wahrscheinlich auch schon am Auto. Kurz bevor du kamst, ist er losgegangen."

Linus grinst und sprintet zum Auto hinüber. Dort ist sein Vater mit Tobi ins Gespräch vertieft. Sie fachsimpeln über Klimaanlagen. Linus seufzt.

„Kaltes Eis ist mir ehrlich gesagt lieber. Kommt, bei dem Gedanken läuft mir schon das Wasser im Mund zusammen. Lasst uns bloß zügig nach Hause fahren!"

Tobi grinst. „Läuft euer Rechner wieder?"

Linus und sein Vater nicken bestätigend.

Tobi freut sich. „Prima, Linus, wann treffen wir uns dann mit den anderen zur Eis-Party?"

Linus lächelt wissend. „Ach ja, stimmt", meint er und erklärt seinem Vater, dass er auf die Computerreparatur gewettet hat.

„Na, vielleicht gleich heute Nachmittag gegen vier beim Eiscafé. Schreibst du es den anderen aufs Handy?" Tobi nickt und übernimmt die Aufgabe gern.

Linus überschlägt im Kopf die Kosten. Dann murmelt er: „Papa, sag mal, kann ich vielleicht gleich schon mein Taschengeld bekommen?"

Sein Vater antwortet ernst. „An sich gern, aber in diesem Fall ..."

Linus schaut ihn besorgt an, doch dann fährt sein Vater schon lächelnd fort: „... geht diese Runde Eis definitiv auf mich!"

Nach einem kurzen klärenden Telefonat mit Bernd trifft Daniel bei Reimers und Vera im Gemeinschaftshaus ein. Gespannte und besorgte Gesichter erwarten ihn.

Daniel setzt sich rasch zu ihnen. „Erst einmal danke fürs Warten." Er rauft sich die Haare. Stirnrunzelnd beginnt er: „Okay, wie fange ich jetzt an? Wahrscheinlich habt ihr gerade mitbekommen, dass mich Martin angerufen hat. Es ging um Bernd, unseren Hausmeister. Er war ja zunächst selbst dafür, drei Monate unbezahlten Urlaub zu nehmen und seine Stelle vorübergehend zu räumen ..."

Alle nicken. Daniel erklärt weiter: „Doch inzwischen hat er sich die ganze Situation noch mal in Ruhe durch den Kopf gehen lassen. Sowohl die Situation hier als auch die bei seinen Eltern. Er sagt, es tut ihm leid, dass er zwischendurch den Kopf nicht frei genug hatte, alles in seine Gedanken einzubeziehen. Aber er denkt, dass das, was er vorgeschlagen hat, keine gute Lösung ist."

Leni schluckt. ‚Puh, jetzt ist es raus. Zu früh gefreut. Papas Stelle, das niedliche Zimmer ...' Sie schluchzt.

Daniel berührt sie vorsichtig am Arm. „Hey, langsam. Ich bin noch nicht fertig. Und ja, es ist erst mal alles anders als gedacht, und es hat Konsequenzen, aber vielleicht andere, als ihr denkt." Alle schauen ihn verwirrt an.

Daniel sagt nachdenklich: „Bernd hat sich nach reiflicher Überlegung entschieden, ganz bei seinen Eltern zu bleiben und Frührente zu beantragen. Er sagt, die Situation dort fordert ihn sehr, und er möchte nicht zwischen allen Stühlen stehen. Er braucht jetzt eine Lösung, auf die alle langfristig bauen können. Vor allem auch seine Eltern."

Phil hakt vorsichtig, aber aufgeregt nach: „Verstehe ich das jetzt etwa richtig, dass Papa dann Bernds Stelle ganz haben kann?"

Daniel nickt. „Du schaltest schnell. Allerdings solltet ihr erst alle Details hören. Und es würde eine Menge anderer Veränderungen für euch mit sich bringen", Daniel schaut Susanne und Stefan eindringlich an, „die ihr gut überlegen müsstet."

Er zählt auf: „Du, Stefan, müsstest dich auf diese Art von Arbeit ganz festlegen. Es ist zunächst wegen der großen Baustelle eine 100-Prozent-Stelle, die dann später aber auf 50 Prozent reduziert werden soll. Sprich, langfristig nach dem Umbau können wir dir als Hausmeister allein für die Gemeinde nur die 50-Prozent-Stelle finanzieren. Du könntest dir dann eine andere Arbeit mit einer halben Stelle suchen. Oder ..." Daniel ergänzt: „Alternativ plant die Gemeinde, in zwei Jahren eine Grundschule zu gründen, für die wir dann voraussichtlich wieder einen Hausmeister brauchen ... Da laufen die Gespräche allerdings noch."

Stefan Reimers nickt nachdenklich. „Ehrlich gesagt habe ich jetzt eine Menge Fragen: Zu welchem Termin würde Bernd denn aufhören? Und die Wohnung – hattest du nicht gesagt, dass sie an die Stelle gekoppelt ist? Wäre die dann überhaupt schon zu haben? Und ab wann? Ich meine, die ist ja noch voll eingerichtet. Und wie wäre das, wenn plötzlich nur noch eine 50-Prozent-Stelle möglich ist? Müssten wir dann wieder ausziehen? Sorry, und über die Mietkosten haben wir auch noch nicht gesprochen ..."

Daniel nickt verständnisvoll. „Klar, dass dein Kopf jetzt Karussell fährt. Also, ich versuche mal, mit euch zu sortieren, was ich jetzt schon weiß und verstanden habe. Kündigen würde Bernd bereits zum nächsten Monatsersten. Das heißt, wir könnten es wie angedacht machen, dass du von ihm eingearbeitet wirst. Was die Wohnung angeht, da gibt es auch ein paar gute Nachrichten: Weil diese Wohnung fest an die Stelle gekoppelt ist – unabhängig vom Stellenumfang –, ist ihre Miete recht günstig. Und ihr solltet da auch möglichst mit der 50-Prozent-Stelle wohnen bleiben, wegen der Rufbereitschaft. Nur in dem Fall, dass du dir irgendwann woanders eine volle Stelle suchst und wir einen neuen Hausmeister brauchen, müsstet ihr euch eine neue Wohnung suchen.

Was die Wohnungseinrichtung angeht, so möchte Bernd nur das Nötigste mitnehmen. Das Haus seiner Eltern ist komplett eingerichtet, und er hätte jetzt ganz viel doppelt und dreifach. Daher hat er sich entschieden, in den nächsten zwei Wochen mit einem kleinen Umzugswagen zu kommen, um seine persönlichen Sachen dort abzuholen. Und er will auch mit seinen Kindern sprechen, was die eventuell noch haben möchten. Alle übrigen Möbel und Haushaltsgegenstände würde er dann so abgeben wollen."

Erstaunt schauen alle Daniel an. Der nickt. „Bernd hat gesagt, dass er die Wohnung auf Wunsch von einem Unternehmen komplett leerräumen lässt. Wenn ihr euch für die Stelle mit der Wohnung entscheidet, würde er aber auch – wie ihr es möchtet – zum Beispiel die Küche drin lassen und in den Gästezimmern die Möbel, die ihr übernehmen möchtet. Und auch andere Dinge aus Haus oder Garten. Er will daran nichts verdienen.

Bernd sagt, die Sachen sind alt, und es wäre auch im Sinne seiner verstorbenen Frau, wenn sie anderen noch zum Segen werden." Daniel schluckt. „Ich weiß, das sind jetzt schwerwiegende Entscheidungen. Und ich verstehe es auch gut, wenn ihr Zeit zum Überlegen braucht ... Habt ihr schon irgendwelche Gedanken dazu?"

Reimers starren sich an. Susanne findet als Erste ihre Sprache wieder. Sie lächelt zaghaft. „Also, für mich wäre es der Hauptgewinn." Sie sieht Stefan fragend an. „Wenn die Zwillinge kommen, wärst du ja immer vor Ort. Du könntest dir deine Zeit viel besser einteilen als auf anderen Arbeitsstellen. Wir hätten als Familie viel mehr Platz. Und dass er uns noch Möbel überlassen will, ganz ehrlich: Besser geht es nicht." Sie zögert. „Aber das ist nur meine bescheidene Meinung. Was sagt denn ihr anderen dazu?"

Herr Reimers schmunzelt. „Hauptgewinn, ja. Das hätte ich nicht besser formulieren können. Und die Tatsache, dass ich nach dem Ende des Bauprojekts neu schauen kann, was ich mit den 50 Prozent mache, eröffnet ja auch noch verschiedene andere Arbeitsperspektiven." Er dreht sich zu Daniel und Vera: „Ja, ich denke schon, dass wir es machen sollten."

Jubelnd umarmen Phil und Leni ihre Eltern. „Endlich wieder ein richtiges Zuhause", strahlt Leni. „Ich freue mich riesig! Auch wenn ich Frau Lieser und unseren, äh, ihren Apfelbaum und die Limo im Garten vermissen werde."

Phil nickt. „Aber die wohnt ja dann gar nicht so weit von uns entfernt. Bestimmt können wir sie mal besuchen!"

Herr Reimers lächelt. „Und bis zum Arbeitsbeginn in zwei Wochen, ihr Lieben", er schaut Leni und Phil freundlich an, „laden wir euch herzlich zu einem kurzen, entspannten Besuch in die Schweiz ein ..."

Seine Frau betont: „Mit Rückfahrkarte für alle natürlich. Aber ehrlich: Die Schweiz ist so ein schönes Land mit vielen attraktiven Sehenswürdigkeiten, Seen und tollen Bergen und netten Menschen ... Wir möchten, dass ihr nach dem unschönen Missverständnis jetzt zumindest einige gute Erinnerungen an dieses wunderschöne Land sammeln könnt. Es ist ja nur deswegen bei euch so schlecht weggekommen. Ich habe sogar eine Zeit lang da gelebt und mag die Schweiz sehr. Gerne zeige ich euch einige besondere Ecken. Ganz abgesehen von Matilde und Bruno, die euch liebend gerne kennenlernen möchten."

Leni und Phil sehen sich kurz an und grinsen dann. „Na, unter den Umständen sind wir auf jeden Fall und gerne dabei! Hurra, wir fahren in die Schweiz!"

Phil grinst. „Danach aber müssen wir schleunigst zurück. Ich kann es gar nicht erwarten, mein neues Zimmer zu renovieren und einzurichten."

Reimers stimmen die anstehenden Termine noch kurz mit Daniel ab. Dann fahren sie zurück in die Stadt.

Wenige Stunden später wird ein Versprechen am Eiscafé eingelöst. Die Mädchen sind extra aus der Nachbarstadt angereist. „Auf den reparierten Computer und den edlen Eisspender Linus!", jubeln Simon und Max.

Linus grinst breit und schüttelt den Kopf. Ehe er mehr dazu sagen kann, entgegnet Tobi schon: „Auf den väterlichen Spender – Sir Linus' Vater gibt sich heute die Ehre!" Linus lächelt und klärt die anderen auf.

Erfreut über den guten Ausgang freuen sich die vier Freundinnen darüber, das Camp an diesem sonnigen Nachmittag mit den Jungs ausklingen

zu lassen. Alle genießen das leckere Eis und tauschen sich noch gemeinsam über ihre Erlebnisse im Sommercamp aus. Rebecca bringt es schließlich auf den Punkt.

„#Respektvoll leben. Das war echt ein cooles, aufregendes Sommercamp – mit einem unfreiwilligen Kriminalfall. Aber auch das Programm und die Gedankenimpulse … Ich für meinen Teil nehme ganz viele Ideen und Sachen zum Nachdenken mit."

Die anderen stimmen ihr begeistert zu. Emma kichert. „Oh ja, zu Hause werde ich jetzt erst mal ganz neue Recycling-Ideen einführen."

Simon nickt. „Ja, und ich fahre mit meiner Family demnächst zum Badesee, damit sie sich unsere coole Ausstellung ansehen können."

Max überlegt. „Ich werde einige Ideen in unseren Sportverein einbringen … Vielleicht können wir den Respekt auch da noch größer schreiben. Mal sehen, ob wir die Camp-Regeln dort ebenfalls übernehmen können."

Alle sind sich einig: Das war eine runde Sache. „#Respektvoll leben" wird sie ab jetzt begleiten!

In der Zwischenzeit träumen sie schon vom nächsten Sommercamp!

# ANHANG

# YOU'VE GOT MAIL!

## Hi! Schön, dass du da bist!

Das Sommercamp hier im Buch ist eher von kurzer Dauer. Im Gegensatz dazu wirkt die Pubertät mit ihren bis zu zehn Jahren schnell wie eine halbe Ewigkeit. Doch auch diese Zeit endet einmal. Bis dahin ist die Pubertät dein ganz persönlicher Reisebegleiter auf dem Weg vom Kind zum Erwachsenen.

Ich wünsche dir, dass du immer mehr zum Experten in eigener Sache wirst. Dass du dich mit dir selbst und mit allem, was genau dich ausmacht, immer mehr anfreunden kannst!

## Noch Fragen?

Du hast bis hierher gelesen und hast noch weitere Fragen? Super! Das zeigt, dass du mitdenkst! Dir ist einiges noch unklar? Bleib am Ball!

Sei ermutigt, Fragen, die dich bewegen, ernst zu nehmen. Fragen brauchen Antworten. Auch wenn sie anfangs komisch klingen, ein Tabuthema betreffen oder du erst mal keine Idee hast, wer dir damit weiterhelfen kann.

Fragen sind wichtig: Sie bringen dich weiter. Für deinen Weg zu den Antworten wünsche ich dir fitte, verlässliche und vertrauenswürdige Ansprechpartner!

Wer das sein könnte, ist manchmal herausfordernd und nicht immer auf den ersten Blick klar. Hin und wieder könnten deine Eltern weiterhelfen. Doch ob das für dich überhaupt eine Option ist, hängt davon ab, ob ihr über alles reden könnt. Wenn ja, umso besser! Bei anderen funktioniert das nur teilweise oder gar nicht, beziehungsweise ist womöglich aufgrund früherer Erfahrungen undenkbar.

Was dann? Möglicherweise hilft jemand aus der Jugendleitung oder auch mal eine Vertrauensperson aus der Schule (Klassenleitung, offener Ganztag? Vertrauenslehrer?). Oder das Hilfetelefon 116111.[46] Und natürlich kannst du auch andere Kids oder das Internet um Rat fragen. Mitunter kann das echt hilfreich sein, manchmal geht es leider auch mächtig schief.

Keine Frage, im Netz gibt es jede Menge Antworten. Doch das Unterscheiden von verlässlichen Auskünften und schrägen Fehlinfos ist nicht einfach. Darum achte auf seriöse Seiten und frag manchmal auch eine reale Person, die sich auskennt, um eventuelle Fehlinfos abzuklären! Gleiches gilt, wenn du den Verdacht hast, dass jemand selbst nur die Hälfte verstanden hat, dies aber als Wahrheit verkauft.

Und könnte es vielleicht auch ein Gedanke sein, Gott in deine Fragen miteinzubeziehen? Du weißt ja jetzt: Ein Wunscherfüllungsautomat ist er nicht. Dafür aber umso mehr ansprechbar. Er liebt dich mehr, als du dir vorstellen kannst!

Super, dass es gerade dich gibt! Du bist genial einzigartig! Mach was draus!

Deine

*Ute Buth*

*P.S. Last, but not least findest du auf den nächsten Seiten einen kleinen Schnelldurchlauf zum Thema Pubertät und Hinweise zum Nachschlagen von Themen, die du gern noch mal nachlesen möchtest.*

# PUBERTÄTSWISSEN & MEHR

## Dein alphabetischer Glühbirnen-Schnelldurchlauf von A wie Akne bis Z wie Zwillinge

Alle Seitenzahlen in dieser Übersicht helfen dir, die Glühbirnen und Infokästen vorn im Buch und die Fachinformationen im Anhang leichter zu finden.

# KLEINER PUBERTÄTS-ÜBERBLICK

## PUBERTÄT

Pubertät – was ist das? Was passiert im Körper?

Egal, ob Mädchen oder Junge, dein Körper verändert sich auf dem Weg vom Kind zum Erwachsenen.

Du wächst. Und zwar eine ganze Menge! Arme, Beine, Hände, Füße, deine Wirbelsäule, alles wird größer. Konkret merkst du das auch daran, dass du schon wieder neue Schuhe brauchst.

Viele Erwachsene können dir irgendwann nicht mehr auf den Kopf gucken. Oft fällt es bei Oma oder Opa am ehesten auf: Jetzt kannst du auf ihren Kopf schauen!

**Mädchen** starten mit der Pubertät durchschnittlich ein bis zwei Jahre vor den Jungs. Zuerst wachsen sie nach oben. Haare wachsen an Stellen, an denen vorher keine waren – unter den Achseln und im Intimbereich.

Sie werden kurviger – damit ihr Becken später Platz für ein Baby hat. Ihre Geschlechtsorgane wachsen, und ihre Geschlechtsbotenstoffe werden aktiv.

Ihre Eierstöcke erwachen aus einer Art Dornröschenschlaf. Mädchen bekommen ihre Monatsblutung als Zeichen dafür, dass sie Mama werden können. Damit sind Mädchen geschlechtsreif.

Jungen beginnen mit der Pubertät etwa ein bis zwei Jahre später als die Mädchen. Darum sind anfangs viele Mädchen größer, das ändert sich später jedoch oft.

*__Jungen__ bekommen einen Bart und Haare unter den Achseln und im Intimbereich. Darüber hinaus entwickeln sie eine unterschiedlich starke Körperbehaarung an der Brust, teils auch auf Bauch und Rücken. Ihre Haare an Armen und Beinen werden meist stärker sichtbar. Auch ihre Geschlechtsorgane wachsen, und die Geschlechtsbotenstoffe werden aktiv.*

*Als Zeichen dafür, dass sie Papa werden beziehungsweise ein Baby ins Leben rufen können, bekommen Jungen den ersten Samenerguss. Damit sind Jungen geschlechtsreif.*

*Die Stimme von Jungen schwankt vorübergehend in der Tonhöhe. Das nennt man Stimmbruch. Langfristig wird ihre Stimme tiefer.*

# PUBERTÄT – WAS PASSIERT WANN?

**Bei Mädchen**

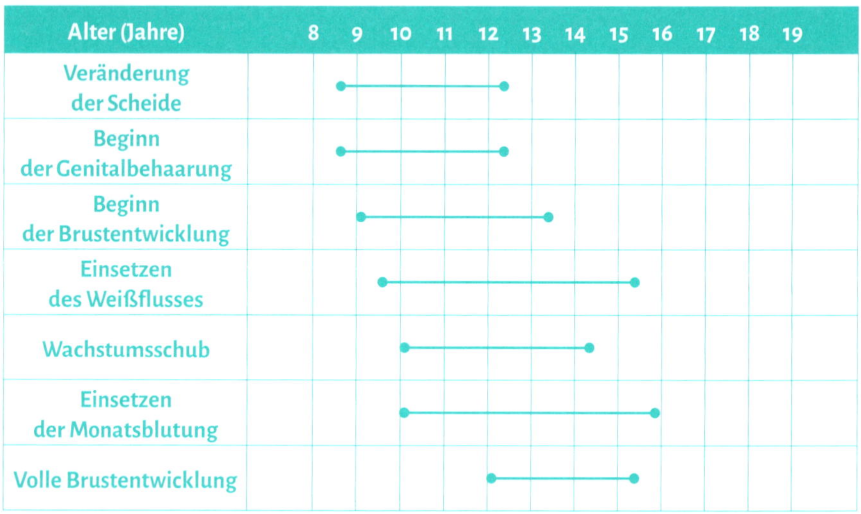

**Bei Jungen**

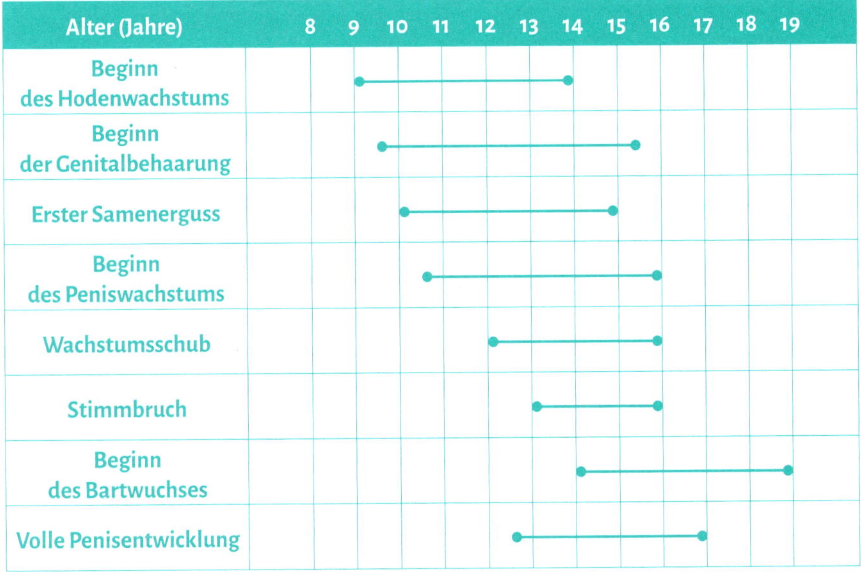
Alter (Jahre)
8 9 10 11 12 13 14 15 16 17 18 19
Beginn des Hodenwachstums
Beginn der Genitalbehaarung
Erster Samenerguss
Beginn des Peniswachstums
Wachstumsschub
Stimmbruch
Beginn des Bartwuchses
Volle Penisentwicklung

# WEIBLICHE GESCHLECHTSORGANE

## BRAINSTORMING

**Brust** – auch Busen genannt. Weibliches Geschlechtsorgan, das erst in der Pubertät wächst. Dient zum Stillen von Babys. Sichtbares Erkennungszeichen des weiblichen Geschlechts. Manche Berührungen der Brust können als lustvoll empfunden werden.

**Brustwarze** – auch Nippel beziehungsweise fachlich Mamille genannt. Vorstehender Teil in der Mitte der Brust, an dem die Babys saugen, reagiert empfindlich auf Kälte und Berührungen.

**Gebärmutter** – Organ mittig im Unterbauch der Frau, hat die Form einer umgekehrten Birne. In ihm können Babys heranreifen; ausgekleidet mit einer Gewebeschicht, die sich jeden Monat besonders verdichtet, damit gegebenenfalls ein Baby dort „einziehen kann"; wird in der Schwangerschaft im oberen Bereich um ein Vielfaches größer (bis zum Rippenbogen!); Falls keine Schwangerschaft entsteht, monatliches Abstoßen der zusätzlichen Gewebeschicht = Monatsblutung. Reagiert beim Sex mit lustvollen Gefühlen, in dem sie sich zusammenzieht.

**Eierstock** – paariges Organ rechts und links im Unterbauch der Frau. Die Eierstöcke enthalten die weiblichen Eizellen.

**Eileiter** – paariger Gang rechts und links seitlich der Gebärmutter, Ort der Befruchtung, transportiert/leitet Eizellen zur Gebärmutter weiter (Ei + Leiter!).

**Scheide** – fachlich: Vagina – Ausgang vom Zimmer Gebärmutter. Ausflussorgan für die Monatsblutung. Beim Sex kann der Penis hier eingeführt werden.

# Die weiblichen Geschlechtsorgane

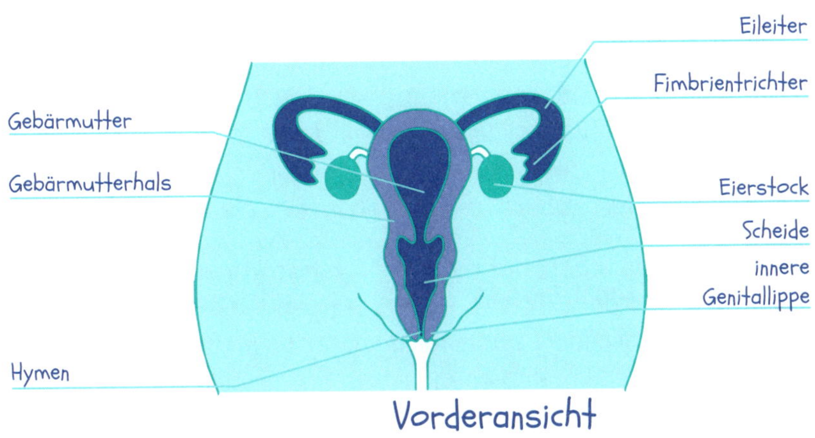


Vorderansicht

Seitenansicht

**Hymen** – ringförmiger Hautkranz kurz hinter dem Scheideneingang. Wird fälschlicherweise auch Jungfernhäutchen genannt, sagt aber nicht sicher aus, ob eine Frau schon Sex hatte.

**Genitallippen,** äußere und innere – auch Vulvalippen oder Schamlippen* genannt, umfangen und verdecken den Scheideneingang, an der Außenseite der äußeren Genitallippen wachsen ab der Pubertät Genitalhaare/Schamhaare*.

**Klitoris** – am oberen Ende der Genitallippen ist nur der äußere Anteil der Klitoris – etwa so groß wie eine Murmel – sichtbar. Lustvolles Organ für Frauen beim Sex, hat unterhalb der Genitallippen liegend – wie ein umgekehrtes V – bis zu neun Zentimeter Ausläufer in der Tiefe, deren Enden die Scheide umfassen. Wird auch Kitzler genannt, hat aber mit Kitzeln nichts zu tun.

**Genitalhügel** – auch Venushügel oder Schamhügel* genannt; ab der Pubertät behaarter Bereich mittig am Unterbauch.

**Harnröhre** – leitet Urin/Pipi von der Blase aus dem Körper heraus.

**Vulva** – Fachbegriff für den äußeren Intimbereich der Frau, bestehend aus Genitalhügel, Genitallippen, Klitoris, Scheideneingang und Ausgang der Harnröhre (Abfluss von der Blase für Pipi/Urin). Wichtig: Bei der Frau gibt es im Intimbereich drei Öffnungen – die Harnröhre, die Scheide und den Darmausgang.

* Obwohl manche Bezeichnungen im Intimbereich mit dem Begriff Scham* beginnen, gibt es hier nichts, wofür man sich schämen müsste. Daher verwende ich hier auch überwiegend die alternativen Begriffe.

# Die weiblichen Geschlechtsorgane

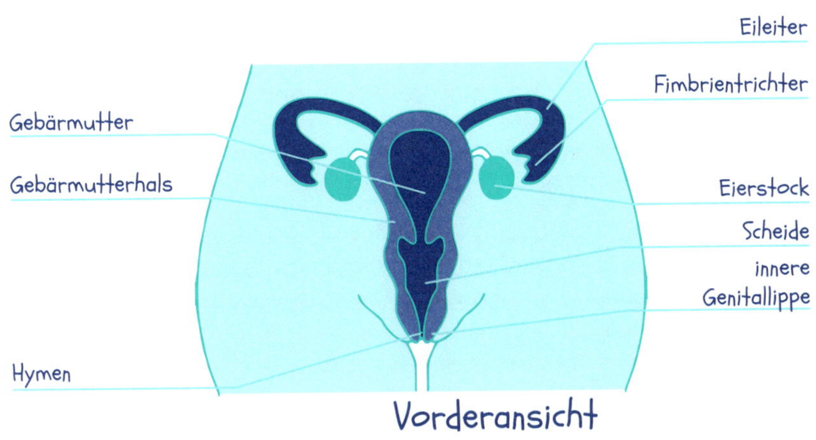

# MÄNNLICHE GESCHLECHTSORGANE

## BRAINSTORMING

**Genitalhügel** – auch Schamhügel* genannt; ab der Pubertät behaarter Bereich oberhalb von Penis und Hodensack.

**Hodensack** – auch einfach nur „Sack" genannt, ist dem Körper bewusst vorgelagert, hat nur ca. 34–35°C Körpertemperatur, um die Samenzellen zu schützen; ist ab der Pubertät mit Genitalhaaren/Schamhaaren* bewachsen. Ein nahe liegender Muskel steuert die Entfernung der Hoden vom Körper je nach Wärme oder Kälte.

**Hoden** – auch Eier oder „Kronjuwelen" genannt, sind eine Großfabrik, die ab der Pubertät am laufenden Band Samenzellen produziert; um ihren wertvollen Inhalt zu schützen, sind sie schmerzempfindlich.

**Nebenhoden** – fünf Meter (!) langer Aufbewahrungsraum direkt neben den Hoden, zur Speicherung und letzten Ausreifung der Samenzellen. Säurestarre, fehlende Flüssigkeit halten die Samenzellen dort, bis sie ihren Einsatz haben.

**Samenleiter** – paariger Gang, transportiert beziehungsweise leitet beim Samenerguss (= Ejakulation) die Samenzellen vom Nebenhoden zum Penis (Samen + Leiter!).

**Bläschendrüsen** – paarige Drüsen, liegen je eine am rechten und linken Samenleiter und versorgen die Samenzellen für den Samenerguss mit Flüssigkeit und Energie (Fruchtzucker) zum Schwimmen.

* Obwohl manche Bezeichnungen im Intimbereich mit dem Begriff Scham* beginnen, gibt es hier nichts, wofür man sich schämen müsste. Daher verwende ich hier auch überwiegend die alternativen Begriffe.

# Die männlichen Geschlechtsorgane

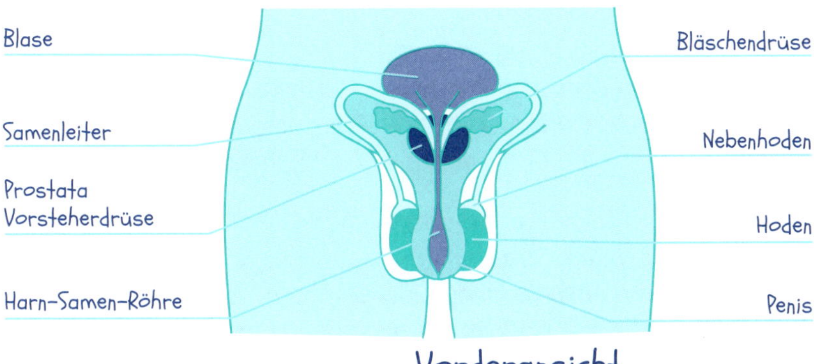


Vorderansicht

Blase
Samenleiter
Schwellkörper
Penis
Vorhaut
Eichel
Harn-Samen-Röhre
Nebenhoden
Hoden
Wirbelsäule
Darm
Bläschendrüse
Prostata,
Vorsteherdrüse
Darmausgang

Seitenansicht

**Prostata/Vorsteherdrüse** – mittige Drüse, gibt für den Samenerguss Flüssigkeit ab, welche die Samenzellen beschleunigt, macht den Samenerguss flüssiger und löst die Säurestarre auf.

**Harn-Samen-Röhre** – Fortsetzung des Samenleiters, wenn der sich mit der Harnröhre vereinigt hat, die von der Harnblase kommt. Beim Mann verlaufen Harn- und Geschlechtswege gemeinsam. Vorfahrt hat immer Urin (= Harn oder Pipi) – außer beim Sex – dann wird eine Art „Weiche" umgestellt, die Blase verschlossen, und nun kann nur Samen heraus.

**Penis** – auch „Pimmel" oder „männliches Glied" genannt. Organ, mit dem der Mann Wasser lässt; es hat innere und äußere Anteile und enthält drei Schwellkörper. Einer schützt die Harn-Samen-Röhre, sodass sie auch beim Festwerden des Penis Samen heraustransportieren kann und nicht gequetscht wird. Zwei andere sind Hohlkammern, die immer von etwas Blut durchflossen werden. Ist der Mann sexuell erregt, fließt weiter Blut in diese Kammern, der Abfluss ist aber mehr oder weniger fest verschlossen. Der Penis richtet sich auf (= Erektion, auch „Ständer" genannt) und kann nur so beim Sex in die Scheide der Frau eingeführt werden. Kommt es zum Samenerguss (= Ejakulation) kommen die Samenzellen mit der sie umgebenden Schwimmflüssigkeit aus dem Penis vorne heraus.

**Morgenlatte** – Aufgerichteter Penis, meist morgens nach dem Aufwachen. Ursache: Nachts und morgens trainiert der Körper die Funktion des Penis. Das hat nichts mit sexueller Erregung oder einer vollen Blase zu tun.

**Eichel** – Spitze des Penis, liegt bei nicht beschnittenen Männern unter der Vorhaut, auf ihr ist die Öffnung der Harn-Samen-Röhre.

**Vorhaut** – Reservehautfalte am Penis, fehlt bei Jungs/Männern, die beschnitten sind; kann sich verengen und verkleben, sollte innen gut gereinigt werden.

# Die männlichen Geschlechtsorgane

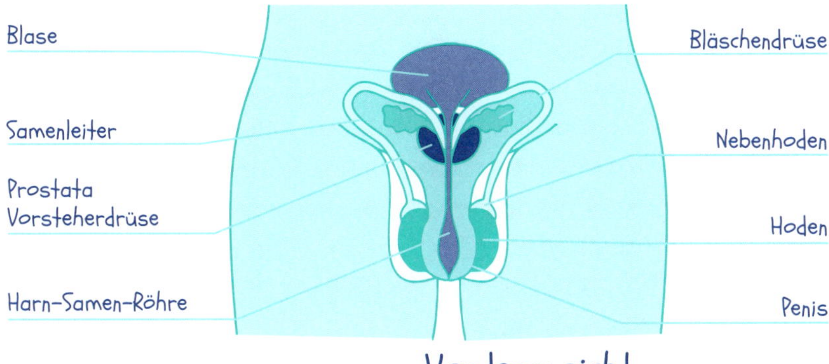


Vorderansicht

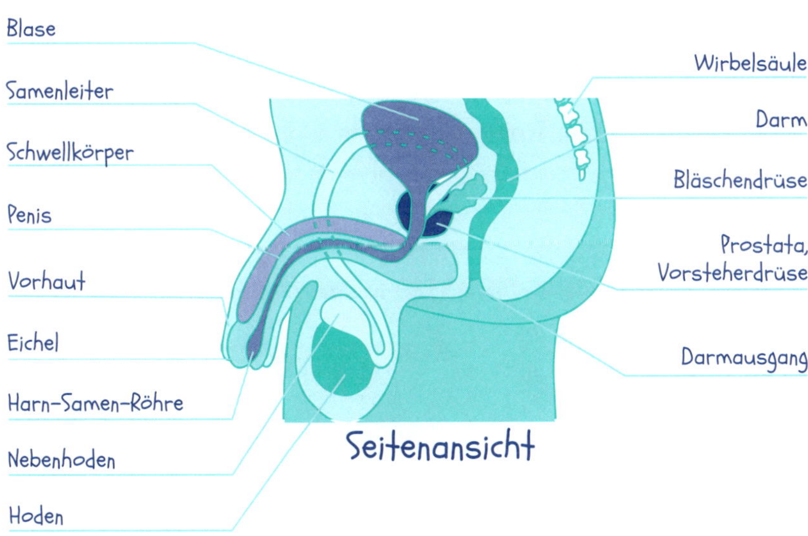


Seitenansicht

# EIN NEUER MENSCH ENTSTEHT ... ERBINFORMATIONEN VON FRAU UND MANN & ZEUGUNG

**Eizellen** – auch Oozyten genannt, sind die Keimzellen der Frau zur Fortpflanzung. Je zwei Eizellen mit halber Erbinformation entstehen aus einer weiblichen Zelle mit 46 Erbinformationen plus zwei Geschlechtsinformationen in Form der Buchstaben „XX". Die Eizellen mit der Information „23X" steuern zum Geschlecht des neuen Menschen daher immer ein „X" bei.

Doch die Entscheidung über das Geschlecht des Babys hängt von der Samenzelle ab, welche das Ei befruchtet ...

**Samenzellen** – auch Spermien genannt, sind die Keimzellen des Mannes zur Fortpflanzung. In den Hoden entstehen in einem aufwändigen Reifungsprozess Samenzellen mit jeweils einer halben männlichen Erbinformation. Normale männliche Zellen haben 46 Erbinformationen plus zwei Geschlechtsinformationen in Form der Buchstaben „XY". Die Samenzellen bestimmen das Geschlecht des neuen Menschen.

Samenzellen, die ein „23X" enthalten, zeugen ein Mädchen.

Samenzellen, die ein „23Y" enthalten, zeugen einen Jungen.

**Zeugung** – Verschmilzt im Eileiter der Frau eine Samenzelle vom Mann mit halber menschlicher Erbinformation mit einer Eizelle der Frau, die ebenfalls die halbe menschliche Erbinformation enthält, so entsteht ein neuer Mensch mit 46 Erbinformationen plus zwei Geschlechtsinformationen in Form von Buchstaben: „XX“ für ein Mädchen, „XY“ für einen Jungen. Aus so einer ersten Zelle sind wir alle entstanden. Diese befruchtete Eizelle wird dann durch Flimmerhärchen im Eileiter in die Gebärmutter transportiert, wo sie sich in die weiche Innenschicht einnistet und an den mütterlichen Blutkreislauf anschließt. Innerhalb von neun Monaten wächst hier gut geschützt das Baby heran.

**Intergeschlechtlichkeit/Intersexualität** – Manchmal sind Menschen durch biologische Gründe in ihrer Entstehung mit Blick auf das Geschlecht nicht eindeutig. „Entstehung“ meint die Zeit der Entwicklung des ungeborenen Kindes im Mutterleib. Schon beim Verschmelzen von Ei- und Samenzelle kann es mitunter Abweichungen in den Geschlechtsinformationen geben, zum Beispiel 47 XXY oder 45 XO. Auch später, wenn sich beim Baby je nach Geschlechtsinformation durch Botenstoffe männliche oder weibliche Geschlechtsorgane entwickeln, kann es durch Wirk-Schwierigkeiten dieser Botenstoffe Abwandlungen der Geschlechtsorgane geben. Dann spricht man von Intergeschlechtlichkeit/Intersexualität. „Inter“ bedeutet dabei zwischen den Geschlechtern. Doch nur in den wenigsten Fällen haben intergeschlechtliche/intersexuelle Menschen sichtbare Anteile von weiblichen und männlichen Geschlechtsorganen. Meist ist es nicht so offensichtlich, dass man es überhaupt erkennen würde.

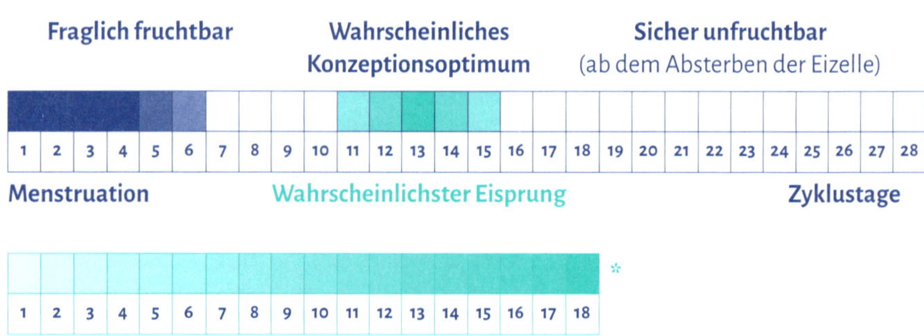


grundsätzlich mögliches fruchtbares Zeitfenster

* ACHTUNG: Der Eisprung kann sich nach vorn und hinten verschieben; das Zeitfenster verschiebt sich dementsprechend mit.

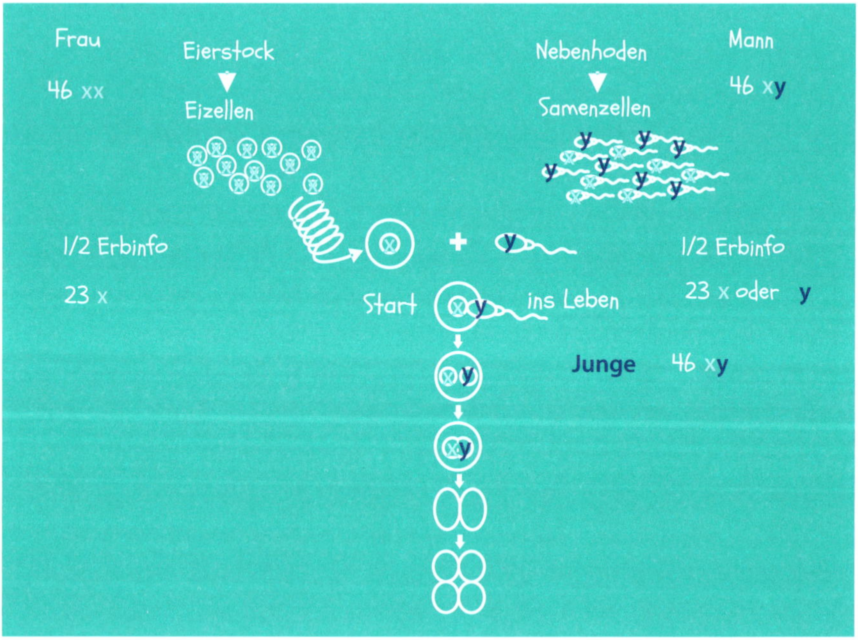

Frau

46 xx

Eierstock

Eizellen

Nebenhoden

Samenzellen

Mann

46 xy

1/2 Erbinfo

23 x

+

1/2 Erbinfo

23 x oder y

Start ins Leben

Junge 46 xy

# DANKESCHÖN

Zu allererst danke ich meinem Mann und unseren beiden Töchtern für ihr Verständnis, ihre Geduld und die liebevolle praktische Unterstützung während des gesamten Entstehungsprozesses dieses Buches. Ohne Euch würde es *#Respektvoll leben* nicht geben!

Mein Dank gilt weiterhin allen anderen, die mich während der Entstehung dieses Buchs auf ganz vielfältige Art und Weise unterstützt haben. Ganz besonders danke ich an dieser Stelle denjenigen Kids, Teens, Jugendleitern und Eltern sowie den pädagogischen Fachkräften, die große Teile des Manuskripts engagiert gegengelesen und Schwachstellen aufgespürt haben. Vielen Dank an: Alena, Daniel, David, Hannah, Joel, Judith, Juliane, Linnea, Mayra, Michael, Moya, Noah, Peter, Samuel, Vanessa, Vera und auch an diejenigen, die nicht gern namentlich erscheinen möchten.

Ebenso danke ich der Autorin der *Detektei Anton*, Frau Petra Schwarzkopf, für wichtige Tipps zum Aufbau der Geschichte und für ihr Vorwort.

Der Christlichen Verlagsgesellschaft Dillenburg danke ich herzlich für alle Unterstützung im Entstehungsprozess dieses Buches. Dieser Dank geht explizit an das Lektorat von Frau Anna Knopf und Herrn Joachim Pletsch, weiterhin an die Grafikerin Frau Siska Hudaja und die Grafik-Jahrespraktikantin Frau Johanna Fleischer, die beide die künstlerische Umsetzung dieses Projekts mit viel Kreativität und fachlichem Können tatkräftig unterstützt haben, ebenso an Herrn Hans-Jörg Nisch, der ebenfalls Bilder beigesteuert hat. Außerdem gilt mein herzlicher Dank Herrn Hartmut Jaeger, Herrn Matthias Weber und Herrn Steffen Dönges für die konstruktive und offene Zusammenarbeit!

Last, but not least danke ich Gott … und auch den mich begleitenden Menschen für alle guten Einfälle, Ermutigungen und Weisheit auf dem spannenden und schönen Weg, dieses Buch zu gestalten. Ohne Euch wäre das nicht gelungen!

# QUELLENNACHWEIS


1 Staps://www.evangeliums.net/lieder/lied_ich_schleuder_schleuder_schleuder.html, 30.06.2022.

2 https://soundcloud.com/volltreffer-1/ich-schleuder-schleuder?in=volltreffer-1/sets/dich-hat-der-himmel-geschickt-party-fur-jesus-cd, 30.06.2022.

3 Hebräer 11,1 (LUT 2017) https://www.bibleserver.com/LUT/Hebr%C3%A4er11%2C1, 30.06.2022.

4 https://www.tippsundtricks.co/sonstiges/brandgefahr-wasserflasche-auto/, 30.06.2022.

5 Jakobus 3,5 (HFA) https://www.bibleserver.com/HFA/Jakobus3%2C5, 30.06.2022.

6 Die Bibel – das Neue Testament https://www.cb-buchshop.de/228832000/die-kinderbibel.html, 30.06.2022.

7 https://gutezitate.com/zitat/161003, 30.06.2022.

8 https://de.wikipedia.org/wiki/Marie_de_Rabutin-Chantal,_Marquise_de_S%C3%A9vign%C3%A9, 30.06.2022.

9 Matthäus 7,12a (HFA), https://www.bibleserver.com/HFA/Matth%C3%A4us7%2C12, 30.06.2022.

10 Römer 12,18 (HFA) https://www.bibleserver.com/HFA/R%C3%B6mer12%2C18, 30.06.2022.

11 Informationsvideo zum Waldkauz https://www.youtube.com/watch?v=FzqSv66PreM, 20.03.22

12 Der Ruf des Waldkauzes https://www.youtube.com/watch?v=IHCD34F1ED0, 30.06.22

13 https://de.wikipedia.org/wiki/Brunch , 30.06.2022.

14 https://www.planet-wissen.de/kultur/musik/singstimme/pwiestimmbruchwennkehlkopf-undstimmlippenwachsen100.html, 30.06.2022.

15 https://www.planet-wissen.de/gesellschaft/psychologie/pubertaet_das_leben_ist_eine_baustelle/index.html, 30.06.2022.

16 https://www.tagesschau.de/inland/arktis-plastikmuell-101.html, 30.06.2022.

17 https://www.ecosia.org/, 30.06.2022.

18 https://sz-magazin.sueddeutsche.de/die-loesung-fuer-alles/essstaebchen-chopsticks-recycling-upcycling-91778, 11.10.2022.

19 https://peppermynta.de/fair-fashion/periodenunterwaesche-test-kritik-menstruationshoeschen-vergleich-nicht-empfehlenswert/, 11.10.2022.

20 https://www.schorndorf-evangelisch.de/fileadmin/mediapool/gemeinden/KG_schorndorf/Gesamtkirchengemeinde/Versoehnungskirche/Andacht_-_12._Mai_2020.pdf, 30.06.2022.- die hier genannte Quelle ist ein Buch von Pfarrer Axel Kühner.

21 Römer 12,18 (HFA) https://www.bibleserver.com/HFA/R%C3%B6mer12%2C18, 30.06.2022.

22 https://www.zitate.eu/autor/talmud-zitate/5411, 30.06.2022.

23 https://www.sprueche-suche.de/mit-dem-kopf-durch-die-wand-nachdenkliche-sprueche/, 30.06.2022.

24 https://de.statista.com/statistik/daten/studie/36411/umfrage/anzahl-der-tafeln-zur-versorgung-von-beduerftigen-in-deutschland/, 30.6.2022.

25 https://www.sportschau.de/newsticker/dpa-mit-tischtennis-schlaeger-im-mund-aegypter-begeistert-story-sp-100.html, 12.10.2022

26 https://www.youtube.com/watch?v=aDdh2439hnU, 12.10.2022

27 https://www.boersenblatt.net/bookbytes/archiv/1418842.html, 30.06.2022.

28 https://www.youtube.com/watch?v=tnPz-obnpyY, 30.06.2022.

29 https://www.wuv.de/agenturen/getty_images_laesst_obdachlose_fuer_fotoserie_modeln, 30.06.2022.

30 1. Samuel 16.7 (HFA) https://www.bibleserver.com/HFA/1.Samuel16%2C7, 30.06.2022.

31 Psalm 23 (HFA) https://www.bibleserver.com/HFA/Psalm23, 30.06.2022.

32 https://countrymeters.info/de/World, 30.06.2022.

33 https://weltbevoelkerung.info/weltbevoelkerungsuhr.aspx, 30.06.2022.

34 https://www.dsw.org/weltbevoelkerung/, 30.06.2022.

35 https://www.stern.de/panorama/schoenheitsideale-international--18-perfekte-frauenkoerper-6384816.html, 30.06.2022.

36 Lukas 23,35-39 (HFA) https://www.bibleserver.com/HFA/Lukas23%2C35-39, 30.06.2022.

37 Johannes 3,16 (HFA): Denn Gott hat die Menschen so sehr geliebt, dass er seinen einzigen Sohn für sie hergab. Jeder, der an ihn glaubt, wird nicht zugrunde gehen, sondern das ewige Leben haben. https://www.bibleserver.com/HFA/Johannes3%2C16, 30.06.2022

38 Johannes 1,12 (HFA): Die ihn aber aufnahmen und an ihn glaubten, denen gab er das Recht, Kinder Gottes zu werden. https://www.bibleserver.com/HFA/Johannes1%2C12, 30.06.2022

39 https://all4him.org/dream/, 30.06.2022.

40 https://www.polizei-beratung.de/fileadmin/Medien/266-BR-OnlineTipps-fuer-Gross-und-Klein.pdf, 30.06.2022.

41 https://www.internet-abc.de/kinder/surfratgeber/, 30.06.2022.

42 https://www.kinderaerzte-im-netz.de/erste-hilfe/sofortmassnahmen/ertrinken/, 30.06.2022.

43 https://www.kindersicherheit.de/kinderunfaelle-vermeiden/artikeldatenbank/news/ertrinken-eine-der-haeufigsten-toedlichen-unfallursachen-bei-kindern.html, 30.06.2022.

44 Markus 12,30-31 (LUT 2017) https://www.bibleserver.com/LUT/Markus12%2C30-31, 30.06.2022.

45 Hebräer 11,6 (ELB): Ohne Glauben aber ist es unmöglich, ihm wohlzugefallen; denn wer Gott naht, muss glauben, dass er ist und denen, die ihn suchen, ein Belohner sein wird.

Ute Buth / Hans-Jörg Nisch (Illustr.)

**Erklärt mir mal, wo komm ich her?**

*Fragen und Antworten rund um den Start ins Leben*

Gb., 52 S., 21,6 x 29,7 cm

Best.-Nr. 271610

ISBN 978-3-86353-610-7

Lisa erwartet ein Geschwisterchen und hat jede Menge Fragen. Behutsam, kindgerecht und anschaulich erklären Mama und Papa ihr, was es rund um das ungeborene Baby alles Spannendes zu wissen gibt. Sie erzählen viel von Lisas eigener Zeit im Bauch. Währenddessen wächst natürlich auch das Geschwisterchen weiter und macht sich schließlich auf den Weg.

Einfühlsam nimmt die Geschichte der kleinen Lisa andere Kinder mit auf den Weg und erzählt vom Wunder des Lebens.

Auch auf Englisch als geheftete Broschüre erhältlich:

**Tell me, how did I get here?**

*Questions and answers*

Best.-Nr. 271045

ISBN 978-3-86353-045-7

Rebecca McLaughlin

**10 Fragen über Gott, die sich jeder junge Mensch stellen sollte**


Pb., 240 S., 13,5 x 20,5 cm

Best.-Nr. 271821

ISBN 978-3-86353-821-7


Wie können wir glauben, dass die Bibel wahr ist? Warum können wir uns nicht einfach darauf einigen, dass Liebe Liebe ist? Ist das Christentum nicht gegen Vielfalt und Diversität?

Auf dem Weg zur Schule, beim Abhängen mit Freunden oder beim Scrollen durch die sozialen Medien werden Teenager mit Sicherheit vor echte Herausforderungen in Bezug auf den Glauben an Jesus Christus gestellt. Und unabhängig davon, ob Sie sich selbst als Nachfolger Christi betrachten oder nicht, können diese Fragen wie eine Zerreißprobe wirken.

Gestützt auf modernste Forschung, persönliche Geschichten, Bilder und Vergleiche aus der Jugendliteratur und sorgfältiges Bibelstudium, weicht dieses Buch den schwierigen Fragen nicht aus. Stattdessen lädt es junge Menschen dazu ein, ihre drängendsten Fragen über den christlichen Glauben zu stellen und überraschende, Leben spendende Antworten zu finden.

## Die „Detektei Anton"-Abenteuerreihe von Petra Schwarzkopf

Gb., je 192–208 S.
13,5 x 20,5 cm

**Ausgerechnet Bananen (1)**
Best.-Nr. 271720
ISBN 978-3-86353-720-3

**Die Dame aus Burundi (2)**
Best.-Nr. 271764
ISBN 978-3-86353-764-7

**Bombenstimmung (3)**
Best.-Nr. 271766
ISBN 978-3-86353-766-1

**Der Fall Werner (4)**
Best.-Nr. 271796
ISBN 978-3-86353-796-8

In dem verschlafenen Eifeldorf Brehl gehen seltsame Dinge vor sich. Die vier jungen Detektive, ihr Hund Caruso und der speziell begabte Onkel Anton ermitteln … Dabei wird die dreizehnjährige Rahel immer wieder herausgefordert, über den christlichen Glauben ihrer Familie nachzudenken, der für ihren Bruder Silas selbstverständlich zu sein scheint.

Für Jungen und Mädchen ab ca. 11 J.

## Die „Testament7"-Abenteuerreihe von Thomas Gelfert

Gb., je 192–208 S.
13,5 x 20,5 cm

**Das Buch der Wahrheit (1)**
Best.-Nr. 271582
ISBN 978-3-86353-582-7

**Das Geheimnis von Villstein (2)**
Best.-Nr. 271583
ISBN 978-3-86353-583-4

**Das Pergament des dritten Zeugen (3)**
Best.-Nr. 271584
ISBN 978-3-86353-584-1

**Der Schatz der Tempelritter (4)**
Best.-Nr. 271585
ISBN 978-3-86353-585-8

**Das Siegel des Falken (5)**
Best.-Nr. 271586
ISBN 978-3-86353-586-5

Paul und seine Freunde sind auf den Spuren der verschollenen sieben Testamente. Welche Geheimnisse verbirgt ihr Heimatort Villstein? Wer will sie davon abhalten, diesen Hinweisen nachzugehen? Die Spuren führen sie bis nach Schottland, Zypern und Ägypten, wo sie zahlreiche Abenteuer erleben.

Für Jungen und Mädchen ab ca. 12 J.